# DIE FALKEN IN BERLIN
Antifaschismus und Völkerverständigung

Michael Schmidt

# Die Falken in Berlin Antifaschismus und Völkerverständigung

Jugendbegegnung durch
Gedenkstättenfahrten 1954–1969

VAS 35
Verlag für Ausbildung und Studium
in der Elefanten Press

Schriftenreihe »Sozialistische Jugend in Berlin nach 1945«
Ergebnisse eines von der Stiftung Deutsche Jugendmarke
geförderten Forschungsprojekts des Franz-Neumann-Archivs Berlin,
herausgegeben von Prof. Peter Weiß.

Band 3

© Verlag für Ausbildung und Studium VAS in der ELEFANTEN PRESS, Berlin (West) 1987. Alle Nachdrucke sowie jede Art der Verwendung auf Ton-, Bild- und Schriftträgern nur mit Genehmigung des Verlages. Alle Rechte vorbehalten.

Umschlag: Jürgen Holtfreter
Satz: VA Peter Großhaus, Wetzlar
Lithografie: Spönemann, Berlin
Printed in the Federal Republic of Germany

ISBN 3-88290-035-0
VAS 35

ELEFANTEN PRESS Verlag
Postfach 303080, 1000 Berlin 30

ELEFANTEN PRESS Galerie
Zossener Str. 32, 1000 Berlin 61


**CIP Kurztitelaufnahme der Deutschen Bibliothek**

Die *Falken in Berlin*. – Berlin (West) : Verlag für Ausbildung u. Studium VAS in d. Elefanten Press

Antifaschismus und Völkerverständigung : Jugendbegegnungen durch Gedenkstättenfahrten 1954–1969 / Michael Schmidt. – 1987
 (Sozialistische Jugend nach 1945 [neunzehnhundertfünfundvierzig] in Berlin ; Bd. 3) (VAS; 35)
 ISBN 3-88290-035-0

NE: Schmidt, Michael [Mitverf.]; 2. GT

# Inhalt

Vorwort des Herausgebers Prof. Peter Weiß — 8

## I. Die Entwicklung des politischen Selbstverständnisses der SJD – Die Falken auf Bundesebene — 14

I.1. Erziehungsbewegung oder Jugendverband.
Die Diskussion der ersten Jahre (1945–1950) — 14
I.2. Der Konflikt mit der SPD um die neue Verbandsstruktur 1951 — 15
I.3. Die Remilitarisierung der Bundesrepublik als wesentlicher Faktor
für eine fortschreitende Politisierung des Verbandes (1952–1955) — 19
I.4. Die Suche nach einem neuen Selbstverständnis –
Führungswechsel (1955–1957) — 21
I.5. Der Balanceakt zwischen politischer Selbstbestimmung
und den Vorstellungen der SPD (1957–1960) — 24
I.6. Die Konferenz von Kassel 1960 – die Balance verändert sich — 27
I.7. Die weitere Anpassung des Verbandes an die Vorstellungen der SPD
Anfang der 60er Jahre — 29

## II. Die Herausbildung des politischen Konzepts des Landesverbandes Berlin in den 50er Jahren — 34

II.1. Politische Aktivitäten der Sozialistischen Jugend Anfang der 50er Jahre — 34
II.2. Die Falken verstärken ihr politisches Profil — 38
II.3. Die deutschlandpolitischen Aktivitäten der Berliner Falken — 41
II.4. Falkenarbeit in Ostberlin und die Auseinandersetzungen mit der FDJ — 45
II.5. Falken gegen Militarismus, Faschismus und Antisemitismus — 50
II.6. Internationale Solidarität und Völkerverständigung — 54
II.7. Beziehungen nach Osteuropa – Ein Versuch zur Realisierung
der politischen Zielsetzungen des Landesverbandes — 56

## III. Jugoslawien – Arbeiterselbstverwaltung und Folklore — 60

III.1. Erste Schritte — 60
III.2. Jugendverbandler und Politfreaks — 61
III.3. Die Vorbereitung — 63
III.4. Die ersten Gruppenfahrten — 64
III.4.1. Die Gruppe »Vorwärts« — 64
III.4.2. Der Kreis Wilmersdorf — 67
III.5. Ein reger Gruppenaustausch beginnt — 69
III.6. Die Großzeltlager in Zadar — 70
III.7. Straßenbau in Jugoslawien — 74
III.8. Die Kontakte auf Bundesebene — 76
III.9. Die weitere Entwicklung der Beziehungen
des Landesverbandes Berlin mit Jugoslawien — 79
III.10. Kontroversen um die Beziehungen zu Jugoslawien — 81
III.11. Politische Auswirkungen — 86

## IV. Der Weg über Oder und Neiße nach Polen  90

IV.1. Der polnische Oktober und die Berliner Falken  90
IV.2. Polen – ein Tabuthema  94
IV.3. Der Verbandsvorstand erteilt seinen Segen  95
IV.4. Der erste offizielle Kontakt  97
IV.5. Gedenkstättenfahrten als Ansatz für die Verbreiterung der Kontakte  101
IV.6. Pioniergefühl und politische Aufgabe  102
IV.7. Polnische Impressionen  104
IV.8. Auschwitz – »Was wir da gesehen haben, das vergißt man nie!«  106
IV.9. Der aufrechte Gang – auch in der Höhle des Löwen  108
IV.10. Die zweite Auschwitzfahrt  111
IV.11. Die Schwierigkeiten im Verhältnis zum ZMS  112
IV.12. Die Motivation wandelt sich, das Interesse bleibt  116
IV.13. Der weitere Verlauf der Beziehungen der Falken nach Polen  118

## V. Der nächste Schritt – von Auschwitz nach Theresienstadt  125

V.1. Die Vorgeschichte  125
V.2. Der Berliner Verband wird aktiv  126
V.3. Die erste Fahrt stößt auf unerwartet hohes Interesse  130
V.4. Reiseeindrücke  132
V.5. Die Feierstunden in Lidice und Theresienstadt  135
V.6. Trotz eines Rückschlages – die Normalisierung schreitet voran  140
V.7. Der Landesvorstand in Prag – im November 1964
die ersten Anzeichen des Frühlings 68  142
V.8. Die weitere Entwicklung der Beziehungen  145
V.9. Gruppenfahrten in die ČSSR  149
V.10. Das Ende des »Prager Frühlings« und die Auswirkungen
auf das beiderseitige Verhältnis  151

## VI. Zwei Schritte vorwärts – ein Schritt zurück.
### Politische Konflikte und ihre Regelung  155

VI.1. Die »Landesverbandslinie« und ihre innerverbandliche Umsetzung  155
VI.2. Die Absicherung der Verbandsaktivitäten gegenüber der SPD  158
VI.3. Die Reaktion der Berliner Öffentlichkeit
auf die ersten Kontakte der Falken nach Polen  162
IV.4. Der Konflikt um die Feierstunde in Theresienstadt  164
IV.5. Falkenaktivitäten als Anlaß für Berufsverbot – Der Fall Soukup  168
IV.6. Der Konflikt um die Rede in Maidanek  170
VI.7. Die Eskalation der Konflikte im Jahre 1964  174
VI.8. Neue Konflikte im Zuge der Auseinandersetzungen
um die Ostpolitik der Regierung Brandt/Scheel  182

Während in der sowjetischen Besatzungszone durch staatliche Einflußnahme die Bildung eines Einheitsjugendverbandes angesteuert wurde, gründeten sich in den Westzonen Verbände, die an die Tradition der durch das NS-Regime verbotenen Verbände wieder anknüpften.

Es ist an der Zeit zu untersuchen, was diese Verbände bewirkten und welchen Beitrag zu der gesellschaftlichen Entwicklung in der Nachkriegszeit sie geleistet haben. Unsere jetzt vorliegenden Arbeiten stehen am Anfang, und es bleibt zu hoffen, daß ihnen Untersuchungen von anderen zu weiteren Bereichen der Jugendarbeit folgen werden.

In diesem dritten Band unserer Reihe steht die Internationale Jugendarbeit im Vordergrund. Es geht dabei im besonderen um die Bemühungen der Berliner Falken, auch zu der Entwicklung eines normalen und friedfertigen Verhältnisses der Deutschen zu ihren östlichen Nachbarvölkern beizutragen.

Völkerverständigung und Friedenserziehung sind seit jeher wesentliche Elemente der sozialistischen Jugendarbeit. Während relativ bald nach dem Kriege, besonders durch die Wiederaufnahme des deutschen Verbandes in die Sozialistische Jugendinternationale und in das Internationale Kinderfreunde- und Falkenbüro, zur Jugend in den westlichen Ländern wieder enge Kontakte geknüpft werden konnten, standen die Spannungen des Kalten Krieges einer gleichen Entwicklung zu der Jugend der kommunistischen Staaten entgegen.

Die großen Bedrohungen des Weltfriedens, die mit dieser Situation verbunden waren, und die besondere Lage, in die die Deutschen durch die Untaten des NS-Deutschlands gekommen waren, setzten die übergreifenden Akzente, die einen Beitrag zur Verbesserung der Lage für die Falken besonders dringlich machten.

Die Wiedergabe der Ereignisse und die Anführung der Dokumente in diesem Band zeigen, daß in dieser lebenswichtigen Frage die Falken eine bedeutsame Vorreiter-Position für eine neue bundesdeutsche Ostpolitik eingenommen haben, und welche Unbill und Widerstände sie dabei auf sich nehmen mußten. Diese Vorgänge müssen in der Beurteilung der Bedeutung der Jugendarbeit im Nachkriegsdeutschland Berücksichtigung finden.

Es gibt Anzeichen dafür, daß es eine Tendenz gibt, die Tatsachen unter den Tisch zu kehren. So ist zum Beispiel schon vor einiger Zeit in einem sozialdemokratischen Verlag, herausgegeben von der Friedrich-Ebert-Stiftung, ein Sammelband zur Geschichte der Beziehungen der Bundesrepublik Deutschland zur Volksrepublik Polen erschienen, unter dem Titel »Ungewöhnliche Normalisierung«.[1] Er enthält eine Würdigung der lange Zeit keineswegs selbstverständlichen Bemühungen um eine deutsch-polnische Verständigung. Berichtet wird darin über die Tätigkeit zahlreicher Institutionen in diesem Bereich, darunter vor allem die Kirchen, die SPD und der DGB. Die deutsch-polnische Schulbuchkonferenz, das Engagement von Instituten und Stiftungen und deutsch-polnische Städtepartnerschaften werden aufgezeigt. Während diese und weitere Aktivitäten eingehend dargestellt werden, bleibt jedoch die Pionier-Rolle, die die Falken vor allem auch durch ihre Gedenkstättenfahrten wahrgenommen haben, unerwähnt. Angesichts der öffentlichen Auseinandersetzungen, die die Aktivitäten der Falken ausgelöst hatten und der andauernden Welle von Nachfolge-Veranstaltungen, vor allem bei den Gedenkstättenfahrten, können die Vorgänge besonders der SPD-nahen Friedrich-Ebert-Stiftung nicht unbekannt geblieben sein, so daß mangelhafte Recherchen wohl auszuschließen sind. So entsteht der Verdacht,

---

[1] Ungewöhnliche Normalisierung. Beziehungen der Bundesrepublik Deutschland zu Polen, herausgegeben von Werner Plum im Auftrage der Friedrich-Ebert-Stiftung, Verlag Neue Gesellschaft Bonn 1984.

daß den Aktionen im Rahmen internationaler Jugendarbeit zu wenig Bedeutung beigemessen wurde. Dies steht in einem merkwürdigen Gegensatz dazu, daß auf den hohen Ebenen der Politik bei Bund, Ländern und Gemeinden bei internationalen Partnerschaftsverträgen den Jugendkontakten stets eine besonders große Bedeutung zugemessen wird. Im übrigen kann darauf hingewiesen werden, daß oft offizielle Partnerschaften erst aufgrund vorhergehender Jugendkontakte entstanden sind.

Von einer anderen Bewertung der Vorgänge geht ein hervorragender Sachkenner der Ostpolitik, der Publizist Peter Bender, aus. In seinem 1986 erschienenen Taschenbuch, die »Neue Ost-Politik«[2] bezeichnet er diese Vorgänge als beispielhaft dafür, wie schwer es diejenigen hatten, die gegen den Strom antikommunistischer Gesinnung schwimmend Kontakt aufnahmen. Er schreibt, daß in der Öffentlichkeit und im privaten Umkreis die Falken auf Verdächtigungen, Ablehnung und bestenfalls auf Unverständnis stießen.

Das Unverständnis beruhte vor allem auch darauf, daß viele nicht einsehen wollten, welche großen Anstrengungen unternommen werden mußten, um das Image vom unfriedlichen und bösen Deutschen zu überwinden. Daß dazu auch gehören mußte, daß besonders die Deutschen ihren Beitrag zur Beendigung des Kalten Krieges leisten, war eine weitere Hürde. Man sah nicht ein, daß auch in westlichen Ländern viele zunehmend in den Deutschen wieder einen Störenfried sahen. Zu wenigen wurde klar, daß nur über den Abbau der Spannungen der Menschheit und besonders dem Wohl der Deutschen in beiden Teilen des geteilten Landes gedient werden konnte.

Wie sich die Deutschen zu den Verbrechen stellten, die in ihrem Namen von dem NS-Regime begangen wurden, war eines der entscheidenden Kriterien für die Glaubwürdigkeit deutscher Friedenspolitik.

Durch Bekenntnisse und Taten zu zeigen, daß die Deutschen Lehren aus ihrer Vergangenheit gezogen haben, erkannten die Falken als besonders wichtig. Es galt, gegen jene aufzutreten, die zu verdrängen und zu vergessen suchten und schnell mit Rechtfertigungsklischees zur Hand waren. Diese meinten, es müsse mal Schluß mit den Vorwürfen gegen die Deutschen gemacht werden, zumal es eben Krieg gewesen sei, und andere Völker seien auch nicht besser.

Die großen Gedenkstättenfahrten nach Auschwitz, Lidice, Struthoff, Bergen-Belsen und anderen Orten nationalsozialistischen Terrors führten nicht nur jungen Menschen das grauenvolle Geschehen vor Augen, sondern waren zugleich antifaschistische Demonstrationen, bei denen auch aktuelle Vorgänge aufgegriffen wurden. Daß dies im Lande vielfach als »Nestbeschmutzung« bezeichnet wurde, machte nur die Gegensätze deutlich. Die gleichzeitigen Bemühungen der Falken um menschliche Kontakte und argumentative Auseinandersetzungen auch mit den kommunistischen Jugendorganisationen dieser Länder wurden als »politische Unzuverlässigkeit« verdächtigt. Wegen ihrer aufklärenden Bildungsarbeit wurden die Falken als »Jugendverderber« diffamiert. Dabei muß man sehen, daß anders als bei vielen anderen Jugendverbänden die Bildungsarbeit seit jeher ein grundlegendes Element sozialistischer Jugendarbeit war. Der Verband vertraute nicht allein auf die erzieherische Wirkung der besonderen Formen jugendlichen Gemeinschaftslebens, sondern verband dies auch mit theorieorientierter Wissens- und Bewußtseinsbildung. Sie taten schon immer das, was heute fast alle Jugendverbände als politische und menschliche Bildungsarbeit zum Bestandteil ihrer Arbeit gemacht haben.

---

2 Peter Bender, Neue Ostpolitik. Vom Mauerbau bis zum Moskauer Vertrag, erschienen in der Reihe »Deutsche Geschichte der neuesten Zeit« im Deutschen Taschenbuchverlag München 1986, S. 21.

Die mit diesem Band vorliegende Untersuchung wurde von Michael Schmidt im Rahmen unseres Projekts angefertigt. Sie schließt nicht nur eine Lücke zeitgeschichtlicher Forschung, sondern stellt zugleich eine Handreichung für die Jugendarbeit dar, indem sie Erfahrungen verwertbar macht und damit Anregungen für die zukünftige Jugendarbeit gibt.

Michael Schmidt war schon an den Vorarbeiten für das Projekt beteiligt, als der Herausgeber im Rahmen des Franz-Neumann-Archivs Anfang der 80er Jahre daran ging, das lang gehegte Vorhaben in Angriff zu nehmen. Für die Unterstützung dieser Vorarbeiten ist besonders dem Kurt-Löwenstein e. V. Berlin zu danken.

Als wir dann für die Jahre 1982 bis 1985 die Förderung des Projekts durch die Stiftung Deutsche Jugendmarke e. V. erhielten, wurde es uns möglich, für die Bearbeitung von drei Themenschwerpunkten vier junge Wissenschaftler zu beschäftigen. Ohne diese finanzielle Förderung hätten wir unser Projekt nicht realisieren können. Das Kuratorium der Stiftung und ihr Geschäftsführer, Herr Reinke, haben an dem Fortgang unserer Arbeiten lebhaften Anteil genommen, ohne uns Vorschriften über Ziel und Methoden der Untersuchung machen zu wollen. Auch die Drucklegung der Ergebnisse wäre ohne die Hilfe der Stiftung nicht möglich gewesen. Wir fühlen uns der Stiftung sehr zu Dank verpflichtet.

Unser Dank geht auch an die Fachhochschule für Sozialarbeit und Sozialpädagogik Berlin für die vielfältige Unterstützung des Forschungsprojekts.

Die Bearbeitung des Themenschwerpunktes »Wiederbeginn der Falkenarbeit nach dem Zweiten Weltkrieg in Berlin (1945–1950) lag in den Händen des Historikers Dr. Siegfried Heimann. Die Ergebnisse erscheinen in gemeinsamer Autorenschaft als Band 1 der Schriftenreihe.

Wir planen, eine von Dr. S. Heimann erstellte kommentierte Dokumentation über die Vorgänge als Band 4 zu veröffentlichen.

Ein weiterer Themenschwerpunkt, der sich vor allem mit den Ereignissen in den 50er Jahren befaßt, und in dem die pädagogischen und politischen Erfahrungen in der Jugendarbeit mit Arbeiterjugendlichen, hauptsächlich auf der Grundlage von Selbstaussagen der Betroffenen, behandelt werden, wurde von dem Diplom-Pädagogen Werner Schultz und von dem Diplom-Politologen Rolf Lindemann bearbeitet. Sie erscheinen als Band 2 unter dem Titel »Die Falken in Berlin – Geschichte und Erinnerung – Jugendopposition in den 50er Jahren«.

Der Diplom-Politologe Michael Schmidt ist der Bearbeiter des Themenschwerpunktes »Die Bedeutung Internationaler Jugendarbeit als Element politischer Erziehung am Beispiel der Kontakte zu osteuropäischen Ländern«.

Ehrenamtlich waren für das Projekt der Projektleiter und Herausgeber und die Mitglieder des Projektbeirats tätig.

Diesem wissenschaftlichen Beirat, der die Themenschwerpunkte und die Ergebnisse laufend diskutierte, gehörten die nachstehenden Persönlichkeiten an:
Heinz Beinert, Prof. Dr. Nils Diederich MdB, Dr. Rolf Kreibich, Prof. Dr. C. Wolfgang Müller, Dipl. rer. pol. Manfred Rexin, Prof. Gunther Soukup und der Projektleiter.

Während der Projektarbeit wurden in einzelnen Aspekten unterschiedliche Auffassungen zwischen den Beteiligten deutlich. So waren zum Beispiel Bewertungen von Ereignissen, die auf persönlichen Erfahrungen aufbauten, nicht immer mit Urteilen auf einen Nenner zu bringen, die auf gegenwärtigen Ansichten über zurückliegende Ereignisse beruhen.

Der Vorstand des Franz-Neumann-Archivs, der wissenschaftliche Projektbeirat und der Projektleiter stimmten darin überein, daß, wenn nach langer Diskussion kontroverse Positionen bestehen bleiben, die Autoren für ihre Aussagen selbst einzustehen haben.

Im Zusammenhang mit dem Projekt wurden umfangreiche Materialien und Dokumente über die Berliner Falken archiviert. Wir danken ehemaligen Berliner Falken-Mitgliedern für die Überlassung der Materialien und für ihre Bereitschaft, zu Interviews zur Verfügung zu stehen. Ein Dank geht auch an den Landesverband Berlin der SJD »Die Falken« für seine Unterstützung unserer Arbeit. Für diese Arbeiten waren zeitweise Herr Bruno Hübner und Frau Astrid Schrön im Projekt tätig.

Wichtige Arbeiten im Sekretariat leisteten zunächst Frau Gisela Breitenbach und ab 1983 Frau Hannelore Knipping.

Zusammen mit Frau Irmgard Weiß hat sich der Schatzmeister des Franz Neumann-Archivs, Herr Michael Elze, der finanziellen Abwicklung des Forschungsprojekts angenommen.

Ihnen allen ist zu danken, daß diese – zunächst auf vier Bände angelegte – Schriftenreihe erscheinen kann.

*Prof. Peter Weiß*

*Falken in Bergen-Belsen 1962*

# I. Die Entwicklung des politischen Selbstverständnisses der SJD – Die Falken auf Bundesebene

Thema dieser Untersuchung sind Aktivitäten, die vom Landesverband Berlin der SJD durchgeführt worden sind. Als regionale Untergliederung einer bundesweiten Organisation war der Landesverband in bestimmte Strukturen eingebunden und von Prozessen abhängig, die sich auf Bundesebene abspielten. Dennoch gab es in vielen Fragen im Berliner Landesverband eine Sonderentwicklung, gerade auch in jenem Bereich, der das Thema dieser Arbeit bildet. Natürlich blieben die Berliner Erfahrungen wiederum nicht ohne Rückwirkungen und haben den Gang der Ereignisse im Bundesverband beeinflußt. Sowohl um die bestehenden Unterschiede als auch die Verknüpfungen herauszuarbeiten, ist es notwendig, einige Entwicklungen auf der Ebene des Bundesverbandes kurz zu skizzieren. Dabei muß das Hauptaugenmerk der Entwicklung des politischen Selbstverständnisses der SJD in den 50er Jahren gelten, weil dieses in positiver wie in negativer Hinsicht die Umsetzung des Konzeptes des Berliner Landesverbandes beeinflußte. Da bei der engen Symbiose zwischen dem Sozialistischen Jugendverband und der SPD Veränderungen bei einem Partner den jeweils anderen mitberührten und vor allem das politische Selbstverständnis des Jugendverbandes in hohem Maße vom Verhältnis zur SPD bestimmt war und umgekehrt, spielt das Verhältnis zwischen beiden Organisationen auf Bundesebene im Rahmen dieses Kapitels eine wichtige Rolle. Gleichzeitig soll es dazu dienen, allen Lesern, die mit den inhaltlichen Zielsetzungen und strukturellen Merkmalen der SJD – Die Falken weniger vertraut sind, einen Überblick zu verschaffen.

## I.1. Erziehungsbewegung oder Jugendverband. Die Diskussion der ersten Jahre (1945–1950)

Nach dem zweiten Weltkrieg entstand in den westlichen Besatzungszonen und in Berlin die Sozialistische Jugend Deutschlands – Die Falken als organisatorisch zwar unabhängige, ideologisch, personell und finanziell aber eindeutig auf die SPD bezogene Kinder- und Jugendorganisation.[1] Sie verstand sich als Nachfolgeorganisation der durch den Sieg des Faschismus in Deutschland untergegangenen Reichsarbeitsgemeinschaft der Kinderfreunde und der Sozialistischen Arbeiterjugend (SAJ) aus der Weimarer Republik, die ebenfalls Organisationen des sozialdemokratischen Spektrums der Arbeiterbewegung gewesen waren.[2]

Die Falken begriffen es als ihre Aufgabe, politische Erziehungsarbeit in jugendgemäßer Form zu leisten. Die Formulierung politischer Zielsetzungen und die Führung des politischen Tageskampfes wurden – analog der Position der SAJ vor 1933 – als Aufgaben der SPD und nicht des Jugendverbandes betrachtet.[3]

Wenn darüber auch eine grundsätzliche Einigkeit herrschte, in der Frage des Selbstverständnisses des Verbandes taten sich dennoch tiefgreifende Differenzen auf, die zunächst Ausdruck der Zusammenfassung einer Kinder- und einer Jugendorganisation unter einem gemeinsamen Dach waren. Die Vertreter der Kinderarbeit beklagten schon bald die Dominanz von Jugendfunktionären in den Führungspositionen des Verbandes und eine daraus resultierende Vernachlässigung seiner pädagogischen Arbeit. Diese pädagogische Praxis war, vor allem im Kinderbereich, begünstigt durch die materielle Not im Nachkriegsdeutschland, sehr stark von fürsorgerisch-caritativen

Elementen bestimmt. Auch inhaltlich überwogen Angebote, deren Freizeitwert zwar unbestritten war, die aber kaum das politisch-pädagogische Profil eines sozialistischen Jugendverbandes herausstellten.[4]

Dies war allerdings weniger das Ergebnis des mangelnden Engagements der Führungsgremien in pädagogischen Fragen, sondern vielmehr eine Folge der in weiten Teilen des Verbandes vorhandenen Vorbehalte gegenüber einer zu starken Politisierung der Verbandsarbeit. Diese Kräfte – wiederum überwiegend die Repräsentanten der Kinderarbeit – hatten einen sehr engen Politikbegriff, der Politik auf Tagespolitik reduzierte, aus der sich ihrer Meinung nach der Verband insgesamt und vor allem der Kinderbereich heraushalten sollten.

Sozialistische Erziehung bedeutete für sie, die Kinder durch das praktische Vor- und Erleben von Solidarität, Koedukation und demokratischen Prozessen in einer Gemeinschaft – unter Ausklammerung von explizit politischen Fragen – emotional an die Sozialistische Bewegung heranzuführen.[5]

Weiterhin befürchteten sie Loyalitätskonflikte zwischen dem Jugendverband und der SPD, wenn sich der Jugendverband zu intensiv mit politischen Fragen beschäftigen würde, und bestanden auf einer konsequenten Trennung zwischen den Aufgaben des Jugendverbandes und dem Wirkungsbereich der Partei.[6] Aus diesem Grunde kritisierten sie sowohl die Arbeit im Jugendbereich, die naturgemäß die politische Komponente im Vergleich zum Kinderbereich eine größere Rolle spielte, als auch die jugendpolitischen Aktivitäten des Vorstandes, da beides für sie die Gefahr einer nicht gewünschten Politisierung des Verbandes in sich barg.

Obwohl im Grundsatz mit ihren Kritikern darüber einig, daß der Jugendverband politisch nicht in Konkurrenz zur SPD treten solle, daß er öffentlich keine von der Haltung der SPD abweichenden Stellungnahmen von sich geben dürfe und politische Themen in den Jugendgruppen nur soweit zu behandeln seien, als sie die Lebenswelt der Jugendlichen berührten, ging den Vertretern der jugendpolitischen Richtung im Verband die Selbstbeschränkung ihrer Opponenten zu weit. Sie fürchteten eine Einschränkung ihrer Möglichkeiten zur jugendpolitischen Interessenvertretung. Der Jugendverband hatte sich unter ihrem Einfluß als ernstzunehmender Faktor im Bereich der Jugendpolitik etabliert und eine Fülle von richtungsweisenden Forderungen in den Bereichen Jugendarbeitsschutz, Berufsausbildung und Schulwesen entwickelt.[7] Aus dieser großen Sachkompetenz resultierte auch ein stärkeres Selbstbewußtsein bezüglich der Aufgabenstellung des Jugendverbandes und seines Verhältnisses zur SPD. So wandte sich Erich Lindstaedt, von 1947 bis zu seinem Tode im Jahr 1952 Verbandsvorsitzender, auf der ersten Verbandskonferenz im April 1947 gegen Tendenzen, die Falken nur als »Lehrlingswerkstatt der SPD« zu begreifen.[8] Dies war ein klarer Ausdruck dafür, daß er für den Jugendverband eine eigene Handlungskompetenz beanspruchte. Allerdings nur in bezug auf jene Gebiete, die als ureigenste Interessenfelder des Jugendverbandes gelten konnten: pädagogische Fragen sowie die Wahrnehmung der Interessen der Arbeiterjugend. Die Führungsrolle der SPD und ihre alleinige Zuständigkeit für allgemeinpolitische Fragen wurden damit von ihm nicht in Frage gestellt.

## I.2. Der Konflikt mit der SPD um die neue Verbandsstruktur 1951

In der Folge setzte sich die von Lindstaedt vertretene Position im Verband durch. Die sozialpolitisch äußerst fragwürdigen Auswirkungen der Währungsreform und die daran anknüpfende wirtschaftliche und politische Entwicklung der Bundesrepublik, die sich für Arbeiterjugendliche vor allem in Form von hoher Arbeitslosigkeit und Lehrstellenmangel darstellte, gaben den Vertretern der an jugendpolitischer Interessenvertretung orientierten Richtung im Verband genügend Argumente an die Hand. So formulierte Lindstaedt im Verbandsorgan »junge gemeinschaft« den im Gesamtverband eingetretenen Lernprozeß bereits im Juni 1949 im Hinblick auf die Folgen der Währungsreform folgendermaßen:

»So war es ein Irrtum zu glauben, daß die Folgen des Krieges die wirtschaftliche Situation der Menschen so ausgeglichen habe, daß der Begriff Klassenkampf als abgeschrieben gelten darf. So war es falsch zu denken, daß ein junger Mensch politisch aktiv sein könne, ohne sich gleichzeitig am parteipolitischen Leben interessiert zu zeigen. Die Tatsache, daß heute junge Menschen wieder um ihr Recht auf bessere Arbeitsverhältnisse gegenüber Erwachsenen kämpfen müssen, hat dazu beigetragen, daß dieser Irrtum erkannt wurde.«[9]

Dieser kämpferischen Einstellung entsprechend scheute sich der Verband in der Folge nicht, auf den Gebieten, die er als sein ureigenstes Aufgabenfeld betrachtete, eigene Initiativen zu entwickeln, wohlwissend, daß dadurch einiger Zündstoff im Verhältnis zur SPD freigesetzt werden könnte.

Das Selbstverständnis des Jugendverbandes über seine Aufgabenstellung und das Verhältnis zur SPD, wie es sich Anfang der 50er Jahre herauskristallisiert hatte, kam auf der 3. Verbandskonferenz 1951 in den Beschlüssen zur Verbandsstruktur und dem daraus resultierenden Konflikt mit der SPD deutlich zum Ausdruck. Gleichzeitig zeigte sich in diesem Konflikt zum ersten Mal offen, daß die SPD, sofern sie ihre Interessen berührt sah, nicht bereit war, dem Jugendverband sehr viel Handlungsspielraum einzuräumen. Insofern hatte dieser Konflikt für das Verhältnis zwischen Partei und Jugendverband exemplarische Bedeutung und soll im folgenden etwas ausführlicher geschildert werden.

Der Verband war Ende der 40er Jahre von einem starken Mitgliederrückgang betroffen.[10] Nicht nur aufgrund dessen herrschte vielfach eine Unzufriedenheit über die bisherige Verbandsarbeit vor. Angestrebt wurde die Ablösung »der Betreuungstendenzen der Vorwärtsreformzeit« durch eine qualifizierte Jugend- und Erziehungsarbeit.[11] Die bisherige Gliederung des Verbandes in einen Arbeitsring für Kinder- und einen für Jugendarbeit hatte sich – nicht nur wegen der zwischen beiden Bereichen vorhandenen Frontstellung – als wenig hilfreich erwiesen. Eine organisatorische Neueinteilung sollte dazu beitragen, die Ziele sozialistischer Jugend- und Erziehungsarbeit besser auf altersgemäße Methoden und Inhalte einzustellen. Auf der Bundeskonferenz 1951 wurde eine altersspezifische Dreiteilung der Arbeit des Verbandes beschlossen. Es entstanden der Falkenring, dem alle Kinder von 6 bis 12 Jahren zugeordnet wurden, der Rote-Falken-Ring für 12- bis 17jährige Jugendliche und der Sozialistische Jugendring für die Heranwachsenden ab 18 Jahre. Gleichzeitig wurde eine Heraufsetzung der Altersgrenze für einfache Mitglieder auf 25 Jahre angestrebt. Begründet wurde diese neue Struktur mit pädagogischen und politischen Gegebenheiten. In der vom Verbandsvorstand dazu eingebrachten Resolution heißt es:

»Die gegenüber 1946 aber vollkommen veränderte Situation auf dem jugendpolitischen Sektor hat eine Verstärkung der politischen Arbeit des Jugendverbandes mit sich gebracht, die eine Überprüfung der Arbeits- und Organisationsform erforderlich macht. Pädagogische Gegebenheiten und Organisationsform müssen aufeinander abgestimmt sein. Das aber ist heute nicht der Fall. Mangelnde Bildungsreife, später eintretendes Politischwerden und verlängerte Schulzeit zwingen zu einer der Pubertätsstufe angepaßten Arbeitsform, die sehr stark auf Erlebnis eingestellt ist. Die jugendpolitische Situation aber fordert von uns die politische Aktion. Die Altersspanne zwischen 15 und 20 Jahren ist für die pädagogisch notwendige Zweiteilung der Arbeit zu klein, die Altersspanne der Älteren (18- bis 20-jährigen) auf jeden Fall aber für die Aktion zu schmal. Die Erhöhung der Altersgrenze erscheint uns hier der Ausweg.«[12]

Über die Erhöhung der Altersgrenze und, im Zusammenhang damit, über die Abgrenzung der Aufgaben zwischen Falken und Jungsozialisten schwelte schon seit längerem ein Streit, den beide Organisationen innerhalb der zuständigen Gremien der SPD führten. Als im Januar 1951 eine Sitzung des Jugendausschusses des SPD-Parteivorstands erneut ergebnislos verlief,[13] entschlossen sich die Falken zu einem Alleingang.

Auf der Verbandskonferenz im März legte der Vorstand eine Resolution zur Jugendfrage vor, in der er seine Position noch einmal begründete, sowie einen als Bitte an die SPD formulierten Antrag, die Altersgrenze für die Mitgliedschaft im Jugendverband auf 25 Jahre zu erhöhen. Um Vorwürfen, der Verband wolle sich damit von der Partei abkoppeln, zu entgehen, wurde die SPD im gleichen Antrag aufgefordert, drei Vertreter aus ihren Reihen mit beratender Funktion in den Verbandsvorstand zu entsenden.

Wie wichtig dem Jugendverband eine Regelung dieser Frage in seinem Sinne war, belegt noch ein weiterer vom Verbandsvorstand eingebrachter und auf der Konferenz verabschiedeter Antrag. Die Konferenz kritisiert die SPD, weil sie sich Gesprächen über »die Neuorientierung der sozialistischen Jugendarbeit« entzogen und es versäumt habe, »den Diskussionsbeitrag der Falken zur Jugendfrage noch vor der Verbandskonferenz ernsthaft zu prüfen«. Damit wurde implizit ausgedrückt, daß sich die SPD den Alleingang des Jugendverbandes mit ihrem Verhalten selber zuzuschreiben habe. Dieser Antrag endete mit der als Bitte formulierten Aufforderung der Konferenz an die Partei, »schnellstens dem Beschluß der Falken, der das gemeinsame Ergebnis fünfjähriger praktischer Arbeit ist, im Interesse der Gesamtbewegung und ihrer Zukunft zuzustimmen«.[14]

Der Verbandsführung war bewußt, daß sie sich mit ihrer Initiative auf dünnes Eis gewagt hatte. Bereits im Vorfeld der Konferenz waren von seiten der SPD Befürchtungen geäußert worden, daß der Verband sich mit diesem Vorhaben von der Partei entfernen wolle.[15] Dieser Vorwurf hat auch in der weiteren Diskussion offenbar eine große Rolle gespielt. Entsprechend war die verbandsinterne Berichterstattung über die Konferenz darauf angelegt, solchen – objektiv falschen – Unterstellungen die Spitze zu nehmen.[16]

Daß es sich bei dieser Angelegenheit nicht um grundsätzliche Opposition gegen die SPD handelte, sondern um einen Interessenkonflikt, bei dem sich schließlich der Stärkere durchsetzte, läßt der Bericht von Erich Lindstaedt über den Ausgang des Konflikts erahnen. Lindstaedt benennt den eigentlichen Kern des Konflikts, wenn er schreibt, daß

»der Vorstand nach monatelanger ernsthafter Diskussion zu der Auffassung gekommen (war), daß ein einheitlicher Jugendverband mit erhöhter Altersgrenze und einer den verschiedenen Jahrgängen pädagogisch und politisch richtig angepaßten Arbeit ein Weg zur Überwindung der Schwierigkeiten sei. Man war sich darüber klar, daß ein solcher Verband nur in enger Anlehnung an die Sozialdemokratische Partei möglich sei, daß aber die *Selbstwaltung* als tragendes Element der Jugendarbeit gesichert sein müsse... Die Erhöhung der Altersgrenze wurde nicht diskutiert, um diese Selbstverwaltung zum Schaden der Erwachsenenbewegung auf einige Jahrgänge mehr auszudehnen, sondern weil wir glaubten, durch Verbreiterung der Altersbasis die politische Wirkung unserer Arbeit verbreitern zu können.«[17]

Lindstaedt hatte bereits 1946 auf der ersten Verbandskonferenz die Forderung nach der »absolute(n) Selbständigkeit der sozialistischen Jugendbewegung gegenüber einer Partei« mit gewichtigen pädagogischen Argumenten begründet.[18] Die SPD befürchtete jedoch, daß diese pädagogisch motivierte Selbstverwaltung in eine politische Selbständigkeit umschlagen könnte, was sie keinesfalls zulassen wollte. Sie wollte verhindern, daß sich wahlberechtigte junge Menschen im Jugendverband, wo sie der direkten Kontrolle durch

17

die Partei entzogen waren, organisierten und nicht direkt in der Partei. Dementsprechend beschloß der SPD-Parteivorstand, die Falken »zu bitten, den Antrag auf einen einheitlichen Jugendverband mit erhöhter Altersgrenze zurückzuziehen«.[19]

Daß diese Bitte offenbar in einer Form geäußert wurde, die dem Verband keine Wahl ließ, geht zumindest zwischen den Zeilen aus den Ausführungen Lindstaedts hervor. Er formulierte:

»Der Verbandsvorstand bedauert die Stellungnahme der Partei. Er stellt fest, daß der Verband mit seinem Vorschlag einen Beitrag leisten wollte zur Lösung der ständig diskutierten und nie gelösten Jugendfrage. Er erkennt an, daß die Partei aus ihrer Sicht gesehen beachtliche Gesichtspunkte für das Verbleiben bei der heutigen Form geäußert hat und meint, daß der Jugendverband auf seinem Antrag nicht beharren sollte. Die Zusammenarbeit zwischen Partei und Jugend erscheint ihm mehr wert als die Entscheidung darüber, wer in einer Einzelfrage Recht habe.«[20]

Diese wohlgewogenen Worte Lindstaedts, der sicherlich bemüht war, nicht weiteres Öl ins Feuer zu gießen, lassen dennoch die Vermutung aufkommen, daß die SPD »die Zusammenarbeit zwischen Partei und Jugend« für den Fall einer nicht genehmen Entscheidung zumindest in Frage gestellt hatte. Daß das Verhältnis zwischen beiden als Folge dieses Konfliktes für einige Zeit gespannt war, konstatiert der Bericht zur folgenden Verbandskonferenz 1953. Dort heißt es:

»Der Wille des sozialistischen Jugendverbandes, als selbständige Organisation für die sozialistische Gesamtbewegung die Aufgaben der Jugend- und Erziehungsarbeit zu leisten, ist nie deutlicher als bei unserer 3. Verbandskonferenz in Heidelberg zum Ausdruck gekommen... In Offenheit muß gesagt werden, daß die Folgezeit nach Heidelberg eine Reihe von Spannungen in Einzelfragen zwischen Parteileitung und Jugendverband brachte.«[21]

Dieser Konflikt hatte gezeigt, daß die SPD der organisatorischen Unabhängigkeit des Jugendverbandes mit sehr viel Skepsis gegenüberstand und daß sie nicht gewillt war, Entscheidungen des Jugendverbandes zuzulassen, die in wesentlichen Punkten ihre vermeintlichen oder wirklichen Interessen berührten. Andererseits war sie sich auch der Bedeutung einer funktionierenden sozialistischen Jugendorganisation bewußt. Dies zeigte sich darin, daß sie, soweit sie nicht fundamentale Interessen berührt sah, immer wieder den Ausgleich mit dem Jugendverband suchte und es – wenn auch zum Teil widerstrebend – hinnahm, daß die Sozialistische Jugend ihren politischen Handlungsspielraum schrittweise erweiterte. Jede Politik, die auf eine stärkere politische Profilierung des Verbandes abzielte, mußte sich dieses Dualismus bewußt sein.

Auch der oben beschriebene Konflikt endete nicht ohne ein Entgegenkommen der SPD. Sie räumte den Falken im Rahmen einer im Januar 1952 beschlossenen »Sozialistischen Aktionsgemeinschaft für die Lösung aller Aufgaben der Jugendarbeit« mehr Einfluß auf die Formulierung der sozialdemokratischen Jugend-, Erziehungs- und Kulturpolitik ein[22] und erfüllte damit den langgehegten Wunsch der Verbandsführung nach breiteren Handlungsmöglichkeiten auf diesen Gebieten. Auch der Sachkonflikt wurde in sehr pragmatischer Weise entschärft. Auf der folgenden Verbandskonferenz 1953 wurde das Altersspektrum des SJ-Ringes nach unten auf 16 Jahre ausgedehnt.

Eine obere Grenze wurde nicht festgelegt. Damit hatte der Verband die Möglichkeit, stillschweigend entsprechend den Intentionen des Antrages von 1951 zu verfahren, ohne dabei in offene Konkurrenz zu Partei und Jugendorganisation zu treten.

Die Jahre zwischen 1952 und 1957, jene Zeit, in der Heinz Westphal den Verbandsvorsitz innehatte, waren gekennzeichnet durch eine harmonische Zusammenarbeit und ein ungetrübtes Verhältnis zwischen Partei und Jugendverband. Wenn auch im Bericht zur Verbandskonferenz 1953 festgestellt wurde, daß »die auf unsere Bitte hin erfolgte Wahl von drei PV-Mitgliedern als Beratern unseres Verbandsvorstandes... leider nicht zu der gewünschten Auswirkung« kam, so wird dennoch von einer laufenden Verbesserung der Kommunikation und der Zusammenarbeit sowie der Beziehungen beider Organisationen insgesamt berichtet.[23] Gleiches geht aus dem Arbeitsbericht zur Verbandskonferenz 1955 hervor, in dem das politische Selbstverständnis der Falken und das daraus abgeleitete Verhältnis zur SPD, wie es sich in jener Zeit darstellte, folgendermaßen beschrieben worden:

»In einer politisch so bewegten Zeit, wie der heutigen, ist es für den sozialistischen Jugendverband von entscheidender Bedeutung, in engem und gutem Kontakt zur politischen Führungskraft der Arbeiterbewegung, zur Sozialdemokratischen Partei zu stehen. In den Diskussionen um die Meinungsbildung innerhalb der sozialistischen Bewegung fällt dem sozialistischen Jugendverband als Gremium eine besondere, von den anderen Teilen der Bewegung abgehobene Aufgabe nur auf dem erzieherischen und jugendpolitischen Gebiet zu. Hier tritt er als selbständige Gruppe geschlossen auf und beeinflußt die Arbeit und Haltung der Partei. In allen anderen Fragen des gesellschaftlichen und politischen Lebens bringt der Jugendverband die in ihm vorhandenen und beratenden Meinungen als Teile in die Gesamtdiskussion der sozialistischen Bewegung ein, ohne hierfür eine eigene Politik zu entwickeln. Nur die Einhaltung dieser Grundgedanken ermöglicht eine gute und für beide Seiten fruchtbare Zusammenarbeit. Die an den Grenzfällen dieses Prinzips auftretenden Schwierigkeiten in der einen oder anderen Einzelfrage können nur durch dauernde gegenseitige Information und Absprache vermieden bzw. überwunden werden.

Trotz einiger Konflikte in Grenzfällen der geschilderten Art kann für die vergangene Arbeitsperiode gesagt werden, daß der Kontakt, die Zusammenarbeit und die gegenseitige Information zwischen Partei und Jugendverband sich weiter verbessert haben. In einer großen Anzahl von Ausschüssen und Arbeitsgremien, die für bestimmte Teilfragen der Politik, der Parteiprogrammatik und der organisatorischen Arbeit eingesetzt wurden, zog die Partei Vertreter des Jugendverbandes zur Mitarbeit heran.«[24]

Jedoch bewirkte die politische Entwicklung in der Bundesrepublik in jenen Jahren eine durchgreifende Veränderung des verbandlichen Selbstverständnisses, und damit reiften neue Konflikte zwischen der SJD und der SPD heran. Den Ausgangspunkt bildete die Debatte um die Remilitarisierung der Bundesrepublik.

### I.3. Die Remilitarisierung der Bundesrepublik als wesentlicher Faktor für eine fortschreitende Politisierung des Verbandes (1952–1955)

Der Kampf gegen den Militarismus hatte in der Arbeiterjugendbewegung eine lange Tradition. Leidenschaftliche Auseinandersetzungen über diese Frage hatten in der Vergangenheit bereits zweimal zur Spaltung der sozialdemokratischen Arbeiterjugendbewegung geführt.[25] Wie schon bei der SAJ war der Antimilitarismus Bestandteil der Satzung der SJD bei ihrer Wiedergründung nach dem zweiten Weltkrieg geworden. Antimilitaristische Aktivitäten aller Art, von Feierstunden bis zu Aktionen gegen Kriegsspielzeug gehörten zum Alltag der Verbandsarbeit. Diese Haltung korrespondierte mit den Bedürfnissen vieler, nicht nur junger Deutscher, denen nach den Ereignissen des zweiten Weltkrieges eine deutsche Wiederbewaffnung unvorstellbar erschien. Da die jungen männlichen Verbandsmitglieder, die in den Gruppen des SJ-Ringes nicht nur zahlenmäßig dominierten,[26] als zukünftige Wehrpflichtige auch in ganz direkter Weise betroffen waren, entspann sich in der sozialistischen Jugendbewegung zum dritten Mal in ihrer Geschichte eine tiefgreifende und polarisierende Diskussion über die Frage, wie sich Sozialisten im Rahmen eines bürgerlichen Staates zur Landesverteidigung verhalten sollen. Und wiederum zeigten sich zwischen der Haltung der Verbandsführung und großen Teilen der Mitgliedschaft erhebliche Differenzen.

Die erste Stellungnahme des Verbandsvorstandes zur Frage der Remilitarisierung vom Oktober 1950 zeigte die Linie auf, die der Verbandsvorstand, in enger Anlehnung an die Haltung der SPD, verfolgte. Keine grundsätzliche Ablehnung eines westdeutschen Wehrbeitrages, aber eine Ablehnung zum jetzigen Zeitpunkt und unter den jetzigen Bedingungen.[27] Im März 1952 verabschiedete der Verbandsvorstand eine fünfseitige Erklärung, in der gegliedert nach innen-, außenpolitischen und sittlichen (moralischen) Gründen alle Fakten, die gegen eine Wiederaufrüstung sprachen, enthalten waren. Die Resolution schloß mit der Ankündigung: »Sollte die Bundesregierung dennoch den Wehrbeitrag rücksichtslos durchzusetzen versuchen, so werden wir eine solche Maßnahme nicht widerstandslos hinnehmen.«[28]

Diese Erklärung war sicherlich eine Reaktion auf die mittlerweile im Verband entbrannte Diskussion und die sich im Rahmen dieser Diskussion artikulierende Stimmung gegen einen deutschen Wehrbeitrag.[29] Die beeindruckende Aufzählung aller Argumente gegen die Aufrüstung und die verbal-radikale Diktion dieser Stellungnahme dürften jedoch nicht darüber hinwegtäuschen, daß sich in der Sache die Position des Verbandsvorstandes nicht geändert hatte. Einige Sätze der Resolution ließen keinen Zweifel daran, daß unter geänderten Bedingungen – vor allem wurde das auch von der SPD in jener Zeit häufig strapazierte Argument der politischen und militärischen Gleichberechtigung als Voraussetzung für die Aufstellung einer deutschen Armee benannt[30] – ein militärischer Verteidigungsbeitrag für denkbar gehalten wurde.[31]

Die prinzipiellen Gegner einer deutschen Wiederaufrüstung im Zuge der Westintegration aus sozialistischen oder pazifistischen Motiven konnte die Erklärung des Verbandsvorstandes nicht befriedigen. Dies zeigte sich auf der Berliner Landeskonferenz im April 1952, auf der diese Erklärung als Antrag zur Verabschiedung vorlag. Mit der Begründung, daß »durch diesen Abschnitt die allgemeine Tendenz der Resolution unklar wird«, erreichte ein Änderungsantrag die Streichung jener Passage, die die o. g. Einschränkungen enthielt.[32]

Jedoch waren die linkssozialistischen Kräfte im Verband zu jener Zeit noch recht unbedeutend. Ihre Position verstärkte sich allerdings im Verlauf dieser Auseinandersetzungen in dem Maße, in dem sich zeigte, daß erstens die Bundesregierung die von ihr verfolgte Politik der Wiederaufrüstung mit gleichzeitiger Westintegration rigoros durchsetzte und zweitens weder die SPD noch der Verband ihren angekündigten heftigen Widerstand in die Tat umsetzten. Und dies, obwohl in Teilen der Mitgliedschaft der SPD, des DGB und in anderen gesellschaftlichen Bereichen die Bereitschaft zum Widerstand durchaus vorhanden war.[32a] Hinzu kam, daß die Debatte um die Wiederaufrüstung den Jugendverband insgesamt politisierte, da diese Frage im Zusammenhang mit anderen politischen Fragestellungen wie Abschreckungslogik, Westintegration, Wiedervereinigungschancen, soziale und gesellschaftliche Auswirkungen eines Verteidigungsbeitrages u.a.m. stand. Genau das, was die Gründer und die Führung des Jugendverbandes hatten verhindern wollen, war eingetreten. Die Mitgliedschaft diskutierte hochpolitische Fragen, die Untergliederungen verfaßten entsprechende Resolutionen, die zum Teil die Übereinstimmung mit der SPD bedrohten, und im Verband selbst kam es zu einer starken Polarisierung.

Der Verlauf der 5. Verbandskonferenz 1955 zeigte dies deutlich. Der Konferenz lagen eine Vielzahl von Anträgen zum Thema Remilitarisierung vor. Der Versuch, die verschiedenartigen Positionen zu vereinheitlichen, scheiterte. Die von diesem Zweck eingesetzten Kommission vorgelegte Resolution des Minimalkonsens war vielen Delegierten zu wenig aussagekräftig, so daß dennoch über alle zu diesem Komplex vorliegenden Anträge abgestimmt wurde. Das Ergebnis war vorhersehbar. Mit wechselnden Mehrheiten wurden alle Anträge niedergestimmt. Weder die Vorstandslinie, die als Folge der auf politischer Ebene bereits geschaffenen Tatsachen Bereitschaft zeigte, sich an der »Entwicklung von Grundsätzen für eine demokratische Armee« zu beteiligen, noch die Linken mit ihrer Forderung, der Verband solle zur Wehrdienstverweigerung aufrufen und den angekündigten Widerstand in die Tat umsetzen, konnten eine Mehrheit auf sich vereinen. Ebenso erging es den anderen Vorlagen, die sich zwischen diesen beiden Polen bewegten.[33]

Um in dieser Frage überhaupt zu einer Entscheidung zu kommen, wurde schließlich am Ende doch die Resolution des Minimalkonsens verabschiedet. Diese bekräftigte das Engagement des Verbandes für Frieden und Freiheit, forderte weltweite kontrollierte Abrüstung, sicherte Wehrdienstverweigerern die Hilfe des Verbandes zu und stellte insbesondere das Primat der Wiedervereinigung gegenüber einer militärischen Blockeinbindung heraus. Um diese Entschließung im Hinblick auf praktische Konsequenzen für die Verbandsarbeit auszufüllen, wurde der Verbandsvorstand aufgefordert, ein Aktionsprogramm zur Wehrpolitik zu entwickeln.[34]

Auf der Kieler Verbandskonferenz war deutlich geworden, daß sich im Verlauf der Diskussion um die Wiederaufrüstung im Verband eine sozialistische Linke herausgebildet hatte, die in einigen Untergliederungen starke Bastionen besaß. Dazu gehörten die Bezirke Baden-Württemberg, Bremen, Hessen-Süd, Mittelrhein, Westfalen-Ost sowie als zahlenmäßig stärkste Gruppe: der Landesverband Berlin. Diese Kräfte empfanden das Konferenzergebnis in der Frage der Haltung des Verbandes zur Remilitarisierung als höchst unbefriedigend. Um ihren Einfluß im Verband zukünftig besser zur Geltung bringen zu können, beschlossen sie, enger als bisher zusammenzuarbeiten. Als Koordinationsgremium zur Konzipierung, Abstimmung und Umsetzung einer sozialistischen Politik im Verband gründeten sie den Politischen Arbeitskreis (PAK). Sozialistische Politik bedeutete für sie, die Überführung des kapitalistischen Privateigentums an Produktionsmitteln in gesellschaftliches Eigentum durchzusetzen. Nicht die Reform, sondern die Überwindung des bürgerlich-parlamentarischen Systems und seine Ersetzung durch die wirtschaftliche und politische Selbstverwaltung der Arbeiterschaft bildeten ihre Zielsetzung. Obwohl die führenden Vertreter des PAK selbst alle Mitglieder der SPD waren, kritisierten sie die reformistische Praxis der SPD und prägten den Satz: »Nicht demokratischer Sozialismus, sondern sozialistische Demokratie!«[35]

Aus diesen weitreichenden Zielsetzungen ergab sich ihr Verständnis von den Aufgaben des sozialistischen Jugendverbandes. Der Verband sollte es übernehmen, »die besten Teile der Arbeiterjugend (ausgehend vom Kind) zu bewußten Kämpfern für den Sozialismus zu erziehen«[36] und »innerhalb der Jugend- und der Arbeiterbewegung für eine sozialistische Erneuerung zu kämpfen«. Gleichzeitig wurde für den Jugendverband das Recht in Anspruch genommen, »an der Politik und der Ideologie der SPD Kritik zu üben«.[37] Da – wie wir gesehen haben – sowohl die Verbands- als auch in noch größerem Maße die SPD-Führung ein völlig anderes Verständnis von der Rolle des Jugendverbandes hatten, war, in dem Maße, in dem die linken Kräfte im Verband sich formierten, ein neuer Konflikt um das Selbstverständnis des Jugendverbandes vorprogrammiert.

## I.4. Die Suche nach einem neuen Selbstverständnis – Führungswechsel (1955–1957)

Die Herausbildung einer linken Opposition im Verband war nur ein Ergebnis der Veränderung der gesellschaftlichen Bedingungen im Zuge der politischen Entwicklung in der Bundesrepublik. Die auch sozialpolitisch erfolgreiche Restauration des Kapitalismus hatte weitere tiefgreifende Konsequenzen für die Entwicklung des Verbandes.

Die Mitgliederstruktur war von Anfang an im Vergleich zur SAJ und der Kinderfreunde-Bewegung stark verändert. Während diese beiden Organisationen als Teil einer intakten sozialdemokratischen Bewegung eine eindeutig sozialdemokratisch orientierte Mitgliedschaft aufwiesen,[38] betrug der Anteil der Mitglieder aus sozialdemokratischem Hause bei den Falken Mitte der 50er Jahre nur etwa ein Drittel.[39] Auch der Anteil von Arbeiterjugendlichen im Verband dürfte im Vergleich zur Zeit vor 1933 stark zurückgegangen sein. Konkrete Zahlen lagen uns allerdings nur für die Funktionärsebene vor. So betrug der Anteil von Arbeitern und Facharbeitern unter den Delegierten der Bundeskonferenz 1955 nur etwa ein Viertel. Dagegen wiesen sich ein Drittel der Delegierten als Angestellte im kaufmännischen oder Verwaltungsbereich aus.[40]

Weil ein festumrissenes Milieu als Rekrutierungsfeld für Mitarbeiter fehlte, klagte der Verband ständig über Helfermangel. Diese Entwicklung verschärfte sich durch die Auswirkungen des »Wirtschaftswunders« weiter, indem dieses »durch die Erzeugung eines öden Materialismus die Grundlage jeder ehrenamtlichen Arbeit und damit die Basis des Jugendverbandes zerstörte«.[41]

So wurde im Arbeitsbericht zur 5. Verbandskonferenz 1955 ein wenig optimistisches Bild gezeichnet. Für den Falkenring wurde ein Mitglieder- und Helferschwund konstatiert. Im mitgliederstärksten Rote Falken-Ring entstanden Schwierigkeiten beim Übergang in den SJ-Ring, weil sich letzterer zu sehr um die Jugendpolitik und zu wenig um die Gruppen- und Bildungsarbeit kümmerte. Gegenüber 1952 wurde ein Rückgang von 43 000 auf 33 000 aktive Mitglieder festgestellt.[42]

Die Unzufriedenheit mit dieser Entwicklung innerhalb des Verbandes wuchs. Und zwar nicht nur bei jenen Kräften, die sich zur linken Opposition zusammengeschlossen hatten.[43] Eine Vielzahl von Funktionären, vor allem der mittleren Ebene, die die politische Kritik der Linken durchaus nicht in allen Punkten teilten, bemängelte vor allem die starke Fixierung des Vorstandes auf jugendpolitische Fragen und die damit einhergehende Vernachlässigung der sonstigen Verbandsarbeit vor dem Hintergrund der oben beschriebenen Probleme. Sie fühlten sich in ihrer praktischen alltäglichen Arbeit im Stich gelassen von einem Vorstand, der seine Kräfte darin erschöpfte, als Jugendlobby ständig im parlamentarischen und vorparlamentarischen Raum tätig zu sein, dem es nicht gelang, die Mitgliedschaft in diesen Prozeß mit einzubeziehen und der sich den den Verband bedrängenden Problemen zu wenig widmete.

Angesichts der großen Unzufriedenheit mit der Arbeit des bisherigen Vorstandes plante die Linke, einen eigenen Kandidaten für den Vorsitz auf der 6. Verbandskonferenz 1957 aufzustellen und nominierte den Berliner Landesvorsitzenden Harry Ristock für dieses Amt. Eine starke Gruppe von Delegierten aus dem RF-Ring sowie den Bezirken Niederrhein und westliches Westfalen, die – wie eben beschrieben – zwar einige Kritik an der Politik des Vorstandes um Heinz Westphal hatte, jedoch nicht bereit war, die inhaltlichen und personellen Alternativen der Linken voll mitzutragen, präsentierte daraufhin einen eigenen Kandidaten als Kompromißvorschlag. Gleichzeitig wurden die beiden anderen Kontrahenten aufgefordert, ihre Kandidatur zurückzuziehen, um die im Verband bestehenden Fronten nicht weiter zu verhärten und eine Zusammenarbeit aller Kräfte innerhalb des Verbandes zu ermöglichen. Durch Ristocks Verzicht – während Westphal seine Kandidatur aufrechterhielt – war der Weg frei für ein Bündnis zwischen dieser Gruppe und der im PAK zusammengeschlossenen Linken.

Westphal unterlag dem Kompromißkandidaten Kalli Prall mit 65 gegen 83 Stimmen. Mit ihm verloren 11 bisherige Vorstandsmitglieder, die ebenfalls zu den jugendpolitischen Pragmatikern zählten, ihre Funktionen; einige Vertreter der Linken, unter ihnen Harry Ristock, wurden in den Vorstand gewählt.

Daß eine neue Ära in der Verbandspolitik angebrochen war, bewies auch die Antragsberatung. Erstmals lagen einer Verbandskonferenz eine Vielzahl von Anträgen vor, die sich mit allgemeinpolitischen Fragen befaßten und weit über den jugendpolitischen Horizont hinausreichten. Der Entwicklung, daß politische Diskussionen nunmehr in der ganzen Breite des Verbandes geführt werden mußten, hatte der auf der Konferenz abgewählte Vorstand bereits Tribut zollen müssen. Im April 1956 hatte die Verbandszeitschrift »junge gemeinschaft« ein neues Gesicht und eine neue Konzeption erhalten. Aus der »Zeitschrift für sozialistische Jugend- und Erziehungsarbeit« war eine »Zeitung für die sozialistische Jugend« geworden, in der nunmehr aktuelle politische Berichterstattung und die theoretische Reflexion politischer Probleme breiten Raum einnahmen. Heinz Westphal selber hatte im Mai 1956 durch seine Teilnahme an einer umstrittenen Kundgebung der Berliner Falken zur Deutschlandpolitik [44] anerkannt, daß die Wahrnehmung eines politischen Mandats von seiten des Jugendverbandes durchaus legitim sein kann. Allerdings seinem Verständnis nach nur, sofern sich dies im Rahmen der von der SPD vorgegebenen Politik bewegte. So stand auf der 6. Verbandskonferenz und in den folgenden Jahren weniger die Frage, ob dem Jugendverband ein politisches Mandat zusteht, sondern in welcher Weise er es ausfüllt, im Vordergrund.

Die Konferenz stand unter dem Motto: »Weder Ost noch West – für eine ungeteilte sozialistische Welt«. Das Thema Kolonialismus stand im Vordergrund der Beratungen. Zu einigen der Konferenz vorliegenden Anträgen hatte der Vorstand eigene Entwürfe eingebracht, um – da die Abgabe einer Stellungnahme durch die Verbandskonferenz als sicher gelten konnte – zumindest inhaltlich-politisch die eigenen Intentionen zur Geltung bringen zu können. Verabschiedet wurden u. a. Resolutionen gegen den Kolonialismus, die atomare Aufrüstung, zur innenpolitischen Entwicklung in der Bundesrepublik und für die Normalisierung der wirtschaftlichen und politischen Beziehungen zur VR China und zu Polen.[45] Der Prozeß der Politisierung des Verbandes im Verlauf der Diskussionen der letzten Jahre war erstmals öffentlich sichtbar geworden.

In Teilen der Presse wurde der Verlauf der Stuttgarter Verbandskonferenz als Anzeichen für einen deutlichen Linksruck bei den Falken gewertet.[46] In der Tat hatte sich ein zentrales Anliegen der Linken, dem Verband ein politisches Profil zu geben, erfüllt, und sie hatte durch ihre Einbeziehung in den neuen Vorstand ihre Handlungsmöglichkeiten erweitert. Zum einen vergrößerte sich der politische Spielraum der links dominierten Bezirke, da bestimmte politisch brisante Aktivitäten der einzelnen Untergliederungen der Zustimmung des Bundesvorstandes bedurften. Des weiteren hatten sie durch ihre starke Repäsentation im SJ-Ring,[47] der für die politischen Aktionen des Verbandes zuständig war, erhebliche Möglichkeiten, die Verbandspolitik zu beeinflussen. Nicht von ungefähr fielen das Anknüpfen von offiziellen Kontakten zur polnischen Volksjugend ebenso in jene Zeit wie Intensivierung der Beziehungen nach Jugoslawien durch den Bundesverband mit dem SJ-Zeltlager in Zadar 1960 als Höhepunkt.[48] Die politische Konstellation im Bundesvorstand bot zu jener Zeit gute Voraussetzungen für politisch-pädagogische Experimente von seiten jener Kräfte im Verband, die verbandspolitisches Neuland erschließen wollten.

Ein weiterer Punkt, an dem sich der Verband den Vorstellungen der Linken annäherte, war die Haltung zur Remilitarisierung. Wie bereits beschrieben, hatte sich in der Ära Westphal der Verband das bedingte Nein der SPD zu eigen gemacht. Als die SPD, wohl um zu beweisen, daß es ihr nicht um eine grundsätzliche Ablehnung der Landesverteidigung ging, sich an der Beratung der wehrpolitischen Ergänzungen zum Grundgesetz beteiligte und diese schließlich im März 1956 gemeinsam mit der CDU/CSU-Regierung verabschiedete,[49] schloß sich der Verbandsvorstand dieser Haltung an. Obwohl die entsprechenden Anträge auf der Kieler Verbandskonferenz keine Mehrheit gefunden hatten, vertrat der Verbandsvorstand die Linie, daß es jetzt darauf ankäme, die Wahrung der Demokratie in den Streitkräften zu sichern und sich an entsprechenden Aktivitäten zu beteiligen. Gemäß seinem Verständnis von Jugendverbandspolitik – durch Mitarbeit im vorparlamentarischen Raum auf die inhaltliche Ausfüllung von jugendbezogenen Gesetzen Einfluß zu nehmen – hatte sich Heinz Westphal in einer Kommission des Bundesjugendringes engagiert, die sich unter dem Gesichtspunkt des Antimilitarismus der demokratischen Ausgestaltung der Streitkräfte widmete. Nicht nur die Verbandslinke kritisierte daraufhin, daß er damit zugunsten einer Einflußnahme in Detailfragen die grundsätzliche Opposition des Verbandes gegen die Wehrgesetzgebung aufgegeben hätte.[50] Dies galt insbesondere, da viele die Chancen der Demokratisierung einer von führenden Militärs der NS-Wehrmacht aufgebauten Armee als sehr gering einschätzten.

In der Folge des Führungswechsels auf der 6. Verbandskonferenz nahmen die Falken eine konsequentere Haltung zu den Fragen der Wehrpolitik ein, allerdings ohne den Forderungen der Linken zu weit entgegenzukommen. Ein Antrag des Landesverbandes Berlin, der den Verbandsausschluß für jene Mitglieder forderte, die sich freiwillig zur Bundeswehr oder bezogen auf die Ostberliner Mitglieder[51] zur NVA meldeten, fand auf der 6. Verbandskonferenz keine Mehrheit. Andererseits kritisierte die folgende Konferenz den Aufruf der SPD-Bundestagsfraktion vom Oktober 1958, junge Sozialdemokraten sollten freiwillig in die Bundeswehr eintreten, und bekräftigte die Ablehnung der Wiederaufrüstung und der Bundeswehr,[52] während sich die SPD bereits seit 1956 nur noch auf der Ablehnung der Wehrpflicht[53] und der Atombewaffnung für die Bundeswehr[54] beschränkt hatte.

Die Falken hatten seit Mitte der 50er Jahre erheblich an politischem Profil gewonnen und gleichzeitig ihren Handlungsspielraum gegenüber der SPD erweitert. Beides war zwar mit auf die Initiative der Verbandslinken zurückzuführen, hatte sich aber letztlich nur durchsetzen können, weil angesichts des kalten Windes der Adenauer-Ära, der Sozialisten wie Sozialdemokraten gleichermaßen ins Gesicht blies, im Verband allgemein die Einsicht in die Notwendigkeit eines kämpferischen Jugendverbandes, der auch politische Zeichen setzt, zugenommen hatte. Deshalb sollte das Gewicht, das die Linke im Verband insgesamt hatte, auch wenn dies von interessierter Seite in einem Teil der bürgerlichen Medien und der sozialdemokratischen Bewegung anders dargestellt wurde, nicht überschätzt werden. Daß auch die Linke selbst ihre eigene Stärke überschätzt hatte, zeigte sich in dem Konflikt um die Aktivitäten des Politischen Arbeitskreises.

## I.5. Der Balanceakt zwischen politischer Selbstbestimmung und den Vorstellungen der SPD (1957–1960)

Das Ergebnis der 6. Verbandskonferenz, insbesondere die Abwahl von Heinz Westphal, der jahrelang für den Gleichklang zwischen Jugendverband und Partei gesorgt hatte, hatte bei der SPD einige Irritationen hervorgerufen. Es war sicherlich kein Zufall, daß in der Folgezeit von seiten der SPD eine Teilung des Verbandes in einen Kinder- und einen Jugendverband ins Gespräch gebracht wurde, eine Initiative, die vom Verbandsvorstand einhellig abgelehnt wurde.[55]

Dies war verständlich, denn eine solche Aufspaltung des Verbandes hätte ihn erheblich geschwächt und die Möglichkeiten zur Einflußnahme und finanziellen sowie politischen Austrocknung durch die SPD, vor allem gegenüber dem Jugendteil, noch weiter gesteigert. Und dies, obwohl die SPD ohnehin viele nicht nur politische

Einflußmöglichkeiten gegenüber dem Verband besaß. Das damalige Vorstandsmitglied Bodo Brücher, der zur Mittelgruppe im Verband zählte, beschreibt in seiner Dissertation die Situation nach der 6. Verbandskonferenz und die Abhängigkeit des Verbandes von der SPD folgendermaßen:

»Die anfängliche Beunruhigung in der Führung der sozialdemokratischen Partei über den mißverstandenen Ausgang der Stuttgarter Konferenz wurde rasch behoben. Der neue Vorsitzende Kalli Prall und einige Mitarbeiter (u. a. der Verfasser) führten wenige Tage nach der Konferenz mit dem Vorsitzenden der SPD, Erich Ollenhauer, ein Gespräch, in dem die Bereitschaft des Verbandes zur engen Zusammenarbeit mit der Partei betont wurde. Die den Verband tragenden Bezirke boten eine Gewähr für die Durchsetzung dieses Programms, da ihre Führungsspitzen Funktionen innerhalb der SPD bekleideten und die Sekretäre in diesen Bezirken entweder unmittelbar Angestellte der sozialdemokratischen Partei waren oder ihre Gehälter aus Parteimitteln bestritten wurden. Diese enge personelle Verflechtung zwischen Jugendverband und Partei gerade in mitgliederstarken Bezirken sicherte zwar einerseits die Kontinuität der Zusammenarbeit zwischen beiden Organisationen, belegt aber die These, daß eine autonome Selbstverwaltung nur formal bestand.«[56]

Dennoch oder vielleicht gerade deshalb war die SPD nicht bereit, eine weitere eigenständige politische Profilierung des Jugendverbandes hinzunehmen, wie die Entwicklung der folgenden Jahre zeigen sollte.

Die im »PAK zusammengeschlossene Linke hatte ihr politisches Selbstverständnis in einem »Manifest der sozialistischen Jugend« genannten Entwurf niedergelegt. Das »Manifest« enthielt im Teil A eine Analyse und Beschreibung der Entwicklung der kapitalistischen Länder sowie der Sowjetunion und der Volksdemokratien als der vorherrschenden gesellschaftlichen Systeme, deren Überwindung man sich zum Ziel gesetzt hatte. Daran anschließend wurde der Sozialismus als die anzustrebende Alternative, und die notwendige Politik zu seiner Durchsetzung dargestellt. Im Teil B, dem eigentlichen Programm, wurden die Aufgaben des Jugendverbandes im Zuge dieses Kampfes festgelegt. Dies betraf sowohl die innere Verbandsarbeit als auch vielfältige politische Aufgabenstellungen und gipfelte in dem Satz: »Die Sozialistische Jugend Deutschlands – Die Falken – muß in allen politisch bedeutsamen Fragen der Motor im Interessenkampf der arbeitenden Jugend sein.«[57]

Als der PAK dieses »Manifest« auf der Bundeskonferenz 1959 in Köln als Grundlage für eine Programmdiskussion vorlegen wollte, war in den Augen der SPD das Maß des Erträglichen überschritten.

Dies aus zweierlei Gründen: Einmal war die SPD gerade im Begriff, sich mit dem Godesberger Programm von den letzten Resten marxistischen Gedankenguts zu trennen, um sich besser als Volkspartei darstellen zu können.[58] Daher wollte sie nicht dulden, daß der ihr befreundete Jugendverband den genau umgekehrten Weg beschritt, indem er ein »in seiner Analyse, in den Beschreibungen des politischen Weges, in seinen Schlußfolgerungen und in seiner Zielsetzung marxistisch orientiert(es)«[59] Programm diskutierte. Zum anderen, weil in diesem Manifest das Verhältnis zwischen Jugendverband und Partei in einer Weise definiert wurde, die gelten zu lassen, die SPD nicht bereit war. Zwar war die bereits oben zitierte Fassung des Manifestes[60] in mehreren Überarbeitungen teilweise entschärft worden, aber auch der vierte und letzte Entwurf enthielt noch die Forderung nach der Gleichberechtigung zwischen SJD und SPD sowie den Anspruch des Jugendverbandes, Politik und Ideologie der Partei zu kritisieren.[61] Allein die Diskussion solcher Thesen im ihr nahestehenden Jugendverband hielt die SPD-Führung für unerträglich. Sie stellte gegenüber dem Verband klar, daß die Vorlage dieses Manifestes auf der Verbandskonferenz oder gar seine Verabschiedung den Bruch zwischen Partei und Jugendverband zur Folge haben würde. Auch auf der Konferenz selbst machten Irma Keilhack und Waldemar von Knoeringen als Vertreter des SPD-Parteivorstandes deutlich, daß die SPD darauf abzielte, dem Jugendverband seinen in den letzten Jahren errungenen Handlungsspielraum zu entziehen und seine Kompetenz erneut auf das jugendpflegerische und jugendpolitische Feld zu beschränken.[62]

Mit dieser massiven Intervention hatte die SPD erneut bewiesen, daß sie nicht gewillt war, die organisatorische Unabhängigkeit des Jugendverbandes in eine politische umschlagen zu lassen. Wie bereits bei dem Konflikt von 1951 um die Altersgrenze setzte sie den Aktivitäten des Jugendverbandes in dem Moment eindeutige Grenzen, als sie befürchten mußte, der Verband wolle auf dem politischen Feld in Konkurrenz zu ihr treten. Die Selbstbestimmung des Verbandes endete jeweils dort, wo die SPD ihr politisches Interesse wesentlich berührt sah. Dabei zeigte sich einmal mehr, daß der SPD-Führung an einer gleichberechtigten Partnerschaft zwischen beiden Organisationen nichts gelegen war.

Im Verband selbst waren die Aktivitäten der PAK nie unumstritten gewesen.[63] Es gab nach wie vor eine Minderheit von Kräften, die einer Politisierung des Jugendverbandes ablehnend gegenüberstanden. Hinzu kamen jene starken Teile des Verbandes, die zwar für die Selbstverwaltung des Jugendverbandes auch gegenüber der SPD eintraten, jedoch aufgrund ihrer engen Anlehnung an Politik und Programmatik der SPD – was Divergenzen in Einzelfragen nicht ausschloß – nicht bereit waren, der politischen Konzeption des PAK zu folgen. Sicherlich spielte die oben beschriebene finanzielle und personelle Verflechtung mit der SPD dabei ebenfalls eine Rolle. So regte sich auch im Verband selbst bei Bekanntwerden des »Manifestes« erheblicher Widerstand.[64] Beinert als Mitinitiator des »Manifestes« stellte in der Rückschau fest, »daß das Manifest nicht dem Bewußtseinsstand der Mehrheit des Verbandes entsprach«,[65] so daß an seine Verabschiedung auch ohne den Druck der SPD nicht zu denken gewesen wäre. Der ausgeübte Druck trug allerdings erheblich dazu bei, daß der PAK das »Manifest« schon vor der Konferenz zurückzog und seine Auflösung beschloß, allerdings ohne daß damit die organisatorische Zusammenarbeit der linken Bezirke eingestellt wurde.[66] Diese Entscheidung bewies, daß auch die Verbandslinke die Einheit des Verbandes und die Zusammenarbeit mit der SPD nicht in Frage stellen wollte und ihre Initiative nicht auf einen Bruch mit der SPD, sondern nur auf die Erweiterung des politischen Handlungsspielraumes des Jugendverbandes gezielt hatte.

Der Verlauf der 7. Verbandskonferenz zeigte auf, daß die Mehrheit der Delegierten ihr Recht auf eigenständige politische Artikulation ebensowenig in Frage gestellt sehen wollte wie die Loyalität des Verbandes gegenüber der SPD. So wurden neben der bereits erwähnten Entschließung, die die Wehrpolitik der SPD kritisierte,[67] eine Anzahl weiterer politischer Resolutionen und Anträge verabschiedet, darunter einer, der die Bedingungen für eine Kontaktaufnahme zur Jugend der Ostblockstaaten regelte. Dem neugewählten Vorstand gehörten wiederum Vertreter der Linken an, und schließlich wurde mit einer ⅔-Mehrheit eine Entschließung verabschiedet, die sich gegen das von der Berliner SPD gegen Harry Ristock eingeleitete Parteiordnungsverfahren richtete[68] und diesem das Vertrauen aussprach. Andererseits hatte ein Antrag des Landesverbandes Bayern eine – wenn auch mit 72 gegen 60 Stimmen recht knappe – Mehrheit gefunden, der die Anerkennung der »SPD als die Führungskraft innerhalb der demokratisch-sozialistischen Bewegung« in allen ideologischen und politischen Problemen« forderte und in seiner Beschreibung der Aufgaben des Verbandes die längst überwundene Konzeption der Westphal-Ära beschwor. Insbesondere in seiner ausführlichen Begründung stellte dieser Antrag eine Abrechnung mit den Bestrebungen der Linken dar, »den Jugendverband zur Plattform grundsätzlicher ideologischer und politischer Auseinandersetzungen zu machen und dabei ihre in vielen Fragen zur SPD gegensätzlichen Meinung zur Geltung zu bringen«.[69]

Diese Widersprüchlichkeit in den Entscheidungen der Verbandskonferenzen war das Ergebnis eines Loyalitätskonfliktes, in den sich viele Verbandsmitglieder durch die Haltung der SPD gedrängt sahen. Einerseits bestand für sie kein Zweifel an ihrer Solidarität gegenüber der SPD, andererseits wußten sie als aktive Mitglieder des Jugendverbandes, daß dessen Arbeit andere Notwendigkeiten forderte als jene, die die SPD bereit war zuzulassen.

## I.6. Die Konferenz von Kassel 1960 – die Balance verändert sich

Dieses widersprüchliche Bild bestimmte auch den Verlauf der folgenden Bundeskonferenz. Die SPD hatte ihr Ziel, den Verband wieder der Parteilinie anzupassen, nicht aus den Augen verloren. Das Ergebnis der Kölner Konferenz war in dieser Hinsicht für sie unbefriedigend geblieben. Hinzu kam, daß sie es offenbar im Sinne der Glaubwürdigkeit des Godesberger Kurses und ihres außenpolitischen Wandels[70] für notwendig hielt, diese Entwicklungen auf den Jugendverband zu übertragen. So war die Drohung der SPD, den Verband zu spalten, die im Zuge des Konfliktes um das »Manifest« geäußert worden war, nach wie vor aktuell.[71] Die Gründung des SHB im Mai 1960 und die damit vollzogene faktische Spaltung des SDS wirkten als zusätzliche Warnung.[72]

In dieser Situation spitzten sich auch die innerverbandlichen Auseinandersetzungen zu. Teile des Verbandes nahmen den Druck von seiten der SPD zum Anlaß für den Versuch, führende Repräsentanten der Linken aus dem Verband bzw. zumindest aus dem Vorstand zu drängen.[73] In dieser »schwierigen Situation des Verbandes – einmal durch die äußeren Einflüsse und Angriffe, zum anderen durch die Schwierigkeiten innerhalb des Vorstandes«,[74] so die Begründung des geschäftsführenden Bundesvorsitzenden Horst Zeidler[75] – wurde für November 1960 eine vorgezogene Bundeskonferenz[76] angesetzt.

Diese Konferenz sollte zwei Zielen dienen: Zum einen ging es darum, den Einfluß der Linken auf der Vorstandsebene zu begrenzen. Deshalb war das seit 1957 den Vorstand tragende Bündnis zwischen den Linken und der auf Ausgleich bedachten Mittelgruppe aufgekündigt worden. Bodo Brücher als Beteiligter schreibt dazu in seiner Dissertation:

»Man wußte, daß der Vorstand in den nächsten Jahren mit Personen besetzt sein mußte, die eine eindeutige Politik im Sinne der Mehrheit und in enger Zusammenarbeit mit der SPD machen würden.«[77]

Das zweite Ziel war, als Ausdruck des Willens, »daß nun auch die SJD sich auf die Neuorientierung der Politik der Sozialdemokratischen Partei einrichten wollte«, dem Verband ein Programm zu geben, das die Übereinstimmung zwischen der SJD und der SPD herausstellen sollte.[78]

Entsprechend kontrovers verliefen die Programmdiskussionen und die Vorstandswahlen. Der vorgelegte Programmentwurf lehnte sich in wesentlichen Aussagen eng an das Godesberger Programm der SPD an.[79] Die Vertreter der Linken kritisierten, daß er weder eine Analyse des Bestehenden noch richtungsweisende Aussagen für den weiteren Weg des Verbandes enthielt. Da sich auch die Mehrheit über die Unvollkommenheit dieses Entwurfes im klaren war, andererseits aber aus den o. g. Gründen auf die Verabschiedung eines Programmes Wert legte, wurde es erst einmal als »vorläufiges Programm« mit 75 gegen 68 Stimmen durchgesetzt. Nach eingehender Diskussion in allen Verbandsgremien und einer Überarbeitung sollte es dann auf der folgenden Bundeskonferenz endgültig beschlossen werden.[80]

Bereits die Vorstandswahlen zeigten, daß die Gegensätze im Verband bezogen auf eine Mehrheit der Delegierten zwar hart, aber noch nicht unversöhnlich waren. Die auf Ausgleich bedachte mittlere Fraktion im Verband um den amtierenden und von der Konferenz bestätigten Bundesvorsitzenden Horst Zeidler wollte den Linken sechs von zwanzig Vorstandsposten überlassen – darunter allerdings keine Schlüsselposition, wie sie bis dahin Fred Gebhardt aus Baden-Württemberg als SJ-Ringleiter innegehabt hatte –, um weiterhin alle Strömungen des Verbandes am Vorstand zu beteiligen. Angesichts der Tatsache, daß die Linke über 40–45% der Delegierten auf der Konferenz verfügte, empfand sie dieses Angebot als unzureichend und versuchte in Kampfabstimmungen ihren Anteil am Vorstand zu erhöhen. Als dies scheiterte, verzichteten die sechs ohne Gegenkandidaten gewählten Vertreter der Linken auf die Annahme ihrer Mandate. Die Mehrheit der Delegierten wollte jedoch weiterhin keine völlige Ausgrenzung der Linken aus der Verantwortung und überließ ihr daraufhin die Mehrzahl der Sitze in der Bundeskontrollkommission (BKK), in deren Zuständigkeit die Überprüfung der Finanzen und das Wachen über die Einhaltung der Satzung fällt. Peter Weiß (Berlin) wurde daraufhin Vorsitzender der BKK.

Daß die innerverbandlichen Fronten, vor allem in inhaltlichen Fragen, weniger festgefügt waren, als es der Verlauf der Programmdiskussion und das Ergebnis der Vorstandswahlen hätten vermuten lassen, zeigte sich bei der Antragsberatung. Zwar gab es auch hier teilweise harte Kontroversen und knappe Ergebnisse, etwa bei sehr scharf formulierten Anträgen zum algerischen Befreiungskampf und zur faschistischen Diktatur in Spanien; ersterer wurde ebenso knapp angenommen, wie der letztere wohl wegen seiner zu starken antiklerikalen Tendenzen scheiterte. Andererseits fanden Resolutionen und Anträge breite Mehrheiten, die sowohl über das gerade verabschiedete Programm als auch die aktuelle Politik der SPD teilweise weit hinausreichten. Das galt insbesondere für die von der Konferenz auf Antrag des linken Bezirks Westfalen-Ost verabschiedete Entschließung. Diese enthielt zwar das Bekenntnis »zu den im SPD-Programm niedergelegten Grundwerten und Grundforderungen« und zur Unterstützung der SPD im kommenden Bundestagswahlkampf, ihre Analyse der gesellschaftlichen Entwicklung der Bundesrepublik und die daraus abgeleiteten Forderungen unterschieden sich jedoch teilweise erheblich von den Beschlüssen, wie sie nur wenige Tage später auf dem SPD-Parteitag in Hannover gefaßt wurden. Dies betraf z. B. die Frage einer Notstandsgesetzgebung und der atomaren Bewaffnung der Bundeswehr einschließlich der Lagerung von Atomwaffen auf deutschem Boden, die von den Falken strikt abgelehnt wurden.[81] Auch erfuhr das im Programm des Verbandes beschriebene Selbstverständnis durch die Annahme der Entschließung eine erhebliche Ausweitung, wenn dort festgestellt wurde:

> »Die SJD – Die Falken kann sich unter solchen Umständen (den gesellschaftlichen Bedingungen in der Bundesrepublik, d. V.) nicht auf reine Erziehungsarbeit beschränken. Sie muß zugleich mithelfen, humane Umweltbedingungen zu schaffen.«[82]

Eine Mehrheit des Verbandes war also weiterhin nicht bereit, sich in allen Einzelfragen die Forderungen der SPD zu eigen zu machen und sich damit in eine totale politische Abhängigkeit von der Partei zu begeben, sah aber insgesamt keine Alternative zur Zusammenarbeit mit der SPD.[83] Daraus folgte die bereits oben[84] erwähnte Zwiespältigkeit der Verbandspolitik, die nur schwer zu erfassen ist. Brücher ist zuzustimmen, wenn er feststellt, daß in dieser Zeit »der Verband sich – nach außen wie nach innen schauend – mit dem Doppelantlitz des Januskopfes darstellt.«[85]

## I.7. Die weitere Anpassung des Verbandes an die Vorstellungen der SPD Anfang der 60er Jahre

Daß vor allem mit den personalpolitischen Entscheidungen von Kassel dennoch eine Weichenstellung in der Richtung erfolgt war, den Bedürfnissen der SPD größere Prioritäten einzuräumen als den Belangen einer politisch akzentuierten Jugendverbandsarbeit, sollte sich jedoch schon bald erweisen. Das gewandelte Selbstverständnis der SPD über die Inhalte und Möglichkeiten sozialdemokratischer Politik wurde mehr und mehr auch innerhalb des Verbandes durchgesetzt. Der programmatischen Angleichung des Verbandes an die SPD folgte die politische. Nachdem auch im Nachtrag zur Konferenz eine Einigung zwischen den Linken und der Mehrheit über ihre Beteiligung am Vorstand nicht zustandekam, setzte sich im Verband die Linie der weiteren Angleichung des Verbandes an die SPD mit einer Geschwindigkeit und Härte durch, die, gemessen am bisherigen Verlauf der Entwicklung, zunächst einmal überraschend war. Eine der ersten Maßnahmen des neugewählten Bundesvorstandes war, die »junge gemeinschaft« in Form und Inhalt zu verändern.[87] Sie wurde zu einem technisch aufwendigeren, aber politisch inhaltsleereren Jugendjournal umgestaltet. Weiterhin befleißigte sich der Bundesvorstand bei der Veröffentlichung von Resolutionen in der Folgezeit größter Zurückhaltung,[88] dies, obwohl erst die vorangegangene Verbandskonferenz in Köln 1959 »die Pflicht der Verbandsgremien, zu aktuellen politischen Fragen Stellung zu nehmen«, festgelegt hatte.[89] Noch schärfer wurde die Beschränkung des innerverbandlichen Spielraums betrieben. Im Bundesausschuß[90] wurde im Februar 1961 ein Beschluß durchgesetzt, der dazu dienen sollte, den bezirklichen Mitteilungsblättern, die »Diskussionsorgane der politischen Unzufriedenen innerhalb des Verbandes sind«, für ihren Inhalt Grenzen zu setzen.[91] Für nicht SPD-konforme Meinungen sollte innerhalb des Verbandes kein Platz mehr sein. Horst Zeidler selbst stellte dies eindeutig fest, als er im März 1961 in der »jungen gemeinschaft« formulierte:

»Jeder Gruppenleiter und Funktionär, der seine politische Überzeugung dort (in der SPD, d. V.) nicht vertreten sieht, findet auch in unserem Verband keinen Platz.«[92]

Entsprechend heftig fiel die Reaktion auf das Engagement von Verbandsmitgliedern in der Deutschen Friedensunion aus. Die Deutsche Friedensunion besetzte parteipolitisch das Terrain, das die SPD durch ihr weiteres Abrücken von ihrer ursprünglich oppositionellen Haltung zur Frage der Schaffung der Bundeswehr und ihrer atomaren Bewaffnung sowie in der Deutschlandpolitik preisgegeben hatte.[93] Dementsprechend besaß die DFU für jene Verbandsmitglieder, die nicht bereit waren, den Wandel der SPD mitzuvollziehen, große Anziehungskraft.[94] Jedes Engagement von Verbandsmitgliedern für die DFU wurde vom Vorstand mit dem sofortigen Ausschluß der Betreffenden geahndet. Trotz von der Bundeskontrollkommission einstimmig geltend gemachten satzungsmäßigen Bedenken[95] und in einem Fall sogar unter Ignorierung eines Urteils des Verbandsschiedsgerichts als höchster Instanz für alle Ordnungsverfahren, beharrte der Bundesvorstand auf den Ausschlüssen. Auch der Bundesausschuß sanktionierte diese Entscheidung mit großer Mehrheit. Damit hatte der Verband, unter Verletzung der von ihm selbst geschaffenen Rechtsnormen, klargestellt, daß er nicht bereit war, unter seinem Dach Kräfte zu dulden, die auf der parteipolitischen Ebene in Konkurrenz zur SPD traten. Von den Mitgliedern des Verbandes wurde eine doppelte Loyalität verlangt. Es wurde unterstellt, daß nur diejenigen loyal gegenüber dem Verband sein könnten, die auch loyal gegenüber der SPD seien. Da auch für die Linke in ihrer übergroßen Mehrheit ihre grundsätzliche Loyalität gegenüber der SPD nicht in Frage stand, nahm sie nach anfänglichem Widerstreben diese Vorgehensweise der Verbandsmehrheit hin.

Am deutlichsten wurden die Bestrebungen der Verbandsmehrheit, die Angleichung an den Kurs der SPD zu vollziehen und dabei gleichzeitig die oppositionellen Kräfte zurück- bzw. jene, die sich nicht einfügten, aus dem Verband herauszudrängen, in den Auseinandersetzungen um die Ostermarschbewegung. Da zwischen den Zielen der Ostermarschbewegung[96] und den Beschlüssen des Verbandes zur atomaren Bewaffnung eine weitgehende Übereinstimmung bestand, hatte der Aufruf zu den Ostermärschen 1961 im Verband überwiegend positive Resonanz gefunden. Die Linke wollte, daß der Verband in dieser Frage aktiv blieb und drängte, da sie eigene Aktionen des Verbandes unter den gegebenen politischen Bedingungen für nicht durchsetzbar hielt, auf eine Beteiligung an den Ostermärschen.[97] Auch der Bundesvorsitzende Horst Zeidler hatte sich für eine Unterstützung der Bewegung durch den Verband eingesetzt und selber den Aufruf des Dortmunder Ostermarschkomitees unterzeichnet.[98] In diese Konstellation platzte der Distanzierungsbeschluß der SPD zu den Ostermärschen[99] und stellte die Verbandsführung vor eine schwierige Situation. Der Beschluß des Bundesausschusses vom 25. Februar 1961 machte deutlich, daß der Verband bereit war, sich die Vorbehalte der SPD zu eigen zu machen. Da nach der anfänglich gewährten Unterstützung eine völlige Distanzierung von der Ostermarschbewegung ohne Gesichtsverlust für den Verband und Horst Zeidler selbst nicht möglich war, sprach der Bundesausschuß »die Hoffnung aus, daß die Ostermärsche 1961 trotz geplanter Störversuche der Kommunisten zu einer wirksamen Aktion der demokratischen Kräfte gegen das atomare Wettrüsten werden«.[100]

Damit war bereits die Linie angedeutet, auf der im folgenden Jahr die Distanzierung von der Ostermarschbewegung erfolgen sollte. In dem entsprechenden Beschluß des Bundesausschusses hieß es unter anderem:

»Im Gegensatz zum Aufruf für die Ostermärsche 1961 enthält der Aufruf für die Ostermärsche 1962 politische Thesen, die nicht Allgemeingut aller Gegner atomarer Rüstung sind, die aber als Ziele kommunistischer Politik bekannt sind.«[101]

Die Abgrenzung gegenüber wirklich oder auch nur vermeintlich kommunistisch unterwanderten Organisationen war schon immer Bestandteil sozialdemokratischer Politik gewesen. Im Zusammenhang mit dem Wandel der SPD zur staatstragenden Partei hatte sich dieses Abgrenzungsbedürfnis eher noch verstärkt.[102] Daß die Furcht vor einer Beteiligung an Initiativen, in denen nachweislich auch Kommunisten mitwirkten – obwohl ihr Einfluß auf die Ostermarschbewegung niemals so groß gewesen ist, wie nicht nur von sozialdemokratischer Seite unterstellt wurde –, auch im Jugendverband bis weit hinein in die Kreise der Linken verbreitet war, bewiesen die entsprechenden Stellungnahmen. Nicht nur der Heimatbezirk des Bundesvorsitzenden Horst Zeidler, westliches Westfalen, wandte sich gegen eine erneute Beteiligung an den Ostermärschen, auch der linke Landesverband Berlin bedauerte in einer von seiner Landeskonferenz 1962 verabschiedeten Entschließung, »daß die Antiatom-Bewegung in der Bundesrepublik in zum Teil politisch zwielichtige Hände geraten konnte«.[103]

Entsprechend orientierten Teile der Linken darauf, »die Ostermarschierer unter sich zu lassen und sich mit ganzer Kraft darauf einzustellen, daß unter Führung unseres Verbandes 1962 eine machtvolle Aktion gegen die atomare Aufrüstung zustande kommt«.[104]

Diese Form der Distanzierung reichte jedoch der Verbandsmehrheit nicht aus. Die Beschlußvorlage des Bundesvorstandes sah vor, jegliche Unterstützung – auch die bloße Beteiligung an den Märschen – der Ostermarschbewegung als mit der Mitgliedschaft im Verband unvereinbar zu erklären. Der schließlich von einer Mehrheit der Linken mitgetragene Beschluß sah den Unvereinbarkeitsbeschluß nicht mehr in bezug auf die bloße Teilnahme an den Aktionen vor, dafür aber in bezug auf »Mitarbeit in den Ausschüssen ›Ostermarsch der Atomwaffengegner‹ sowie die Unterzeichnung von Aufrufen«.[105]

Gleichzeitg wurde die Durchführung einer eigenen Aktion des Verbandes gegen die Atomrüstung am 1. September 1962 beschlossen.[106]

Mit der Entscheidung des Bundesausschusses wurden insbesondere jene Funktionäre der Ortsverbände, die in ihren lokalen Ostermarschausschüssen tätig waren, in einen Konflikt um ihre politische Glaubwürdigkeit gedrängt. Entsprechend groß war der Widerstand an der Basis. Ganze Untergliederungen von einzelnen Gruppen bis hin zum Bezirk Baden Württemberg erklärten, dem Beschluß nicht Folge leisten zu wollen. Nachdem bereits bis Ostern 1962 65 Funktionäre und Mitglieder ausgeschlossen worden waren,[107] weil sie ihr Eintreten für die Ostermärsche noch einmal bekräftigt hatten, forderte auch der Bezirk Westfalen-Ost eine Revision des von ihm ursprünglich mitgetragenen Beschlusses und bemühte sich um Vermittlung zur Wiederaufnahme der Ausgeschlossenen.[108]

Jedoch scheiterten alle Versuche, den Beschluß aufzuheben oder abzuschwächen, mit klaren Mehrheiten. Dem Bezirk Württemberg wurde bei nur 2 Gegenstimmen und einer Enthaltung die Auflösung für den Fall angedroht, daß er sich weiterhin weigern sollte, die Entscheidung des Bundesausschusses grundsätzlich zu respektieren,[109] wozu er sich schließlich auch bereiterklärte.[110] Für 1963 wurde der Beschluß 1962 bei 6 Gegenstimmen und einer Enthaltung erneut bekräftigt.[111] An diesem Stimmenverhältnis zeigte sich deutlich, daß die Linke in dieser Frage tief gespalten war. Es gab keine einheitliche Haltung zur Ostermarschbewegung. Aus dem Bestreben heraus, eine Spaltung des Verbandes auf keinen Fall zuzulassen,[112] unterwarf sich die Mehrheit der Linken der Konfrontationspolitik des Bundesvorstandes. Damit gab sie die Zustimmung zu ihrer endgültigen politischen Entmachtung im Verband. Mit dem Ende des organisierten Einflusses der Linken im Verband [113] reduzierte sich die politische Eigenständigkeit des Verbandes und seine Rolle als Mahner der SPD noch weiter.

Der Verlauf der Bundeskonferenz 1963 in Bielefeld kennzeichnete das neue Selbstverständnis des Verbandes deutlich. In der mit einer klaren 2/3-Mehrheit verabschiedeten neuen Grundsatzerklärung bekannte sich der Verband zur SPD als Führungskraft, zu einer sozialen und demokratischen Gesellschaft, zur Verwirklichung und Verteidigung des Grundgesetzes. In weiten Teilen war die Grundsatzerklärung von politischen Allgemeinplätzen beherrscht, die auch Bestandteil von Programmen anderer politischer Organisationen sind und keineswegs das unverwechselbare Profil eines sozialistischen Jugendverbandes darstellen.[114] Der Versuch, die Ostermarschbeschlüsse zumindest insoweit zu revidieren, daß die Verbandsmitglieder als Privatpersonen die Ostermärsche unterstützen dürfen, scheiterte mit einer ähnlich klaren Mehrheit. Schließlich verabschiedete die Konferenz mit 87 gegen 60 Stimmen eine Stellungnahme zur Notstandsgesetzgebung, die sich auf das modifizierte Ja der SPD und nicht, wie von der Verbandsopposition gefordert, auf das klare Nein des DGB zur Notstandsgesetzgebung bezog.[115]

Allerdings trügt die Annahme, der Verband hätte sich in der Folge der Kasseler Konferenz gänzlich und bedingungslos den Wünschen der SPD untergeordnet und die andersgearteten Bedürfnisse politischer Jugendarbeit völlig ignoriert. In einigen Bereichen bewahrte sich der Verband einen Rest von politischer Unabhängigkeit. Dies betraf etwa die Fragen der atomaren Rüstung und die Ostkontakte. Vor allem in diesem letzten Bereich entwickelte der Verband weiterhin vorwärtsweisende Initiativen und behielt seine Vorreiterrolle und sein Eigengewicht.

In dieser Form hatte sich die oben gekennzeichnete Widersprüchlichkeit der Verbandspolitik erhalten. Gleichzeitig bildete sie die vom Bundesvorstand gewählte Vorgehensweise zur Auflösung dieses Widerspruches. Die Anpassung des Verbandes im großen und ganzen bildete im Sinne dieser Strategie die Grundlage für die Erhaltung einer partiellen Selbständigkeit. Mit der Einschränkung der eigenständigen Initiativen des Verbandes und der Begrenzung des Einflusses der auf größere politische Autonomie bedachten Kräfte sicherte sich die Verbandsmehrheit begrenzte Handlungsmöglichkeiten auf bestimmten Gebieten. Heinz Warmbold, Bundesvorstandsmitglied und Autor des vorläufigen Programms von Kassel, erläuterte in der Rückschau auf die Konferenz von Bielefeld dieses Konzept in der »jungen gemeinschaft«. Er begrüßte, daß die Konferenz von Bielefeld im Gegensatz zu der von Kassel »keine Konferenz der Kompromisse«, sondern der klaren Entscheidungen war und daß die Zeit »der gut gemeinten, aufschiebenden Kompromisse der Vergangenheit« überwunden sei. Denn nur auf der Grundlage dieser gefallenen Entscheidungen sei eine vorwärtsweisende Politik möglich. Warmbold wörtlich:

»Da das Verhältnis des Verbandes zur Demokratie, zur Sozialdemokratie und zur Verteidigung der im Grundgesetz festgelegten Grundrechte und -freiheiten so klar bestimmt war, konnten nun auch die neuen Initiativen zur Begegnung mit der französischen, polnischen, jugoslawischen und sowjetrussischen Jugend[116] voll unterstützt werden. In der bundesdeutschen Öffentlichkeit wird uns das zweifelsohne wieder allerlei scharfe Auseinandersetzungen einbringen, denen der Verband aber gelassen entgegen sehen kann.«[117]

Vor dem Hintergrund dieser Äußerungen wird der schnelle Umschwung der Verbandspolitik in der Folge der Kasseler Konferenz verständlicher. Denn für die Verbandsmehrheit handelte es sich dabei nicht um einen Umschwung, sondern um die Fortsetzung ihrer bisherigen Politik der Erhaltung einer begrenzten politischen Handlungsfreiheit des Verbandes unter Anerkennnung der Führungsansprüche der SPD. Daß diese Entwicklung nicht ausschließlich auf den von der SPD auf den Verband ausgeübten Druck zurückzuführen war, vielmehr die Position der Anpassung an die SPD unter Wahrung einer begrenzten politischen Autonomie der Überzeugung der Mehrheit der politisch Aktiven entsprach, belegt der Konflikt um die Abgrenzung des Verbandes von den Ostermärschen. Zwar ging – wie beschrieben – der Anstoß zur Abgrenzung von dem entsprechenden Beschluß der SPD aus, in der Folge verselbständigte sich jedoch die Politik des Verbandes gegenüber der Ostermarschbewegung. Einmal davon überzeugt, daß die Ostermarschausschüsse »sich bedauerlicherweise zu einer Plattform entwickelt (haben), auf der unwidersprochen antisozialdemokratische Propaganda stattfindet«,[118] war die Abgrenzung des Verbandes gegenüber den Ostermärschen viel härter als jene von seiten der SPD. Während sich die SPD lediglich darauf beschränkte, ihre Mitglieder und Freunde vor einer Beteiligung an den Aktivitäten der Ostermarschbewegung zu warnen,[119] eine Position, die in ähnlicher Form von Teilen der Verbandslinken getragen wurde, setzte die Verbandsmehrheit Unvereinbarkeitsbeschlüsse durch. Offenbar befürchtete sie, daß sich ungeachtet der Distanzierung durch SPD und Verband Verbandsmitglieder in nennenswerter Zahl an diesen Aktionen beteiligen würden und dadurch das Bekenntnis des Verbandes zur SPD in Frage gestellt werden könnte. Daß die Verbandsführung mit dem Unvereinbarkeitsbeschluß und in der Folge getätigten Ausschlüssen weit über das gesetzte Ziel hinausgeschossen war, bewies die Tatsache, daß viele der aus dem Verband Ausgeschlossenen weiterhin aktiv in der SPD mitarbeiteten. Einer von ihnen, Erich Meinecke, Oberhausen, brachte es später bis zum SPD-Unterbezirksvorsitzenden und war von 1976 bis 1983 MdB.

Im Zusammenhang mit der weitgehenden Anpassung des Verbandes an die Vorstellungen der SPD veränderten sich auch die Schwerpunkte und Zielsetzungen der Innenarbeit des Verbandes. Der Verband beschränkte sich wieder im wesentlichen – wie Brücher es formulierte –

»auf den Nahraum sozialdemokratischer Jugendarbeit, auf Jugendpolitik im engeren Sinne..., die sich zu den Problemen der Jugendgesetzgebung, der Jugendsozialarbeit oder den Fragen der außerschulischen Jugendbildung äußert.«[120]

Nicht nur, daß er sich damit wieder an dem Verständnis der frühen 50er Jahre über seine Aufgaben orientierte, diese wurden auch noch ihres sozialistischen Inhalts beraubt. Dazu wiederum Brücher:

»Das spezifisch sozialistische Erziehungsprogramm, wie es Knorr noch in den fünfziger Jahren formuliert hatte, weicht einem Programm sozialdemokratisch akzentuierter politischer Bildungsarbeit.«[121]

An anderer Stelle greift er diesen Gedanken wieder auf:

»Dies zeigt, wie stark die politische Anpassung des Jugendverbandes an die politische und gesellschaftliche Entwicklung bis in den pädagogischen Bereich wirkt. Sozialistische Jugend- und Erziehungsarbeit näherte sich hier dem Konzept der politischen Bildung jener Jahre in hohem Maße. Man kann sogar sagen, daß sie auf der Grundlage ihrer Praxiserfahrungen Modell für diese wurde.«[122]

Die Folgen für die Entwicklung für die Jugendarbeit des Verbandes waren allerdings fatal. Die von den Linken im Verband jahrelang erfolgreich betriebene politisch akzentuierte Jugendarbeit wurde zurückgedrängt. Sie wurde ersetzt durch eine nach innen gerichtete politische Bildungsarbeit, die im SJ-Ring zu einem Verlust der politischen Aktionsfähigkeit führte.[123] Der zu geringe politische Spielraum des Verbandes zusammen mit der weitgehenden Beschränkung auf Bildungsarbeit bedeutete für einen von seinem Selbstverständnis her politischen Jugendverband ein wesentliches Handicap bei der Organisierung von kritischen, politisch aktiven jungen Menschen. Eine Folge des Niedergangs der handlungsorientierten politischen Jugendarbeit war der Verlust der Fähigkeit des Verbandes, in bestimmten Politikbereichen eine Vorreiterfunktion ausfüllen zu können. Die im folgenden in dieser Arbeit beschriebenen Aktivitäten des Landesverbandes Berlin der Falken, die die Aufgabe erfüllten, waren nur auf der Grundlage eines Mindestmaßes an politischer Unabhängigkeit möglich, wie sie sich der Berliner Landesverband seit Mitte der 50er Jahre auch im Zusammenhang mit der Entwicklung auf Bundesebene erkämpft hatte.[124]

## II. Die Herausbildung des politischen Konzepts des Landesverbandes Berlin in den 50er Jahren

Die internationalen Kontakte, die den Gegenstand dieser Untersuchung bilden, sind Ausdruck eines politischen Konzepts, das Mitte bis Ende der 50er Jahre im Berliner Landesverband entwickelt wurde. Hinter diesem Konzept stand der Wille einer Gruppe von jungen Leuten in der Verbandsführung, die politische Dimension in der Erziehungsarbeit des Verbandes stärker zur Geltung zu bringen. Dieser Ansatz war aus der Erfahrung geboren, daß das in weiten Kreisen der Bevölkerung vorherrschende mangelnde demokratische Engagement, Desinteresse und Uninformiertheit in politischen Fragen den Aufstieg der NS-Bewegung begünstigt hatten. Weiterhin hatte die NS-Zeit die Väter dieses Konzepts gelehrt, daß politische Abstinenz, der Rückzug ins Private, den einzelnen nicht nur nicht vor den Auswirkungen politischer Entscheidungen bewahrt hatte, sondern im Gegenteil die weitreichenden und fatalen Folgen der NS-Politik das Schicksal mehrerer Generationen direkt und indirekt beeinflußt hatten. Daraus folgerten sie, daß junge Menschen frühzeitig dazu angeregt werden müßten, sich eine politische Meinung zu bilden und diese so entschieden wie möglich zu vertreten. Sie betrachteten dies als primäre pädagogische und politische Aufgabe des Jugendverbandes und waren gewillt, ihr Konzept trotz aller Vorbehalte und Widerstände innerhalb und außerhalb des Verbandes in die Tat umzusetzen.

Den Prozeß der schrittweisen Politisierung des Gesamtverbandes, ohne den die Aktivitäten des LV Berlin nicht möglich gewesen wären, haben wir bereits im vorhergehenden Kapitel beschrieben. In diesem Kapitel wird es darum gehen, das politische Selbstverständnis des Berliner Landesverbandes und die daraus resultierenden Aktionen zu beschreiben, um aufzuzeigen, vor welchem Hintergrund und aus welchem politischen Verständnis heraus die in den folgenden Kapiteln beschriebenen internationalen Kontakte entstanden sind.

### II.1. Politische Aktivitäten der Sozialistischen Jugend Anfang der 50er Jahre

Die Konstituierung der Berliner Falken als eigenständiger politischer Faktor im Zuge ihrer Linksentwicklung Mitte der 50er Jahre vollzog sich nicht als Bruch, sondern als schrittweiser Prozeß. Aus diesem Grund soll im folgenden Abschnitt das politische Selbstverständnis der Berliner Falken zu Anfang der 50er Jahre vor dem Einsetzen dieser Entwicklung skizziert werden.

Die besondere politische Situation Berlins hatte zur Folge, daß die Berliner Falken sich von Anfang an stärker mit tagespolitischen Fragen beschäftigten als die Mehrheit der westdeutschen Landesverbände oder der Bundesverband.

So beteiligte sich die Sozialistische Jugend aktiv an den Konflikten um das politische Schicksal Berlins, ihre Fahnen wehten auf allen Freiheitskundgebungen. Darüber hinaus führten die Falken eine offensive Auseinandersetzung mit dem Kommunismus stalinistischer Prägung. Anläßlich der FDJ-Pfingsttreffen 1950 und 1954 sowie der Weltjugendspiele 1951 diskutierten sie im Rahmen von in West-Berlin eingerichteten Kontaktstellen mit den Teilnehmern.[1] Zum FDJ-Treffen 1950 versandten sie außerdem durch Auslage in U- und S-Bahnen Tausende von Flugblättern und Broschüren in den Ostsektor.[2] Aufgrund ihrer politischen Aktivitäten befanden sich Mitte 1953 zehn Berliner Falkenmitglieder in DDR-Haft,[3] auch unter den Todesopfern des 17. Juni war ein Mitglied des Verbandes.[4]

Als Auswirkung dieses langandauernden Konflikts, der die politische Entwicklung des Berliner Landesverbandes bis in die 60er Jahre hinein entscheidend prägte, gelang es auch den Falken nicht, sich vollständig der in der Stadt vorherrschenden antikommunistischen Stimmung zu entziehen.

So forderte der Berliner Landesvorstand im Mai 1951 als Reaktion auf die Verurteilung von vier Verbandsmitgliedern in Ost-Berlin die Anwendung der Kontrollrats-Direktive 38 gegenüber kommunistischer Propagandatätigkeit innerhalb West-Berlins[5] sowie die Errichtung einer besonderen politischen Strafkammer zur Aburteilung solcher Aktivitäten. Dem Berliner Senat blieb es vorbehalten, die Falken darauf hinzuweisen, daß »kommunistische Propagandatätigkeit... tatbestandsmäßig nicht unter diese Direktive fällt« und daß die »Einsetzung einer besonderen politischen Strafkammer... der Einrichtung eines Sondergerichts gleichkäme und eine solche Institution rechtsstaatlichen Grundsätzen widerspricht und im Hinblick auf die Erfahrungen der Vergangenheit vermieden werden muß.«[6]

Auch in den Verbandspublikationen jener Zeit finden sich des öfteren Stellungnahmen, die von Vereinfachungen und Schwarz-Weiß-Malerei geprägt sind.[7]

Dennoch, insgesamt gesehen, gehörten die Falken zu jenen Kräften, die in der Auseinandersetzung mit dem SED-Regime am meisten Augenmaß bewahrten. Vor allem der undifferenzierte Antikommunismus, der das politische Klima West-Berlins prägte, war vielen Verbandsmitgliedern suspekt.

Jürgen Gerull, als Falkenfunktionär selbst zweieinhalb Jahre in DDR-Haft, erinnert sich:

»Wir haben auch in der härtesten Phase der Auseinandersetzung durchaus gewisse Entwicklungen in der DDR anerkannt und sie für gut und nützlich gehalten, also in diesem Sinne nicht hundertprozentig das Kind mit dem Bade ausgeschüttet.«

Aus diesem Grunde setzte er sich auch für die während des Pfingsttreffens der FDJ 1954 in West-Berlin festgenommenen FDJler ein:

»Wir haben damals erbitterte Auseinandersetzungen gehabt hier mit der Polizeiführung in West-Berlin. Ich erinnere mich noch genau, wie wir, als wir eine entsprechende Nachricht bekamen, in die Polizeiinspektion Wedding gefahren sind. Dort waren eine Menge FDJler inhaftiert, die wohl zumindest teilweise in der Brunnenstraße oder in der Badstraße demonstriert hatten, Flugblätter verteilt hatten, und die Polizeiführung erzählte uns freudestrahlend, wie schäbig sie die behandelt und in den Zellen zusammengepfercht hat. Wir haben sofort dagegen protestiert und erreicht, daß diese ganz harten Repressalien abgebaut wurden, weil wir ganz klar der Meinung waren, daß man auf solche Dinge nicht mit Verhaftung oder ähnlichem reagieren kann.«[8]

Aus ihrem Selbstverständnis als Sozialisten kritisierten die Falken zwar heftig die stalinistische Politik in und um Berlin, waren aber nicht bereit, Marxismus, Sozialismus und Stalinismus in einen Topf werfen zu lassen. So entspann sich auf der Landeskonferenz 1950 eine längere Diskussion über die Beschlagnahme marxistischer Schriften an der Sektorengrenze durch die West-Berliner Polizei, die von allen Diskussionsrednern verurteilt wurde. Der Delegierte und als Vertreter der eher rechten Gruppierung im Verband spätere 2. Landes- und 2. Bundesvorsitzende Horst Koffke beklagte sich in diesem Zusammenhang darüber, daß sich in Westdeutschland und in Berlin »der Kommunistenschreck« breit mache.[9]

Dafür, daß sich große Teile des Verbandes bereits Anfang der 50er Jahre in der antikommunistischen Einheitsfront mit den bürgerlichen Organisationen nicht wohl fühlten, sprechen auch die auf den Landeskonferenzen 1951, 1952 und 1953 geführten Auseinandersetzungen um den Charakter der 1. Mai-Feiern in Berlin. Es lagen jeweils

Anträge vor, die verlangten, den Charakter des 1. Mai als Feiertag der Arbeiterbewegung wieder zu betonen und die Freiheitskundgebungen an einem anderen Tag zu begehen.[10]
Diese Forderung wurde vor allem im Zusammenhang mit den Auseinandersetzungen in der Senats-Allparteien-Koalition um die Sozialpolitik[11] immer lauter. So formulierte der Kreis Kreuzberg auf der Landeskonferenz 1952 in einem Dringlichkeitsantrag:

»Aufgrund der politischen Ereignisse in jüngster Vergangenheit stimmt es bedenklich, den 1. Mai als Feiertag der Arbeiterschaft gemeinsam mit den Kreisen zu begehen, die mit allem Nachdruck die Zerschlagung der sozialen Sicherheit bedauerlicherweise erfolgreich durchführen konnten.«[12]

Und der Kreis Wedding forderte 1953:

»Die Sozialistische Jugend Deutschlands – Die Falken betrachtet den 1. Mai als Kampftag der Arbeiter und lehnt die Begehung eines Staatsaktes an diesem Tage ab.«[13]

Damit verbunden waren Forderungen nach der Durchführung einer eigenen Kundgebung »der sozialistischen Bewegung«[14] bzw. einer Gestaltung der Maifeier im Rahmen ihrer ursprünglichen Bedeutung.

Mehrheitsfähig waren dann jeweils Formulierungen, in denen die Teilnahme der Sozialistischen Jugend unter eigenen Parolen »mit Hinweisen auf die sozialen und politischen Forderungen der Gegenwart« und das Einwirken auf SPD und Gewerkschaften im Sinne der Vorstellungen der Falken gefordert wurden.[15]

Der im Verhältnis zur damaligen politischen Kultur differenziertere Standpunkt der Berliner Falken zeigte sich auch in anderen Angelegenheiten. Während der einmütig beschworene Antitotalitarismus in der politischen Landschaft der Bundesrepublik und West-Berlins immer mehr einseitig zum Antikommunismus geriet, beharrten die Falken darauf, die Auseinandersetzung mit dem Rechtsextremismus ebenso energisch zu führen. Sie wandten sich dagegen, das Kapitel der NS-Vergangenheit allzu schnell für abgeschlossen zu erklären und mahnten in dieser Richtung, wann immer sie dies für notwendig erachteten. Das betraf z. B. Proteste gegen die Auftritte von aus der NS-Zeit kompromittierten Künstlern bis hin zu massiven Störungen der Aufführung von Filmen des »Jud Süß«-Regisseurs Veit Harlan im Februar 1954.[16] Diese Aktionen wurden von der darauffolgenden Landeskonferenz ausdrücklich begrüßt und das Verhalten der Polizei gegenüber den Demonstranten verurteilt. In dieser Resolution wurde die Jugend aufgefordert, »den Kampf gegen Faschismus und Antisemitismus... weiterzuführen.«[17]

Ebenso erhob der Verband seine Stimme, wenn sich Rechtsextremismus und Antisemitismus offen zeigten. Er unterstützte den von der Aktion »Friede mit Israel« 1952 erlassenen »Aufruf zur Ölbaumspende«, mit dem der Aufbau des Staates Israel finanziell gefördert werden sollte, und die Landeskonferenz verabschiedete in diesem Zusammenhang einen Antrag, in dem sie sich »scharf gegen das Wiederaufleben des Antisemitismus« wandte.[18]

Auch das Auftreten der rechtskonservativen, in Berlin in Teilen rechtsextremistischen Deutschen Partei[19] und die Ereignisse im faschistischen Spanien fanden die Aufmerksamkeit der Falken und boten Anlaß für Aktionen.[20]

Einen weiteren Schwerpunkt in den politischen Aktivitäten des Berliner Landesverbandes bildete die antimilitaristische Arbeit. Antikriegskundgebungen zum 1. September,[21] Initiativen gegen Kriegsspielzeug[22] sowie gegen die Tätigkeit der Fremdenlegion auf deutschem Boden[23] und wiederholte Stellungnahmen gegen eine deutsche Wiederbewaffnung[24] gehörten zur Praxis der Verbandsarbeit.

Nicht nur die Vielzahl der politischen Aktivitäten und Stellungnahmen unterschied den Berliner Landesverband von den meisten westdeutschen Untergliederungen, auch das Verhältnis des Jugendverbandes zur SPD stellte sich in Berlin anders dar.

Zwar bestand kein Zweifel an der grundsätzlichen Übereinstimmung und Solidarität des Verbandes mit der SPD. Die SPD war die politische Kraft, von der sich die Sozialistische Jugend die Verwirklichung ihrer gesellschaftspolitischen Vorstellungen versprach. So mobilisierte sie in den Wahlkämpfen 1950 und 1954 (Abgeordnetenhaus von Berlin) und 1953 (Bundestag) alle Kräfte zur Unterstützung der SPD und zur Teilnahme an deren Kundgebungen. Dennoch war das Verhältnis zwischen der SPD und dem Jugendverband schon zu Anfang der 50er Jahre nicht immer frei von Spannungen. Dies lag darin begründet, daß der Jugendverband in seiner Mehrheit in der Frage der Senatskoalition und damit verbunden der Sozialpolitik Positionen vertrat, die innerhalb der SPD zwar minoritär blieben, in der Partei selbst aber auch eine starke Polarisierung und heftige Kontroversen ausgelöst hatten.[25]

Bereits der Verlauf der Landeskonferenz der SJD im April 1951 hatte aufgezeigt, daß die politisch aktivsten Teile der Sozialistischen Jugend ihren Verband als eigenständigen politischen Faktor begriffen und sich nicht scheuten, die SPD mit ihren Forderungen zu mahnen. Ein Antrag des SJ-Ringes aus Reinickendorf zur »Beteiligung der SPD an der Berliner Koalition« empfahl der SPD, aus der Koalition mit den bürgerlichen Parteien auszuscheiden und in die Opposition zu gehen, wenn diese weiterhin auf einer Novellierung der fortschrittlichen Sozial- und Schulgesetzgebung bestehen sollten. In einer längeren Debatte wurden die bereits aus anderen Zusammenhängen bekannten Argumente, »daß die Falken der SPD auf keinen Fall die politische Richtung vorschreiben können und daß die Falken sich nicht in erster Linie mit Politik, sondern mit Erziehungsproblemen zu beschäftigen hätten«, vorgetragen. Trotz dieser Bedenken wurde der Antrag schließlich angenommen. Den Ausschlag dazu hatte ein Redebeitrag des als Gast anwesenden SPD-Vertreters Joachim Karnatz gegeben. Karnatz, der die Intentionen des Antrages teilte, hatte darauf hingewiesen, daß für den folgenden Landesparteitag der SPD ein ähnlicher Antrag vorliege und damit einige Befürchtungen, der Jugendverband würde sich mit der Annahme dieses Antrages gegen die SPD stellen, zerstreut.[26]

Auch im folgenden Jahr forderte die SJD »von der Sozialistischen Fraktion des Berliner Abgeordnetenhauses, daß sie sich zu keinerlei Kompromissen in den Fragen der Sozialversicherung und des Schulgesetzes bereit erklärt«.[27] Allerdings fehlte diesmal die ausdrückliche Forderung nach dem Verlassen der Koalition für den Fall, daß die SPD in dieser Frage an der Majorität der bürgerlichen Parteien scheitern sollte.

Einige Exponenten der SPD-Mehrheit waren wenig glücklich darüber, daß der Jugendverband sich wiederholt in den innerparteilichen Auseinandersetzungen für die minoritäre Position stark machte und machten daraus gegenüber den Vertretern des Verbandes keinen Hehl.[28]

Dennoch unterstrichen die Falken in einer Presseerklärung anläßlich der Wahlen zum Abgeordnetenhaus im Dezember 1954 erneut ihr eigenes politisches und pädagogisches Profil. Zu ihren Forderungen an das neue Abgeordnetenhaus, die im Rahmen einer wiederum von der SPD angestrebten Koalitionsregierung von vornherein als aussichtslos gelten konnten, gehörten u. a.: keine Änderung der bisherigen als fortschrittlich betrachteten Schulpolitik sowie die Einführung eines sexualkundlichen Unterrichts an allen Schulen.[29]

Weiterhin sahen die Falken Anlaß, sich über die mangelnde Kooperationsbereitschaft von sozialdemokratischen Senatoren und der Abgeordnetenhausfraktion auf dem Gebiet der Jugendpolitik zu beklagen. Dies empfand der Verband als besonders schmerzlich, weil er sich diesen Fragen mit sehr viel Elan widmete und sich dabei einige Verdienste zugute hielt.[30] Um so bitterer wurde es empfunden, daß der Informationsfluß von der SPD-Fraktion zu den Falken zum Stand von Gesetzesinitiativen im Jugendbereich ungenügend war und Vorschläge des Verbandes in der Senatsbürokratie versandeten.[31]

Zusammenfassend ist festzustellen, daß der Berliner Landesverband der Falken bereits zu Anfang der 50er Jahre ein politisches Profil entwickelt hatte, das weitergehender war als jenes, das der Bundesverband für sich in Anspruch nahm.

## II.2. Die Falken verstärken ihr politisches Profil

Mit der Einstellung von Harry Ristock als Jugendsekretär im März 1953 wurde die Politisierung der Berliner Falken weiter vorangetrieben. Ristock verstand sich damals nach eigener Einschätzung als »radikaler Sozialist«.[32] Nach Aussagen von Erich Richter beeindruckte er durch Theoriekenntnisse und besaß klare Vorstellungen von den Aufgaben eines Arbeiterjugendverbandes.[33] In der Folge bemühte er sich erfolgreich, die Profilierung der Falken als sozialistischer Verband und die politische Qualifizierung seiner Mitglieder zu verstärken. Ristock war gegenüber neuen Ideen aufgeschlossen, brachte neue Initiativen in der Verband und wirkte als Motor für zahlreiche Aktionen. Wegen seiner politischen Einstellung wurde Ristock von einem Teil des Landesvorstandes mißtrauisch betrachtet,[34] bald jedoch fanden seine Ideen und sein Engagement für die Arbeit des Verbandes allgemeine Anerkennung. Bereits im folgenden Jahr wurde er in den SJ-Vorstand und ein weiteres Jahr später nach dem Rücktritt des bisherigen Vorsitzenden Werner Müller zu dessen Nachfolger gewählt.

Damit hatten sich im Berliner Landesverband die politisch engagierten, links orientierten Kräfte durchgesetzt. Es begann jene Zeit, in der die Falken über die Jugendpolitik hinaus als aktive Kraft ins politische Geschehen eingriffen. Dies geschah vor allem auf zwei Ebenen: Es wurden verstärkt politische Forderungen an die SPD gerichtet, und dazu ergriff der Verband durch einen Vielzahl von Veranstaltungen, Aktionen und Stellungnahmen selbst die Initiative, um diesen Forderungen Nachdruck zu verleihen. Damit gewann der Berliner Landesverband innerhalb seiner Bundesorganisation an Profil und setzte auch gegenüber der SPD eigene politische Akzente.

Dabei machte die Berliner Verbandsführung schon bald die Erfahrung, daß guter Wille und lautere Absichten allein nicht ausreichten, politische Veränderungen einzuleiten. Sie mußte erkennen, daß fortschrittliche Politik nicht allein auf der Basis richtiger Einsichten, sondern nur in Zusammenhang mit dem Gespür für das Machbare betrieben werden kann.

Worum ging es? Nach der Unterzeichnung der Pariser Verträge im Oktober 1954 hatte der Berliner Landesverband seine Proteste gegen die Wiederaufrüstung verstärkt.[35] Entsprechend spielte dieses Thema auf der folgenden Landeskonferenz im April eine wichtige Rolle. Ein Antrag aus Ristocks Heimatkreis Wilmersdorf formulierte die Position der Linken in klarer und unmißverständlicher Weise. Er wandte sich entschieden gegen die Aufrüstung der beiden deutschen Teilstaaten und forderte, konsequente Gegenmaßnahmen zu ergreifen. Vom Jugendverband sollte der Anstoß ausgehen für die Schaffung einer »breiten Massenbewegung gegen die Remilitarisierung«. Als Mittel in diesem Kampf wurde auch der politische Generalstreik ausdrücklich bejaht. Der radikalen Diktion des Antrages – es wurde auch mehrfach der Terminus DDR gebraucht[36] – und der angestrebten Rolle des Verbandes als Kristallisationskern der Bewegung gegen die Wiederaufrüstung in West und Ost vermochte eine, wenn auch knappe, Mehrheit der Delegierten nicht zu folgen. In alternativer und geheimer Abstimmung wurde statt dessen mit 69 gegen 63 Stimmen ein Antrag verabschiedet, der auf der Linie der Beschlüsse des Bundesverbandes lag. Dieser Antrag wandte sich nur allgemein gegen »Krieg und die Mithilfe durch Wehrdienst«, ohne auf die besondere deutsche Situation einzugehen oder politische Folgerungen zu ziehen, mit Ausnahme der Tatsache, daß »allen, die aus prinzipiellen Gründen den Wehrdienst verweigern«, die Solidarität des Verbandes zugesichert wurde.[37]

Gemessen an den Intentionen der Linken im Verband und der bisherigen Praxis des Landesverbandes bedeutete diese Entscheidung einen Rückschritt. Die Linke war zu weit vorgeprescht und hatte damit das Gegenteil von dem erreicht, was sie eigentlich bewirken wollte. Jedoch lernte sie ihre Lektion sehr schnell und präsentierte sich sowohl in diesem Zusammenhang als auch bei späteren Ereignissen mit mehr Augenmaß, zunächst ohne die eigenen Intentionen aus den Augen zu verlieren.

Da es wie beschrieben im Verlauf des Jahres 1955 auch auf der Ebene des Bundesverbandes Auseinandersetzungen über diese Fragen gab, setzte die Führung des Berliner Landesverbandes einiges daran, einen aussagekräftigen und gleichzeitig von einer breiten Mehrheit getragenen Beschluß herbeizuführen, auf den sie sich bei den Konflikten im Bundesverband zu stützen gedachte.

So fand im Januar 1956 eine außerordentliche Landeskonferenz zum Thema »Aufrüstung in Ost und West« statt. Die Resolution, die der Landesverband den in gleicher Zusammensetzung wie im April 1955 tagenden Delegierten vorlegte, war zwar inhaltlich an der schon einmal abgelehnten Fassung orientiert, vermied aber einige Reizworte und -themen; u. a. fehlten die Bezeichnung DDR, die Aufforderung zum Generalstreik und der Verweis auf die zu schaffende Massenbewegung. Statt dessen hatte man die Formulierung gewählt: »Wir werden die Armeen der beiden deutschen Teilstaaten mit allen demokratischen Mitteln bekämpfen.« Die Resolution wandte sich gegen die »Wiederbewaffnung in Ost- und Westdeutschland«, weil diese die Spaltung vertiefen und zu einer ständigen Gefährdung des Friedens führen müßte. Des weiteren, weil die Armeen Machtinstrumente in den Händen der jeweils Herrschenden in Ost- und Westdeutschland bildeten. Das Recht auf Wehrdienstverweigerung, »gleich aus welchen Gründen«, wurde gefordert, und allen Wehrdienstverweigerern wurde die Unterstützung des Verbandes zugesagt, ohne daß ausdrücklich zur Wehrdienstverweigerung aufgerufen wurde. Statt dessen wurde der Senat von Berlin aufgefordert, allen Wehrdienstverweigerern aus Ost- und Westdeutschland Asyl zu gewähren. Weiterhin wandte sich die Entschließung »gegen alle militaristischen Gruppen und ihre Versuche, durch Filme, Bücher, Zeitschriften und Spielzeug der Jugend Militär und Krieg schmackhaft zu machen«. Alle demokratischen Organisationen, insbesondere die der Arbeiterbewegung, wurden aufgefordert, den Kampf gegen die Wiederbewaffnung zu unterstützen. Als Ergebnis der innerverbandlichen Auseinandersetzungen um die Wehrfrage war in die Resolution ein Passus eingefügt worden, der sich gegen die Mitarbeit des Bundesvorsitzenden Heinz Westphal in einer Kommission des Bundesjugendringes richtete, die sich mit der Gestaltung der inneren Struktur der Bundeswehr beschäftigte.[38] In dieser Form wurde die Resolution von den Delegierten der Landeskonferenz verabschiedet.[39] In einem Zusatzantrag wurde die Errichtung eines Spendenkontos für Wehrdienstverweigerer beschlossen.[40]

Ein Teil der gefaßten Beschlüsse unterschied sich deutlich von den entsprechenden Entscheidungen im Bundesverband,[41] und mit der von der Konferenz geforderten Publizierung der Resolution »im breitesten Rahmen in Mittel- und Westdeutschland« bewies der Landesverband, daß er zukünftig seine eigenen Maßstäbe stärker in die politische Diskussion einzubringen gedachte. Daß dieser Weg nicht einfach sein würde, zeigten die Reaktionen auf diese Beschlüsse. Bereits am nächsten Tag gab es aus Kreisen der Berliner SPD scharfe Angriffe. Es kam zur Einberufung einer gemeinsamen Sitzung der Landesvorstände beider Organisationen. Das Ergebnis dieser Zusammenkunft betrachteten die Falken nicht zu Unrecht als Erfolg für sich.[42] Der SPD-Landesvorstand stellte mehrheitlich fest, daß die Resolution keinen Grund zum Eingreifen von seiten der Partei böte. Gleichzeitig wurden sehr vage formulierte Richtlinien über das Verhältnis zwischen dem Jugendverband und der Partei festgelegt. In Anerkennung der organisatorischen Selbständigkeit des Verbandes legte der Landesvorstand der SPD fest, daß nur ein Verstoß gegen die Grundsätze der sozialistischen Gesamtbewegung von seiten des Verbandes ein Eingreifen der Partei rechtfertigen könne. Mangelnde Abgrenzung gegen bzw. Unterwanderung durch Kommunisten galten als solch ein Verstoß, wie ausdrücklich betont wurde. Ristock interpretierte diese Entscheidung im Sinne eines innerhalb der Diskussion gegebenen Hinweises, »daß die Genossen im Jugendverband zwar als Mitglieder der Partei dieser verantwortlich seien, daß man aber nicht verlangen könnte, daß der Jugendverband die jeweilige tagespolitische Haltung z.B. der Bundestagsfraktion unterstützt«.[43]

Weniger glimpflich als der Vorstand der SPD verfuhr ein Teil der Westberliner Presse mit den Falken. Der »Abend« kommentierte die Resolution zur Wehrfrage folgendermaßen:

»Aber die sehr jungen Leute, die sich jenes Husarenstückchen geleistet haben, werden sich sagen lassen müssen, daß sie einer geistigen Infiltration erlegen sind, von deren Gefährlichkeit sie offensichtlich keinen blassen Schimmer haben. Wenn sie um unsere Demokratie fürchten, sollten sie erst einmal Nachhilfestunden über die historische Schuld des blindwütigen Pazifismus am Aufkommen des Nationalsozialismus nehmen.«[44]

Der Verband ließ sich durch solche Anfeindungen nicht beeindrucken. Der »Berliner Stimme« zufolge ließ Harry Ristock auf der folgenden Jahreskonferenz der Falken im April 1956 »keinen Zweifel darüber (aufkommen), daß sich die Berliner Falken auch künftig sehr aktiv und durchaus selbständig in das politische Leben Berlins einschalten werden«.[45]

Auf der Konferenz wurde die Haltung der SPD-Fraktion des Bundestages in Frage der Verfassungsänderung zur Wehrgesetzgebung mißbilligt,[46] die Initiierung eines Komitees gegen die Wiederaufrüstung in Ost und West beschlossen, die Kolonialpolitik der Westmächte, insbesondere die französische Algerienpolitik, verurteilt und die Teilnahme an der offiziellen Maikundgebung »unter deutlicher Herausstellung unserer politischen Forderungen« beschlossen.[47]

Letzteres war ein besonderes Anliegen der Falken. Wie bereits beschrieben hatten sie jahrelang vergeblich ihren Unmut über die Gestaltung der Maifeiern in West-Berlin geäußert. Daher hatten sie mit Genugtuung zur Kenntnis genommen, daß die Beruhigung der Situation in und um Berlin und der Beginn der Kampagne des DGB für die 40-Stunden-Woche[48] dazu geführt hatten, daß 1955 die Maikundgebung unter der Losung »40 Stunden sind genug« allein von den Gewerkschaften veranstaltet worden war.[49]

Um so größer war ihre Verärgerung, als sich abzeichnete, daß die Maikundgebung 1956 wieder den Charakter einer Freiheitskundgebung – wenn auch in kleinerem Rahmen vor dem Rathaus Schöneberg – tragen sollte. Im Jugendverband war man nicht bereit, dies hinzunehmen und begann darüber nachzudenken, wie man »der Gemeinsamkeitsfeier unseren Stempel aufdrücken« könne. Daß, wie Ristock es formulierte, »uns nahestehende Organisationen« über eine solche Aktion alles andere als erfreut sein würden, war man bereit, in Kauf zu nehmen,[50] das politische Anliegen erschien wichtiger.

Aus einer Aktennotiz von Harry Ristock geht hervor, daß es im Vorfeld der Kundgebung ein heftiges Gerangel mit der SPD und dem Maikomitee gegeben hatte, in dessen Verlauf dem Verband nahegelegt worden war, auf alle »Transparente, die nicht dem Charakter der gemeinsamen Kundgebung gerecht würden«, zu verzichten.[51] Dennoch erschienen die Falken zur Maidemonstration mit ca. 120 Transparenten zu jugendpolitischen, sozialen und deutschlandpolitischen Fragen sowie Parolen gegen Restauration, Militarismus und das SED-Regime. Eine davon lautete: »Durch Ulbricht und Adenauer keine Wiedervereinigung«.

Durch eine sorgfältige organisatorische Vorbereitung gelang es den drei Marschblöcken der Falken, denen sich die Jungsozialisten und der SDS angeschlossen hatten, strategisch wichtige Punkte auf dem Kundgebungsplatz zu besetzen, so daß die Fahnen und Parolen der Sozialistischen Jugend das Bild der Kundgebung prägten. Es war dem Verband in der Tat gelungen, der Veranstaltung seinen Stempel aufzudrücken.

Entsprechend aufgeregt war das Echo in der gesamten Westberliner Presse einschließlich der sozialdemokratischen. Die beiden Hauptvorwürfe zielten darauf ab, daß die Falken durch das Mitführen ihrer Parolen den »Parteienhader« über das »gemeinsame Bekenntnis der Berliner« gestellt haben und daß sie »den demokratisch gewählten Bundeskanzler mit dem von Moskau eingesetzten roten Diktator auf eine Stufe stellen«.[52]

## II.3. Die deutschlandpolitischen Aktivitäten der Berliner Falken

Der Jugendverband wollte seine Haltung zur deutschen Frage, wie sie in der umstrittenen Parole »Durch Ulbricht und Adenauer keine Wiedervereinigung« zum Ausdruck kam, auf einer Veranstaltung am 4. Mai 1956 erstmals öffentlich erläutern. Diese Kundgebung stand unter eben jenem Motto, das den Verband bereits am 1. Mai in das Kreuzfeuer der Kritik gebracht hatte. Sie wurde von Jürgen Gerull vom Referat Mitteldeutschland und Harry Ristock gemeinsam organisiert.

Noch mehr als bei der Maikundgebung versuchte die Berliner SPD diese Initiative des Verbandes zu verhindern. Auf Intervention des Berliner SPD-Vorsitzenden Franz Neumann zog der als Redner vorgesehene Heinz Kühn – damals MdB, Parteivorstandsmitglied und Vorsitzender des Bezirks Mittelrhein – seine Zusage zurück. Die Plakatwerbung in der U-Bahn und der Auftritt des BVG-Orchesters wurden zurückgezogen, auch die SPD- und SPD-nahe Presse weigerte sich, für die Veranstaltung unter diesem Motto zu werben. Der Versuch, ihnen unter Bruch des geschlossenen Vertrages die gemietete Messehalle am Funkturm zu entziehen, konnte von den Falken nur mit Mühe abgewendet werden.[53]

Der Grund für diese Interventionen ist darin zu suchen, daß die Falken mit ihrer Initiative einen von der Mehrheit der Berliner SPD ungern eingestandenen Konflikt zwischen ihrer Haltung und der der Bundes-SPD thematisierten. Im Gegensatz zur Bundes-SPD suchten die Regierungsverantwortung tragenden Berliner Sozialdemokraten in außenpolitischen Fragen eher Gemeinsamkeiten mit der CDU. Dies betraf u. a. die Frage der Sicherung des Status West-Berlins und die Einbindung der Bundesrepublik in das westliche Staatensystem, da sie keine andere Möglichkeit sahen, die Westalliierten zur Wahrung der Interessen West-Berlins gegenüber dem Osten zu bewegen. Dahingegen vertrat die Mehrheit der Bundes-SPD zu jener Zeit die Auffassung, daß die einseitige Westorientierung der BRD die Spaltung vertiefen und damit die Wiedervereinigung als Hauptziel deutscher Politik illusorisch werden lasse.[54]

So brachte die Falkenveranstaltung unter diesem – zwar zugespitzten, aber den Intentionen der Bundes-SPD durchaus entsprechenden – Motto die Berliner SPD in ein doppeltes Dilemma. Sie wollte nicht mit dieser Veranstaltung identifiziert werden, hätte aber beim Auftreten von prominenten SPD-Politikern auf dieser Kundgebung keine Möglichkeit zur Distanzierung gehabt, ohne gleichzeitig diesen innerparteilichen Konflikt ins Bewußtsein der Öffentlichkeit zu bringen. So richtete sie ihre Bestrebungen darauf, die Veranstaltung zu verhindern, zumindest das Auftreten von SPD-Politikern. Vermutlich erklärt dies auch die Haltung Franz Neumanns, der in dieser Frage zwar die Position der Bundespartei vertrat, aber im Sinne der äußeren Geschlossenheit der Partei das Auftreten von Heinz Kühn verhinderte. Für diese These spricht auch die Tatsache, daß in einer Absprache zwischen den Vorständen der Falken und der SPD ausgehandelt wurde, diesen Konflikt nicht auf dem folgenden Landesparteitag der SPD auszutragen. Ristock selber, der sonst keine Auseinandersetzung scheute, bat die Delegierten des Parteitages darum, nachdem bereits ein linker Delegierter als erster Redner das Verhalten der Berliner SPD-Führung in dieser Frage scharf verurteilt hatte.[55]

Da sich aufgrund der oben beschriebenen Sachlage auch die befragten Berliner SPD-Politiker nicht in der Lage sahen, auf der Kundgebung aufzutreten, mußte Harry Ristock neben dem Verbandsvorsitzenden Heinz Westphal selbst als Redner einspringen. Heinz Westphal gab eine Erklärung der beanstandeten Parole im Sinne der Bundes-SPD: Daß es nicht darum ginge, Ulbricht und Adenauer politisch oder moralisch auf eine Stufe zu stellen, sondern aufzuzeigen, daß die von ihnen betriebene Politik der Integration der beiden deutschen Teilstaaten in die antagonistischen Machtblöcke, jenseits aller Beteuerungen des Willens zur Wiedervereinigung, diese immer mehr erschweren müsse. Als einzige richtige Alternative bezeichnete er es, »daß eine Vereinbarung zwischen diesen Mächten (der Anti-Hitler-Koalition, d. V.) über ein wiedervereinigtes Deutschland zustande kommt, welches militärisch nicht einseitig an einen der Blöcke gebunden ist«. Gleichzeitig stellte er fest, daß ein solches wiedervereinigtes Deutschland anders aussehen müsse als die Bundesrepublik und die sowjetische Zone. Die Macht müsse sowohl aus den Händen der diktatorischen Cliquen als auch aus den Händen der nach Profit strebenden Konzerngewaltigen genommen werden, »sonst werden wir diese Einheit nicht bekommen«.[56]

Damit hatte Westphal eine Konzeption dargelegt, die an die Nachkriegsdiskussion innerhalb der sozialdemokratischen Bewegung anknüpfte und dort als »Dritter Weg« bezeichnet worden war. Das Ziel war es, ein Deutschland zu schaffen, daß sich »in seiner gesellschaftlichen Struktur gleichermaßen vom Kapitalismus westlicher Prägung und vom Bolschewismus östlicher Provenienz unterscheiden« sollte.[57]

Anklänge an dieses Konzept waren in der SPD bis zum Ende der 50er Jahre präsent. Auch die Falken standen dazu. Der »Dritte Weg« bedeutete für sie ein Deutschland, das nach den innen- und außenpolitischen Vorstellungen der Sozialdemokratie gestaltet war. Ristocks Vorstellungen vom »Dritten Weg« gingen an einigen Punkten über die sozialdemokratische Programmatik hinaus. Im Gegensatz zu Westphal schien ihm die Wiedervereinigung nur möglich, »wenn die Deutschen selbst die Geschicke ihres Landes in die Hand nehmen und an die Tür der großen Mächte dieser Erde pochen«. Dabei bekannte er sich ausdrücklich zu einigen Errungenschaften der DDR, die allerdings erst durch die Beseitigung der Herrschaft der SED zu wirklichen sozialistischen Errungenschaften werden könnten. Während Westphal entsprechend der sozialdemokratischen Programmatik[58] nur die »Überführung der Grundstoffindustrie in Gemeineigentum« gefordert hatte, bekannte sich Ristock zu volkseigenen Betrieben und einer sozialistischen Bodenreform.

Unter ausdrücklichem Hinweis auf die Anfeindungen des Verbandes durch die Westberliner Presse – darunter auch der in West-Berlin bis heute beliebte Vorschlag, doch lieber »drüben« zu demonstrieren[59] – verwies er auf den Einsatz des Verbandes in der Auseinandersetzung mit dem SED-Regime und äußerte: »Wir führen unseren Kampf gegen die Kommunisten, eben weil wir Sozialisten sind.« In diesem Zusammenhang unterzog er die Verhältnisse in der DDR wiederum einer scharfen Kritik.[60]

In einem Interview im folgenden Jahr legte Ristock noch einmal den Kern der deutschlandpolitischen Konzeption der Falken dar. Er äußerte sich:

»Wenn wir den Rücktritt Walter Ulbrichts fordern, so handelt es sich nicht nur um eine Person, sondern um jene Gruppe innerhalb der DDR, die ihre Position nur aus der Spaltung Deutschlands ableiten kann und daher das größte Interesse hat, die Gegensätze zwischen Ost und West fortbestehen zu lassen. Diese Leute sind aufgrund ihrer Lage gezwungen, eine konservativ-reaktionäre Politik zu betreiben, mit welchen Schlagworten auch immer sie das zu verschleiern suchen. Ebenso bekämpfen wir in Westdeutschland die Adenauer-Politik, weil auch sie der Entspannung im Wege steht. Die Terror- und Kalte Kriegspolitik Ulbrichts wie auch die Politik der Stärke Adenauers sind zwei Erscheinungen einer überlebten geschichtlichen Situation.«[60a]

Die Einschätzung, daß eine Wiedervereinigung zwischen der kapitalistisch restaurierten BRD und der stalinistisch erstarrten DDR weder von den jeweiligen Machthabern gewünscht noch möglich sei, bildete ein Grundelement der politischen Überzeugung der Mehrheit des Berliner Landesverbandes. Unter Berufung auf die Ereignisse des 17. Juni 1953 ging sie davon aus, daß die Arbeiterklasse der DDR zwar das SED-Regime, aber nicht den Sozialismus ablehne, deshalb konnte sie sich eine Wiedervereinigung nur unter sozialistischem Vorzeichen vorstellen. Da diesem Ziel eine hohe Priorität eingeräumt wurde, zielte die politische Strategie der Falken darauf, auf beiden Seiten die politische Entwicklung in einer Weise zu beeinflussen, die die Voraussetzungen für eine Annäherung schaffen könnte. Das bedeutete im Hinblick auf die DDR Entstalinisierung mit dem Ziel einer Demokratisierung der gesellschaftlichen Entscheidungsprozesse; für die Bundesrepublik die Demokratisierung der Ökonomie mit dem Ziel der Überführung der Produktionsmittel in gesellschaftliches Eigentum und in die Verfügungsgewalt der Arbeitenden. Die jungen Sozialisten in der Leitung der Berliner Falken waren davon überzeugt, daß die Wiedervereinigung nur das Ergebnis einer sozialistischen Politik in beiden deutschen Teilstaaten sein könne.[61]

Daß politisch aufgeschlossene Jugendliche durch diese Aussagen angesprochen wurden und der Verband dadurch sogar neue Mitglieder gewann, belegt die Aussage von Ursula Jänicke, die 16jährig im Sommer 1956 zu den Falken stieß:

»Das hat mich unheimlich motiviert – motiviert sagte man damals noch nicht –, aber es war für mich ein Schlüsselerlebnis: diese Parole ›Durch Ulbricht und Adenauer keine Wiedervereinigung‹. Das hat mich sehr angesprochen. Da habe ich gedacht, wenn da Leute sind, die das erkennen und die noch auf eine Wiedervereinigung bedacht sind, dann mußt du da mitmachen.«[62]

Die Vorstellung eines »Dritten Weges«, in dem die vorhandenen Widersprüche aufgelöst werden, bedeutete gleichzeitig für viele Mitglieder der Sozialistischen Jugend die Bündelung ihrer Hoffnung auf Veränderungen.

So bildete diese politische Grundüberzeugung sowohl einen Antrieb für die in den folgenden Kapiteln darzustellenden Kontakte des Landesverbandes nach Osteuropa als auch eine Quelle zunehmenden Ärgernisses in dem Maße, in dem sich die SPD in ihrer Gesamtheit auf den Kurs zur Volkspartei und die Akzeptierung der von der CDU-Bundesregierung geschaffenen Tatsachen festlegte.

Der Verband hielt weiterhin an seiner Position fest, als die Stimmung in Berlin als Folge des sowjetischen »Berlin-Ultimatums« vom November 1958[63] wieder in gleichem Maße von Bedrohungsängsten und antikommunistischen Ressentiments beeinflußt war wie während und nach der Berlin-Blockade. Wie schon 1956 entzündete sich der

Konflikt an den Maiparolen der Falken. Zum erstenmal seit 1954 wurde 1959 der 1. Mai in Anknüpfung an die Tradition der großen Freiheitskundgebungen zur Zeit Ernst Reuters wieder vor dem Reichstagsgebäude gefeiert. Wiederum kam es bereits im Vorfeld der Kundgebung zu Auseinandersetzunbgen mit der SPD um die Mailosungen des Verbandes,[64] in die sich diesmal auch die Presse einschaltete.[65] Dessen ungeachtet erschienen die Falken erneut mit eigenen Parolen, darunter »Wiedervereinigung ohne Adenauer«, »Wiedervereinigung ohne Ulbricht«, (diesmal allerdings als Konsequenz aus den Ereignissen von 1956 in zwei getrennten Parolen). Auch das Erscheinen der Parole: »Berlin-Lösung in Frieden« hatte die SPD zu verhindern versucht.[66] Diese Losung wurde offenbar als Nachgeben gegenüber östlichen Positionen begriffen. Viele der weiteren Forderungen wie: »Freiheit durch Sozialismus«, »Solidarität mit Algerien«, »Verständigung mit Polen«, Stellungnahmen gegen Imperialismus, Kolonialismus, Atomrüstung paßten ebenfalls nicht ins Bild einer Westberliner Freiheitskundgebung noch in dam als in Berlin vorherrschenden politischen Trend. So wurde der Verband wieder einmal wegen seiner unkonventionellen Ansichten von der Presse und der Mehrheit der Berliner SPD kräftig gebeutelt. Gegen Harry Ristock wurde gar ein Parteiordnungsverfahren vom SPD-Kreis Steglitz beantragt.[67]

Dennoch verteidigte er die von den Falken vertretene Auffassung sowohl auf dem folgenden Landesparteitag der SPD[68] als auch auf einer SPD-Funktionärskonferenz im Juni. Nach einem Bericht der CDU-nahen Zeitung »Kurier« führte Ristock dort aus, daß auch die Politik Adenauers zum Entstehen der neuen Berlin-Krise beigetragen habe, und warnte davor, in »Antikommunismus (zu) machen«. Tumultartige Zwischenfälle im weiteren Verlauf der Veranstaltung[69] bewiesen, wie emotional aufgeheizt politische Auseinandersetzungen in Berlin zu jener Zeit geführt wurden. Allerdings zeigte der Verlauf beider Versammlungen, daß es innerhalb der SPD – wenn auch nur von seiten einer Minderheit – Unterstützung für die Position der Falken gab. Zu den Rednern, die die Falken auf dem Landesparteitag gegenüber der Kritik von seiten des Landesvorstandes verteidigten, gehörten der 1958 als Landesvorsitzender abgewählte Franz Neumann und der Kreuzberger Bezirksbürgermeister Willy Kressmann.[70] Der erwähnte Konflikt zwischen der Berliner SPD und der Bundespartei in der Frage der außenpolitischen Orientierung bestand weiterhin. Er wurde jetzt allerdings offen ausgetragen,[71] und die Berliner Position hatte in der Bundespartei an Bedeutung gewonnen.[72] Deshalb konnten Abweichlern im Gegensatz zu 1956 organisatorische Konsequenzen angedroht werden. Dies bekam neben Harry Ristock auch Willy Kressmann zu spüren. Er hatte auf einer SPD-Veranstaltung zu den Vorwürfen gegenüber den Falken geäußert, daß die Zeit des »Kalten Krieger« vorbei sei, und scharfe Kritik an Form und Inhalt der Mai-Kundgebung geübt, was ihm ebenfalls ein Parteiordnungsverfahren eintrug.[73] Das Verfahren gegen Kressmann wurde im September 1959 eingestellt, nachdem er in einem Schreiben an den Landesvorstand »Ort und Zeit der Äußerungen über die 1. Maidemonstration« als »schlecht gewählt« bezeichnet hatte.[74] Das Verfahren gegen Ristock endete mit der Erteilung einer Rüge.[75]

Der Ausgang des Verfahrens gegen Ristock bewies, daß die Falken zu einer ernstzunehmenden politischen Kraft herangereift waren. Ähnlich wie Kressmann, dem seine Stellung als populärer Bezirksbürgermeister genug Rückhalt bot, um ihn vor weitergehenden Maßnahmen zu bewahren, war auch Ristock als Vorsitzender der Falken zu bedeutend, um ihn ohne weiteres disziplinieren zu können.

## II.4. Falkenarbeit in Ost-Berlin und die Auseinandersetzungen mit der FDJ

Wie bereits zu Eingang dieses Kapitels angedeutet, war die Auseinandersetzung mit den Machthabern in der DDR ein Aufgabenbereich, dem sich die Berliner Falken nicht entziehen konnten. Einmal wegen der exponierten politischen und geographischen Lage Berlins, zum anderen, weil sich die Falkenorganisation aufgrund des Viermächte-Status auf Gesamtberlin bezog und dieser Zustand bis 1961 bewußt aufrechterhalten wurde.

Aufgrund des zunehmenden Drucks, dem die Versammlungen der Falken in Ost-Berlin ausgesetzt waren, hatten sie im Juli 1949 beschlossen, ihre Arbeit im Ostsektor einzustellen. Das bedeutete, sie führten dort keine Veranstaltungen mehr durch, die Gruppen verließen die Ostberliner Jugendheime und tagten in der Folgezeit in grenznahen öffentlichen Gebäuden West-Berlins, zum Teil auch, vor allem die Kindergruppen, in den Ostberliner Büros der SPD. Dies waren natürlich keine günstigen Bedingungen für die Arbeit eines Jugendverbandes. Entsprechend war der Verband schon bald in vier der acht Ostberliner Kreise nicht mehr präsent. Die Kinderarbeit litt besonders stark unter diesen Bedingungen. Auf der Landeskonferenz 1953 stellten nur zwei Ostberliner Kreise Delegierte im Kinderbereich. Im SJ-Bereich konnten sich die Ostberliner Kreise durchaus mit einigen Westberliner Bezirken messen. Vor allem in den bürgerlichen Wohnbezirken wie Wilmersdorf, Zehlendorf und Steglitz lag die Zahl der Falkenmitglieder zeitweise noch hinter den vier Ostkreisen.[76] Mit Ausnahme des Kreises Mitte, der auf der Landeskonferenz 1959 als viertstärkster Kreis auftreten konnte,[77] setzte sich der Niedergang der Ostkreise bis zu ihrer endgültigen Auflösung im September 1961 fort.

Obwohl die Falken sich in Ost-Berlin jeglicher offizieller Betätigung enthielten, brachte die Mitgliedschaft bei den Falken für den einzelnen Schwierigkeiten in Schule und Beruf mit sich.

Günter Jahn, sechs Jahre lang Vorsitzender des Kreises Mitte, berichtet:

»Es gab einen Teil von Kindern, die von zu Hause so gestützt wurden, daß sie nicht in die Pioniere eingetreten sind, und gesagt haben: ›Wir sind bei den Falken.‹ Dann wurde den Eltern klargemacht, daß die Kinder in der Schule nicht weiterkommen können, um später evtl. noch das Abitur zu machen, wenn sie die Kinder weiter zu den Falken schicken. Bei den Größeren, den SJlern, da war es schon anders. Die haben sich schon selber in Schule und Betrieb in irgendeiner Form auseinandergesetzt, das merkten sie dann an den Zensuren. Es gab immer ein Sprichwort: ›Wenn du gesellschaftskundlich nicht gut bist, kannst du im Leben ein guter Handlanger werden, aber nie ein guter Facharbeiter.‹ Das war natürlich eine schwierige Lage, wo dann der eine oder andere gesagt hat, na gut, dann mußt du für zwei Tage den Mund mal wieder halten, du willst ja deinen Beruf zu Ende machen. Manch einer hat seine Lehre dabei verloren und kriegte dann auch keinen Arbeitsplatz mehr in Ost-Berlin.«[78]

Im Zuge der sich seit dem Herbst 1955 abzeichnenden leichten Entspannung im Ost-West-Verhältnis und einer im Zuge der fortschreitenden Entstalinisierung spürbaren Liberalisierung in den Ostblockstaaten startete der Verband im Jahre 1956 einige Initiativen mit dem Ziel, die Lage der Ostberliner Mitglieder zu verbessern und seine Wirkungsmöglichkeiten im Ostsektor zurückzugewinnen.

Die Ostberliner Mitglieder des Verbandes waren bis zu diesem Zeitpunkt immer auf illegalen Wegen an den Fahrten des Verbandes beteiligt worden. D.h., daß sie entweder Verwandtenbesuche in der Bundesrepublik vortäuschten, zumeist aber mit dem Flugzeug aus West-Berlin ausgeflogen wurden und ihre Weiterreise mit Hilfe von extra für diesen Zweck ausgestellten befristeten westdeutschen Pässen bewerkstelligten.[79]

Zur Fahrt in das IUSY-Camp in Tampere/Finnland im Sommer 1956 beantragten die Leiter der Ostkreise offiziell Auslandspässe für die Ostberliner Teilnehmer bei den DDR-Behörden, die sie auch erhielten. Mit der Gewährung der Pässe war gleichzeitig die Existenz des Verbandes in Ost-Berlin anerkannt worden. Der folgerichtige nächste Schritt bestand in dem Versuch, wieder eine öffentliche Versammlung in Ost-Berlin durchzuführen. Diese Veranstaltung sollte am 30.10.1956 in einer Schulaula in der Gleimstraße im Ostberliner Arbeiterbezirk Prenzlauer Berg zum Thema »Freie Jugend in Ost und West/Unser Weg – unser Ziel« stattfinden. Um das Klima für diese Veranstaltung zu verbessern, diskutierte der Verband auf einer Versammlung in Spandau am 24.10.56 zum Thema »Wer will unter die Soldaten« mit der FDJ. Die Verabschiedung einer gemeinsamen Resolution kam jedoch nicht zustande, weil sich die FDJ weigerte, gegen die Wiederaufrüstung in beiden Teilen Deutschlands Stellung zu nehmen. Die Veranstaltung in Ost-Berlin wurde kurzfristig untersagt mit der Begründung, daß die Schulaula für diese Veranstaltung zu klein sei. Sie fand dennoch statt, in einer Schulaula auf der anderen Seite der Grenze. Als Konsequenz aus dem Verbot dieser Veranstaltung beschlossen die Falken, »die FDJ und ihre Funktionäre solange nicht bei uns zu Wort kommen zu lassen, bis sie in ihrem eigenen Bereich bereit ist, uns die Wiederaufnahme der Arbeit zu gestatten«.[80]

Um die politische Auseinandersetzung mit dem »Ulbricht-Regime« trotz der Nichtzulassung der Falken in der DDR und der Behinderung ihrer Arbeit in Ost-Berlin weiterhin offensiv führen zu können, war bereits 1951 das Referat Mitteldeutschland eingerichtet worden, als dessen Leiter Jürgen Gerull nach seiner Entlassung aus der DDR-Haft eingestellt wurde. Formal war es eine Einrichtung des Bundesvorstandes, hatte aber seinen Sitz in West-Berlin. Aufgrund dieser geographischen und der politischen Gegebenheiten Berlins war die Zusammenarbeit zwischen dem Referat Mitteldeutschland und dem Berliner Landesverband sehr eng. Die größeren Aktivitäten des Referats wurden vom Landesverband mitgetragen, teilweise auch mitinitiiert. Den Schwerpunkt seiner Tätigkeit in den ersten Jahren bildete die Betreuung von Jugendlichen aus Ost-Berlin und der DDR, die anläßlich von Großereignissen, seien es FDJ-Pfingsttreffen in Ost- oder Grüne Woche und Industrieausstellung in West-Berlin, den westlichen Teil der Stadt besuchten.

Von April 1955 an veranstaltete der Berliner Landesverband in Zusammenarbeit mit dem Referat Mitteldeutschland sogenannte Ost-West-Begegnungen. Ziel dieser Maßnahmen war es, menschliche Begegnungen zwischen Jugendlichen aus dem geteilten Deutschland zu ermöglichen und gleichzeitig der einseitigen Beeinflussung der Jugend in der DDR etwas entgegenzusetzen.

Dietrich Masteit, zeitweise Angestellter des Verbandes und Vorstandsmitglied, erinnert sich dieser Aktivitäten:

»Wir haben sehr viele, Tausende von jungen Leuten hierhergeholt. Diese Begegnungen wurden aus Mitteln des gesamtdeutschen Ministeriums finanziert, aber die Durchführung lag allein in unserer Hand. Diese jungen Menschen wurden von uns im freiheitlichen Sinne informiert und natürlich im sozialistischen Sinne. Das konnte nicht im Interesse der FDJ sein und auch nicht der SED. Hier, glaube ich, galten wir wohl eher als die schlimmeren Gegner der FDJ als die Kalten Krieger, weil wir eben das Schwarz-Weiß-Schema nicht hatten, was bei jungen Leuten natürlich auf Resonanz stieß, daß man sagte, Schwarz-Weiß gibt es nicht, es gibt eben sehr viele Mitteldinge.«[81]

Nicht nur wegen ihrer politischen Inhalte, auch wegen der Spesenerstattung und anderer materieller Annehmlichkeiten des Westens hatten diese Veranstaltungen eine große Anziehungskraft. Klaus Hirschfeld, mit 15 Jahren wegen »diskriminierender Äußerungen über die Regierung der DDR« von der Schule verwiesen und zur Bewährung als Handlanger zu einer Baubrigade geschickt, in der Folge zu den Falken gestoßen, schildert seine Erlebnisse als Teilnehmer an einem Zeltlager der Falken für Ostberliner 1957 in Oberhausen:

»...wir haben Coca-Cola besucht, Betriebe besichtigt. Eingeladen waren wir immer von den Firmenleitungen, die uns in der damaligen Stimmung immer als ›Freiheitskämpfer‹ sahen. Wir wurden überall bewirtet, und am liebsten hätten sie uns in Watte gepackt. Nur so ein Beispiel: Ich bin da, glaube ich, mit 50,- DM/West hingefahren, die ich mir mühsam von meinem Lehrlingsgeld zusammengespart hatte; ich habe ja nur 80,- DM/Ost verdient. Dieses Geld und einen Zuschuß von meiner Mutter – insgesamt etwa 200,- DM/Ost habe ich dann in einer Wechselstube in 50,- DM/West umgetauscht. Zurückgekommen bin ich dann mit 100,- DM/West.

Das kam so: Wir haben da praktisch nie etwas allein bezahlt, außer Fahrgeldern für die Straßenbahn oder Zeitungen usw. Und außerdem haben wir die Behörden auch noch über ›die Rolle‹ gezogen: Jeder Ostdeutsche oder Ostberliner, der damals ins Bundesgebiet kam, erhielt ein ›Begrüßungsgeld‹ von 10,- DM/West. Das konnten die uns aus begreiflichen Gründen ja nicht in den Ausweis einstempeln; und im Ruhrgebiet ist es dann sehr leicht gewesen, mit der Straßenbahn von einer Stadt zur anderen zu fahren und die verschiedenen Sozialämter ›abzukassieren‹. Gewissensbisse hatten wir dabei nicht, denn so, wie wir den DDR-Staat ablehnten, identifizierten wir uns auch nicht mit der ›Adenauer-Republik‹....«[82]

Nach eigenen Angaben war es den Falken mit Hilfe der Ost-West-Begegnungen gelungen, »an fast allen Universitäten und Hochschulen und in einigen Großbetrieben der Sowjetzone interne Freundschaftsgruppen der Falken aufzubauen«.[83] Da diese Angaben im Zusammenhang mit der Gewährung weiterer Mittel gemacht wurden und zudem kaum überprüfbar waren, erscheint jedoch eine gewisse Skepsis angebracht. Der Umfang dieser Begegnungen muß allerdings in der Tat beträchtlich gewesen sein. Das Protokoll der Landesvorstandssitzung vom 18.6.56 belegt, daß während der Sommerferien »rund 2.300 Jugendliche aus der SBZ im Rahmen der Ost-West-Begegnungen« erwartet wurden.[84]

Einen nachweisbaren politischen Einfluß hatten die Falken auf die Protestaktionen an der Berliner Humboldt-Universität im Herbst 1956. Dort hatte sich im Gefolge der Ereignisse in Polen und Ungarn[85] eine studentische Opposition artikuliert, die ebenfalls einen konsequenten Bruch mit stalinistischen Praktiken und eine Liberalisierung im kulturellen und politischen Bereich forderte.[86]

Zwei der Hauptsprecher der studentischen Opposition, Holger Hansen und Hans-Georg Wolters, waren Mitglieder der Falken. Bereits im Juni 1956 unterrichtete Harry Ristock den Landesvorstand der Berliner SPD davon, daß die Studenten der medizinischen Fakultät der Humboldt-Universität beabsichtigten, bei ihrer Leitung auf die Durchführung eines Diskussions-Forums mit dem Falken-Landesvorstand zum Thema »Durch Ulbricht und Adenauer keine Wiedervereinigung« hinzuwirken, und daß ein Kreis von Studenten, der seit langer Zeit mit dem Verband in Kontakt stand, die offizielle Gründung einer Falkengruppe an der Humboldt-Universität ins Auge gefaßt habe.[87]

Auch die intellektuelle Opposition in der DDR, die sich in jenen Wochen formierte, vertrat die Thesen, die sich mit der Konzeption der Falken einer Wiedervereinigung auf sozialistischer Grundlage deckten. So forderte die Gruppe um den Dozenten Wolfgang Harich eine Reform des politischen Systems der DDR und der SED an Haupt und Gliedern. Auf dieser Grundlage sollte zusammen mit der westdeutschen SPD die Einheit der deutschen Arbeiterbewegung wiederhergestellt und damit die Grundlage für eine deutsche Wiedervereinigung geschaffen werden.[88]

So war die folgende Einschätzung, die Harry Ristock im Oktober 1956 in der BSJ veröffentlichte, keinesfalls illusorisch.

»Die FDJ versucht auf allen Ebenen, mit unseren Mitgliedern und Funktionären in ein Gespräch zu kommen. Es zählt mit zu den traurigsten Kapiteln westlicher Politik, diesen Gesprächen auszuweichen. Unser Bemühen sollte es sein, überall dort, wo *nicht* die hauptamtliche Bürokratie, sondern die Mitglieder und Gruppen auf uns zukommen, in eine Diskussion einzutreten. Wir sind überzeugt, daß wir nur auf diesem Wege den Keim der Auseinandersetzung in breite Teile dieser Organisation hineintragen können. Hinter der Fassade des Staatsjugendverbandes findet sich eine Vielzahl von Mitgliedern und Gruppen, die am Tage der Wiedervereinigung auf unserer Seite stehen werden. Sie gilt es, schon heute im Streitgespräch zu gewinnen. *Voraussetzung für dieses Herausgehen aus der Verteidigung ist jedoch in jedem Falle das Wissen um den Weg und das Ziel des Sozialismus.*«[89]

Daß die Intentionen, denen die deutschlandpolitische Konzeption der Berliner Falken folgte, durchaus richtig waren, bestätigten auch die Aussagen von Manfred Hertwig, einem ehemaligen Mitglied der Harich-Gruppe. In einem Interview mit der »jungen gemeinschaft« im November 1959 führte er aus:

»Wenn ich von der Opposition in der DDR spreche, so muß man sich darüber klar sein, daß das keine Opposition für Dr. Adenauer ist. Natürlich gibt es noch andere oppositionelle Gruppen. Mir scheint, daß diese auf Grund der Entwicklung im Sowjetblock und damit auch in der DDR nie eine echte Chance besitzen werden. Die Opposition, die ich meine, ist, wie in Polen und Ungarn, auch in der DDR sozialistisch. Sie lehnt sich gegen die stalinistischen Methoden auf, gegen den Zwang, den Terror, die Unterdrückung demokratischer Rechte. Sie will den Sozialismus mit der Demokratie verbinden. Die Opposition blickt auf die SPD, ohne mit ihr in jeder Frage identisch zu sein. Wie stark diese demokratisch-sozialistische Opposition ist, geht daraus hervor, daß der ganze Partei- und Machtapparat Ulbrichts im Kampf gegen die Anhänger des Dritten Weges aufgeboten wurde und wird.«

Daraus folgert er:

»Nach meinem Dafürhalten bestehen die Aufgaben der SPD und der sozialistischen Jugend in der Bundesrepublik darin, daß sie in ihrem politischen Kampf und in ihrem Programm nicht nur an die Wirkung in der Bundesrepublik denken dürfen, sondern daß sie auch die gesamtdeutschen Belange im Auge behalten müssen. Sie müssen wissen, daß es ›drüben‹ eine starke demokratisch-sozialistische Opposition gibt, die auf die SPD blickt.«[90]

So besaßen die von den Falken vertretenen Anschauungen vor allem im politischen Klima des Herbstes 1956 eine reale Bedeutung und machten den Jugendverband für die Führung der SED zu einem ernstzunehmenden politischen Gegner.

Jedoch konnte sich in der DDR, anders als in Polen und Ungarn, die Opposition nicht auf eine breite Volksbewegung stützen, die Reformer blieben in ihren intellektuellen Zirkeln isoliert. Dies und der Verlauf der ungarischen Ereignisse erleichterten es der SED-Führung, die Reformkräfte zu unterdrücken.[91] Die Entwicklung in Polen wurde von ihr zuerst vorsichtig, ab Ende November schärfer verurteilt. Im eigenen Land wurden jene Kräfte, die im Verdacht standen, eine ähnliche Entwicklung herbeiführen zu wollen, ausgeschaltet. So wurden Ende November 1956 Wolfgang Harich und andere, die sich für einen nationalkommunistischen Weg eingesetzt hatten, verhaftet und im März 1957 zu hohen Zuchthausstrafen verurteilt.[92] Im Rahmen dieses Kampfes gegen den »Revisionismus« wurde in den folgenden Wochen und Monaten auch eine Kampagne gegen die Berliner Falken gerichtet, vor allem gegen die angeblichen Versuche der Falken, »die FDJ zu zersetzen und aufzulösen«. Den Auftakt machte Alfred Neumann, 1. Sekretär der Bezirksleitung Groß-Berlin der SED, als er auf einer Aktivtagung der FDJ am 30.10.56 die »offenen Versuche der Falken in den letzten Tagen, die FDJ zu spalten« als »Mittel der psychologischen Kriegsführung der amerikanischen Imperialisten« brandmarkte.[93]

Ungeachtet dieser Vorwürfe griffen die Falken die Forderung der oppositionellen Studenten der Humboldt-Universität nach der Zulassung von der FDJ unabhängiger Studentenverbände auf. In einem Schreiben an das Rektorat äußerten die Falken den Wunsch nach einer Unterredung über die Gründung von Falkengruppen an der Humboldt-Universität.[94] Die studentische Opposition wurde jedoch zerschlagen, der Brief der Falken blieb unbeantwortet.

Statt dessen beschäftigte sich der Staatssicherheitsdienst, bei dem eine ganze Abteilung dafür eingerichtet worden war, mit den Falken. Viele ihrer führenden Funktionäre erlebten Anwerbungsversuche von seiten des SSD,[95] die Ostberliner Mitglieder wurden weiteren Repressalien ausgesetzt. Andererseits gab es von seiten der SED und FDJ eine Reihe von Stellungnahmen, die neben verhalten formulierter Kritik Angebote zur Zusammenarbeit enthielten.[96] Ein offener Brief der FDJ an die Falken konstatierte fast beschwörend, daß »der Glaube an einen dritten Weg zwischen dem Bonner Staat und der Deutschen Demokratischen Republik« den Falken selber »und der ganzen Arbeiterjugend ernsten Schaden« zufügt.[97]

Die DDR-Behörden zeigten sich jedoch gegenüber dem Verband zu keinerlei Zugeständnissen mehr bereit. Der Antrag, 50 Ostberliner Mitgliedern Ausländerpässe zur Teilnahme am Zeltlager in Zadar/Jugoslawien im Mai 1957 auszustellen, wurde abgelehnt, einige der Antragsteller wurden vom SSD unter Druck gesetzt, zukünftig Berichte über die Falken zu liefern. Als Funktionäre der Falken auf einem Ostberliner Jugendforum im Mai diese Praxis kritisierten, wurde ihre Organisation von den anwesenden SED-Politikern als illegal und spalterisch angegriffen.[98]

Diese Jugendforen, die nach dem Muster »Jugendliche fragen, Politiker antworten« abliefen, wurden von den Falken mehrfach als Plattform für eine öffentliche Auseinandersetzung mir der FDJ genutzt. Harry Ristock berichtet:

»Auf jede Frage eine Antwort, dort bin ich viele Male gewesen, Wir haben immer versucht, die Mehrheit des Publikums auf unsere Seite zu kriegen, und oben saßen Honecker und andere mit Mißfallen. Zum Schluß haben die immer ein Drittel Volkspolizei abgeordnet. Es war auch so ein bißchen Indianerspiel. Die wollten uns das Mikrofon nicht geben, dann brüllte ein Drittel des Saales: ›Da meldet sich doch einer!‹ Dann bekamen wir nach mehrfachen Schreien eines Drittels des Saales – es waren immer 3000 oder 2000 – das Mikrofon, stellten dann unsere Fragen.«[99]

Harry Ristock selber ging noch weiter. Auf dem Forum am 21.8.1957 im Hause des FDJ-Zentralrats beklagte er sich nicht nur über die Behinderungen der Falkenarbeit in Ost-Berlin und das erpresserische Vorgehen des SSD gegenüber Ostberliner Mitgliedern. In seinem Redebeitrag vertrat er die These, daß sowohl Adenauer als auch Ulbricht einer deutschen Wiedervereinigung im Wege stünden und forderte den Rücktritt Ulbrichts, »der als Exponent der konservativen Gruppe innerhalb der SED eine progressive Entwicklung innerhalb der DDR verhindere«. Darauf wurde ihm mit der Begründung, »daß jemand, der unseren Genossen Ulbricht beleidigt, hier nicht zu sprechen hat«, das Wort entzogen.[100]

Die Folge war eine weitere Verschärfung der Gangart der DDR-Behörden gegenüber den Falken. Bereits am nächsten Tag erklärte der Stellvertreter des Ostberliner Oberbürgermeisters, man werde »die seit langer Zeit beobachtete Aufweichungspolitik« dieser Jugendorganisation nicht länger dulden.[101]

Die Gelegenheit, mit der »Wühlarbeit«, die nach Auffassung der DDR-Behörden im Namen der Falken von Harry Ristock und anderen betrieben wurde, abzurechnen, ergab sich schon bald. In der Nacht zum 1. Mai 1957 waren in Ilmenau/Thüringen zwei Studenten festgenommen worden, die in alkoholisiertem Zustand rote Fahnen heruntergerissen hatten. Bei der Untersuchung dieses Vorgangs stellte sich heraus, daß sie und ein weiterer Komilitone regelmäßig an den Ost-West-Begegnungen der Falken teilgenommen hatten. In einem Prozeß, der zur Generalabrechnung mit den Ost-West-Begegnungen der Falken benutzt wurde, wurden die drei im Oktober 1957 zu zweieinhalb, dreieinhalb und vier Jahren Zuchthaus verurteilt. Die Berichterstattung der DDR-Presse über diesen Prozeß, vor allem die »Junge Welt«, versuchte, zwischen den Falken als Organisation und den Aktivitäten einiger Funktionäre, die »in hinterhältiger Weise den Namen der sozialistischen Jugendorganisation ›Die Falken‹« mißbraucht hätten, zu differenzieren. Der Zorn der DDR-Presse richtete sich insbesondere gegen Harry Ristock. Sie konstatierte, daß der von ihm propagierte Zweifrontenkrieg sich immer mehr als Kampf gegen den Sozialismus entlarve. Ristock sei ein Handlanger der Großbourgeoisie, der das Recht verwirkt habe, sich Sozialist zu nennen.[102]

Solche und ähnliche sich ständig wiederholende Erfahrungen mit der SED, der FDJ und den Staatsorganen der DDR entmutigten die Führung der Falken nicht. Im Gegenteil, sie wurden dadurch in ihrer Haltung bestärkt, daß die von ihnen vertretenen Anschauungen eine reale Sprengkraft besaßen und es deshalb galt, diese Ideen weiterhin zu propagieren.

Die in Rahmen der ideologischen Auseinandersetzung mit der FDJ gesammelten Erfahrungen erwiesen sich später als hilfreich im Umgang mit den Vertretern kommunistischer Organisationen aus anderen Staaten, vor allem in Polen.[103] Sie waren auch ein Anlaß, den Kontakt zu diesen zu suchen, da die Führungsschicht der Falken sehr schnell die innerhalb des Ostblocks auftretenden Widersprüche erkennen und zur Vertretung ihrer Auffassungen sowohl gegenüber der FDJ als auch den osteuropäischen Jugendorganisationen nutzbar machen konnte. Und die Diskussionen, die die Falken in Osteuropa führten, sowohl mit offiziellen Vertretern als auch mit Jugendlichen und Studenten, bewiesen, daß ein Ausgleich auf der Basis der von ihnen vertretenen Anschauungen eher möglich war und auch positive Auswirkungen in den Ostblock hinein haben könnte.

## II.5. Falken gegen Militarismus, Faschismus und Antisemitismus

Antimilitaristische und antifaschistische Aktivitäten gehörten von Anbeginn zum politischen Selbstverständnis der Falken.[104] Die Wiederaufrüstung war vom Verband u. a. auch deswegen bekämpft worden, weil befürchtet wurde, daß dadurch militaristische und neonazistische Kräfte wieder hoffähig werden könnten, und sich daraus negative Auswirkungen auf die innenpolitische Entwicklung der Bundesrepublik ergeben würden.[105]

Ähnliche Bedenken allerdings in bezug auf das Tragen von Kriegsauszeichnungen hatte auch der Deutsche Bundesjugendring auf seiner 8. Vollversammlung 1953 formuliert. Diese Stellungnahme wurde im Rahmen der Diskussion über diese Themen im Verband in der BSJ veröffentlicht.[106]

Die Berliner Falken wandten sich gegen alles, was ihrer Meinung nach zu einer Verharmlosung des NS-Regimes beitragen konnte. Unter den Überschriften: »Braune Stützen der Bundesregierung« und »Überall in Bonn: Nazis!« veröffentlichte der BSJ lange Listen von Politikern und hohen Beamten mit NS-Vergangenheit, die zum größten Teil den die Bundesregierung tragenden Parteien angehörten.[107] Durch den Mißbrauch während der NS-Zeit belastet und dazu durch die zunehmende Überwindung des nationalstaatlichen Denkens überholt erschien einer Mehrheit der Falken auch das Deutschlandlied.[108] Deshalb wandten sie sich mehrfach gegen das Abspielen des Deutschlandliedes auf offiziellen Kundgebungen. Nachdem eine Kundgebung des Senats zur Deutschlandpolitik im November 1955 mit dem Abspielen des Deutschlandliedes beendet wurde, beschloß der Landesaussschuß der Falken, die SPD darauf aufmerksam zu machen, daß dadurch die Vorbehalte im Verband gegenüber der Teilnahme an den – ohnehin ungeliebten – gemeinsamen Veranstaltungen mit den bürgerlichen Parteien weiter anwachsen würden.[109]

Bis hinein in die 60er Jahre machten die Berliner Falken aus ihrer Ablehnung des Deutschlandliedes keinen Hehl.[110]

Im Zusammenhang mit der Wiederbewaffnung wandte sich der Verband gegen die Rehabilitierung von hohen Offizieren der NS-Wehrmacht, vor allem dagegen, daß einige von ihnen in der Bundeswehr in führende Positionen einrückten.[111] Schon vorher hatte die Tatsache, daß sogar die wegen Kriegsverbrechen verurteilten Offiziere nach ihrer Entlassung hohe Pensionen erhielten, Anlaß zu Protesten gegeben. Die Mailosungen der Berliner SJ in den Jahren 1956 und 1957 enthielten Forderungen gegen Generalspensionen und für die Bestrafung aller Kriegsverbrecher.[112] Als die Entscheidung, Offiziere der Waffen-SS bis zum Rang des Oberstleutnant zum Dienst in der Bundeswehr zuzulassen, bekannt wurde, ging ein Aufschrei der Empörung durch den Verband.[113] Harry Ristock sprach auf einer Kundgebung des Bundes der politisch, rassisch und religiös Verfolgten (PRV) unter dem Motto: »Den Mördern keine Waffen.«[114] Und die Empörung hielt an. Als Parole für die Maikundgebung 1957 reimte eine Reinickendorfer SJ-Gruppe: »Durch eine Armee mit faschistischen Mördern kann man die Demokratie nicht fördern.«[115]

Unter der Überschrift »Totengräber der Demokratie« veröffentlichte der Berliner Landesverband 15 Beispiele aus dem Alltag bundesrepublikanischer Vergangenheitsbewältigung. Es wurden aufgezählt: Fälle, in denen zum Teil schwerbelastete NS-Funktionärsträger aus Armee, SS, Justiz und Verwaltung Pensionen und Entschädigungen erhielten; der Freispruch für einen SS-General, der kurz vor dem Zusammenbruch noch zahlreiche Todesurteile bestätigen ließ, darunter gegen Beisitzer seiner eigenen Standgerichte, die sich angesichts des nahenden Kriegsendes einsichtiger gezeigt hatten als ihr Chef; das Urteil, das einem NS-Kreisleiter, der beschuldigt wurde, die KZ-Haft mehrerer Menschen verschuldet zu haben, die Eignung als Lehrer zusprach; die Rechtfertigung der KZ durch ein Mitglied der »Deutschen Burschenschaft« in einer Bremer Studentenzeitung u. a. m.[116]

Anschauungsunterricht über das politische Bewußtsein vieler Mitbürger erhielten die Berliner Falken auch anläßlich der von ihnen initiierten Diskussion um die Aufführung des Films »Solange du lebst«. Diesen Film, dessen Handlung im spanischen Bürgerkrieg angesiedelt ist, werteten die Falken in einer Presseerklärung vom 15. 6. 1956 als »profaschistisch«, da er »eine Diffamierung der um die Freiheit des spanischen Volkes ringenden republikanischen Kräfte und eine Verherrlichung der Franco-Soldateska einschließlich der Legion Condor« darstelle. Sie kritisierten, daß diesem Film auch noch das Prädikat »wertvoll« zugesprochen worden war und verlangten ein Aufführungsverbot.[117] Gleichzeitig führten sie Aktionen gegen den Film durch,[118] wofür sie vom Bund der Verfolgten des Naziregimes in einem Solidaritätsschreiben ausdrücklich gelobt wurden.[119] Ihr Urteil über diesen Film untermauerten sie mit einer der Presseerklärung beigefügten Rezension gleichen Tenors aus der Filmillustrierten »Film 56«. Als sich die Berliner Boulevard-Zeitung BZ in einem Kommentar ähnlich über diesen Film äußerte, trafen Leserbriefe mit Formulierungen wie: »Es ist an der Zeit, unter die Vergangenheit einen dicken Strich zu machen. Wir haben andere Sorgen« oder »In welchem Maße ist Ihr Blatt von Kommunisten und Juden unterwandert?« ein.[120]

Solche und andere Ereignisse schärften bei der SJ Berlins das Bewußtsein, daß entgegen der offiziellen Beteuerungen der Faschismus noch längst nicht überwunden – weil nicht politisch-historisch aufgearbeitet –, sondern nur verdrängt war.

Peter Weiß, selbst Verfolgter des NS-Regimes, seit der Wiedergründung Verbandsmitglied in den verschiedensten Funktionen, erinnert sich:
»Diese Affären und dann später die Nazischmierereien haben einiges dazu beigetragen, den Verband zu antifaschistischen Aktionen zu mobilisieren. Unmittelbar nach dem Krieg konnte man den Eindruck haben, es habe gar keine Nazis gegeben. Keiner wollte Nazi gewesen sein. Niemand bekannte sich dazu. Erst im Verlauf der Verschärfung des Kalten Krieges und der Restauration in der Bundesrepublik zeigte sich immer deutlicher, daß der alte Geist weiter existierte. Die Wiederaufrüstung öffnete dem noch ein weiteres Ventil, und so gab es im Verband ein starkes Drängen, den antifaschistischen und antimilitaristischen Kampf zu verstärken. Durch diese Aktivitäten wurden auch außenstehende Jugendliche angesprochen und für den Verband gewonnen, denn insbesondere unter der Jugend war die antimilitaristische Stimmung sehr verbreitet.«[121]

Welche Rolle faschistisches Gedankengut noch in den Köpfen der Menschen spielte, zeigten die Ergebnisse einer 1956 erschienenen Studie aus Allensbach: »Jahrbuch der öffentlichen Meinung 1947–1955«. Einige der erschreckenden Ergebnisse wurden in der »jungen gemeinschaft« vorgestellt, z. B. daß 57% der Bevölkerung den Nationalsozialismus für eine gute Idee, die schlecht ausgeführt wurde, hielten; 43% der Meinung waren, im Dritten Reich sei es Deutschland am besten ergangen und 70% der Befragten keinen Partner jüdischer Abstammung heiraten würden.[122]

Obwohl – wie Hurwitz in Auswertung dieser und späterer Allensbach-Studien aufzeigt[123] – in Berlin das Potential demokratischer und antifaschistischer Einstellung durchgehend größer war als in der Bundesrepublik, ließ sich auch für Berlin nachweisen, daß es weiten Bevölkerungskreisen an Bewußtsein über die verbrecherische Qualität des NS-Regimes mangelte.

Ganz konkret machte diese Erfahrungen der damalige Reinickendorfer Kreisvorsitzende Ernst Froebel, der selbst aus dem antifaschistischen Widerstand kam. Er berichtete von seinen Erfahrungen als Jugendweihelehrer:
»Als ich im Jugendweihekreis nach den NS-Verbrechen gefragt habe, wußte keiner was davon, keiner! Die Eltern haben nie davon gesprochen. Und die ihre Kinder zur Jugendweihe geben, sind ja nicht gerade Spießer-Eltern. Zum großen Teil sind sie ja fortschrittliche Menschen. Und trotzdem – die Kinder wußten von nichts. Ich dachte, das gibt's doch gar nicht, und sagte mir, da mußt du was tun.«[124]

So begann im Verlauf des Jahres 1956 eine Intensivierung der antifaschistischen Arbeit im Verband. Im Zusammenhang mit den Auseinandersetzungen um den Film »Solange du lebst« hatte Peter Weiß in der BSJ die Gruppen angeregt, sich mit dem Problem des wiederaufkommenden Faschismus und Antisemitismus auseinanderzusetzen.[125] Der Landesvorstand gab zu diesem Zweck Arbeitsmaterialien für Gruppenleiter heraus.

Die Novemberausgabe der BSJ enthielt u. a. Artikel über die »Kristallnacht« und andere NS-Verbrechen, den Aufruf von Probst Grüber an die Berliner Jugend, sich der Pflege des jüdischen Friedhofs in Ostberlin anzunehmen sowie einen Nachdruck aus der Zeitung des Bundes der Verfolgten des Naziregimes Berlin »Die Mahnung« mit dem Titel: »Unsere Jugend weiß nicht, was Bergen-Belsen ist.«[126]

Die in dem Artikel als Forderung erhobene Idee, die deutsche Jugend mit dieser Stätte des Verbrechens bekannt zu machen, entwickelte zur selben Zeit auch Ernst Froebel. Bei einer eigenen Besichtigung von Bergen-Belsen kam ihm der Gedanke, Jugendliche an dieser Stätte mit den NS-Verbrechen zu konfrontieren. So unternahm er 1956 mit seiner SJ- und zwei Jugendweihegruppen die erste Gedenkstättenfahrt nach Bergen-Belsen.[127]

Diese Fahrten führte er von nun an regelmäßig jedes Jahr bis weit hinein in die 60er

Jahre mit dem Kreis Reinickendorf durch. Auf der Landesebene wurde dieser Gedanke ebenfalls aufgegriffen. Das dabei verfolgte Konzept sah vor, bei Jugendlichen durch die Konfrontation mit jener Stätte das Bewußtsein für die Verbrechen der NS-Ära zu schärfen und damit die Jugend gegenüber ähnlichen Tendenzen zu immunisieren.[128] Durch die Ausweitung auf viele hundert Teilnehmer im Rahmen der Landesverbandsfahrten, vor allem bei denen ins Ausland, kam noch ein weiterer Aspekt hinzu: Die öffentlichkeitswirksame politische Manifestation und Demonstration des Willens, das Vergangene nicht zu vergessen und politische Lehren daraus zu ziehen.[129] So fuhren im Mai 1959 im Rahmen einer Veranstaltung des Landesjugendringes 630 Falken zusammen mit 400 Jugendlichen aus den anderen Berliner Verbänden zu einer gemeinsamen Feierstunde der norddeutschen Jugendverbände nach Bergen-Belsen.[130]

Bereits im November 1959 fuhren die Falken mit 500 Teilnehmern nach Auschwitz. Weitere Fahrten in dieser Größenordnung folgten in späteren Jahren und führten auch in die CSSR und nach Frankreich.[131]

Auch in Berlin erfolgten weitere antifaschistische Aktivitäten. Zum Jahrestag der Machtübergabe an die Nationalsozialisten fanden 1957 und 1958 Veranstaltungen der SJ gemeinsam mit anderen Organisationen statt.[132] Zu erwähnen ist hier insbesondere die Zusammenarbeit mit dem Bund der politisch, rassisch und religiös Verfolgten, PRV. Beide Organisationen veranstalteten gemeinsam Mitte bis Ende der 50er Jahre eine Anzahl von antifaschistischen Kundgebungen aus verschiedenen Anlässen.[133] Zum Rahmen dieser Veranstaltungen gehörte ein Kulturprogramm mit Filmen, antifaschistischen Kampfliedern und Rezitationen.[134]

Nach den antisemitischen Schmierereien und neonazistischen Zwischenfällen Anfang des Jahres 1960[135] veranstalteten die Falken einige Tage und Nächte Mahnwachen vor dem Denkmal der Opfer des Nationalsozialismus am Steinplatz. Trotz klirrender Kälte beteiligten sich eine Vielzahl von Verbandsmitgliedern an dieser Aktion.[136] In einer Pressererklärung verurteilte der Verband die Vorfälle aufs Schärfste und rief zu einer Protestkundgebung der Berliner Jugend am 8.1.1960 auf. Diesem Aufruf schlossen sich der Landesjugendring und andere Organisationen an, so daß ca. 40000 überwiegend junge Menschen an der Demonstration teilnahmen.[137] Die Rede auf der Abschlußkundgebung hielt Joachim Lipschitz, Innensenator und SPD-Landesvorstandsmitglied. Diese antifaschistische Manifestation der Berliner Jugend fand nicht nur – wie auch die ihr zugrundeliegenden Vorfälle – internationale Beachtung, wie ein uns vorliegender Bericht in der New York Times belegt,[138] sie steigerte auch den politischen Marktwert des Verbandes erheblich. Alfred Gleitze, langjähriges Vorstandsmitglied der Falken, von 1963 bis 1969 erster Landesvorsitzender, berichtet:

»Nach der großen Demonstration der Berliner Jugend anläßlich der Schmierereien an diesem noch im Bau befindlichen jüdischen Gemeindezentrums, da sagte der Lipschitz zu Harry – da waren die Mikrofone noch offen sozusagen –: ›Dafür hast du dann wieder zweimal Ulbricht und Adenauer frei‹, und er ließ dann die Zügel lockerer in verschiedenen anderen Geschichten.«[139]

Ab 1961 wurde das antifaschistische Element in hohem Maße auch Bestandteil der Zeltlagerarbeit des Landesverbandes. Damit wurden erstmals auch viele unorganisierte Jugendliche, denen das Zeltlager der Berliner Falken seit 1960 offenstanden, mit in diese Bildungsmaßnahmen einbezogen.

Harry Ristock zu diesem Ansatz:

»Wir sahen ein, daß wir ein Bekenntnis ablegen mußten der jungen Generation gegenüber unserer Verantwortung zu den Schandtaten, die in unserem Namen in Europa begangen worden waren. So kam die Idee... einmal mit vielen jungen Menschen Berlins, zu Hunderten, später zu Tausenden uns zu treffen mit der Jugend Europas in Holland, in Norwegen, in Österreich, in

53

Jugoslawien, in Polen, in der ČSSR. Wir haben z. B. 1750 Leute in Holland gehabt, und die haben dort im Haus der Anne Frank, aber auch sonst in der Vorbereitung gelernt, was Widerstand war – Widerstand der holländischen Widerstandsbewegung gegen die Nazis.«[140]

Zu den Zielen des Zeltlagers 1961 in Callantsoog, an dem 1710 junge Menschen aus Berlin teilnahmen, formulierte eine Arbeitsvorlage:

»Wir wollen diesem Lager den Namen ›Anne Frank‹ geben. Damit erwächst uns neben den üblicherweise bei der Duchführung eines Sommerlagers anfallenden Aufgaben die Verpflichtung, jedem jungen Menschen unserer Organisation und den Nichtmitgliedern, angepaßt den Altersstufen, das Problem des deutschen Nationalsozialismus und seiner unmenschlichen Unterdrückung nahezubringen. Holland zählt zu jenen europäischen Staaten, die vom Faschismus überfallen wurden und deren jüdische Bürger der Ausrottungspolitik der Nationalsozialisten verfielen. Mit dem Namen Anne Frank verbindet sich heute die Auflehnung junger Menschen gegen die Barbarei des Faschismus und das Mitempfinden mit jedem einzelnen Menschenschicksal.«[141]

## II.6. Internationale Solidarität und Völkerverständigung

Gleichheit und internationale Solidarität gehören zum politischen Selbstverständnis aller in der IUSY (International Union of Socialistic Youth) zusammengeschlossenen demokratisch-sozialistisch orientierten Jugend- und Studentenorganisationen. Die IUSY steht in der Tradition der 1907 in Stuttgart gegründeten Jugendinternationale. Diese Tradition spielte gerade wegen der internationalen Isolierung während der NS-Zeit bei der Neugründung der Falken nach dem Kriege eine wesentliche Rolle. So schätzten sich die Falken als vorerst assoziierte deutsche Vertreter in der IUSY[142] glücklich, im August 1947 anläßlich der 40jährigen Wiederkehr der Gründung der Jugendinternationale zu ihrem Jugendtag in Stuttgart bereits wieder Gäste von ausländischen Partnerorganisationen begrüßen zu können. Die politische Isolierung, in der sich Deutschland damals befand, konnte auf dieser Ebene für alle Mitglieder spürbar durchbrochen werden.[143] Vor diesem Hintergrund hatten internationale Kontakte von Anfang an einen hohen Stellenwert für die Falken. Dies gilt auch für den internationalen Zusammenschluß im Kinderbereich, die IFM (International Falcon Movement). Auch hier entstanden bald nach dem Kriege wieder Kontakte zu den europäischen Partnerverbänden. Sowohl im Rahmen der IUSY als auch des IFM nahmen die Berliner Falken an unzähligen internationalen Begegnungen im In- und Ausland teil. Der Berliner Landesverband war besonders rührig, wenn es um internationale Kontakte und damit auch ums Reisen ging. Daß solche Kontakte von den Berliner Falken besonders gepflegt wurden, liegt sicherlich in der Insellage Berlins und seiner besonderen Abhängigkeit von guten internationalen Beziehungen begründet.

In dieser Frage kamen die Intentionen der Verbandsspitze und die Bedürfnisse der Mitglieder vermutlich am glücklichsten zur Deckung. Schon Anfang der 50er Jahre, als Auslandsreisen für das Gros der Jugendlichen, vor allem aber für Arbeiterjugendliche einen fast unerfüllbaren Traum darstellten, nutzten die Berliner Falken ihre internationalen Kontakte zur Durchführung solcher Fahrten. Im Juli 1951 nahmen 100 Berliner Wander-Falken (12- bis 14jährige) an einem internationalen Kinderlager in der Nähe von London teil.[144] Und fast 500 Berliner SJler fuhren im Juli 1952 ins IUSY-Camp nach Wien.[145]

Die im zwei-, ab 1956 im dreijährigen Turnus stattfindenden IUSY-Camps sollten vor allem der Begegnung der Jugendlichen aus den Mitgliedsnationen dienen. So standen neben den politischen vor allem sportliche und kulturelle Aktivitäten im Vordergrund.[146] Und der Begegnungscharakter war es auch, der die jungen Berliner Falken am meisten beeindruckte. Das Zusammentreffen mit jungen Menschen anderer

Nationen und Rassen sowie das Gefühl, Angehörige einer weltumspannenden Bewegung zu sein, hinterließen einen nachhaltigen Eindruck. Im Fahrtenbericht der Wilmersdorfer Teilnehmer vom IUSY-Camp Wien heißt es:

»Dort erlebten wir, wie gut wir alle zusammenpassen, wir Jungen und Mädchen aus Deutschland, Indien, Frankreich, Finnland, Afrika und all den anderen Ländern, wie wir ähnliche Sorgen haben und ähnliche Freuden. Diese Erkenntnisse führen uns zu dem Bekenntnis internationaler Verständigung und Zusammenarbeit, und sie wecken in uns die brennende Sehnsucht nach einem beständigen Frieden. Denn wer möchte auf den schießen, von dem er auf einer Alpenwanderung an einem heißen Sommertag den letzten Schluck aus der Feldflasche erhielt! Wer möchte den töten, mit dem er seine schönsten Ferienfreuden teilte? ...

Da fahren wir denn mutiger nach Hause und wissen, wir sind nicht allein in unserem Kampf um soziale Gerechtigkeit. Wir werden eine bessere Zukunft bauen, und das rote Band unserer Sozialistischen Internationale wird sich immer enger um die Erde schlingen, bis einst der Tag kommt, an dem nichts mehr den Frieden der Welt zerreißt. Dann singen wir in allen Sprachen ohne Angst vor Arbeitslosigkeit, Krieg und Unterdrückung unser Lied: WIR SIND JUNG UND DAS IST SCHÖN!«[147]

Parallel zum IUSY-Camp trafen sich die Kindergruppen im Falken-Staat »Junges Europa« im Allgäu mit den Angehörigen von 13 anderen Nationen.[148] Berliner Teilnehmer waren auch in der Internationalen Rote-Falken-Republik in Döbriach/Österreich im Juli 1953.[149]

Das Jahr 1954 brachte gleich drei Höhepunkte in der internationalen Arbeit des Berliner Verbandes. Zwei Rote-Falken-Gruppen beteiligten sich an der »Frankreich-Kampagne« der IFM im Juli/August 1954. Im Rahmen dieser Aktion hatten die Gruppen die Aufgabe, auf verschiedenen Wegen nach Paris zu fahren und in den größeren Städten Veranstaltungen durchzuführen, auf denen sie sich, ihr Land und die Falkenarbeit darstellen und so für die Idee der Völkerverständigung und des Sozialismus werben sollten. Gleichzeitig sollten sie Kontakte knüpfen zu jungen Menschen in diesen Orten ebenso wie zu offiziellen Stellen und durch das Überreichen von Freundschaftsgaben symbolisch ausdrücken, »daß die junge Generation von heute nicht mit Waffen, sondern mit Geschenken in andere Länder zu kommen wünscht.« Kulturdenkmäler wurden ebenso besucht wie Soldatenfriedhöfe, im Vordergrund stand der Abbau von Vorurteilen durch gegenseitiges Kennenlernen. Zum Abschluß fand in Paris ein Internationaler Falkentag statt, auf dem sich alle beteiligten Gruppen trafen und ihre Programme aufführten.[150]

Am IUSY-Camp in Lüttich nahmen 200 SJler teil,[151] und im Herbst besuchten die beiden ersten Gruppen Jugoslawien.[152]

Diese Aufzählung ließe sich beliebig bis in die 60er Jahre hinein verlängern. Erwähnt werden soll in diesem Zusammenhang noch, daß der Landesverband Berlin im Jahre 1959 als Gastgeber für das IUSY-Camp fungierte und Begegnungen zwischen mehreren tausend Sozialisten aus 33 Ländern in der geteilten Stadt organisierte.[153]

Das Eintreten für Völkerverständigung war seit der Gründung der Falken in Berlin Bestandteil der Satzung. So waren die internationalen Kontakte der Falken von dem Willen geprägt, mit den Völkern Europas nach dem 2. Weltkrieg zu einem Ausgleich zu kommen und damit gleichzeitig dafür zu sorgen, daß ein neuer Krieg unmöglich wird. Nach den Aussagen von Harry Ristock gab es im Landesverband ein Generalkonzept »Frieden in Europa, Aussöhnung mit den Völkern«,[154] dessen einen Teil in Richtung Westen sowohl der Verband selbst als auch die offizielle Politik bis Mitte der 50er Jahre bereits weitgehend erfüllt hatte. Was als Aufgabe blieb und erkannt wurde, war, die osteuropäischen Völker in diesen Prozeß mit einzubeziehen.

Jürgen Dittner, gelernter Blechschlosser, einige Jahre hauptamtlicher Mitarbeiter des Verbandes, Spandauer Kreisvorsitzender und langjähriges Mitglied des Landesvorstands, beschrieb diesen Vorgang folgendermaßen:

»Die Falken sind durch die Kontakte der IUSY und der IFM eigentlich in allen westlichen Ländern gewesen. Wir hatten sehr gute Kontakte nach Österreich, Frankreich, aber auch Skandinavien, Großbritannien, den Niederlanden... Ländern, die unter dem Faschismus und unter Krieg und Besetzung gelitten haben. Wir haben damals sehr viel optisch gearbeitet, d.h. mit Wandzeitungen, Plänen usw. Da ergab sich das einfach aus der Landkarte, die europäische Karte zu nehmen, zu sehen, wo die Berliner Falken Kontakte haben und dann Nadeln zu stecken, Schnüre zu spannen. Das machte es einfach ganz plastisch, daß da irgendwo eine Grenze ist, hinter der nicht eine Nadel steckt, also kein Kontakt besteht. Von daher ist es für mich eine Zwangsläufigkeit gewesen, auch unter dem Aspekt Nachbarländer, und wer unter dem NS-Regime gelitten hat, daß man also auf Polen, die Tschechoslowakei, Jugoslawien kommen mußte. Auch unter dem Aspekt ›Sozialist sein heißt Internationalist sein‹ war es ganz wichtig, keine Einseitigkeit zu betreiben, sondern die Kontakte auch in diese Richtung auszuweiten. Natürlich spielten auch politische Elemente eine Rolle, aber keine besondere, sondern mehr die Geographie und die Verpflichtung, mit allen guten nachbarschaftlichen Kontakt zu haben, zu lernen und zu kommunizieren.«[155]

## II.7. Beziehungen nach Osteuropa – Ein Versuch zur Realisierung der politischen Zielsetzungen des Landesverbandes

Beim Anknüpfen der Kontakte nach Osteuropa standen die in den zuvor behandelten Abschnitten aufgezeigten politischen Prioritäten der Berliner Falken im Vordergrund.

Antifaschismus, verbunden mit dem Wunsch nach Völkerverständigung, sowie Antisemitismus und die Überwindung der Blockpolitik im sozialistischen Sinne durch einen Dritten Weg, das waren jene Elemente, denen bei der Konzipierung und Ausgestaltung der Beziehungen nach Osteuropa die prägende Rolle zukam.

Die Falken verstanden sich in doppelter Hinsicht als Repräsentanten eines anderen Deutschland, das mit der faschistischen Vergangenheit nicht zu identifizieren war. Einmal, weil sie als Jugendverband eine altersbedingte Distanz zu diesen Geschehnissen hatten, zum anderen, weil sie als Sozialisten in der Tradition derer standen, die Widerstand geleistet und Verfolgung erlitten hatten. Einige ihrer führenden Persönlichkeiten repräsentierten diese Tradition selbst noch. Dieses antifaschistische Selbstverständnis, das sie im eigenen Lande ständig unter Beweis stellten, wollten sie auch nach außen tragen, um den Nachbarvölkern zu beweisen, daß dieses andere Deutschland existiert. Dabei gingen sie davon aus, daß auch die als Unbeteiligte und Nachgeborene sich nicht aus der geschichtlichen Verantwortung stehlen könnten, sondern aufgerufen wären, ihren Beitrag zum Abtragen der – durch die NS-Verbrechen auf dem deutschen Volke lastenden – schweren Hypothek zu leisten. Sie fühlten sich verpflichtet, das Bekenntnis zur während der NS-Zeit aufgehäuften deutschen Schuld auch und gerade gegenüber den osteuropäischen Völkern abzulegen, weil sie davon ausgingen, daß der notwendige Ausgleich mit den Völkern Osteuropas in Anbetracht des Ausmaßes des ihnen zugefügten Unrechts ohne ein solches Bekenntnis nur schwer zu bewerkstelligen sei. Aus diesem Grund kritisierten sie die offizielle Politik der Bundesrepublik für ihre Versäumnisse auf diesem Gebiet schonungslos, was ihnen einigen Ärger einbrachte.[156]

Der Wunsch, den Ausgleich auch mit den Völkern Osteuropas zu suchen, »in Europa der totalen Auseinanderentwicklung entgegenzuwirken« und damit Bewegung in die als unerträglich empfundenen Fronten des Kalten Krieges zu bringen, wurde aus den Erfahrungen mit der Situation in und um Berlin gespeist. Diese förderten das Bedürfnis, die Spannungen um die Stadt durch eine politische Lösung zu beenden, die nur einvernehmlich mit den Staaten Osteuropas gefunden werden konnte.[157] Alfred Gleitze äußerte dazu:

»Wir hatten ja schon sehr frühzeitig die Vision einer gewissen Ostpolitik, die darin bestehen würde, durch kleine Schritte diese Kalte-Kriegs-Situation aufzulösen.«[158]

Dies war naturgemäß nur dadurch zu erreichen, daß die beiden Seiten miteinander redeten. Dietrich Masteit beschreibt als drei wesentliche Momente für die Fühlungnahme mit Osteuropa:
»Kontakte so viele wie möglich und Informationen so viele wie möglich und auf diese Weise auch so viel Einflußnahme wie möglich.«[159]

Allerdings wurden Kontakte nicht um jeden Preis angestrebt, sondern unter der Voraussetzung der Wahrung der eigenen politischen Identität. Dazu gehörte, die Gestaltung des Programms nach eigenen Vorstellungen und auf eigene Kosten vorzunehmen, wie auch das politische Selbstverständnis der Falken bei allen Besuchen herauszustreichen.[160] Diese politischen Maximen fanden auch Eingang in die von der Bundeskonferenz 1959 verabschiedete Entschließung über »Kontakte zur Jugend der Ostblockstaaten«.[161]

Auf dieser Basis wurde, wie Harry Ristock formulierte, »eine Politik der Annäherung an die Völker Osteuropas, und zwar nicht im Sinne des sich Anbiederns und des Männchenmachens, sondern der kräftigen und harten Auseinandersetzung im politisch-ideologischen Bereich mit osteuropäischen Kommunisten«[162] begonnen.

Dabei machten die Falken aus ihrer konsequent antistalinistischen Haltung keinen Hehl. Die Kritik des Stalinismus, wie sie im Berliner Entwurf des Manifests zum Ausdruck kam, war stark an Trotzkis Thesen von der »verratenen Revolution« angelehnt.[163] Entsprechend wurde der Oktoberrevolution eine fortschrittliche Rolle zuerkannt und die Genese des Stalinismus mit der Isolierung der Revolution, der industriellen Rückständigkeit Rußlands und der daraus resultierenden zahlenmäßigen Schwäche des Proletariats erklärt. Die Politik der herrschenden Bürokratien in Osteuropa, die von ihnen betriebene Unterdrückung und Ausbeutung der Arbeiterschaft mit totalitären Methoden sowie die Unterordnung der Volksdemokratien unter die nationalen Bedürfnisse der Sowjetunion wurden auf das Schärfste kritisiert. Die Forderungen des oben erwähnten Manifests gipfelten in der Aussage: »Die arbeitenden Menschen in der Sowjetunion und in den Volksdemokratien müssen die herrschende Bürokratie überwinden und die sozialistische Arbeiterdemokratie herstellen.«[164]

Anfang der 50er Jahre, als auch bei den Falken die aus der Ablehnung des Stalinismus herrührenden Berührungsängste noch stärker waren als das Bedürfnis nach Kontakten, bot sich erst einmal Jugoslawien als Partner im osteuropäischen Raum an. Bei dem strikten antistalinistischen Kurs des Verbandes wäre eine offizielle Kontaktaufnahme zu einem anderen Staatsjugendverband des Ostblocks zu dieser Zeit für den Verband noch nicht in Frage gekommen, und beim Stand des öffentlichen Bewußtseins zu diesem Thema und angesichts des zu dieser Zeit sehr geringen Spielraums gegenüber der SPD politisch auch nicht durchsetzbar gewesen.

Jugoslawien gehörte neben Polen und der Sowjetunion zu den Ländern, die am meisten unter NS-Okkupation gelitten hatten. Es hatte sich 1950 auch innenpolitisch vom Stalinismus gelöst und bot sich den Falken noch aus einem weiteren Grund an. Es verfolgte als sozialistisches Land einen blockunabhängigen Kurs und galt daher als Verkörperung des von den Falken angestrebten Dritten Weges zwischen Kapitalismus und Stalinismus. Waldemar Schulze, lange Jahre Mitglied des Landesvorstands, erinnert sich: »Jugoslawien hat eine große Rolle gespielt in der politischen Diskussion, weil das sozusagen immer als der ›Dritte Weg‹ beschrieben wurde.«[165]

Die oben beschriebene Strategie der Falken, die Überwindung der Spaltung durch eine Konvergenz der beiden deutschen Staaten auf sozialistisch-demokratischer Grundlage zu erreichen, die in der Parole »Durch Ulbricht und Adenauer keine Wiedervereinigung« zum Ausdruck kam,[166] fand auf die internationale Ebene übertragen ihre Entsprechung in der Forderung: »Weder Ost noch West – für eine ungeteilte sozialistische Welt«. Diese Losung bildete 1957 sowohl das Motto der Berliner Landes- als auch der Falken-Bundeskonferenz. Nach Auffassung der Verbandslinken schloß diese Konzeption nicht nur kapitalistische Roll-Back-Strategien aus. Man erwartete von einer sozialistisch-demokratischen Entwicklung in Westeuropa eine positive Ausstrahlung nach Osteuropa hinein und kritisierte die SPD dafür, daß sie dieses Ziel aus den Augen verloren habe. Als Intention für die Beziehungen zur Sowjetunion und den volksdemokratischen Ländern wurde in der letzten Fassung des Manifests benannt, »die Entspannung im Sinne einer umfassenden sozialistischen Konzeption zu fördern, die frei von stalinistischen und reformistischen Bestrebungen ist«.[167]

Entsprechend waren die Beziehungen der Berliner Falken nach Osteuropa vor allem in den 50er Jahren stets auch von dem Bestreben erfüllt, auf die politischen Prozesse in Osteuropa im Sinne ihrer Vorstellungen Einfluß zu nehmen. Im Januar 1957 formulierte Harry Ristock dieses Interesse in bezug auf die Durchführung des SJ-Lagers in Zadar/Jugoslawien folgendermaßen:

»Wir halten diese Begegnungen gerade im gegenwärtigen Zeitpunkt vom Politischen her für äußerst sinnvoll, da es uns darum geht, in der nächsten Zeit mit allen unabhängigen nicht stalinistischen Kräften im sozialistischen Raum weitestgehende Beziehungen aufzunehmen und dies in zweifacher Hinsicht: einmal, um selbst die betreffenden Länder und Völker kennenzulernen und zum zweiten, um diesen unabhängigen Kräften unsere Unterstützung zuteil werden zu lassen.«[168]

Daß zu dieser Zeit auf unabhängige Entwicklungen in Osteuropa einige Hoffnungen gesetzt wurden, belegt auch die Tatsache, daß die Berliner Falken zur Maidemonstration 1957 u. a. mit der Parole »Jugoslawien und Polen stürzen den Stalinismus« erschienen.[169]

Ungeachtet der Hoffnungen auf eine Ablösung der stalinistischen Machthaber in Osteuropa waren sich die führenden Köpfe der Berliner Falken darüber im klaren, daß ein Dialog mit Vertretern der osteuropäischen Staaten unabhängig von deren politischer Bewertung notwendig und nützlich sei, und sie wollten auf der Ebene des Jugendverbandes dazu beitragen, daß dieser Dialog zustande kommt. Ausdrücklich von dieser Dialogbereitschaft ausgenommen waren allerdings bis hinein in die 60er Jahre die Vertreter des anderen deutschen Staates. Zusammen mit anderen linken Kräften im Verband machten sich die Vertreter der Berliner Falken dafür stark, zumindest informelle Kontakte zu Repräsentanten kommunistischer Staatsjugendverbände zu pflegen, Beobachter zu den periodisch stattfindenden kommunistisch dominierten Weltjugendfestspielen zu entsenden u. ä. Solche Initiativen scheiterten jedoch im Bundesvorstand regelmäßig, vor allem wegen der starken Vorbehalte auf seiten der SPD. So waren lange Zeit nur Kontakte zu nichtstalinistischen Kräften in Osteuropa, sprich Jugoslawien, ab 1957 wurde auch Polen dazugezählt, im Bundesverband konsensfähig, aber auch nicht unumstritten, wie wir noch sehen werden.[170]

Sowohl aus dem eben genannten Grund, aber vor allem, weil die Berliner Falken damit politische Hoffnungen verknüpften, standen ihre Kontakte nach Osteuropa in jener Zeit sehr stark unter dem Vorzeichen einer blockübergreifenden und blocksprengenden sozialistischen Konvergenz. Nicht Entspannung auf der Grundlage der Einbindung in jeweils verschiedene Machtblöcke – die Integration der beiden deutschen

Staaten in die jeweiligen Paktsysteme wurde ja von den Falken auf das heftigste bekämpft –, sondern Entspannung als Mittel zur Überwindung und Auflösung dieser Machtblöcke war das Ziel der Berliner Falken.

Dieser besondere Aspekt ist in den Erinnerungen der damals Beteiligten weitgehend verlorengegangen. Einen Grund dafür bildet die Tatsache, daß sich der Ansatz der Berliner Falken im Verlauf der 60er Jahre schrittweise veränderte – weg von der blockübergreifenden Konzeption hin zu einer Form der Entspannungspolitik, die den Ost-West-Gegensatz nicht mehr grundsätzlich in Frage stellt, sondern als gegeben hinnimmt. Das lag daran, daß sich weder die Erwartungen, die die Falken damals auf politische Entwicklungen in Osteuropa gesetzt hatten, noch die Hoffnung auf eine Entwicklung zum Sozialismus in der Bundesrepublik erfüllt hatten. Statt dessen kristallisierte sich immer stärker heraus, daß die Auflösung der beiden Machtblöcke im Zuge der Herausbildung von sozialistisch-demokratischen Systemen im Westen und nationalkommunistischen im Osten ein illusorisches Ziel bildete. Was zu erreichen war und später auch offizielle Politik wurde, war die Minderung der Konfrontation zwischen den Blöcken im Interesse der Friedenssicherung. Ein Großteil der damaligen Falkenakteure war später in anderen Funktionen an der Durchsetzung der Entspannungspolitik aktiv beteiligt.

Entsprechend bestimmt dieser Teil ihrer Vorstellungen, der praktische Bedeutung erlangte und Bestandteil der offiziellen Politik wurde, in weitaus größerem Maße das heutige Bewußtsein, als die verlorengegangenen Hoffnungen von einer Umgestaltung Deutschlands und Europas auf sozialistischer Grundlage.

Wenn man heutige und damalige Aussagen nebeneinander stellt, kommt die unterschiedliche Wertung deutlich zum Ausdruck. Im nachhinein beschreibt Harry Ristock die Position des Landesverbandes folgendermaßen:

»Die Haltung, die wir hatten und was wir Landesverbandslinie nannten, war dadurch gekennzeichnet, daß wir einerseits gegen restaurative und reaktionäre Tendenzen des Westens offensiv, kompromißlos Stellung nahmen, aber daß wir natürlich in keiner Weise irgendwie bereit waren, östliche oder osteuropäische Kommunisten nicht mit dem gleichen Raster zu überziehen. Wenn man dieses Raster anlegte, ergab sich die klare Entscheidung für den Westen, weil die Freiheitselemente des Westens, also parlamentarische Demokratie bei allen Mängeln, bei aller Kritik und Unzulänglichkeiten den Ausschlag gaben.«[171]

Damit wird eine Parteinahme für das westliche System der parlamentarischen Demokratie unterstellt, die zumindest in den 50er Jahren keineswegs den Intentionen der Berliner Falken entsprach. Daß die damals vertretene Position des Dritten Weges, die Alternative zwischen bürgerlich-parlamentarischer und stalinistischer Herrschaftsform nicht akzeptierte, sondern dem eine eigene Vorstellung, die der sozialistischen Demokratie, entgegensetzte, geht aus dem Berliner Entwurf des Manifests vom November 1958 hervor. Dort heißt es:

»Sozialistische Demokratie hat nicht ein bürgerlich-formaldemokratisches Mehrparteienparlament, auch nicht eine Apparatdiktatur allmächtiger Funktionäre, sondern die wirtschaftliche und politische Selbstverwaltung aller arbeitenden Menschen zum Inhalt.«[172]

Zusammen mit dem Traum von der Realisierbarkeit der sozialistischen Demokratie sind auch die Hoffnungen auf eine ungeteilte sozialistische Welt in den Erinnerungen weitgehend begraben worden.

# III. Jugoslawien –
# Arbeiterselbstverwaltung und Folklore

## III.1. Erste Schritte

Jugoslawien war das erste Land Osteuropas, zu dem der Berliner Landesverband der Falken Kontakt aufnahm. In der Folge entwickelten sich daraus intensive Beziehungen, die bis in die 60er Jahre hineinreichten. Gleichzeitig bildeten die in diesem Zusammenhang gewonnenen Erfahrungen wichtige Impulse für den weiteren Ausbau der Kontakte nach Osteuropa gegen Ende der 50er und Anfang der 60er Jahre.

Die Gründe für das Anknüpfen der Beziehungen nach Jugoslawien liegen ebenso in der politischen Entwicklung Jugoslawiens begründet, wie in den bereits beschriebenen politischen Intentionen eines Teils der Berliner Falken.

Nach dem Bruch der Kominform mit Jugoslawien im Sommer 1948[1] verstärkte sich in Jugoslawien eine politische Entwicklung, die sich sowohl innen- wie außenpolitisch erheblich von der Linie der übrigen kommunistisch regierten Länder unterschied.

In diesem Zusammenhang zu erwähnen sind die Konzeption der Arbeiterselbstverwaltung[2] sowie die Herausbildung einer blockunabhängigen Außenpolitik unter Wahrung und Betonung des Charakters als sozialistischer Staat.[3]

Der Entzug der Unterstützung durch die Sowjetunion bewirkte die wirtschaftliche und politische Annäherung Jugoslawiens an die westlichen Staaten u.a. mit der Aufnahme diplomatischer Beziehungen auch zur Bundesrepublik im Jahre 1951.[4]

Als weitere Maßnahme zur Aufhebung der außenpolitischen Isolierung diente die Aufnahme von Kontakten zu sozialistischen Organisationen Westeuropas.[5] Auch zur IUSY wurden Kontakte geknüpft. In diesem Zusammenhang nahmen neben IUSY-Delegationen aus Großbritannien, Frankreich, Österreich und einigen asiatischen und afrikanischen Staaten auch deutsche SJ-Gruppen an einem Internationalen Sommerlager, das vom 27.7.–6.8.1953 in Zadar stattfand, teil.[6]

Bereits sechs Wochen vorher war eine fünfköpfige Studiendelegation des Bundesvorstandes der SJD – Die Falken in Jugoslawien gewesen, um die dortigen jugendpolitischen Verhältnisse zu studieren und hatte eine gleichgroße Delegation der jugoslawischen Volksjugend für Oktober/November zum Rückbesuch in die BRD eingeladen. Das Ergebnis dieser Reise wurde sehr positiv eingeschätzt. Der Teilnehmer Josef Tietz formulierte im Verbandsorgan »junge gemeinschaft«:

»Diese Erkundungsfahrt hat uns erneut davon überzeugt, daß wir jede Gelegenheit nutzen müssen, das Leben unserer Nachbarvölker kennen und verstehen zu lernen, menschliche Verbindungen herzustellen und sie sorgsamst zu pflegen. Dies ist uns in Jugoslawien weitgehendst ermöglicht worden. Wir haben Begegnungen erlebt, die von einer Herzlichkeit waren, wie wir sie bisher nicht kannten. Das liegt zum Teil im Temperament, aber zum großen Teil auch in dem echten Verlangen der Jugoslawen begründet, mit den Menschen, besonders aber mit den Sozialisten der Welt in engen Kontakt zu kommen.«[7]

Damit benannte er die Hauptanliegen beider Seiten, die den weiteren Kontakten zugrunde lagen. Unter Bezug auf den Bericht der Studiendelegation im Bundesvorstand beschloß der Berliner Landesverband im September 1953 die Aufnahme eines Briefwechsels mit der jugoslawischen Volksjugend.[8]

Die erste Verbindung wurde mit Hilfe der jugoslawischen Militärmission in Westberlin hergestellt.[9] Wenig später empfahl das IUSY-Executiv-Komitee auf seiner Tagung am 25./26. 10. 53 seinen Mitgliedsverbänden die Aufnahme von Kontakten zu jugoslawischen Jugendorganisationen in der Form von Durchführung von Zeltlagern in Jugoslawien sowie den Austausch von Materialien und Delegationen anläßlich von Tagungen, Kongressen und anderen Veranstaltungen. Begründet wurde dies von der damals durchaus noch streng antikommunistischen Dachorganisation – u. a. gehörten verschiedene osteuropäische Exilorganisationen zur Mitgliedschaft – mit ersten Anzeichen dafür,»daß Jugoslawien Schritte zu politischer und wirtschaftlicher Demokratie unternimmt«.[10] Ähnlich äußerte sich auch bereits 1951 Willy Brandt in einem Vortrag in Berlin.[11]

Die offizielle Absegnung von Kontakten nach Jugoslawien durch die sozialdemokratische Bewegung bot die Chance, auch im Bereich des Jugendverbandes zum ersten Mal Beziehungen zu einem Land aus dem kommunistischen Machtbereich anzuknüpfen. Dies war insofern von Bedeutung, als solche Kontakte in dem politischen Klima der frühen 50er Jahre durchaus nicht üblich waren – auch nicht vom Selbstverständnis der Berliner Falken her – andererseits die besondere Entwicklung Jugoslawiens bei einigen Repräsentanten der Linken innerhalb des Berliner Landesverbands starke Aufmerksamkeit und Interesse erregte.

Jene Personen – zu nennen sind in erster Linie der damalige Landessekretär Harry Ristock, das SJ-Vorstandsmitglied Peter Weiß und der Schöneberger Kreisvorsitzende Klaus Fiek – übernahmen in der Folge auch die Ausformung der Jugoslawienkontakte. Insbesondere Harry Ristock hatte sich zu diesem Zeitpunkt schon intensiv mit dem jugoslawischen Modell auseinandergesetzt. In seiner Eigenschaft als studentischer Sprecher der Hochschule für Politik hatte Ristock im März 1951 am Gründungskongreß der mit massiver finanzieller Unterstützung aus Jugoslawien aufgebauten Unabhängigen Arbeiterpartei Deutschlands teilgenommen.[12]

Zum Jahreswechsel 1953/54 traf das Antwortschreiben der jugoslawischen Volksjugend ein. Nach einem Bericht der BSJ gab es der Hoffnung Ausdruck,»daß über den brieflichen Kontakt hinaus ein reger Meinungs- und Erfahrungsaustausch stattfinden möge«. Darüber hinaus enthielt es Angaben über geplante Sommermaßnahmen der Jugoslawen, bei denen eine Berliner Beteiligung möglich wäre.[13]

Gemeinsame Zeltlager in Jugoslawien kamen jedoch nicht zustande. Das Interesse der Mehrheit des damaligen Landesvorstandes an einer Zusammenarbeit mit der Volksjugend war nicht so ausgeprägt wie auf seiten der Linken. So verlagerten sich die Aktivitäten in Richtung Jugoslawien von der Landesebene weg in jene Kreise und Gruppen, bei denen ein stärkeres Interesse an der jugoslawischen Entwicklung vorlag. Anfang des Jahres 1954, vermutlich noch im Januar, nahmen der Kreis Wilmersdorf und die Schöneberger Gruppe »Vorwärts« ihrerseits einen Briefwechsel mit der Volksjugend auf mit dem Ziel, einen Gruppenaustausch zu organisieren.[14]

### III.2. Jugendverbandler und Politfreaks

Nach Aussagen von H. Ristock wurden die Kontakte nach Jugoslawien von vornherein zweigleisig angelegt; zum einen als typische Jugendverbandskontakte, »d.h. Zeltlager, Jugendbegegnung, Volkstanz, Fröhlichkeit, geselliges Zusammensein, manchmal auch mit Slibowitz und Peperoni«, zum anderen auf der Ebene der intensiven politischen Diskussionen, die mehr für »die oberen Etagen da war«.[15]

Am Beispiel der o. g. Personenkreise lassen sich diese unterschiedlichen Intentionen, die bei den Kontakten nach Jugoslawien eine Rolle spielten, gut herausarbeiten.

61

So sollen in den folgenden Abschnitten die ersten Maßnahmen beider Gruppen parallel dargestellt werden.

Den Kern der Wilmersdorfer bildete die Gruppe »Karl Marx«. Diese Gruppe bestand aus politisch hochmotivierten Mitgliedern, die überwiegend auch Funktionen im Verband oder in befreundeten Organisationen bekleideten. Ähnlich zu charakterisieren sind jene weiteren Teilnehmer aus den Kreisen Wilmersdorf und Reinickendorf, die an der Fahrt der Gruppe teilnahmen.

Dementsprechend war ihr Interesse ein überwiegend politisches. Es richtete sich vor allem auf das jugoslawische Modell eines eigenständigen Weges zum Sozialismus und das Konzept der Arbeiterselbstverwaltung, hatten doch diese beiden Komponenten in den ideologischen Grundprinzipien der Verbandslinken mit der Theorie des Dritten Weges – die in der Parole »Weder Ost noch West – für eine ungeteilte sozialistische Welt« mündete – und der Orientierung auf Basisdemokratie und Selbstverwaltung ihre Entsprechung.[16]

So betrachteten die Initiatoren der Jugoslawienkontakte den jugoslawischen Weg mit einer gewissen Sympathie. Im Vordergrund stand jedoch zunächst das Bestreben, sich zu informieren und Anregungen zu erhalten für die eigene sozialistische Theorie und Praxis.

Die folgenden Zitate aus Interviews sollen dies verdeutlichen:

Wolfgang Götsch, der wesentlich an der Entstehung der Beziehungen des Berliner Landesverbandes zu Jugoslawien beteiligt war: »Unsere ideologische Basis war die, daß wir sagten: Jugoslawien ist der erste Versuch, sozusagen Sozialismus ernst zu nehmen.«[17]

Harry Ristock: »Wir wollten lernen, hören, sehen, wie läuft das, vor allem ökonomisch.«[18]

Waldemar Schulze: »Die ersten Kontakte zu Jugoslawien hatten auch den Hintergrund zu gucken, ist das, was sich dort als Wirtschafts- und Gesellschaftssystem entwickelt hat, eine Möglichkeit?«[19]

Weitere Beweggründe, die sich aus den politischen Vorstellungen der Berliner Falken ergaben, sind bereits im vorhergehenden Kapitel benannt worden.[20]

Hingewiesen sei an dieser Stelle noch einmal auf das von vielen Interviewpartnern benannte Element der Völkerverständigung, insbesondere der Wunsch, nach dem von Deutschland begonnenen Krieg Vorurteile abzubauen. Dazu die Hoffnung, daß die Völker, je mehr sie miteinander reden, desto weniger bereit sind, aufeinander zu schießen.[21] Zwei Gedanken, die generell für den internationalen Jugendaustausch von Bedeutung sind und z. B. auch noch bei der zehn Jahre später erfolgten Gründung des deutsch-französischen Jugendwerkes Pate gestanden haben.[22]

Auch die bereits erwähnte internationalistische Ausrichtung des Verbandes[23] steigerte das Interesse an internationalen Kontakten, wobei die touristische Attraktivität Jugoslawiens insbesondere in der Nachkriegssituation eine zusätzliche Anziehungskraft besaß.[24]

In den letztgenannten Bereichen lag auch der Ansatzpunkt für die Gruppe »Vorwärts«. Sie repräsentierte einen anderen Typus von Jugendgruppe. Das Interesse an theoretischen politischen Diskussionen war weitaus geringer ausgeprägt als bei der Gruppe »Karl Marx«. Sie verstand sich eher als »fröhliche Gemeinschaft«. Die Teilnahme am Gruppenleben, Gemeinschaftsgefühl, Fahrten u. ä. bildeten das Hauptinteresse ihrer Mitglieder.[25] Geht man vom Begriff des politischen Jugendverbandes zur Beschreibung der SJD – Die Falken aus, so legte die Gruppe »Vorwärts« ihren Schwerpunkt auf das Jugendverbandsleben, während die Betonung des Politischen eher die Gruppe »Karl Marx« kennzeichnet.

Mit dieser Unterscheidung sind zwei Hauptströmungen in der damaligen Verbandsarbeit charakterisiert. Ein Großteil der im Verband organisierten Jugendlichen suchte mehr als die Möglichkeit zu politischer Betätigung, Geselligkeit und Gemeinschaftserlebnisse. Demgegenüber standen jene, die den Jugendverband mehr als politische Aufgabe begriffen und unpolitische Aktivitäten des Verbandes eher als schmückendes Beiwerk oder notwendiges Übel betrachteten.

Für die Gruppe »Vorwärts« stand bei den Jugoslawienkontakten vor allem das Interesse an weiten Reisen, am Kennenlernen eines fremden Landes und an menschlichen Begegnungen im Vordergrund. Politische Diskussionen und die Auseinandersetzung mit dem jugoslawischen Modell des Sozialismus spielten demgegenüber eine geringere Rolle.[26] Aus diesem Grunde wurde die Gruppe auch von einem Teil der harten politischen Fraktion kritisiert, daß sie mehr ihre Reisebedürfnisse befriedige, als politische Ziele zu verfolgen.[27]

Jedoch zeigen die im Zusammenhang mit der ersten Reise veröffentlichten Berichte in der Berliner SJ, daß sowohl im Rahmen der Vorbereitung als auch des dortigen Programms in der Gruppe eine politische Auseinandersetzung mit dem jugoslawischen Modell stattgefunden hat, die auch Auswirkungen auf die politische Meinungsbildung der Betroffenen hatte.[28]

Auch in ihren sonstigen Aktivitäten kann die Gruppe »Vorwärts« keineswegs als unpolitisch bezeichnet werden. Ihr Gruppenleiter Klaus Fiek wurde als ein Mensch beschrieben, der es in optimaler Weise verstand, Politik und Freizeitinteressen miteinander zu verknüpfen.[29] So nahm die Gruppe »Vorwärts« auch an den unterschiedlichsten politischen Aktionen des Verbandes, z. B. Mahnwachen und Demonstrationen gegen Wiederaufrüstung und Atombewaffnung, Aktionen gegen die Aufführung von Harlan-Filmen u. ä., teil.[30]

Da sich die Mitglieder der Gruppe »Vorwärts« jedoch nicht als »Polit-Aktivisten« begriffen, sondern im Jugendverband vor allem Freizeitbedürfnisse zu befriedigen suchten, bildeten diese Aktivitäten nur einen Teil ihrer Gruppenarbeit. In diesem Sinne war die Gruppe »Vorwärts« durchaus repräsentativ für das Verbandsleben auf der unteren Ebene.

### III.3. Die Vorbereitung

Die jugoslawische Volksjugend zeigte sich gegenüber dem Ansinnen der Berliner Gruppen sehr aufgeschlossen. Im Gegensatz zu späteren Erfahrungen mit anderen osteuropäischen Staaten gab es von seiten der Jugoslawen keine Vorbehalte gegenüber Kontakten auf einer breiteren Grundlage, die über den Austausch von Delegationen auf der höchsten Ebene hinausgingen.[31] Wegen des Devisenmangels auf seiten der Jugoslawen war vereinbart worden, daß die Gruppen nur jeweils die Fahrtkosten bis zur Grenze zu bestreiten hatten. Die weiteren Kosten übernahm dann der jeweilige Gastgeber.[32]

Auf Einladung der Gruppe »Vorwärts« fand vom 28. 7. bis 10. 8. 1954 im »Haus am Rupenhorn« die erste internationale Begegnung unter Beteiligung von Jugoslawien statt. Es handelte sich hierbei um eine 23köpfige Delegation aus Belgrad, die aus Spitzenfunktionären der Volksjugend bestand. Dazu eingeladen worden war auch eine Gruppe der sozialistischen Jugend Schwedens aus Göteborg, zu der die Gruppe »Vorwärts« seit dem IUSY-Camp Wien 1952 Kontakte pflegte.[33]

Das Programm bestand aus zwei Teilen. Es wurde mit einem Empfang des Landesvorstandes und -ausschusses des Verbandes für die Teilnehmer eröffnet. Daran schlossen sich Empfänge und Besichtigungen an, u. a. beim »Telegraf«, der SPD-nahen

Tageszeitung, den Werkstätten des Jugendaufbauwerkes, im Berliner Verbandszeltlager »Sonnenland« und beim Bezirksbürgermeister von Berlin-Neukölln.[34] Auch der SPD-Vorsitzende Franz Neumann begrüßte die Gäste in dem gemeinsamen Domizil von SPD und Falken in der Zietenstraße und hielt einen Vortrag über »die sozialen und politischen Verhältnisse in Ost- und Westdeutschland«.[35] Desweiteren fand ein Erfahrungsaustausch über Jugendarbeit in den drei Ländern statt.

Den Schwerpunkt der Diskussionen im »Haus am Rupenhorn« bildete jedoch die Präsentation der unterschiedlichen Sozialismusvorstellungen.

Die Gegenüberstellung von zwei sehr unterschiedlichen Ansichten über den Weg zum Sozialismus und die kritischen Fragen der Berliner an beide Seiten machten für die Teilnehmer deutlich, daß es kein allgemeinverbindliches Sozialismuskonzept ohne Berücksichtigung der unterschiedlichen Entwicklungsstufen der jeweiligen Gesellschaft geben kann.

Nicht zuletzt aufgrund dieser Erkenntnis und dem daraus resultierenden Abbau vom gegenseitigen Vorbehalten wurde diese Begegnung nach Aussage der BSJ von allen Beteiligten als großer Erfolg empfunden.[36]

Die Begegnung in Rupenhorn bildete für die Gruppe »Vorwärts« den Höhepunkt und Abschluß ihrer Vorbereitung auf die Fahrt nach Jugoslawien. Bis dahin hatte sich die Gruppe bereits über ein halbes Jahr lang mindestens zweimal im Monat mit den historischen, geographischen und politischen Gegebenheiten Jugoslawiens beschäftigt.[37] In diesem Zusammenhang wurde sowohl aktuelle Literatur herangezogen als auch Referenten eingeladen, die zumeist von der jugoslawischen Militärmission in Berlin vermittelt wurden.[38]

Diese sehr sorgfältige Vorbereitung lag durchaus im Rahmen des damals üblichen. Im Kreis Wilmersdorf wurde eine Arbeitsgemeinschaft der Jugoslawienfahrer gegründet, die sich im März 1954 konstituierte. Eine regelmäßige Beteiligung war Grundvoraussetzung für die Teilnahme an der Fahrt.[39] Auch die Teilnehmer späterer Fahrten berichteten über intensive und aufwendige Vorbereitungen, die zum Teil so weit reichten, daß versucht wurde, den Teilnehmern Grundkenntnisse in Serbokroatisch zu vermitteln.[40] Waren die Bemühungen im sprachlichen Bereich auch von geringem Erfolg gekrönt,[41] so zeigten sich Wolfgang Götsch zufolge die Jugoslawen doch sehr beeindruckt vom Wissens- und Informationsstand auf seiten der Berliner Falken.[42] Auch andere Teilnehmer berichteten, daß der Wissensstand bei den Mitgliedern der Falkengruppen, was Kenntnisse über das Gastland und theoretische Fragen betraf, zumeist höher war als im umgekehrten Fall bei den Jugoslawen, soweit es sich bei diesen nicht um Spitzenfunktionäre handelte.[43]

### III.4. Die ersten Gruppenfahrten

### III.4.1. Die Gruppe »Vorwärts«

Im September 1954 reiste die Gruppe »Vorwärts« nach Jugoslawien. Bereits an der Grenze wurden sie von Vertretern der jugoslawischen Volksjugend empfangen, darunter auch einige, die sie bereits aus Berlin kannten. Generell empfanden sie die Aufnahme als sehr herzlich. Bereits eine Station vor Belgrad stiegen auch die restlichen, bereits bekannten, Belgrader in den Zug ein. Nach Landessitte gab es einen kräftigen Begrüßungsumtrunk, der bis zur Ankunft in Belgrad seine Wirkung nicht verfehlte.[44]

Diese Gastfreundlichkeit und Herzlichkeit, die sich manchmal für die Leber allerdings recht strapaziös entwickelte, wurde von allen Teilnehmern von Jugoslawien-

*Die erste Wilmersdorfer Falken-Delegation auf den Treppen des Parlaments in Belgrad 1954*

*Die Gruppe »Vorwärts« auf Jugoslawienfahrt 1955*

begegnungen immer wieder gerühmt. Neben den offiziellen Freundschaftstreffen gab es auch eine große Anzahl von privaten Einladungen. Klaus Fiek formulierte im Anschluß an die erste Fahrt:»Nie haben wir so schnell und so leicht Kontakt gefunden wie mit diesen Menschen. Wir waren einfach überall, wohin wir kamen, zu Hause... Und dabei gibt es dort auch kaum eine Familie, die nicht wenigstens einen Angehörigen durch die Faschisten verloren hat.«[45]
Gerade der letzte Aspekt machte auf die jungen Berliner einen großen Eindruck.[46] Lagen doch aus einem Teil von offiziell befreundeten westlichen Ländern differierende Erfahrungen vor.[47]

Vor dem Hintergrund, daß die jugoslawischen Gesprächspartner vor noch nicht einmal 10 Jahren Opfer von im Namen des deutschen Volkes begangenen Verbrechen waren und sich zum Teil eigenhändig mit der Waffe dagegen gewehrt hatten, gewannen diese Begegnungen nicht nur für die Teilnehmer exemplarische Bedeutung.

So stand für die meisten Mitglieder der Gruppe der Gesichtspunkt der Völkerverständigung durch das Anknüpfen von menschlichen Kontakten im Vordergrund. Die Erfahrung, daß sich ungeachtet sozio-kultureller und systembedingter Unterschiede viele Gemeinsamkeiten herstellen ließen, bedeutete für viele dieser jungen Menschen eine entscheidende Erkenntnis.

Dietrich Paesler, damals junger BVG-Arbeiter, erinnert sich:

»Wir kamen dann nach dem Trinken von ein, zwei Glas Bier auf die Zustände auf die Arbeitsstellen, man diskutierte über Mädchen und Fußball und stellte dann auf einmal fest, das sind ja Menschen wie du und ich. Das ist für mich der Gewinn gewesen.«[48]

Diese rein menschliche Ebene, die zunächst einmal mit Politik direkt nichts zu tun hatte, erscheint gerade auch in der Rückschau vielen Beteiligten als das wesentliche Element dieser Fahrten.[49]

Neben den Freundschaftstreffen mit jugoslawischen Gruppen gab es auf dieser Fahrt – wie auch auf allem weiteren – eine Fülle von anderen Programmpunkten. In Belgrad besichtigte die Gruppe Betriebe und öffentliche Einrichtungen; auch ein Interview beim Belgrader Rundfunk und ein Empfang beim Bürgermeister mit Eintragung ins Goldene Buch der Stadt gehörten zum Programm.[50] Am Belgrader Nationaldenkmal und dem Denkmal des unbekannten Soldaten wurden Kränze niedergelegt, wie auch in Subotiza, wohin man anschließend reiste, an einer Gedenkstätte für die Opfer des Faschismus.[51] In Subotiza wurde eine landwirtschaftliche Produktionsgenossenschaft besichtigt. In der Woivodina gestalteten sich die menschlichen Kontakte besonders umfangreich und intensiv, weil es in dieser Gegend aufgrund der Tatsache, daß dort viele deutschstämmige Einwohner lebten, weniger Sprachschwierigkeiten gab.

Dort wurde auch Kontakt geknüpft zu einer Folkloregruppe, deren Darbietungen nach Landessitte selbstverständlicher Bestandteil jedes gemütlichen Beisammenseins waren. Diese Auftritte lösten bei den Berlinern große Begeisterung aus, und es entstand die Idee, diese Gruppe nach Berlin zu holen,[52] was den Grundstein für einen regen jugoslawischen Kulturverkehr nach Berlin legte.

Im Rahmen dieser Fahrt, die den Charakter einer Rundreise hatte, kamen auch touristische Gesichtspunkte nicht zu kurz. Die Adriaküste mit Opatia und Rijeka wurden ebenso besucht wie die Grotten von Postojna. Die Rückreise schließlich führte über das damals noch internationalisierte Triest und Venedig.[53]

Diese Fahrt entsprach in ihrer Durchführung genau dem Konzept von Jugendverbandsarbeit, wie es von Ristock oben[54] beschrieben wurde. Für ihn gehörte es zu den Grundzügen seiner Tätigkeit als Verbandssekretär und Vorsitzender, Politik immer mit jugendgemäßen Elementen zu verknüpfen und damit für breitere Kreise attraktiv zu machen.[55]

Wir wollen uns jetzt der anderen Seite zuwenden und betrachten, wie die Jugoslawienfahrt jener Verbandsmitglieder verlief, deren hohe politische Motivation eines zusätzlichen Anreizes kaum mehr bedurfte.

### III.4.2. Der Kreis Wilmersdorf

Die Wilmersdorfer fuhren mit 35 Teilnehmern etwas später als die Gruppe »Vorwärts« nach Belgrad und verweilten dort einige Tage. H. Ristock und P. Weiß waren vorausgereist, um in ihren Funktionen als Landesvorstandsmitglieder unabhängig vom Gruppenprogramm Gelegenheit zu offiziellen Kontakten und Gesprächen zu haben. In dieser Mission hatten sie mehrere Unterredungen mit den Vertretern des Belgrader Stadtkomitees und des Zentralkomitees der jugoslawischen Volksjugend.[56] Wie auch bei späteren Kontakten zu anderen kommunistisch regierten Staaten verliefen diese Begegnungen anfangs quasi auf zwei Ebenen. Die offiziellen Gespräche verliefen vorsichtig abtastend, es wurden überwiegend Floskeln und Statements ausgetauscht. Auf der anderen Seite ergaben sich außerhalb des offiziellen Programms sehr schnell persönliche Kontakte zu einigen Gesprächspartnern. Daraus entwickelte sich dann ein Abbau von Mißtrauen und Vorurteilen, der sich positiv auf den Ablauf und die Atmosphäre der Gespräche auswirkte.[57]

Mit den Vertretern der Volksjugend wurden viele theoretische Diskussionen über Marxismus und seine historischen Varianten geführt, nach Überwindung der ersten Schranken in großer Offenheit und Herzlichkeit.[58] Dabei machten die Berliner die Erfahrung, daß die Mitglieder der Volksjugend sich in ihrer Art zu diskutieren völlig von dem unterschieden, was die Falken bisher in der Auseinandersetzung mit Kommunisten erlebt hatten. Wolfgang Götsch, damals Student an der Hochschule für Politik, beschrieb seinen Eindruck folgendermaßen:

»Sie waren eben keine Apparatschiks, die sozusagen wie die Masken, wie die Papageien so ihre Dialektik betrieben, und das war ja dann eine total antimarxistische und scholastische Art zu diskutieren, sondern sie waren – ganz anders als die FDJ etwa – eben wirklich auch von der Richtigkeit ihrer Sache in einem flexiblen, menschlichen, idealistischen Sinne überzeugt.«[59]

Da es wie bereits ausgeführt[60] zum politischen Selbstverständnis der Berliner Falken gehörte, ihre Position offensiv zu vertreten, wurden bei diesen Diskussionen nicht nur Artigkeiten oder Statements ausgetauscht. Beide Seiten stellten kritische Fragen und wichen keiner Antwort aus. Die Jugoslawen berichteten auch über negative Erfahrungen und waren durchaus bereit, begangene Fehler einzugestehen.[61]

W. Götsch erinnert sich, daß die Jugoslawen überrascht waren, auf welchem hohen theoretischen Niveau ihre Gäste mit ihnen diskutierten und daß diese Positionen vertraten, die sie in einem sozialdemokratisch orientierten Jugendverband nicht erwartet hatten.[62]

Daß die Berliner Falken nicht nach Jugoslawien gekommen waren, um dort nur Artigkeiten auszutauschen, beweist auch der Vorfall um den Besuch bei Milovan Djilas.

Djilas, langjähriges Mitglied des Politbüros und des Zentralkomitees sowie Parlamentspräsident, war im Januar 1954 aller seiner Funktionen enthoben worden. Er hatte sich in Gegensatz zur Partei gebracht, als er die bürokratische Entartung des Parteiapparates angeklagt und eine weitere Demokratisierung des politischen Lebens gefordert hatte.[63]

Bei einigen Mitgliedern der Gruppe entstand während des Aufenthaltes in Belgrad spontan die Idee, die von den Jugoslawen dargebotenen Informationen in einem Gespräch mit Djilas zu hinterfragen. Es war den Beteiligten bewußt, daß eine solche Forderung nicht in offizieller Runde erhoben werden konnte, ohne den Ablauf der Begegnung nachhaltig zu stören. So einigte man sich mit Billigung des einen Delegationsleiters Ristock, den nur die Rücksichtnahme auf seine Funktion davon abhielt, sich selbst daran zu beteiligen, auf ein informelles Vorgehen. Gleichzeitg sollte dies als Test dienen, wie hoch die Liberalität des jugoslawischen Systems anzusetzen war.

So wurde einer der jugoslawischen Betreuer auf die Möglichkeit einer Kontaktaufnahme mit Djilas angesprochen. Dieser sah sich erwartungsgemäß nicht in der Lage, diese Begegnung zu arrangieren, verwies aber auf das Belgrader Telefonbuch, dem man die Adresse von Djilas entnehmen könne. Daraufhin besuchten vier Mitglieder der Delegation Djilas in seiner Wohnung und führten dort ein Gespräch mit ihm.[64] Bei den Jugoslawen herrschte über diesen Vorfall große Verärgerung,[65] selbst die völlig unbeteiligte Gruppe »Vorwärts« bekam diese Verärgerung zu spüren.[66] Die politische Führung der Volksjugend bewies in dieser Frage offenbar weniger Flexibilität als einige ihrer Funktionäre. Vielleicht stand auch Druck von seiten der Parteiführung dahinter. Den Berlinern wurde Mißbrauch der Gastfreundschaft vorgeworfen und dargelegt, daß man Djilas als Verräter betrachtete. Weiß und Ristock versuchten, auf den positiven Aspekt der Angelegenheit hinzuweisen. Sie betonten, daß sie die Tatsache, daß ein bekannter Oppositioneller in seiner Wohnung ungehindert ausländische Besucher empfangen könne, als ein erfreuliches Element betrachteten. Es kostete sie einige Mühe, diese Angelegenheit wieder auszubügeln.[67]

Der Vorfall blieb jedoch für den weiteren Verlauf der Begegnung ohne Folgen, und es zeigte sich bald, daß es ein gemeinsames Interesse an der Fortsetzung und Intensivierung der Kontakte gab.[68]

Das Gespräch mit Djilas empfanden die Teilnehmer als Enttäuschung. Sie hatten den Eindruck, daß er in seiner Kritik »an dem zweifellos vorhandenen Bürokratiephänomen im dortigen Apparat über das Maß hinausschoß«[69] und »auf dem linken Flügel der SPD mit seinen Ansichten schon nicht mehr zu Hause gewesen wäre«.[70]

Diese Erfahrung beeinflußte das Verhältnis der Beteiligten zum jugoslawischen System positiv und erleichterte ihnen die weitere Zusammenarbeit mit der Volksjugend.[71]

Die Gruppe reiste nach Dubrovnik und Split und absolvierte insgesamt ein umfangreiches Programm. Dazu gehörten die Besichtigung einer Schule und der Universität, der Besuch in der Volksvertretung, einer landwirtschaftlichen Produktionsgenossenschaft und von Betrieben. Entsprechend gab es Vorträge und Diskussionen über das Erziehungssystem, das Regierungssystem, wirtschaftliche Fragen und immer wieder über die Arbeiterselbstverwaltung.[72]

Aber auch die Geselligkeit kam nicht zu kurz. Es gab viele Freundschaftstreffen und persönliche Kontakte, die noch jahrelang anhielten, entstanden.[73] Ebenso wie die Gruppe »Vorwärts« zeigten sich die Wilmersdorfer von einer Volkstanzgruppe des Belgrader Stadtkomitees sehr beeindruckt und holten sie später nach Deutschland. Dennoch hatten und haben diese Aspekte für die befragten Wilmersdorfer einen geringen Stellenwert gegenüber den politischen Gesichtspunkten und gegenüber den Bewertungen durch die Gruppe »Vorwärts«.

*Rechts: Diskussion mit den Wilmersdorfer Falken in einem Belgrader Betrieb 1954*

## III.5. Ein reger Gruppenaustausch beginnt

In der Folge der ersten Besuche in Jugoslawien entwickelte sich ein reger Gruppenaustausch. Bereits im April 1955 erwiderte eine 18köpfige Delegation aus Belgrad den Besuch in Wilmersdorf, und im Mai war die Kulturgruppe »Mladost« aus Subotiza mit 41 Personen zu Gast in Schöneberg.

Auf dem Programm standen Empfänge u. a. bei Willy Brandt, damals Präsident des Abgeordnetenhauses, der SPD-Fraktion, in Bezirken, Besichtigungen von Großbetrieben sowie der touristischen und kulturellen Attraktionen Berlins. Auch Begegnungen mit Ostberlinern und mitteldeutschen Mitgliedern und Sympathisanten der Falken fanden statt.[74]

Die Kulturgruppe absolvierte daneben noch einige Auftritte bei Veranstaltungen der Ämter für Jugendförderung und erwies sich dabei als echte Attraktion wie auch andere Folklore-Gruppen, die später folgten.[75]

In der Regel waren bis zum Ende der 50er Jahre zwei Gruppen von jeder Seite pro Jahr an dem Austausch beteiligt. Besonders häufig reiste die Gruppe »Vorwärts«, die bereits im September 1955 zusammen mit den Schweden aus Göteborg wieder nach Jugoslawien fuhr[76] und in diesem Zusammenhang 1958 gemeinsam mit Jugoslawien noch einmal nach Schweden.[77]

Die Jugoslawen legten viel stärker als die Falken Wert auf die Repräsentationsebene. Aus diesem Grunde handelte es sich bei den Gruppen, die nach Berlin kamen, um ausgewählte politische Delegationen, für deren Mitglieder die Teilnahme gleichzeitig Auszeichnung und Verpflichtung war. Eine Ausnahme bildeten die Volkstanzgruppen, die aber auch von politischen Repräsentanten begleitet wurden.[78]

Erschwert wurde der Besuch der jugoslawischen Gruppen vor allem in Hinblick auf die Kosten dadurch, daß sie in den ersten Jahren Berlin nicht auf dem Landwege erreichen konnten. Aufgrund des gespannten Verhältnisses zu den Ostblock-Staaten konnten oder wollten die Jugoslawen nicht durch die DDR nach Westberlin reisen. So mußten die jugoslawischen Gruppen den Luftweg von Hannover nach Berlin wählen. Erst nach der Verbesserung der Beziehungen zum Ostblock im Verlauf der Jahre 1954–56 wählten die Gruppen ab 1957 auch den näherliegenden Landweg über Ungarn bzw. Prag nach Ostberlin.[79]

In Anknüpfung an die erste Begegnung in Berlin wurden auch weiterhin gemeinsame Seminare durchgeführt, wobei die Jugoslawen den Begriff Seminar nicht so eng auslegten wie die Falken. Ein gemeinsames Jugendleiterseminar, das im August 1955 in Belgrad und Dubrovnik stattfand, hatte überwiegend Besichtigungen und Einblicke in das jugoslawische Wirtschafts- und Kulturleben zum Inhalt. Der zweite Teil in Dubrovnik bot dann neben einigen Begegnungen mit internationalen Gruppen sehr viel Raum für Freizeitaktivitäten.[80] Überhaupt legten die Jugoslawen sehr viel Wert auf ein aufgelockertes Programm und bewiesen den Berlinern, daß sich Freizeitbedürfnisse und politischer Anspruch in idealer Weise miteinander verbinden lassen.[81]

## III.6. Die Großzeltlager in Zadar

Durch die Wahl Harry Ristocks zum Berliner Landesvorsitzenden wurden die Aktivitäten in bezug auf Jugoslawien auf die Landesverbandsebene gehoben und damit weiter verbreitert. Da die Durchführung von Zeltlagern immer einen Höhepunkt der Verbandsarbeit bildete und ein Zeltlager von der Teilnehmerzahl her ganz andere Möglichkeiten eröffnet als eine normale internationale Begegnung, drängte sich diese Ausweitung beinahe auf. H. Ristock und J. Dittner fuhren im Sommer 1956 auf der

Suche nach einem geeigneten Standort für ein Großzeltlager die gesamte Adriaküste ab. Ihre Wahl fiel schließlich auf Zadar, wo sich in Verbindung mit einem Campingplatz ein geeignetes Gelände fand.[82] Die politisch befreundeten und im PAK[83] organisierten westdeutschen Bezirke wurden in die Planung und Durchführung dieses Lagers einbezogen[84] und beteiligten sich mit eigenen Delegationen. Nach Ristock sollte die Zusammenarbeit dieser Bezirke dadurch gestärkt werden, daß sich »nicht nur die Bosse, sondern auch die Funktionäre und Aktivmitglieder näher kennenlernten«.[85]

Das Lager fand schließlich vom 25. 5. bis zum 14. 6. 1957 statt. Dieser für Studenten, Schüler und insbesondere für Lehrlinge ungünstige Termin war gewählt worden, weil man den höheren Saisonpreisen im Juli und August entgehen und eine Überschneidung mit der Bundeskonferenz (15.–17. 6.) und den Bundestagswahlen (15. 9.) vermeiden wollte.[86] So konnten die anvisierten Teilnehmerzahlen nicht erreicht werden, obwohl der ursprüngliche Beschluß, nur geschlossene SJ-Gruppen teilnehmen zu lassen, gelockert worden war.[87]

Zum Programm des Lagers gehörten Referate über Wirtschaft, Politik und Kultur Jugoslawiens, Diskussionen mit jugoslawischen Partei- und Gewerkschaftsführern und Betriebsbesichtigungen ebenso wie touristische Ausflüge und kulturelle Darbietungen. Auch wurde von den teilnehmenden Gruppen eine intensive Vorbereitung verlangt, z. B. wurden im Kreis Steglitz von W. Götsch und Fritjof Meyer, die beide zu dieser Zeit bereits mehrmals in Jugoslawien gewesen waren, Vorbereitungsseminare abgehalten. Die jungen Steglitzer Teilnehmer interessierten sich jedoch kaum für die wirtschaftliche und politische Seite Jugoslawiens. Sie betrachteten das Ganze »als mehr oder weniger exotisch«, weil die meisten von ihnen zum erstenmal ins Ausland fuhren. Das Ziel war dabei für sie zweitrangig.[88]

Über den Ablauf der Fahrt gibt es unterschiedliche Urteile. Während sich Funktionäre wie Jürgen Dittner positiv überrascht zeigten, daß – Verdienst der Jugoslawen – trotz der vielen politischen Diskussionen der Freizeitaspekt nicht zu kurz kam,[89] haben einfache Mitglieder das Lager völlig anders wahrgenommen. Sie genossen die ungewöhnliche Urlaubsatmosphäre und suchten sich ihren Einstieg in die Problematik Jugoslawiens auf andere Weise. So freundete sich die »Steglitzer Clique« mit einer Zigeunergruppe an, die als Wanderzirkus herumzog und sie »tingelten mit denen durch die Gegend«. Dies wurde von ihnen als eine gelungene Möglichkeit betrachtet, abseits von politischen Diskussionen Land und Leute kennenzulernen.[90]

Nach Abschluß des zwölftägigen Lagers an der Adria fuhren die Berliner noch nach Subotiza. Dort waren weitere Begegnungen und Diskussionen mit der Volksjugend geplant, wobei der Begegnungscharakter wohl im Vordergrund stand.

Den Aufenthalt dort beschrieb Waldemar Klemm mit den Worten: »Wir sind sehr gut empfangen worden und wurden auf verschiedene Kolchosen verteilt. Es war eine einzige ununterbrochene Feier... Politische Gespräche liefen dort bei uns gar nicht.«[91]

Daß die Großzeltlager von den mitreisenden Jugendlichen – anders als die Gruppenfahrten – eher als Urlaubs- und Konsumangebot erinnert werden, bestätigen auch die vorliegenden Aussagen der Teilnehmer des zweiten Großzeltlagers in Zadar vom 30. 7. bis 19. 8. 1960.[92] Und dies, obwohl die vorliegenden Materialien und zeitnahen Berichte eindeutig belegen, daß auch in diesen Großlagern ein umfangreiches Angebot von politischer Bildung und Information unterbreitet wurde. Einen Ansatzpunkt zur Klärung dieses Widerspruchs bietet die Aussage von Ursula Jänicke:

»In der Gruppenfahrt war man irgendwie verantwortlich für all das, was sich da abspielte, und man hat es selbst programmiert und mußte dafür geradestehen, während in den großen Zeltlagern für mich diese Anonymität eigentlich nichtssagend war. Ich muß ganz ehrlich sagen, in das große Lager bin ich mitgefahren, weil ich noch nie in Jugoslawien war und dachte, fährste mal ins Warme.

*Jugoslawische Folkloregruppe bei ihrem Besuch in Berlin*

*Die Übergabe des Esels »Mischka« an die Gruppe »Vorwärts«*

Die Gruppenfahrten – das war gewachsen und das war dann ein Höhepunkt von einem Jahr Gruppenarbeit oder so was. Das würde ich überhaupt nicht vergleichen mögen jetzt als Mitglied, für die Außenstehenden ist es vielleicht was anderes. Die haben da vielleicht noch ein bißchen Jugendverbandsatmosphäre mitbekommen, weil sie das überhaupt nicht kannten.«[93]

Durch die in den Großlagern hervorgerufene Anonymität und den Wegfall der Verantwortlichkeiten wurde eine Konsumhaltung erzeugt, die eine Identifizierung mit den angebotenen Inhalten erschwerte. So wurden diese entweder gar nicht wahrgenommen oder gerieten schnell wieder in Vergessenheit.

Das bundesweite SJ-Camp Zadar 1960 entstand auf Initiative des Berliner Landesverbandes und als Ergebnis der Beteiligung der Linken im Bundesvorstand und ihrer starken Repräsentanz im SJ-Ring.

Es knüpfte inhaltlich und organisatorisch an die Erfahrungen aus dem Jahre 1957 an. Vorbereitung und Durchführung lagen beim SJ-Ring. Die guten Kontakte der Berliner spielten dabei eine große Rolle und wurden intensiv genutzt.

Nachdem die ursprüngliche Planung, dieses Lager in Makarska durchzuführen, sich nicht verwirklichen ließ und der Teilnehmerbetrag für das Lager in Zadar von ca. 243 DM als zu hoch angesehen wurde,[94] wurde W. Götsch – den man zur Vorbereitung hinzugezogen hatte, weil er über die meiste Jugoslawienerfahrung verfügte[95] – zu erneuten Verhandlungen zum Zentralkomitee der Volksjugend entsandt. Es gelang ihm dort, den Preis auf 190 DM für die dreiwöchige bzw. 150 DM für die vierzehntägige Lagerteilnahme zu drücken.[96] Dies war nach seiner eigenen Einschätzung nur durch das »Top-Image«, das die Falken mittlerweile in Jugoslawien besaßen, möglich.

Die Beteiligung an diesem Lager war unerwartet hoch. Noch im März 1960, nachdem die endgültigen Preise festlagen, war der Bundesvorstand von einer Teilnehmerzahl von insgesamt 330 Personen ausgegangen. Trotz eines schließlich verhängten Anmeldestops umfaßte das Lager schließlich insgesamt 845 Teilnehmer,[97] darunter 226 aus Berlin und kleinere Delegationen aus Belgien und der Schweiz.

Das Lagerprogramm sah neben den in Ferienlagern üblichen Freizeitangeboten wie Sport, Spiel, Ausflügen und Besichtigungen ein Kulturprogramm und eine Vielzahl von politischen Programmpunkten vor. Geplant waren einmal obligatorische Veranstaltungen, mit Vorträgen über jugoslawische Politik, Geschichte, Wirtschaft und Gesellschaft, als Ergänzung dazu freiwillige Seminare zu Spezialthemen, Besichtigungen von Fabriken und Kommunen sowie Diskussionen mit Arbeiter- und Gemeinderäten, Begegnungen mit der Volksjugend und anderen ausländischen Delegationen sowie eine Großwanderung auf den Spuren einer Partisanenbrigade.[98]

Als Folge der unerwartet hoch angestiegenen Teilnehmerzahl und organisatorischen Unzulänglichkeiten auf seiten der Jugoslawen gab es bei der Durchführung des Lagerprogramms Schwierigkeiten. Einige Aktivitäten konnten gar nicht, andere nicht im vorgesehenen Umfang stattfinden. Die geplanten Pflichtvorträge wurden aufgrund von Unstimmigkeiten innerhalb der deutschen Lagerleitung über deren Durchführung und Gehalt in freiwillige Seminare umgewandelt.[99] Dennoch war, wenn man von den politischen Querelen absieht, auf die wir später noch eingehen werden,[100] die vorliegende Berichterstattung einhellig positiv. Z.B. formulierte der Kreisverband Reinickendorf in seinem Jahresbericht 1960/61:

»Die Erwartungen, die wir in dieses Zeltlager gesetzt hatten, sind voll in Erfüllung gegangen. Das Programm war so aufgebaut, daß jeder Teilnehmer Gelegenheit hatte, seinem Anliegen nachzugehen. Jeden Tag fanden Vorträge, Diskussionen und Seminare über aktuelle jugoslawische und deutsche Probleme statt. Außer den politischen Diskussionen mit den Jugoslawen, bei denen es oft zu Meinungsverschiedenheiten zwischen den deutschen Teilnehmern kam, fanden auch wirtschaftspolitische Diskussionen mit den Arbeiterräten verschiedener Fabriken in Zadar statt. Aber auch die kulturelle Arbeit, der Sport und die Freizeit kamen nicht zu kurz. Viel Beachtung fand die Lagerolympiade... Die Freizeit bestand meistens aus Schwimmen in der schönen blauen Adria.«[101]

## III.7. Straßenbau in Jugoslawien

Ein anderer Aspekt im Rahmen der Beziehungen zur jugoslawischen Volksjugend war die Teilnahme von Delegationen der Falken am Autobahnbau in Jugoslawien. Die Verbesserung des Verkehrswesens gehörte zu den vordringlichsten Aufgaben zur ökonomischen Entwicklung Jugoslawiens.[102] Dementsprechend sah bereits der erste Fünf-Jahresplan mit 26,1% den größten Einzelposten der Investitionen im Verkehrswesen vor.[103] In diesem Zusammenhang wurde die Autobahn von Zagreb nach Belgrad in einer zentralen Aktion der Volksjugend von freiwilligen Jugend-Arbeits-Brigaden erbaut.[104] Im weiteren Verlauf der 50er Jahre fanden mehrere dezentrale Aktionen von Regionalkomitees der Volksjugend statt. Im Jahr 1957 beteiligten sich acht Berliner im Rahmen einer Bundesdelegation der Falken an einer lokalen Maßnahme der Mazedonischen Volksjugend.

Gunther Soukup, gelernter Zahntechniker, nach einigen Jobs zur hauptamtlichen Jugendarbeit gekommen und in diesem Zusammenhang mit bereits 26 Jahren gerade Falkenmitglied geworden, berichtet über seine Motivation:

»Für mich war es Freiheit und Abenteuer, mich selber auszuprobieren, mal körperlich zu arbeiten« und ergänzt: »Nach dem Weggang aus der DDR war das für mich schon so, daß Jugoslawien eine Art Traumland war – so Arbeiterselbstverwaltung usw. Das hat eine große Rolle gespielt, und ich wollte darüber mehr erfahren.«

Dies ließ sich aber in Mazedonien, wo es weit und breit keine Industrie gab, nicht verwirklichen. Statt dessen gewann ein anderer – für den DDR-Flüchtling Soukup besonders wichtiger – Aspekt an Bedeutung: Die Konkurrenz mit der ebenfalls beteiligten FDJ. Gunther Soukup erinnert sich:

»Der nächste Abschnitt war für die FDJler aus Ostberlin. Wir haben losgeklotzt wie die Blöden, und die hatten überhaupt keine Motivation. Es war sehr heiß, es war eine Straßen mit Serpentinen im Gebirge... Es war für uns eine wahnsinnige Anstrengung, denn niemand von uns war es gewohnt, in dieser Hitze mit der Spitzhacke und unheimlich primitiven Instrumenten zu arbeiten... Wenn wir nicht diesen Wettbewerbsaspekt mit den Ostberlinern gehabt hätten, hätten wir das nie geschafft.«[105]

Im Januar 1958 beschloß der 6. Kongreß der Volksjugend, wiederum eine zentrale Maßnahme durchzuführen und die Verlängerung der Autobahn in Angriff zu nehmen. Alle Jugendorganisationen, zu denen die Volksjugend Kontakte hatte, wurden eingeladen, sich in der Zeit vom 15.6. – 31.7.1958 daran zu beteiligen, darunter auch der Berliner Landesverband der Falken.

Die ausländischen Delegierten mußten ihre Anreise selbst finanzieren, Unterkunft und Verpflegung trugen die Gastgeber, auch Arbeitskleidung wurde gestellt. Entlohnung gab es keine.[106]

Der Landesvorstand diskutierte diese Einladung sehr kritisch. Assoziationen an den NS-Arbeitsdienst und vergleichbare Aktionen der FDJ wurden geäußert. Wolfgang Götsch, damals SJ-Ringleiter in Berlin und mittlerweile schon Jugoslawienspezialist, machte sich für eine Teilnahme stark, und man ließ ihn gewähren. Er leitete selbst die Delegation der Berliner Falken, der überwiegend Teilnehmer aus dem Kreis Wilmersdorf angehörten.[107]

W. Götsch, der sich selbst als an der Entwicklung Jugoslawiens »brennend interessiert« bezeichnete, sah in dieser Aktion eine Möglichkeit, ein Stück praktischer Arbeit der Volksjugend kennenlernen zu können. Er versprach sich davon direktere und authentischere Eindrücke von der Arbeit des jugoslawischen Jugendverbandes, als sie eine Delegationsreise jemals bieten konnte. Hinzu kam eine politische Solidarität mit dem jugoslawischen Weg, das Gefühl, konkret am Aufbau des Sozialismus teilnehmen zu können.

Eine nicht so hochpolitische Motivation hatte das Delegationsmitglied Siegfried Stirba, damals junger Facharbeiter in einem Handwerksbetrieb. Für ihn zählte »der Reiz der internationalen Begegnung... aber natürlich mit dem Hintergrund, nicht eine touristische Fahrt an die Adria zu machen, sondern politisch da auch was kennenzulernen.« Dies galt insbesondere, da Jugoslawien als »sozialistisches Modell« interessant war. Ein zweiter Aspekt, der vor allem im Zusammenhang mit der Vorbereitung an Bedeutung gewann, war der Gedanke an Versöhnung und auch Wiedergutmachung. »Die Erkenntnis, daß wir nicht erwarten können, daß die zu uns kommen und uns die Hand reichen, sondern wir zu ihnen gehen müssen. Da war das eigentlich sehr sinnvoll, daß man darum auch seine Arbeitskraft angeboten hat«.

Bevor es soweit war, mußten sich die Teilnehmer einer intensiven Vorbereitung unterziehen. Die deutsche Besetzung Jugoslawiens und der Widerstandskampf waren dabei ebenso Themen wie das Wirtschafts- und Gesellschaftssystem Jugoslawiens.

Beim Ablauf der Aktion beeindruckte Siegfried Stirba – ähnlich wie in anderen Zusammenhängen Jürgen Dittner – die Fähigkeit der Jugoslawen, das Angenehme mit dem Nützlichen zu verbinden. Er berichtete:

»Wir haben einige Stunden am Tag Autobahnarbeit gemacht, aber mehr stand eigentlich die Begegnung im Vordergrund. Das war so, daß die nicht 8 Stunden oder mehr Arbeit vorgesehen hatten und du nachher so tot warst, daß du zu nichts mehr imstande warst, sondern sie haben ganz geschickt und ganz bewußt Begegnungsprogramme, Betriebsbesichtigungen, Gedenkstättenbesichtigungen, Besichtigungen von Partisanenlagern, die ja sehr gepflegt wurden, Titos Geburtshaus und ähnliches in das Programm eingebracht... Auch den Jugoslawen muß daran gelegen haben, uns nicht als Arbeitskräfte zu betrachten, sondern als Kontaktpersonen zur deutschen Jugend, wenn du so willst.«[108]

Entsprechend waren die Plan-Vorgaben mit Leichtigkeit zu schaffen, und das Soll konnte übererfüllt werden.[109]

Durch die Gestaltung des Rahmenprogramms wurde dafür Sorge getragen, daß die internationalen Teilnehmer miteinander in Kontakt kamen. Z.B. fanden in den Lagern verschiedene Nationalitäten-Abende statt, die von den entsprechenden Delegationen vorbereitet wurden. Weiterhin wurde den Teilnehmern ein umfangreiches Kultur- und Unterhaltungsprogramm unterbreitet. Für die ausländischen Gäste wurden auch Vorträge und Diskussionen über das gesellschaftspolitische und kulturelle Leben in Jugoslawien angeboten.[110]

So konnten die Berliner Teilnehmer sowohl ihr Wissen über Jugoslawien vertiefen als auch Kontakte zu anderen jungen Menschen aus aller Welt knüpfen. Verständigungsschwierigkeiten spielten dabei eine geringe Rolle. Die gab es statt dessen zwischen den Falken und der Delegation der FDJ. Siegfried Stirba kann sich das heute nicht mehr erklären:

»Ich weiß also so viel mit Sicherheit zu sagen, daß die Kontakte zu den Quäkern, die nur Englisch gesprochen haben – wobei wir ein schlechtes Schulenglisch gesprochen haben –, Kontakte zu den Israelis, die nur Schulenglisch gesprochen haben, und zu den tunesischen Pfadfindern eigentlich besser waren als zu den FDJlern. Ich kann aber heute nicht mehr nachvollziehen, woran es letztendlich gelegen hat. Wir hatten jedenfalls keine Berührungsangst.«[111]

Ein Vorfall wie der folgende von W. Götsch berichtete trug sicherlich auch nicht zur Entkrampfung des Verhältnisses zwischen den beiden Delegationen bei:
»Jeden Tag hatte eine Delegation den Einmarsch ins Lager anzuführen und sie gestaltete die Art. Und als die FDJ diesen Tag hatte, da bin ich also fast vom Stuhl gefallen, weil die voll in der Phase der Aufrüstung jetzt mit kernigen NVA-Liedern kamen, die aber in einem Falle – und genau dem, den sie da beim Einmarsch ins Lager abzogen – altes Wehrmachtsgut von der Melodie her war, nur eben umgedreht vom Text her. Nur die Ausländer, ob nun Belgier oder Franzosen, die hörten ja nur den Klang... die hörten das also sozusagen wieder in sich hochkommen, und ich sah an den Gesichtern, was passierte. Nur dieser FDJler, dieser Spezialist des Tiefbaus, der den Auftrag hatte, sämtliche Prämien, Banner und sonstwas nach Hause in die sozialistische DDR zu schleppen, der hatte überhaupt gar nicht begriffen, was los war. Und – da wir in der deutschsprachigen Gruppe nebeneinander saßen – sage ich: ›Franz, seid ihr verrückt geworden, wie könnt ihr denn so einen Wahnsinn machen? Mit dieser Melodie hat die faschistische Wehrmacht hier gehaust und nicht nur hier.‹«

Während daraufhin andere Delegationen und die Vertreter der jugoslawischen Volksjugend sich bei W. Götsch für seine Intervention bedankten, stand der Vertreter der FDJ »sozusagen in der Totalisierung da in der Ecke und ahnte gar nicht, was er da angerichtet hatte«.[112]

Parallel zur Arbeitsaktion lief ein von der UNO finanziertes Seminar über Friedensdienst und freiwillige Jugendarbeitsaktionen, an dem jeweils zwei Mitglieder jeder Delegation teilnahmen. Die Atmosphäre in diesem Arbeitscamp, die Erfahrungen des gemeinsamen Arbeitens und Lebens von ca. 50 000 Jugendlichen aus 18 Nationen, die Begeisterung der Jugoslawen darüber, daß junge Menschen aus aller Welt ihnen beim Meistern ihrer Probleme halfen, dies alles wurde von W. Götsch als überwältigendes Erlebnis empfunden.[113]

Aus diesem Grund beteiligte er sich im folgenden Jahr erneut mit einer Delegation aus Berlin an dieser Aktion. Wegen des SJ-Camps in Zadar 1960 und des Ausscheidens von W. Götsch aus der aktiven Verbandsarbeit entsandte der Berliner Landesverband in den folgenden Jahren keine Delegationen mehr zum Autobahnbau.

### III.8. Die Kontakte auf Bundesebene

Nach dem im ersten Abschnitt dieses Kapitels beschriebenen verheißungsvollen Auftakt schlief auf der Bundesebene der Kontakt zunächst wieder ein. Zwar erwähnte der Bundesvorstand in seinem Arbeitsbericht zur 5. Verbandskonferenz im Juni 1955 den Besuch der jugoslawischen Delegation im Okt./Nov. 1953 positiv,[114] jedoch finden sich in den uns vorliegenden Unterlagen keine Hinweise darauf, daß es auf der Bundesebene weitere Kontakte nach Jugoslawien gegeben hätte. Die in dem Bericht ebenfalls erwähnten Besuche von SJ-Gruppen in Jugoslawien beziehen sich wohl hauptsächlich auf die Aktionen der Berliner. Denkbar ist auch, daß Gruppen aus anderen Bezirken die im SJ-Pressedienst angebotene Möglichkeit genutzt haben, im Sommer 1954 wiederum, wie bereits 1953, am internationalen Lager der Volksjugend in Punta Mika bei Zadar teilzunehmen.[115]

Jedoch kann ausgeschlossen werden, daß zu dieser Zeit von seiten einer anderen Falkengliederung Kontakte nach Jugoslawien bestanden, die in ihrer Intensität mit denen der Berliner zu vergleichen wären.

Dafür, daß in dieser Zeit von seiten des Bundesvorstands in Richtung Jugoslawien Funkstille herrschte, spricht auch die Tatsache, daß aus späteren Jahren widersprüchliche Angaben über die Aufnahme der Kontakte vorliegen, die alle von einem späteren Zeitpunkt ausgehen. Im März 1963 datierte der Verbandssekretär und spätere

Vorsitzende Klaus Flegel im Rahmen des Berichts vom VII. Kongreß der Volksjugend den Beginn der Kontakte auf 1955.[116] Der SDJ-Informationsdienst vom Juni 1966 überschreibt den Bericht über den Besuch einer Vorstandsdelegation des Verbandes in Jugoslawien »10 Jahre freundschaftliche Beziehungen«.[117] Dies ist sicherlich auch Ausdruck einer Geschichtslosigkeit, für die gerade ein Jugendverband wegen des relativ schnellen Wechsels der handelnden Personen anfällig ist.

Im September 1956 wurde auf Einladung der Jugoslawen vom Bundesvorstand der Beschluß gefaßt, eine zweite Studiendelegation nach Jugoslawien zu entsenden.

Als Ergebnis des Besuches dieser Delegation im Frühjahr 1957 wurde u. a. ein Artikelaustausch zwischen der »jungen gemeinschaft« und der jugoslawischen Jugendzeitung »Mladost« vereinbart.[118] Er wurde in der Juni-Nummer – in der gleichzeitig das Mitglied des Bundesvorstandes H. Thurow über die Arbeiterselbstverwaltung berichtete – mit einem Aufsatz von Lorenz Knorr »Der Mensch in der Gemeinschaft« eröffnet.[119] Inhalt dieses Artikels und der Diskussion in den folgenden drei Ausgaben war die Schaffung des neuen Menschen zwischen den Polen Individualismus und Kollektivismus mit der Aufhebung des Antagonismus im »homo duplex«, in dem sich die egoistische Einzelperson und der abstrakte Bürger eines Gemeinwesens gegenüberstehen.

Die Falkenautoren gingen davon aus, daß dies ein Grundwiderspruch menschlicher Existenz sei, der nur durch einen beständigen Erziehungsprozeß produktiv gewendet werden könne.[120]

Dahingegen leiteten die Jugoslawen streng marxistisch diesen Widerspruch aus den kapitalistischen Produktionsverhältnissen ab und betonten, daß erst die Umwälzungen der gesellschaftlichen Verhältnisse den Rahmen biete, in dem man diesen Widerspruch lösen könne.[121]

Aufgrund der Tatsache, daß seit der Verbandskonferenz vom Juni 1957 die Linken im Verbandsvorstand über größeren Einfluß verfügten,[122] intensivierten sich die Kontakte auf Bundesebene sehr rasch. Insbesondere die im PAK zusammengeschlossenen Bezirke entsandten – auch als Folge ihrer gemeinsamen Teilnahme mit den Berlinern am Lager in Zadar – jetzt Gruppen nach Jugoslawien.[123] Der neue Vorsitzende Karl-Heinz Prall nahm im Januar 1958 am VI. Kongreß der jugoslawischen Volksjugend teil und sprach dort ein Grußwort.[124]

Auch der mittlerweile erfolgte Abbruch der diplomatischen Beziehungen zwischen der Bundesrepublik und Jugoslawien[125] änderte nichts an dem freundschaftlichen Verhältnis beider Verbände. Die Begegnungen wurden weiterhin aus Bundesjugendplanmitteln bezuschußt. Eine Auswirkung dieser guten Zusammenarbeit war die Durchführung des bundeseiten SJ-Camps in Zadar 1960 zu günstigen Preisen und mit einer entsprechend hohen Teilnehmerzahl.[126]

Vermutlich im Zusammenhang mit der durch die Polenkontakte und die Gedenkstättenfahrten erfolgten verstärkten Beschäftigung mit den NS-Verbrechen gerade auch an den Völkern Osteuropas erschien im Oktober 1960 in der »jungen gemeinschaft« ein Artikel über »Das Verbrechen von Kragujevac«.[127] In diesem serbischen Städtchen wurden im Oktober 1941 7 000 männliche Einwohner von deutschen Truppen ermordet. Damit wurde jener Gedanke des Bekenners deutscher Schuld und des Ehrens der Opfer, der für die Polenkontakte zum bestimmenden Element geworden war,[128] auch im Zusammenhang mit Jugoslawien stärker ins Bewußtsein der Verbandsöffentlichkeit gerückt.

Der Verlust aller Positionen der Linken bei den Wahlen zum Bundesvorstand im November 1960[129] führte im Zusammenhang mit den Auseinandersetzungen um das SJ-Camp Zadar zu einer gewissen Stagnation bei der Entwicklung der Beziehungen.

Dennoch weilte in diesem Jahr als Gast des Bezirks Westliches Westfalen die erste Gruppe aus Jugoslawien aus der Stadt Zenica/Herzogewina in der Bundesrepublik. Der Bundesvorsitzende Horst Zeidler verwies auf die vielen Gruppen des Verbandes, die seit Jahren nach Jugoslawien reisten und bedauerte diesen späten ersten Gegenbesuch, ohne die vielen jugoslawischen Gruppen zu erwähnen, die bis dahin Westberlin besucht hatten.[130]

Daß in dieser Zeit die Kontakte nach Jugoslawien vom Bundesvorstand für verbesserungswürdig gehalten wurden, zeigte die Vorstandssitzung vom Mai 1962 auf. Dort wurde im Vorstandsbericht angeregt, »eine bessere Verbindung zu den Organisationen von Polen und Jugoslawien (zu) finden«.[131]

Im gleichen Monat wurde anläßlich des Besuches des SPD-Vorstandsmitgliedes Carlo Schmid in Jugoslawien in einem Bericht der »jungen gemeinschaft« das Fehlen von diplomatischen Beziehungen zu Jugoslawien bedauert.[132] Die Wiederentdeckung Jugoslawiens durch die SPD wirkte offenbar als positiver Faktor für das weitere Interesse des Bundesvorstandes an Jugoslawien.

So weilten beim VII. Kongreß der Volksjugend im Januar 1963 wiederum Vertreter der Falken. Es gelang ihnen sogar durchzusetzen, daß Klaus Flegel das Grußwort der SJD vor dem Vertreter der FDJ halten durfte, obwohl das gleiche Ansinnen von seiten der FDJ vorlag. Ebenso erreichten sie, daß die Gastgeber darauf hinwirkten, daß in den Redebeiträgen anderer Delegationen die Bundesrepublik nicht in unsachlicher oder polemischer Weise angegriffen wurde.[133] Dies macht sicherlich deutlich, welchen Stellenwert die Jugoslawen dem Verhältnis zur SJD beimaßen.

Im Bundesausschuß vom März 1963 wurde der Verlauf des VII. Kongresses der Volksjugend positiv gewürdigt. Auf der Bundeskonferenz im Mai 1963 wurden zwei Vertreter der Volksjugend als Gäste begrüßt, die noch drei Tage zu Gesprächen beim Bundesvorstand weilten. Von den Jugoslawen wurde der Gegenbesuch einer Gruppe in Zenica, ein Artikelaustausch und eine Begegnung auf Vorstandsebene zur Erweiterung der Beziehungen vorgeschlagen. Der Bundesvorstand regte an, eine größere Anzahl von Jugoslawen in das Bundeszeltlager 1965 einzuladen. Während die Vertreter des Bundesvorstandes für einen Besuch in Jugoslawien Terminschwierigkeiten geltend machten, stimmten sie den anderen Punkten zu.[134] Über ihre Verwirklichung liegen uns jedoch keinerlei Hinweise vor.

Ein positives Ergebnis hatte die Bundeskonferenz für die Jugoslawen auf jeden Fall. In einem einstimmig verabschiedeten Antrag wurde die sozialdemokratische Bundestagsfraktion aufgefordert, sich für die Wiederaufnahme diplomatischer Beziehungen zu Jugoslawien einzusetzen.[135]

Ähnliche Gespräche fanden nach der Bundeskonferenz vom November 1965 statt. Der jugoslawische Vertreter betonte noch einmal den Wunsch seiner Organisation nach einer engeren Zusammenarbeit und sagte einen offiziellen Brief seiner Organisation mit Vorschlägen zur weiteren Zusammenarbeit zu.[136] Als dieser Brief eintraf, wurde die Internationale Kommission beauftragt, konkrete Termin- und Programmvorschläge zu erarbeiten. Die gleichzeitige Einladung einer Vorstandsdelegation nach Jugoslawien für das nächste Frühjahr wurde angenommen.[137]

Diese Delegation weilte schließlich im Juni 1966 in Jugoslawien und traf dort Vereinbarungen u. a. über einen Gruppenaustausch unter Ausschaltung der zentralen Gremien, verstärkte touristische Kontakte, gegenseitige Einladung zu Zeltlagern und einen Artikelaustausch, alles Maßnahmen, die vor einigen Jahren überwiegend getragen vom Landesverband Berlin bereits einmal stattgefunden hatten.[138]

Unter Bezugnahme auf diesen Besuch berichtete der Vorsitzende Klaus Flegel dem Bundesausschuß im November von einer vorbildlichen Zusammenarbeit.[139] Auf der

Bundeskonferenz im Mai 1967 hielt ein jugoslawischer Jugendvertreter eine Gastrede, in der wiederum eine Einladung zur nächsten Konferenz der Volksjugend ausgesprochen wurde.[140] Im Sommer 1967 nahm eine Gruppe von Jugoslawen am SJ-Camp im Burgenland teil und verwirklichte damit einen Teil der Beschlüsse vom Juni 1966.[141] Gegenseitige Besuche auf Vorstandsebene und die Teilnahme an den Kongressen der Partnerorganisationen bestimmten auch in den nächsten Jahren überwiegend den Charakter der Kontakte.

Bei aller Vorsicht im Hinblick auf die wenigen vorliegenden Quellen aus der Bundesebene scheint doch die Aussage gerechtfertigt, daß die Breite, die die Maßnahmen des Landesverbandes Berlin besaßen, sowohl von der Anzahl als auch der Vielfalt der Aktivitäten, auf der Bundesebene wenn überhaupt, dann erst mit jahrelanger Verspätung erreicht wurde. Um dies allerdings wieder ins rechte Licht zu rücken, sei hier noch erwähnt, daß die erste offizielle Delegation des Deutschen Bundesjugendringes erst im März 1970 nach Jugoslawien reiste.[142]

## III.9. Die weitere Entwicklung der Beziehungen des Landesverbandes Berlin mit Jugoslawien

Als sich im März 1957 abzeichnete, daß für das geplante Sommerlager im Fichtelgebirge weniger Anmeldungen als erwartet eingingen, beschloß der Landesvorstand, im Jahre 1958 keine internationale Begegnung im SJ-Bereich durchzuführen. Es wurde wohl nicht zu Unrecht vermutet, daß die starke Beteiligung am Camp in Zadar zu Lasten des Sommerlagers ging und viele aktive Gruppenleiter aus der Sommerarbeit abzog.[143] Dieser Beschluß war aber vermutlich nur auf größere Maßnahmen gemünzt, denn die Delegation zum Autobahnbau reiste ebenso wie die Gruppe »Vorwärts«, diesmal allerdings zusammen mit den Jugoslawen nach Schweden.

Im Mai 1958 war bereits auf der 11. Landeskonferenz auf Antrag des Kreises Wilmersdorf eine Grußresolution an die Volksjugend verabschiedet worden. Vermutlich vor dem Hintergrund des Abbruchs der diplomatischen Beziehungen im Herbst 57 durch die Bundesregierung versicherten die Delegierten der Landeskonferenz der Volksjugend ihre Solidarität »in ihrem Kampf gegen die ideologischen Angriffe aus Ost und West«. Die Resolution endete mit dem Versprechen der SJD »alles zu tun, was in ihren Kräften steht, um den eigenen Weg Jugoslawien zu unterstützen«.[144]

Das Antwortschreiben der Volksjugend, in dem sie sich für die Solidaritätsadresse bedankt und versichert, »daß wir alles Mögliche tun werden, um weiterhin die Beziehungen mit der Sozialistischen Jugend Berlins zu entwickeln«, wurde in der BSJ auf der ersten Seite veröffentlicht.[145]

Das Jahr 1959 brachte mit dem vom 1. bis zum 9. Juli in Berlin stattfindenden IUSY-Camp eine zentrale Aktivität, die alle Kräfte des Verbandes anspannte.[146] So liegen keinerlei Hinweise über in diesem Jahr durchgeführte Fahrten nach Jugoslawien vor, wenn man einmal von der erneuten Teilnahme an der Autobahnaktion absieht.

Das Gleiche gilt für die Jahre 1960 und 1961. Der letzte Hinweis auf den Besuch einer jugoslawischen Gruppe in Berlin datiert von März 1957.[147] Allerdings trat im Rahmenprogramm des IUSY-Camps eine jugoslawische Volkstanzgruppe auf.[148]

Die Frage, ob in diesem Zeitraum tatsächlich ein Rückgang der Gruppenbegegnungen eingetreten ist, nur größere Lücken in der Materiallage vorliegen[149] oder die entsprechenden Aktivitäten ein so hohes Maß an Normalität erreicht hatten, daß darüber kaum noch berichtet wurde, ist nur schwer einzuschätzen. Immerhin würden für die Berliner Seite die zu dieser Zeit durchgeführten anderen vielfältigen Maßnahmen, das IUSY-Camp 59, die ersten Gedenkstättenfahrten nach Polen, das Großzeltlager in Zadar 1960 und das erste völlig offen ausgeschriebene Mammutlager mit über 1700 Teilnehmern in Callantsoog/Holland[150] Ansätze für die Erklärung eines Rückganges der Aktivitäten in Richtung Jugoslawien bieten.

Im Jahr 1962 nahm eine Gruppe aus Skopje am Berliner Zeltlager, das wiederum in Callantsoog stattfand, teil. Sie freundeten sich dort mit einer Gruppe aus Steglitz an, mit der sie im brieflichen Kontakt standen.[151] Nach dem Erdbeben von 1963, das die Stadt fast völlig zerstörte, beschlossen die Berliner, nachdem sie erfahren hatten, daß ihre Freunde am Leben waren, spontan dorthin zu fahren und beim Wiederaufbau zu helfen. Sie erhielten dort dann jedoch keine Erlaubnis zum Arbeitseinsatz.[152]

Im Sommer 1962 hatte auch wieder eine Gruppe aus Wilmersdorf in einer umfangreichen Rundreise Jugoslawien besucht.[153]

Die letzte größere Maßnahme von seiten des Landesverbandes Berlin in Jugoslawien fand im Juli/August 1963 mit einem SJ-Lager in Makarska mit 251 Teilnehmern statt. In der Zeitung der Berliner Linksopposition im Verband mit dem Namen »radikal« wurde kritisiert, daß das Lager von vornherein als Erholungslager konzipiert worden war. Die im Lager vorhandenen Ansätze zur politischen Gestaltung des Lagerablaufs wurden als ungenügend kritisiert.[154] Inwieweit sich die inhaltliche Gestaltung des Lagers wesentlich von denen der vorhergehenden unterschied oder ob von den Autoren schärfere Maßstäbe angelegt wurden, kann an dieser Stelle nicht ermessen werden. Wenn die in der Zeitschrift benannten zwei Aktivitäten – eine Betriebsbesichtigung und eine Diskussion mit Vertretern des Bundes der Kommunisten – tatsächlich die einzigen politischen Programmpunkte gewesen sind, hätte dies in der Tat einen Rückschritt gegenüber der bisherigen Praxis bedeutet.

Der ab 1963 begonnene Rückzug von den Jugoslawienkontakten hat sicherlich seine Ursachen. H. Ristock nennt mit der Normalisierung der weltpolitischen Lage auf diesem Sektor und der völligen Verschiebung der Gewichte im Berliner Landesverband im Zuge der Herausbildung der APO, wobei typische Jugendverbandsmaßnahmen, wie sie die Jugoslawienkontakte in der Hauptsache waren, generell zurückgedrängt wurden, zwei mögliche Gründe.[155] Aber auch im Bereich der internationalen Beziehungen des Landesverbandes hatten sich die Prioritäten verschoben.

In der Tat hatte sich in der Frage Jugoslawien eine Normalisierung ergeben. Auch der Bundesvorstand betrieb die Ausweitung der Kontakte seit 1962/63 wieder, wie wir gesehen haben. Auf diesem Feld gab es nicht mehr viel zu tun.

Inzwischen nahm der Berliner Verband auf anderen Gebieten die Vorreiterrolle wahr. Da waren zum einen die ab November 1959 erfolgreich durchgeführten Gedenkstättenfahrten nach Auschwitz. Gerade 1963 neu hinzugekommen waren die Kontakte in die ČSSR, die sich über die reinen Gedenkstättenfahrten hinaus ähnlich intensiv entwickelten wie zehn Jahre zuvor diejenigen nach Jugoslawien und diese quasi ablösten.

Außerdem war die Zeit der Mammutaktionen angebrochen. Großzeltlager mit z.T. über tausend Teilnehmern, Gedenkstättenfahrten in ähnlichen Dimensionen spannten alle organisatorischen Kräfte des Verbandes an. Vermutlich ließen sich weitere Aktivitäten im internationalen Bereich auch aus finanziellen Gründen nicht mehr durchführen. Hinzu kam, daß eine neue Generation von Verbandsfunktionären in die Verantwortung gelangt war, die andere Prioritäten setzte.

## III.10. Kontroversen um die Beziehungen zu Jugoslawien

Die von uns befragten Verbandsfunktionäre, auch jene, die ansonsten in vielen Fragen kritisch zur Politik des Landesverbands standen, erinnern sich keiner tiefgreifenden Kontroversen um die Beziehungen nach Jugoslawien.[156] Es hat sie dennoch gegeben. Das Protokoll einer Tagung der SJ-Ringleiter der Kreise vom Oktober 1956 weist aus, daß

»sich die vom Landesvorstand Berlin für das nächste Jahr geplante Jugoslawienfahrt zum heftigen Angriffspunkt dieses Abends (entwickelte). Ansetzend an die prinzipielle Kritik, daß diese Fahrt bereits weitgehend vorbereitet und abgesprochen sei, ohne daß der Landesausschuß bisher darüber weder informiert noch befragt wurde, wurde in aller Schärfe die Frage aufgeworfen, ob Jugoslawien als Staat überhaupt von uns zu akzeptieren sei und ob als Folge dessen die jugoslawische Volksjugend als eine ›Staatsjugend‹ als Partner für uns in Frage käme.«[157]

Um diese Frage intensiver zu diskutieren, wurde eine neue Sitzung einberufen, von der uns allerdings keinerlei Unterlagen vorliegen. Die Tatsache, daß dieser Konflikt heute nicht mehr erinnert wird, scheint jedoch darauf hinzuweisen, daß er im Verhältnis zu anderen Auseinandersetzungen tatsächlich eine geringere Rolle gespielt hat.

Ähnliche Bedenken wie die oben aufgeführten wurden auch in Teilen der SPD vertreten. Im Zeichen des Kalten Krieges betrachteten viele SPD-Mitglieder Jugoslawien undifferenziert als Teil des kommunistischen Machtbereichs. Peter Weiß erinnert sich, daß er in einer SPD-Kreisdelegiertenversammlung wegen positiver Äußerungen über Jugoslawien »furchtbar niedergemacht wurde«. »Die ganzen rechten Kreise in der Partei sahen das (die Kontakte nach Jugoslawien, d. V.) überhaupt nicht gerne, von anderen wurde es mit Mißtrauen betrachtet.«[158]

Andererseits gab es auch Wohlwollen: »Führende Genossen der SPD in Senat und Bezirksämtern unterstützten die Begegnungen, luden jugoslawische Gastgruppen, wenn sie in Berlin weilten, zu sich ein, zu Empfängen, Essen usw.« erinnerte sich Klaus Fiek, und die uns vorliegenden Unterlagen bestätigen dies.[159]

Die SPD legte jedoch darauf Wert, und der Bundesverband schloß sich dieser Haltung an, die ideologischen und politischen Differenzen zwischen den jugoslawischen Kommunisten und den deutschen Sozialisten nicht verschwimmen zu lassen. In diesem Rahmen gab es einige Auseinandersetzungen, die allerdings zunächst den Berliner Landesverband nicht direkt betrafen. Ein erster Konflikt entschied sich im Herbst 1954, als in der »jungen gemeinschaft« der erste Teil einer Artikelserie mit dem Titel »Jugoslawien – Bollwerk des revolutionären Sozialismus« erschien.[160] Sie wurde jedoch nicht fortgesetzt, ohne daß den Lesern eine Begründung dafür gegeben wurde. Der Teilabdruck eines Leserbriefes von Fritz Erler – SPD-MdB und häufiger Gastautor in der Zeitschrift – weist jedoch auf Richtung und Hintergrund dieser Maßnahme. Erler kritisierte den besagten Artikel scharf und mahnte:

»Es scheint mir aber nicht möglich, in einer Zeitschrift der Sozialistischen Jugend in Deutschland ohne ein Wort der Distanzierung den jugoslawischen ›Weg zum Sozialismus‹ als erstrebenswertes Vorbild hingestellt zu bekommen... Man soll aber auch begreifen, daß selbst der aufgeklärte kommunistische Absolutismus titoistischer Prägung nicht das Ziel der freiheitlichen Arbeiterbewegung sein kann.«[161]

Einen ähnlichen Konflikt gab es um Äußerungen von Kalli Prall als Gast auf dem VI. Kongreß der jugoslawischen Volksjugend. In einer dem Parteivorstand der SPD übersandten Richtigstellung erklärte er daraufhin, daß seine Aussagen in einer vom Bundespresseamt herausgegebenen Zusammenfassung sinnentstellend wiedergegeben worden seien.[162]

Der Vorwurf des »Titoismus« wurde trotzdem gegenüber den Falken erhoben, und zwar in der der katholischen Jugend nahestehenden »Allgemeinen Sonntagszeitung«. Nach der 7. Verbandskonferenz und der Abwahl Westphals begann diese Zeitung eine Kampagne gegen die Falken mit dem Tenor, daß der Verband in die Hand von Radikalen gefallen sei. In diesem Zusammenhang wurde auch behauptet, der Verband sei titoistisch und hätte sich nicht von der Kirchenverfolgung Titos distanziert. Als Reaktion ließ die »junge gemeinschaft« den jugoslawischen Redakteur Ivan Ivanji zum Vorwurf der Katholikenverfolgung in Jugoslawien Stellung nehmen, verbunden mit dem Angebot, auch die katholische Meinung zu dieser Frage in der »jungen gemeinschaft« zu veröffentlichen.[163]

Einen heftigen innerverbandlichen Konflikt, in den auch führende Mitglieder des Berliner Landesverbandes einbezogen waren, gab es um den Ablauf des SJ-Lagers 1960 in Zadar. Diese Auseinandersetzung hatte in doppelter Weise einen exemplarischen Charakter für die Schwierigkeiten, mit denen die Initiatoren der Ostkontakte innerhalb der Falken zu kämpfen hatten. Dabei handelt es sich einmal um die Auswirkungen der Verquickung zwischen den Interessen der SPD und der Politik des Jugendverbandes. Zum anderen beweist dieser Konflikt, in welchem Maße bei einem Teil der sozialdemokratischen Bewegung und damit auch bei der SJ das Verhältnis gegenüber Kommunisten von Berührungsängsten und Abgrenzungsbedürfnissen bestimmt war.

Die Vorgeschichte zu dieser Kontroverse begann im Dezember 1959, als Mladen Ivekovic – der damalige Präsident des Bundesrates der jugoslawischen Nationalversammlung – in der Belgrader Zeitschrift »Internationale Politik« eine scharfe Kritik am Godesberger Grundsatzprogramm der SPD formulierte.[164] Diese Kritik war getragen von der berechtigten Sorge, daß das Godesberger Programm auch Konsequenzen für die außenpolitische Orientierung der SPD haben müsse und damit die bis dato zwischen der SPD und den jugoslawischen Kommunisten vorhandene Übereinstimmung hinsichtlich der Notwendigkeit einer blockunabhängigen Politik des Dritten Weges in Frage gestellt werden würde; eine Vermutung, die sich bereits im Verlauf des nächsten halben Jahres bewahrheiten sollte.[165] Die Jugoslawen befürchteten, daß die Abkehr der SPD von dieser Position zu einer Schwächung ihrer Stellung gegenüber den orthodoxen kommunistischen Parteien und den Ländern der Dritten Welt führen würde, da die SPD als eine der stärksten sozialistischen Parteien Westeuropas einen nicht zu unterschätzenden Faktor bildete. Herbert Wehner wies im »Vorwärts« die Kritik der Jugoslawen scharf zurück und benutzte die Gelegenheit, die SPD härter gegenüber den Kommunisten – auch den jugoslawischen – abgrenzen. Der weitere Fortgang der Kontroverse im Frühjahr 1960, in die sich auch Fritz Erler einschaltete, führte zu einer Verschlechterung der Beziehungen zwischen dem jugoslawischen Bund der Kommunisten und der SPD und der Feststellung von Fritz Erler: »Die Diskussion mit Ivekovic hat gezeigt, wie verschieden die innen- und gesellschaftspolitischen Ordnungsvorstellungen von Sozialisten und Kommunisten sind.«[166]

So lief die Vorbereitung und Durchführung des Lagers Zadar unter denkbar ungünstigen Vorzeichen, weil teilweise die SPD selber, in größerem Maße aber der Parteilinie sehr stark verbundene Funktionäre der SJ diese vollzogene Abgrenzung auf den Ablauf des Lagers zu übertragen versuchten.

Bereits im Vorfeld gab es zwischen SPD und Verband nicht näher bezeichnete »Differenzen bzw. Mißverständnisse in der Angelegenheit des SJ-Camps Zadar«, die allerdings auf einer gemeinsamen Sitzung zwischen dem Parteivorstand der SPD und den Vertretern der Falken am 27.6.60 »ausgeräumt bzw. geklärt werden« konnten, wie aus dem Protokoll des Geschäftsführenden Bundesvorstandes hervorgeht.[167]

Der innerverbandliche Konflikt, der vor diesem Hintergrund entbrannte, war dann wesentlich schärfer.

Als von allen akzeptierte politische Ziele bei der Durchführung des SJ-Camps in Zadar wurden benannt:

»1. durch Gespräche und Diskussionen mit den jugoslawischen Kommunisten zur Entspannung beizutragen,
2. unseren Mitgliedern die Möglichkeit zu bieten, eine kommunistische Gesellschaftsordnung objektiv zu studieren und
3. der jugoslawischen Jugend unsere Auffassung von Sozialismus und seinen Problemen nahezubringen.«[168]

Damit hatten sich scheinbar einige der Intentionen des Berliner Landesverbandes auf Bundesebene durchgesetzt. Über die Ausfüllung dieser Postulate gab es jedoch völlig unterschiedliche Vorstellungen. Während die Linken auch aufgrund ihrer bisherigen Kontakte gegenüber dem jugoslawischen Modell grundsätzlich positiv eingestellt waren, betrachtete ein Teil der Rechten Jugoslawien in erster Linie als kommunistischen Staat, demgegenüber eine klare Abgrenzung vonnöten sei. Eine Differenzierung zwischen den unterschiedlichen kommunistischen Strömungen wurde dabei nicht vorgenommen. Ihre Befürchtungen gingen von Anfang an dahin, daß das SJ-Camp zu »einem kommunistischen Propaganda- und Verbrüderungslager« geraten könnte.[169]

So entstanden bereits bei der Vorbereitung Differenzen vor allem über die Abfassung des Werbeprospekts. Die Kritik entzündete sich an drei Punkten. Der angekündigte »Partisanenmarsch mußte im weiteren als Großwanderung figurieren. Gleiches galt für die Benennung des Seminars »Sozialistische theoretische Probleme aus jugoslawischer Sicht«, bei dem die Bezeichnung sozialistische durch das Wort politisch ersetzt wurde, da eine Mehrheit des Verbandes analog zur Haltung der SPD Jugoslawien nicht das Attribut sozialistisch zuerkennen wollte. Weil der Prospekt bereits gedruckt und versandt worden war, konnten diese beiden »Mißgriffe« nur noch durch einen geänderten Sprachgebrauch für die Zukunft neutralisiert werden. Der dritte Komplex ließ sich auf diese Weise nicht mehr korrigieren, obwohl er den meisten Unmut erregte. Folgenden Abschnitt hatten die Herausgeber aus einem jugoslawischen Reiseprospekt übernommen:[170]

»Das Streben der jugoslawischen Völker nach der Behauptung ihrer eigenen Idee, allen Mühsalen im Laufe von 15 Jahrhunderten zum Trotz, gefestigt durch Volkssprache und Literatur, befruchtet durch die größten Blutopfer und verbunden durch das gemeinsame Epos, das im zweiten Weltkrieg zu leuchtendsten zum Ausdruck kam, erhält seine abschließende Form im Aufbau der neuen sozialistischen Gemeinschaft. Der Besucher kann etwas kennenlernen, was ihm vorläufig kaum ein anderes Land so deutlich und so unaufdringlich zeigen kann: Entstehung und Aufbau einer neuen Gesellschafts- und Wirtschaftsordnung, die die praktische Folgerung einer tief humanen Idee darstellt. Diese Idee findet z.B. ihren Ausdruck im konsequenten Kampf Jugoslawiens um eine friedliche und aktive Koexistenz aller Völker der Welt.«[171]

Diese sicherlich sprachlich und inhaltlich geschönte Passage wurde als Werbung für das politische System Jugoslawiens kritisiert, wobei die Linken vermutlich den zweiten Teil dieses Abschnitts voll inhaltlich getragen haben. Wie wenig diese Auseinandersetzung mit den Interessen der jugendlichen Verbandsmitglieder zu tun hatte, beweist die Äußerung von Horst Zeidler, »daß der Prospekt nicht von den Teilnehmern gelesen wurde, da er sonst gewiß Kritik und Empörung bei ihnen hervorgerufen hätte«.[172]

Naheliegender als die Annahme, daß 845 Teilnehmer sich ohne die Kenntnis des

Werbeprospekts für dieses Lager angemeldet hatten, dürfte die Vermutung sein, daß sie die inkriminierten Formulierungen halb so aufregend fanden wie einige ihrer Spitzenfunktionäre.

Im Lager setzte sich dieser Konflikt dann fort. In ihrem »Bericht zum politischen Verlauf des SJ-Zeltlagers in Zadar 1960« beschuldigten Hamburger SJ-Funktionäre die Vertreter der Linken – darunter neben dem SJ-Ringleiter Fred Gebhardt (Baden-Württemberg) und Albert Pflüger (Hessen-Süd) die Berliner Harry Ristock, Manfred Wetzel und Wolfgang Götsch –, daß sie es an Solidarität gegenüber der SPD und an Abgrenzung gegenüber den jugoslawischen Kommunisten hätten mangeln lassen und daß sie auch in Hinsicht auf die technische und organisatorische Abwicklung des Lagers zu nachgiebig gegenüber den Jugoslawen gewesen wären. Die Vorwürfe gipfelten darin, daß sie die politischen Manipulationsversuche der Jugoslawen geduldet bzw. unterstützt hätten.

Die zu Anfang des Jahres von führenden SPD-Politikern vollzogene schärfere Abgrenzung gegenüber den jugoslawischen Kommunisten spielte in diesem Zusammenhang sicher ebenso eine Rolle wie einige antikommunistische Vorbehalte der Autoren dieses Berichtes.

So bestand einer der in diesem Zusammenhang erhobenen Hauptvorwürfe darin, daß Vertreter der Linken sich der Kritik der Jugoslawen am Godesberger Programm angeschlossen und es »als den sozialistischen Traditionen widersprechend hingestellt« hätten.[173] Dies war genau jener Vorwurf, der Fritz Erler am Aufsatz von Ivekovic erbittert hatte und den er in einem Brief an den Autor als »leichtfertig und unberechtigt« zurückgewiesen hatte.[174] Daß die Linken im Verband in der Tat mit dem Godesberger Programm nicht glücklich waren, bewies allein schon die Tatsache, daß sie ein halbes Jahr vor Verabschiedung des Godesberger Programms mit der Vorlage des Manifests den umgekehrten Weg hatten gehen wollen.[175]

Auch hatten sich die Linken in der Frage des Dritten Weges den jugoslawischen Vorstellungen weiter angenähert als die offizielle Parteilinie.

Welche völlig von den Intentionen der Verbandslinken verschiedene Auffassung hinter diesen Vorwürfen stand, beweist z. B. der vom Verfasser dieses Berichts, Arno Wrage, gegen den heftigen Widerstand der Linken mitinitiierte Beschluß, die Anrede Genosse im Umgang mit den Vertretern der Volksjugend nicht zu gebrauchen. Wrage war der Meinung, daß man durch die Anrede Genosse die jugoslawischen Kommunisten zu Kampfgefährten erklärt, obwohl sie für ihn die politischen Gegner der Sozialdemokratie seien. Aus dem gleichen Grund verhinderte er auch die Überreichung einer Falkenfahne als Freundschaftsgeschenk an die jugoslawische Volksjugend.[176]

Erst die Diskussion im Bundesvorstand ergab, »daß die Jugoslawen einen Beobachterposten in der IUSY einnehmen, die Anrede ›Genosse‹ im offiziellen Verkehr mit den Jugoslawen von jeher üblich war und der Parteivorstand (der SPD, d. V.) sich dieser Anrede gegenüber den Jugoslawen bedient«.[177]

Auch die Vorwürfe, die Linken hätten sich kommunistischen Agitationsversuchen nicht entschieden genug widersetzt und deren Angriffe gegen die Politik der SPD sogar noch unterstützt, bis hin zu dem geäußerten Verdacht, »daß einige Mitglieder der deutschen Lagerleitung in Absprache mit den Kommunisten hinter den Kulissen das Lager in ihrem gemeinsamen Sinne manipuliert haben«,[178] belegen die Hilflosigkeit eines Teils des Verbandes sowohl im Umgang mit Kommunisten als auch gegenüber abweichenden Meinungen in den eigenen Reihen. Der monolithischen Geschlossenheit auf seiten der Kommunisten – die es bei den Jugoslawen nach vielen uns vorliegenden Aussagen gar nicht gab – wollten sie eine gleichartige auf ihrer Seite entgegensetzen. Die Fronten sollten klar bleiben, linke Sozialisten sollten ihre Kritik an der Politik der SPD angesichts der ideologischen Konfrontation mit dem Kommunismus zurückstellen.

Die Berliner vertraten – auch bei ihren Kontakten mit Polen und anderen Ostblockstaaten – eine völlig entgegengesetzte Vorgehensweise. Sie ließen zwar keinen Zweifel an ihrer Zugehörigkeit zur westlichen sozialistischen Bewegung, formulierten aber gleichzeitig ihre Kritik daran. Einmal um ihre eigene Position klar herauszustellen, zum anderen weil Kritik und Meinungsvielfalt für sie zum Wesen der sozialistischen Bewegung gehörten und sie dies ihren Gesprächspartnern auch ganz praktisch vorführen wollten.

Die als Vorwurf gegenüber den Linken erhobene Feststellung, daß es zwischen ihnen und den jugoslawischen Kommunisten mehr Gemeinsamkeiten gebe als mit den eigenen (rechten) sozialdemokratischen Genossen,[179] war sicherlich in bezug auf verschiedene Fragen nicht unzutreffend. Durch ihre bereits seit längerem bestehenden Kontakte nach Jugoslawien wußten die Linken, insbesondere die Berliner, daß die Mehrheit der Vertreter der Volksjugend sich in vielerlei Hinsicht von dem sonst aus Osteuropa bekannten Typus des kommunistischen Funktionärs unterschieden. Und sie hatten in vielen Diskussionen festgestellt, daß es in der Tat eine ganze Anzahl von ähnlichen und gleichen Standpunkten gab. Dieses Differenzierungsvermögen fehlte den Vertretern der Rechten. Daher realisierten sie auch nicht, daß ein wesentliches Moment bei den Kontakten der Berliner nach Jugoslawien wie nach Polen das Bemühen beinhaltete, antistalinistische Kräfte zu stärken und demzufolge mit diesen Kräften ein solidarischer Umgang im Vordergrund stand. Dafür war die Kritik der Berliner an den auch in Jugoslawien vorhandenen Resten des stalinistischen Erbes und seinen verbliebenen Vertretern um so schärfer. Der von den Hamburgern erhobene Vorwurf, die Linken hätten es versäumt, eine »wirkliche deutliche und ernsthafte Diskussion mit den Jugoslawen« zu führen, »obwohl genügend politische Probleme zwischen Sozialisten und Kommunisten stehen«,[180] übersieht diesen Zusammenhang völlig. Peter Weiß äußerte dazu:

»Es gab diese rechten Kräfte innerhalb des Verbandes, die sahen dann in den Jugoslawen Kommunisten, ohne auf die Schattierung zu achten. Damals gab es ja auch diese Diskussion darüber, ob man Kommunisten als Genossen ansprechen dürfe. Kommunisten waren für die eben Aussätzige, mit denen durfte man sich nicht einlassen. Mit den Aussätzigen, das war natürlich ein bißchen schizophren, denn wegen der Völkerfreundschaft und um die Diskreditierung, der Deutschland als Folge des Faschismus unterlag, abzubauen, müsse man sich schon in irgendwelche Kontakte begeben, aber im übrigen müsse man sich doch streng distanzieren und deutlich machen, das seien Kommunisten, die seien eben sehr gefährlich usw., was in gewissem Maße lächerlich war, wogegen wir uns auch gewehrt haben. Es gab natürlich auch bei den jugoslawischen Funktionären so einige Funktionärstypen, die so stalinistische autoritäre Touren drauf hatten – die haben wir auch scharf angegriffen, wir haben mit denen hart diskutiert. Aber für die war das natürlich immer der halbe Verdacht, daß man – nun gab es ja diese Hysterie, diese hysterische Angst davor – daß man überlaufen könnte oder daß man mit Kommunisten gemeinsame Sache machen könnte usw., wogegen wir eigentlich sehr gefeit waren, denn wir waren wahrscheinlich entschiedenere Antistalinisten als diese Leute. Wir hatten eine Vorstellung von Sozialismus, die mit humanitären und demokratischen Verhaltensweisen streng verbunden war. Wir waren antifaschistisch und waren deshalb gegen jede totalitäre Unterdrückung. Ich selber habe im Lager gesessen und war bei den Nazis verfolgt, war sehr sensibel und empfindlich gegen jede autoritäre und unterdrückende politische Form und Betätigung. Unser Kontakt war eben aus dem Bemühen getragen, das, was wir menschlichen Sozialismus nannten, durchzusetzen und zu verbreiten.«[181]

Der Kernpunkt der Auseinandersetzung lag darin begründet, daß die Linken – zum wiederholten Male in Jugoslawien –, sich zu Gast bei Freunden und Genossen fühlten und auch ihr Anspruch, zur Verständigung und Versöhnung beizutragen, sie davon abhielt, permanente politische Auseinandersetzungen ohne eigentliche Notwendigkeit zu führen. Wohingegen die Rechten auf der Abgrenzung gegenüber einem undifferenziert betrachteten Kommunismus bestanden, der eindeutig als politischer Gegner begriffen wurde, dem gegenüber der Verband sich in der Auseinandersetzung bewähren mußte.[182] Da diese nicht in dem gewünschten Umfang stattgefunden hatte, kam der Hamburger Landesvorstand in einem Brief an den Bundesvorstand zu dem Schluß: »Das Lager kann als alleiniger Erfolg der besser geschulten Kommunisten der deutschen Lagerleitung gegenüber gedeutet werden.« Der Brief gipfelte daher in der Forderung: Vor einer Klärung der in Zadar aufgetretenen Probleme »dürfen unserer Meinung nach keine Kontakte mit kommunistischen Ländern und ihren Menschen weitergeführt bzw. neu aufgenommen werden«.[183]

In der Diskussion im Bundesvorstand über das Lager wurde einige Kritik am Verhalten der Linken sowie grundsätzliche Vorbehalte gegenüber Ostkontakten geäußert. Da sich aber viele der erhobenen Vorwürfe in der vorgebrachten Form als nicht haltbar erwiesen und Ristock und andere Vertreter der Linken versicherten, daß sie Jugoslawien nicht als sozialistisches Land betrachteten und somit die notwendige ideologische Abgrenzung wiederhergestellt hatten, wurde der Brief der Hamburger zurückgewiesen und den beschuldigten Genossen ausdrücklich das Vertrauen ausgesprochen.[184] Damit waren auch die geforderten politischen Konsequenzen für die Ostkontakte des Verbandes vom Tisch.

Hierin liegt die eigentliche Bedeutung dieser Entscheidung. Angesichts der gerade unter einigen Schwierigkeiten bewerkstelligten ersten beiden Gedenkstättenfahrten nach Polen hätte ein Eingehen auf die vom Hamburger Landesverband geäußerten Bedenken zu einem großen Rückschlag für die vom LV Berlin betriebene Politik der schrittweisen Öffnung gegenüber Osteuropa führen können. So sind die Angriffe gegen das SJ-Camp in Zadar vielleicht auch als ein Versuch zu werten, diese Entwicklung wieder rückgängig zu machen. Vor diesem Hintergrund wird auch die Abgabe der Erklärung über den nicht sozialistischen Charakter Jugoslawiens verständlich, denn im Landesverband Berlin wurde diese Frage doch anders diskutiert, wie wir im nächsten Abschnitt sehen werden.

### III.11. Politische Auswirkungen

Die Beziehungen der Berliner Falken zur jugoslawischen Volksjugend führten dazu, daß einige hundert junge Menschen sich intensiv mit dem Thema Jugoslawien auseinandersetzten und dies nicht ohne Auswirkung auf ihre Meinungsbildung blieb. Aus verschiedenen Aussagen und den überlieferten Quellen ergibt sich, daß viele von ihnen die Entwicklung Jugoslawiens mit sehr viel Wohlwollen, einige auch mit einer gewissen Euphorie betrachteten. Dazu zählte Klaus Fiek, der in seinem Bericht über die erste Fahrt ein sehr optimistisches und teilweise auch naives Bild der Verhältnisse in Jugoslawien zeichnete, z. B. indem er behauptete, daß Jugoslawien ein parlamentarisch regiertes Land sei.[185] Auch für viele einfache Mitglieder war die Hoffnung bestimmend, ihre politischen Zielprojektionen würden in Jugoslawien eingelöst werden. Dietrich Paesler äußerte: »Ich glaubte fest, Jugoslawien sei auf dem Wege zum Sozialismus.«[186] Wie tiefgreifend der Eindruck bei einigen war, obwohl sie sich vorher noch nicht mit Jugoslawien beschäftigt hatten, und welchen Beitrag dies auch für ihr politisches Selbstverständnis bedeutete, geht aus den Äußerungen von Jürgen Dittner hervor:

»Jugoslawien war was Schickes, weit weg, von dem keiner eine Ahnung hatte... Nachdem wir uns dann – wie es damals noch üblich war – auf Jugoslawien vorbereiteten, sind Begriffe wie Arbeiterselbstverwaltung und andere Sachen eigentlich erst in unser Bewußtsein gerückt... In Jugoslawien selbst haben wir dann die spannende Erfahrung machen können, daß sich sehr wohl Politik und Freizeit verbinden lassen, daß das keine Widersprüche, sich ausschließende Gegensätze sind, sondern daß beides möglich ist. Und die Jugoslawen haben es geschafft, in einem lockeren Programm uns Betriebsbesichtigungen, gewerkschaftlich-politische Gespräche zu vermitteln. Die haben es geschafft, an den Strand Zeitungsredakteure und ranghohe Parteifunktionäre zu bringen, die dann aber irgendwann aufhörten zu reden und sagten: Wir gehen jetzt baden, wir gehen jetzt essen oder Wein trinken. Dann kam eine andere Art der Kommunikation, so mehr der menschliche Aspekt. Ich glaube, dies war ein ganz wichtiger Punkt... Wir waren eigentlich durchgehend begeistert von einem Stück realen Sozialismus, den wir da exemplarisch in der Selbstverwaltung, in der Art der Organisation, in der Frage auch der Gewinnbeteiligung und so andere Sachen, Verwendung der Trinkgelder, der gemeinschaftlichen Poolbildung sehen konnten – das hat uns unheimlich gut gefallen.«[187]

So entwickelte sich bei vielen Verbandsmitgliedern eine weitgehende Identifikation mit dem jugoslawischen Modell. Siegfried Stirba zufolge stellte ein Teil des Verbandes gegenüber den Jugoslawen heraus: »Wenn Sozialismus in der Bundesrepublik mal eingeführt wird, dann eurer.«[188] Und Jürgen Dittner erklärte zur Frage der ideologischen Differenzen zwischen den Falken und den jugoslawischen Kommunisten:

»Nachdem definiert war, was die jugoslawischen Kommunisten waren und wollten, gab es keine ideologischen Differenzen. Die Bestimmung der Positionen – wir als Sozialdemokraten und Sozialisten und die als Kommunisten – war eigentlich ganz einfach. Nachdem wir gemerkt haben, was sich hinter dem Bund der Kommunisten verbirgt, war ganz klar, die jugoslawischen Kommunisten sind eigentlich Sozialisten, und von daher gab es überhaupt keine Schwierigkeiten. Und sie waren es ja auch aus heutiger Sicht in der Praxis. Was die Pluralität der Meinungen, Pressewesen, Eigenständigkeit des Jugendverbandes und ähnliches betrifft, habe ich da nie Probleme gehabt.«[189]

Eine ähnlich positive Einstellung war auch bei den Ostberliner Falkenmitgliedern vorhanden.

»Diese Jugoslawienfrage und alles, was dazugehörte... hatte bei Falkens und auch gerade bei denen, die in Ostberlin waren, eine Idealvorstellung hervorgezaubert. Keiner hat sich distanziert vom Sozialismus, sondern hat einfach gesagt, was die (in der DDR, d. V.) praktizieren ist eben nicht das, was unser Idealbild ist, sondern was in Jugoslawien läuft,« erzählt Günther Jahn, von 1955 bis zum Mauerbau Vorsitzender der Ostberliner Falken Kreis Mitte, und führte weiter aus: »Man darf nicht vergessen, daß wir auf der anderen Seite Adenauer hatten, der ja auch nicht erstrebenswert war für uns.«[190]

Aus den Aussagen von Günther Jahn ergeben sich wichtige Hinweise für die Gründe der damaligen Jugoslawienbegeisterung. Gegenüber dem politischen System, das in der DDR unter dem Namen Sozialismus figurierte, mußte jeder Ansatz, Sozialismus anders als in der Form der stalinistischen Entartung zu praktizieren, vielen jungen deutschen Sozialisten als Offenbarung erscheinen. Verstärkt wurde dies noch durch die Entwicklung der BRD in den 50er Jahren, die alle Illusionen über die kurz- oder mittelfristige Realisierbarkeit eines demokratischen Sozialismus in Deutschland zunichte machte.

So wurde der Erfolg des jugoslawischen Weges für viele zu einem Moment der eigenen politischen Identität und führte bei manchen zu übertriebenen Hoffnungen, die später einer um so größeren Ernüchterung wichen. Dazu Dietrich Paesler:

»Ich glaube, das ist ein psychologisches Moment. Man redet sich etwas ein, von dem man vielleicht im Unterbewußtsein weiß, daß es nicht so ist, verwirklicht irgendwelche Wunschträume. Ich glaubte auch, Jugoslawien ist Vorreiter des Sozialismus. Seit 58 habe ich dann gesehen, daß das nicht so ist. Da ist überhaupt nichts von dem geblieben, was man mal als Vorstellung hatte.«[191]

Diese Desillusionierung setzte bei vielen ein, auch Klaus Fiek beschreibt sie für sich und weitere Mitglieder seiner Gruppe. Ausschlaggebend dafür waren Erfahrungen im jugoslawischen Alltag, die bewiesen, daß nicht sozialistisches Bewußtsein, sondern privates Gewinn- und Erwerbsstreben zugenommen hatten.[192] Andere stießen sich auch an der auf vielen Gebieten noch zu spürenden Rückständigkeit, die sie in ihrer von Optimismus geprägten Überschätzung der Möglichkeiten Jugoslawiens kritisierten. Wolfgang Götsch merkte dazu an:

»Aus der heutigen Rückschau würde ich sagen, da haben wir eher den Fehler gemacht, noch nicht umfassend genug vorbereitet zu sein, die waren natürlich mit ihrem Arbeitsschutz ein Riesenstück vorangekommen, gemessen am königlichen Serbien... Und daß wir nun kamen und nach Siemens-Maßstäben auf die Sauberkeit der Toiletten achteten, war sozusagen unbedacht von uns, denn wir haben eben balkanische Tradition und das, was einfach nicht rauszubringen ist, dabei nicht beachtet.«[193]

Die Aussage von Peter Weiß steht für jene, die von Anfang an eine realistischere Einschätzung vertraten:

»Wir haben uns gar nicht solche großen Illusionen gemacht, glaube ich... Es gibt auch Leute, die immer gleich sehr euphorisch sind, aber viele von uns waren auch sehr kritisch. Wir haben sehr kritische Fragen gestellt und haben auch da und dort gemerkt, was nicht funktionierte. Trotzdem haben wir immer wieder gesagt, die sind am Anfang, mal sehen, wie das funktionieren wird. Sie haben ja dann auch ihre Rückschläge erlebt – das haben sie uns dann auch offen gesagt. Außerdem war das ein Entwicklungsland, das sahen wir.«[194]

Die Begegnung mit Jugoslawien hatte für die meisten der Beteiligten über den Augenblick hinausgehende Auswirkungen. Zur politischen Meinungsbildung trug sie bei allen bei. Für einige war sie Anstoß für eine weitere Beschäftigung mit dem jugoslawischen System, andere berichteten, daß sie in späteren Diskussionen ihre Erfahrungen aus Jugoslawien einbringen konnten, viele fuhren in den folgenden Jahren privat nach Jugoslawien, z.T. um dort geschlossene Kontakte zu pflegen. Siegfried Stirba haben letztlich nur familiäre Gründe davon abgehalten, ein Angebot, sich als ausländischer Fachmann in der jugoslawischen Industrie zu verpflichten, anzunehmen.

hDie Gruppe »Vorwärts« veranstaltete mehrere Seminare und Vortragsabende, auf denen jugoslawische und deutsche Gastreferenten über jugoslawische Politik und Kultur diskutierten oder die Gruppe von ihren Fahrten berichtete.[195] Pläne, gemeinsam mit der Volksjugend ein Haus an der Adria als Begegnungsstätte zu bauen, zerschlugen sich sowohl aus finanziellen Gründen als auch wegen der mangelnden organisatorischen Unterstützung von seiten der Volksjugend.[196]

Auch über den direkten Teilnehmerkreis und den Verband hinaus hatten die Reisen nach Jugoslawien Auswirkungen. Da über solche Ereignisse im Freundeskreis, in der Schule oder am Arbeitsplatz berichtet wurde, entspann sich manche längere Diskussion über Sinn und Wert dieser Fahrten. Siegfried Stirba berichtet über die Reaktion seiner Kollegen auf seine Teilnahme am Autobahnbau:

»Zum Beispiel war es so – ich habe damals noch in einem verhältnismäßig kleinen Handwerksbetrieb gearbeitet – die konnten das überhaupt nicht verstehen, daß man in ein kommunistisches –

die haben ja nun wieder verallgemeinert – daß man in ein kommunistisches Land fährt und da noch umsonst arbeitet, denn das war ja die erste Frage: Was haste denn da gekriegt? Die haben ja noch gedacht, daß man da hingefahren ist, um möglichst im Urlaub noch Knete zu verdienen. Das konnten die also überhaupt nicht verstehen und haben daraus gleich gemacht, daß man praktisch Kommunist ist und den Kommunismus unterstützt, praktisch den Kommunismus – es gab also, das ist ja heute noch so, für die große Masse gab es nur den einen Kommunismus. Das war also unheimlich schwer, denen klarzumachen, z. B. einfache Tagesabläufe zu schildern, daß wir da nicht ständig politisch geschult worden sind oder so was, sondern daß wir uns da einbringen konnten. Das war denen zunächst überhaupt nicht verständlich. Und daß wir zwar mit unheimlich vielen Urlaubserinnerungen wiedergekommen sind, aber diese Urlaubserinnerungen dann eben aus einem tunesischen Fächer und einem israelischen Strohhut und so was bestanden, aus einem russischen Halstuch, aber nicht aus einem dicken Packen Bücher, mit dem man nun also politisch festgeklopft werden sollte. Das war also schwer, denen klarzumachen, daß man in einem kommunistischen Land auch nicht nur politisch eingebunden ist, daß da also durchaus internationale Kontakte gepflegt worden sind und eben nicht nur kommunistische – das war schon ein Ereignis.«[197]

Selbst der Berliner Zoo profitierte von den Jugoslawienkontakten der Falken, als die Gruppe »Vorwärts« einen Esel in Jugoslawien kaufen wollte und von der Volksjugend schließlich ein ausgesucht edles Tier übersandt bekam, mit dem sich der Zoo gerne schmückte.[198]

Die guten Beziehungen zur Volksjugend hatten in mehrerer Hinsicht Einfluß auf die weitere Entwicklung von Kontakten der Falken nach Osteuropa. In Jugoslawien waren die Falken immer wieder mit der Friedenssehnsucht der Menschen dort und ihrer Angst vor einem starken revanchistischen Deutschland konfrontiert worden. Dies bestärkte sie in der Auffassung, auch eine Verbindung zu den anderen osteuropäischen Völkern herzustellen, um sich dort als Repräsentanten der Jugend eines anderen Deutschlands darstellen zu können.[199] Den gleichen Effekt hatten die Erfahrungen im direkten Umgang mit der Volksjugend. Sie schärften das Differenzierungsvermögen gegenüber kommunistischen Organisationen und gaben Anlaß zu der Hoffnung, daß ähnliche Kontakte auch zu anderen Jugendorganisationen Osteuropas möglich sein könnten. So wurde die Entwicklung in diesen Organisationen von den Falken aufmerksam verfolgt. Dabei konnten wiederum die Jugoslawen behilflich sein, indem sie auf ihren Empfängen Vertreter der Falken mit Funktionären der osteuropäischen Jugendverbände bekannt machten.[200]

# IV. Der Weg über Oder und Neiße nach Polen

## IV.1. Der polnische Oktober und die Berliner Falken

Die Führungsschicht der Berliner Falken verfolgte die politische Entwicklung in Osteuropa Mitte der 50er Jahre sehr aufmerksam. Dafür waren vor allem die Gründe maßgebend, die oben ausführlicher beschrieben worden sind:[1] Der Wunsch, die Frage der deutschen Wiedervereinigung offensiver und auf anderen Wegen anzugehen als die Bundesregierung, das Interesse, die Blockkonfrontation in Europa aufzuheben durch eine Politik der Verständigung mit den Völkern Osteuropas und ihren Regierungen sowie der Wille, jeden Ansatz zur Entstalinisierung und Liberalisierung innerhalb des kommunistischen Machtbereiches zu unterstützen.

So wurden die Auswirkungen des »Tauwetters« und der auf dem 20. Parteitag der KPdSU im Februar 1956 eingeleitete Prozeß, der dazu führte, daß sich das kommunistische Lager mit den Exzessen des Stalinismus auseinanderzusetzen begann, mit großem Interesse verfolgt. Am 23.4.1956 veranstalteten die Berliner Falken eine außerordentliche Landesausschuß-Sitzung, auf der Stephan Thomas – der damalige Leiter des Ostbüros der SPD – über die Auswirkungen des 20. Parteitages referierte. An dieser Veranstaltung nahmen auch Vertreter westdeutscher Bezirke, der Jungsozialisten und des SDS teil.[2]

Auch auf der Landeskonferenz, die am Vortage stattgefunden hatte, war über die Möglichkeiten, die sich aus der neuen Situation ergeben könnten, diskutiert worden. So äußerte sich der stellvertretende Berliner SPD-Vorsitzende Jupp Braun in seinem Beitrag ganz im Sinne der Intention der Falken-Führung, indem er »die Frage des Vorhandelns oder Diskutierens mit dem Osten« anschnitt und forderte, »zu erwägen, ob nicht gerade jetzt ... die Situation da sei, mit den Kommunisten darüber zu diskutieren, daß ihr Weg nicht der richtige ist«. Voraussetzung für solche Gespräche sei allerdings, daß sowohl hinsichtlich der Auswahl der Themen als auch der Inhalte der Diskussionen völlige Offenheit gewährleistet ist.[3]

Die Entwicklung in Polen gab zu besonderen Hoffnungen Anlaß. Bereits im Verlauf der zweiten Jahreshälfte 1955 war im kulturellen Bereich in Polen eine ungewöhnliche Lockerung eingetreten, u.a. die Studentenzeitschrift »Pro Prostu« (Geradeheraus), die ungefähr seit dieser Zeit beim Verbandssekretariat in Bonn vorlag,[4] begann ihrem Namen alle Ehre zu machen.

Die offizielle Kritik am Stalinismus seit dem 20. Parteitag der KPdSU und das kurz darauf erfolgte Ableben des polnischen Parteiführers Bierut beschleunigten die Schwungkraft der Bewegung für eine Demokratisierung des politischen Lebens innerhalb und außerhalb der Vereinigten Polnischen Arbeiterpartei (VPAP) weiter. So wurde im Oktober gegen den Widerstand der sowjetischen Parteiführung Wladyslaw Gomulka zum Ersten Sekretär der VPAP gewählt.

Sowohl das Ergebnis dieser Wahl als auch die Umstände, unter denen es zustande gekommen war, wurden in aller Welt als sensationell empfunden. Gomulka war von 1943 bis 1948 bereits einmal Generalsekretär der damaligen kommunistischen Partei Polens gewesen. Unter dem Vorwurf nationalistischer Rechtsabweichung war er dann entmachtet worden und von 1951 bis 1954 in Haft gewesen. Der Grund dafür lag darin, daß er sich der völligen Gleichschaltung der Volksdemokratien mit der Sowjetunion widersetzt hatte und versuchen wollte, in Polen auf die Bewußtseinslage der überwiegend bäuerlichen Bevölkerung Rücksicht zu nehmen. So hatte er die Kollektivierung der polnischen Landwirtschaft abgelehnt und auch in anderen Fragen versucht, einen gemäßigteren Kurs zu steuern, der die Kommunisten davor bewahren sollte, in einen völligen Gegensatz zur Mehrheit der Bevölkerung zu geraten. Als er schließlich offen gegen den Ausschluß Jugoslawiens aus der Kominform Stellung bezog, wurde er das erste Opfer einer im gesamten Ostblock einsetzenden Säuberungskampagne gegen titoistische Elemente.

Daß Gomulka im Herbst 1956 überhaupt noch am Leben war, war an und für sich schon erstaunlich, denn mit Ausnahme der DDR waren die Ende der 40er/Anfang der 50er Jahre titoistischer und sonstiger Abweichungen beschuldigten höchsten Funktionäre in den anderen osteuropäischen Staaten nach Schauprozessen hingerichtet worden. Nun war er – im August 1956 erst wieder in die Partei aufgenommen – im Oktober erneut ihr führender Mann. Diese Wendung verdankte er seinem guten Ruf aus den 40er Jahren, der sich dadurch, daß er selbst zum Opfer des Stalinismus geworden war, noch verstärkt hatte. In der ökonomischen und politischen Krise Polens, die sich im Juni 1956 bereits in Posen gewaltsam Luft gemacht und dabei 50 Menschenleben gefordert hatte, schien Gomulka als einziger in der Lage zu sein, das Volk und die Partei miteinander zu versöhnen. Daß die auch von der polnischen Bevölkerung stürmisch geforderte Rückkehr Gomulkas das kommunistische Regime nicht schwächen, sondern stärken würde, akzeptierte schließlich auch die sowjetische Parteiführung, die bis zuletzt durch angeordnete sowjetische Truppenbewegungen in und um Polen und ihr eigenes Erscheinen in Warschau ihren Willen bekundet hatte, die ihrer Meinung nach zu weitgehende Liberalisierung in Polen zu stoppen. Sie gewährte der VPAP innenpolitische Handlungsfreiheit gegen das Versprechen, den Führungsanspruch die Führungskraft der VPAP wiederherzustellen und grundlegende politische und ideologische Interessen der Sowjetunion nicht zu verletzen. In der Folge dieser Ereignisse führte die VPAP eine Reihe von innenpolitischen Reformen durch. Dazu gehörten die Abkehr von der Zwangskollektivierung der Landwirtschaft, die Förderung des privaten Handwerks und Dienstleistungsgewerbes, das Suchen nach einem Ausgleich mit der katholischen Kirche, die weitgehende Wahrung und der Ausbau der Freiheiten in den Bereichen Kultur und Information.[5]

Die Ablösung der stalinistischen Herrschaft in Polen unter dem Druck der Bevölkerung eröffnete im Westen unterschiedliche Erwartungen. Sowohl die Roll-Back-Politiker als auch die westlichen Sozialisten knüpften Hoffnungen an eine Liberalisierung im Ostblock. Diese Hoffnungen unterschieden sich jedoch in wesentlicher Hinsicht.

In einem Artikel im »Vorwärts« drückte Herbert Wehner aus, was viele Sozialisten in diesen Tagen bewegte:

»Für die weitere Entwicklung im Sowjetblock wäre es von nachteiliger Wirkung, wenn sich in den westlichen Hauptstädten Kräfte durchsetzen sollten, die den Umwandlungsprozeß in den Ländern dieses Blocks zu einer Art ›Gegenrevolution‹ ausnützen möchten, die unter der Flagge der Einführung der ›freien‹ Ausbeutung und der Wiederherstellung von Privilegien früherer herrschender Schichten vor sich gehen würde. Damit würde lediglich den hartgesottenen Stalinisten in Moskau und in den Volksdemokratien Wasser auf die Mühlen geleitet. ...

Der primitive oder kreuzzüglerische ›Antikommunismus‹ sollte nicht zur Grundlage des Verhaltens des Westens gegenüber den Entwicklungen in den Ländern der Volksdemokratien werden. Wenn es sich herausstellen sollte, daß aus kommunistischen Kräfte oder ganze kommunistische Parteien in solchen Ländern einen Weg suchen und zu gehen bereit sind, der die Bahnen der hergebrachten Partei- und Staatsapparat-Diktatur verläßt und zu Formen demokratischer Regierungsweise führt – auch wenn diese nicht mit den klassischen westlichen Formen übereinstimmen, – so müßte die weltpolitische Bedeutung dieses Vorgangs verstanden und der Weg zu einer Unterstützung solcher Entwicklungen gefunden werden.«[6]

Ähnliche Gedanken spielten bei dem politisch aktivsten Teil der Berliner Falken eine große Rolle. In weitaus größerem Maße, als es in den staatsmännischen Formulierungen Wehners zum Ausdruck kommt, setzten sie Hoffnungen auf das polnische Experiment. Daß sich die VPAP an die Spitze einer antistalinistischen Volksbewegung gestellt und dem politischen und militärischen Druck der Sowjetunion getrotzt hatte, war zu dieser Zeit in der Tat ein ungewöhnliches Ereignis. Ebenso wie Gomulkas erste Reden und Taten. Er billigte den Arbeitern, die im Juni in Posen gestreikt hatten, zu, daß sie nicht – wie von der Sowjetunion unterstellt – konterrevolutionär gehandelt hätten, sondern in berechtigtem Protest gegen »die Verzerrungen der grundlegenden Regeln des Sozialismus«. Unter ausdrücklicher Berufung auf Jugoslawien proklamierte er einen eigenen Weg zum Sozialismus, und in bezug auf den Stalinismus erklärte er: »Wir haben mit diesem System Schluß gemacht, wir werden mit ihm ein für allemal Schluß machen.«[7]

So erscheint der Optimismus, mit dem die politisch Aktiven der Berliner Falken ein Fortschreiten dieses Prozesses erwarteten, nicht unbegründet. Zumal die von Gomulka verkündeten Thesen in die gleiche Richtung zielten wie die postulierten politischen Intentionen des Landesverbandes: Die Überwindung des Stalinismus durch die Installierung eines freiheitlichen Sozialismus.

Für die hohe auf Polen gerichtete Erwartungshaltung spielte noch ein weiteres Moment eine Rolle. Je mehr sich herausstellte, daß die Verwirklichung des Sozialismus in Deutschland in weite Ferne rückte, desto größer wurden die Hoffnungen, die man auf die Entwicklung in anderen Ländern setzte. Außerdem machten diese Prozesse Mut für die teilweise frustrierende Praxis im eigenen Lande und Hoffnung auf einen evtl. auch hier eintretenden plötzlichen Umschwung. Diese Erwartung kam in einer Resolution, die der Kreis Wilmersdorf auf seiner Konferenz am 3. Februar 1957 verabschiedete, zum Ausdruck. Dort heißt es u. a.:

»Die SJD – Die Falken wendet sich an alle ehrlichen Sozialisten in der SED, die bereit sind, dem Beispiel Gomulkas zu folgen: Wir erklären unsere Bündnisbereitschaft mit allen Kräften im kommunistischen und sozialistischen Lager, die bereit sind, gegen Privatkapitalismus im Westen, gegen Staatskapitalismus und Stalinismus, für Sozialismus und wahre Demokratie zu kämpfen. Wir verlangen von der deutschen Sozialdemokratie die Abkehr von der einseitigen bürgerlich-parlamentarischen Reformpraxis und die Hinwendung zum wichtigen Ziel der sozialistischen Gesellschaft.«[8]

So bildeten die Ereignisse in Polen für die Berliner Falken ein Fanal, auf das sie nur gewartet hatten. Dementsprechend hatten sie auf einer Sondersitzung des Landesausschusses Ende November 1956 beschlossen,

»daß (in Polen, d. V.) die sozialistischen Kräfte unbedingt zu stärken seien und darum schnellstens die Verbindung mit dem polnischen Jugendverband aufzunehmen sei, schon um zu zeigen, daß es auch in Deutschland sozialistische Kräfte jenseits der SED und jenseits des Stalinismus gibt.«[9]

Obwohl der Bundesvorstand im Dezember 1956 erst einmal beschlossen hatte, allen Untergliederungen die Aufnahme von Kontakten nach Polen zu untersagen und sich selbst alle Initiativen in dieser Richtung vorbehalten hatte,[10] bildete das Thema Polen im Frühjahr 1957 für den Berliner Landesverband einen wichtigen Schwerpunkt. Der Verlauf der 10. Landeskonferenz Anfang April bewies dies deutlich. Der vorgelegte Rechenschaftsbericht des 1. und 2. Vorsitzenden führte dazu aus:

»Die Ereignisse in Ungarn, Polen und am Suez führten unseren Verband zu einer eingehenden und tiefgreifenden Diskussion. In Verbundenheit mit allen Unterdrückten hatten unsere Sympathie alle diejenigen Menschen, die durch den stalinistischen Terror oder durch die Bomben kolonialistischer Aggressoren bedroht waren. Aber trotz der Tragik dieser Ereignisse können wir eine Lehre aus Budapest, Suez und Warschau ziehen: Die Kräfte des Kalten Krieges im weltweiten Rahmen haben eine entscheidende Niederlage erlitten. Es wird den Stalinisten nie wieder gelingen, trotz des Vorhandenseins einer Ulbrichtclique, zu den alten Formen der stalinistischen Unterdrückung zurückzukehren. Das Proletariat und die ihm nahestehenden Kräfte haben bewußtseinsmäßig die Grenzen des stalinistischen und des westlichen Kolonialismus erkannt. Polen ist für uns als sozialistischer Jugendverband zu einer großen Hoffnung geworden. Hier haben die antistalinistischen Kräfte in kluger Einschätzung ihrer eigenen Möglichkeiten einen Ausweg gefunden, der zu einem sozialistischen Fanal im gesamten Ostblock werden kann.«[11]

In welchem Maße die Entwicklung in Polen die Hoffnungen junger Sozialisten trug und ihre Unterstützung fand, bewiesen die Formulierungen in den auf der Konferenz eingebrachten bzw. verabschiedeten Anträgen. Ein Antrag aus Wilmersdorf forderte:

»In den Vordergrund der Sommerarbeit des Jahres 1958 im Bereich des SJ-Ringes sind Kontakte und internationale Begegnungen mit den Genossen des polnischen Jugendverbandes und dem polnischen Volk zu stellen.

Dabei ist davon auszugehen, daß die polnische politische Haltung, wie sie sich seit der Oktoberrevolution 1956 in Polen unter Führung des Genossen Gomulka entwickelt hat, von der SJD – Die Falken vorbehaltlos gebilligt und dankbar begrüßt wird als ein Beitrag im Kampf um die Befreiung der Menschheit, im Kampf für echten Sozialismus.

Die SJD – Die Falken begrüßt als ein Verband, der sowohl gegen die Unmenschlichkeit des privatkapitalistischen Westens als auch die Unmenschlichkeit des Stalinismus gegenüber den eigenen Klassengenossen seit je seinen politischen Kampf führt, den Weg der polnischen Genossen und wünscht ihnen von Herzen Erfolg.«[12]

In einer ebenfalls vom Kreis Wilmersdorf vorgelegten politischen Resolution war von »volle(r) Sympathie mit der Politik der Genossen Gomulka und Tito« und vom »heroischen Kampf des polnischen Volkes unter der Führung des Genossen Gomulka für Unabhängigkeit und Sozialismus« die Rede.[13]

Bei aller Konfliktbereitschaft, die den Berliner Landesvorstand auszeichnete, sah er sich doch nicht in der Lage, solchen Formulierungen, die sicherlich außerhalb des Verbandes für einige Aufregung gesorgt hätten, zuzustimmen, obwohl er die Intentionen, die dahinter standen, weitgehend teilte. So brachte er Gegenentwürfe ein, die im wesentlichen im sprachlichen Bereich, aber auch an einigen inhaltlichen Punkten entschärft waren. Z. B. war der vom Landesvorstand eingebrachte und verabschiedete Antrag über Kontakte zur polnischen Jugend als Aufforderung an den Verbandsvorstand gerichtet, diese Bestrebungen zu fördern und enthielt sich weitergehender Aussagen. Im Resolutionsentwurf des Landesvorstandes zur weltpolitischen Lage fehlte u. a. die explizite Forderung nach der Aufnahme diplomatischer Beziehungen zwischen der Bundesrepublik und Polen.[14] Einstimmig verabschiedet wurde schließlich ein dritter von der Redaktionskommission vorgelegter Entwurf, der sich im sprachlichen Bereich an der Fassung des Landesvorstandes orientierte, aber die weitergehenden inhaltlichen Forderungen der Wilmersdorfer aufgriff. Der Teil, der sich mit der politischen Entwicklung in Osteuropa, insbesondere in Polen beschäftigt, lautete schließlich:

»Das Zeitalter des Stalinismus überholt sich geschichtlich. Im Ostblock vollziehen sich tiefgreifende gesellschaftliche Prozesse. Ungarn und Polen sind der Anfang vom Ende des totalitären Zeitalters.

Jeder Versuch, mit stalinistischen Mitteln und Methoden Herrschaft der Apparate über die Arbeiterklasse zu sichern, erzeugt revolutionäre Situationen.

Wir fordern auch für die Länder des Ostblocks die Beseitigung der Ungleichheit, der Diskriminierung und Ausbeutung einzelner Länder durch andere.

Wir fordern das Selbstbestimmungsrecht für diese Völker, damit sie ihren eigenen Weg zum Sozialismus gehen können.
Wir verurteilen die sowjetische Intervention in Ungarn. Wir protestieren gegen die Politik der Regierung Kadar, die mit Standgerichten, Verhaftungswellen und Verfolgung der Arbeiterräte eine sozialistische Entwicklung ähnlich der in Polen zu verhindern sucht.
Wir verurteilen ebenso die Versuche der Reaktion, die sozialistische Zielsetzung der ungarischen Revolution zu verfälschen und für ihre Zwecke zu nutzen.
Wir verfolgen mit leidenschaftlicher Anteilnahme den Kampf des polnischen Volkes, daß sich in einem schwierigen Prozeß von dem Regime des Stalinismus befreit.
Wir stehen an der Seite der polnischen Jugendorganisationen, die sowohl gegen die Rückkehr der alten stalinistischen Kräfte als auch gegen die polnische Reaktion kämpfen.
Wir fordern Regierung und Opposition auf, nicht zuletzt als Wiedergutmachung der faschistischen Ausrottungspolitik in den Jahren 1939 bis 1944, wirtschaftliche Hilfsmaßnahmen für Polen zu beschließen und unverzüglich Schritte zur Aufnahme diplomatischer Beziehungen zwischen der Bundesrepublik Deutschland und Polen einzuleiten.
Wir erwarten von der deutschen Sozialdemokratie und der polnischen Sozialistischen Bewegung, daß sie bahnbrechende Vorschläge für eine vernünftige Lösung der Grenzfrage ausarbeiten.«[15]

Mit den Entscheidungen der 10. Landeskonferenz war die politische Linie, auf der sich die künftige Haltung des Berliner Landesverbandes gegenüber Polen bewegen sollte, festgelegt worden.

## IV.2. Polen – ein Tabuthema

In der von der 10. Landeskonferenz verabschiedeten Resolution zur politischen Weltlage waren einige Forderungen enthalten, die dem Zeitgeist widersprachen bzw. voraus waren. In bezug auf Polen waren dies vor allem die Forderungen nach wirtschaftlichen Hilfsmaßnahmen und zur Aufnahme diplomatischer Beziehungen. Die zitierten Formulierungen über die Grenzfrage waren so gewählt, daß die Tendenz zwar deutlich wurde, jedoch gewisse Rückzugspositionen offenblieben. Der Wilmersdorfer Entwurf hatte dagegen unverblümter formuliert: »Wir verlangen weiter sofortige Verhandlungen über die Oder-Neiße-Linie als Basis einer friedlichen Einigung mit der polnischen Regierung.«[16] Dies war auch die Position sowohl der Verbandsführung als auch der politisch aktiven Mitgliedschaft. Wie viele Aussagen in Interviews mit damals Beteiligten ergeben haben, herrschte Übereinstimmung darüber, daß »die Oder-Neiße-Grenze nicht mehr reparabel sein würde«. Dietrich Masteit formulierte am treffendsten die bei den Berliner Falken vorherrschende Einstellung:

»Das schien uns damals eine solche Entwicklung zu sein, die man nicht mehr zurückdrehen konnte, insbesondere nicht mehr, nachdem die Bevölkerung ja aus den Gebieten entfernt worden ist, ... aber ich glaube auch nicht, daß wir sehr viel Gedanken daran investiert haben, was ist mit den alten polnischen Ostgebieten, obwohl das natürlich immer eine Frage war, die auf den Tisch kam, wenn Verbandstreffen der Ostdeutschen stattfanden. Für uns war eigentlich wichtiger die Frage der Wiedervereinigung. Das war eigentlich immer der Hauptpunkt für uns – die Wiedervereinigung mit den Deutschen in den jetzt von Sowjets besetzten Gebieten und nicht die Frage der Wiedervereinigung mit Ländern, in denen keine Deutschen mehr wohnten.«[17]

Daß sich die Berliner Falken mit dieser Einsicht trotzdem sehr zurückhielten, lag in der Art und Weise begründet, wie dieses Thema in Politik und Öffentlichkeit der Bundesrepublik behandelt wurde.[18]
Die westdeutsche Position zu dieser Frage war in einer Entschließung des Bundestages vom Dezember 1952 fixiert worden. In dieser Resolution heißt es u. a.: »Die den

Friedensvertrag angreifenden Veränderungen des deutschen Staatsgebietes werden nicht anerkannt; sie haben keine Rechtsgültigkeit. Die Wiedervereinigung Deutschlands darf sich nicht auf die Wiedervereinigung der deutschen Gebiete diesseits der Oder-Neiße-Linie mit der Bundesrepublik beschränken.«[18a] Dieser Rechtsstandpunkt wurde beständig von deutschen Politikern gebetsmühlenartig wiederholt und bestimmte auch noch Mitte der 50er Jahre die Diskussion über diese Frage. Erste Versuche, dieses Problem differenzierter zu betrachten, führten zu wütenden Protesten in der Öffentlichkeit. Man »geriet rasch in den Ruf eines Defätisten, eines Verräters an der deutschen Sache. Eine größere Zahl Einsichtiger fürchtete diese allgemeine Reaktion und schwieg.«[19] Insbesondere die gut organisierten Vertriebenenverbände widersetzten sich allem, was ihrer Meinung nach dazu hätte beitragen können, die deutschen Rechtspositionen auszuhöhlen.

Nach vom Institut für Demoskopie, Allensbach, durchgeführten Meinungsumfragen waren im Dezember 1956 nur 9% der Bundesbürger bereit, sich mit der Oder-Neiße-Linie als deutsch-polnischer Grenze abzufinden. Dagegen standen 73%, die sich damit nicht abfinden wollten.[19a]

Das vorherrschende Bewußtsein empfand die Abtrennung der Ostgebiete und deren Inbesitznahme durch Polen als Unrecht und dies bestimmte auch die öffentliche Diskussion über wirtschaftliche Hilfsmaßnahmen, etwa Kreditgewährung und die Aufnahme von diplomatischen Beziehungen nach Polen, so daß allein diese beiden Forderungen der Berliner Falken genug Zündstoff enthielten. Weiter konnten und wollten die Delegierten der Landeskonferenz nicht gehen, denn der offizielle SPD-Standpunkt lag ebenfalls auf der Linie Grenzregelung erst im Friedensvertrag, und prominente Sozialdemokraten wie etwa das Parteivorstandsmitglied Prof. Carlo Schmid, die sich in anderer Weise geäußert hatten, waren von bürgerlicher Seite[20] aber auch innerhalb der SPD scharf angegriffen worden.[21]

Vor dem eben geschilderten Hintergrund ist auch die oben bereits erwähnte Entscheidung des Bundesvorstandes der Falken zu sehen, den Untergliederungen eigene Initiative in bezug auf Kontakte nach Polen erst einmal zu untersagen. Statt dessen wurde beschlossen, eine Kommission zu beauftragen, die Kontaktmöglichkeiten nach Polen zu prüfen. Zur Kommission gehörten die Vorsitzenden Heinz Westphal und Heinz-Joachim Heydorn sowie aus dem Falken-Ring-Vorstand Gernot Koneffke.[22]

## IV.3. Der Verbandsvorstand erteilt seinen Segen

Der Bericht dieser Kommission lag im März 1957 vor. Sie beurteilte die Situation in Polen und vor allem jene Kräfte, die sich im neuen polnischen Jugendverband ZMS durchgesetzt hatten, nachdem sich der alte Verband ZMP mangels Masse aufgelöst hatte, positiv. Von den Berliner Stellungnahmen unterschied sie sich durch eine distanziertere Haltung gegenüber der polnischen Entwicklung, der die bei den Berlinern spürbare emotionale Anteilnahme fehlte.

»Die in Polen allgemeine Tendenz der Demokratisierung des öffentlichen Lebens, die sich vom Stalinismus abgrenzt und eine nationalkommunistische Linie verfolgt, scheint ihren Ausdruck auch in der polnischen Jugendarbeit gefunden zu haben. Dabei ist der Klärungsprozeß sowohl von der Jugend selbst als auch von der VPAP mitbestimmt worden. Die VPAP hat sich hinsichtlich der Struktur der polnischen Jugendorganisationsformen durchgesetzt. Sie betont dabei die Notwendigkeit der Übernahme ehemaliger Funktionäre der ZMP. An diesem Punkt sowie den Konzessionen Gomulkas gegenüber den alten Stalinisten (um ein tragbares Verhältnis zur Sowjetunion zu ermöglichen) gibt es nach wie vor Konfliktstoff innerhalb des neugeschaffenen Sozialistischen Jugendverbandes. Die Tendenz des Jugendverbandes ZMS ist dabei unsererseits durchaus positiv zu werten. Die Frage, ob er sich als stärker als die Parteiführung erweisen wird, ist dabei nicht so leicht positiv zu beantworten. In dieser Hinsicht hängt alles von der weiteren politischen Gesamtentwicklung in Polen ab, die offensichtlich noch schwierige Probleme vor sich hat und zu keinem Abschluß gelangt ist.«[23]

Auf Basis dieses Berichtes beschloß der Verbandsvorstand ein »Programm für die Entwicklung von Kontakten zur polnischen Jugend«. Dieses Programm beinhaltete folgende Punkte:

- Die weitere sorgfältige Beobachtung und Analyse der Entwicklung in Polen. Zu diesem Zweck wurde die Kommission um das Berliner Landesvorstandsmitglied Egon Erwin Müller erweitert.
- Die »junge gemeinschaft« sollte einen Personen und Artikelaustausch mit geeigneten polnischen Jugendzeitschriften aufnehmen.
- Der Verband sollte im Rahmen der IUSY und des DBJR Initiativen zur Aufnahme von Kontakten zur polnischen Jugend einbringen.
- Dem SJ-Feriendienst (Jugendreisebüro der Falken) wurde nahegelegt, mit dem polnischen Jugend-Touristendienst einen Jugendaustausch zwischen der Bundesrepublik und Polen auszuhandeln.
- Und schließlich wollte der Verbandsvorstand nach den Bundestagswahlen im September 1957 selbst offiziellen Kontakt zum polnischen Jugendverband ZMS aufnehmen.

Diese Entscheidung war das Ergebnis eines Wandlungsprozesses innerhalb der sozialdemokratischen Bewegung. Auf dem Münchener Parteitag im Juli 1956 hatte die SPD die Normalisierung der Beziehungen zu den Ostblockstaaten als einen Beitrag zur Politik der Entspannung bezeichnet. Gleichzeitig hatte aber der Parteivorsitzende Ollenhauer in seinem Referat unter stürmischen Beifall erklärt, daß die SPD die Oder-Neiße-Grenze nicht anerkenne und auf die Wiederherstellung »eines freien, friedlichen, demokratischen Deutschlands in den Grenzen von 1937« hinarbeite.[24] Trotzdem warf Ollenhauer im Januar 1957 im Bundestag die Frage auf, ob es nicht sehr nützlich gewesen wäre, wenn die Bundesrepublik im Jahre 1956 diplomatische Beziehungen zu Polen und Ungarn aufgenommen hätte.[25] Vor diesem Hintergrund gab es dann keine Einwände dagegen, daß der Jugendverband eigene Beziehungen nach Polen anknüpft. Allerdings dürfte der Beschluß, die offiziellen Kontakte erst nach den Bundestagswahlen aufzunehmen, sicherlich auf einen Wunsch der SPD-Führung zurückgegangen sein.

In der Folge dieser Entscheidung begann auf der Ebene des Bundesverbandes eine intensive Beschäftigung mit dem Thema Polen. In der »jungen gemeinschaft« erschienen vom April bis zum Oktober sieben Beiträge zum Thema Polen. Kennzeichnend für den Inhalt dieser Artikel war eine Würdigung der jüngsten Entwicklung in Polen und die Forderung nach der Verbesserung der politischen und wirtschaftlichen Beziehungen, um diese Entwicklung zu fördern. In einem Artikel zur Oder-Neiße-Linie wurde eine Einigung auf der Grundlage der jetzigen Grenzverhältnisse, aber im europäischen Sinne gefordert, d. h. die staatliche Oberhoheit sollte nicht die entscheidende Rolle spielen. Verhandlungspartner für eine solche Regelung könnten allerdings nur »die Regierung eines selbständigen Polens und die gesamtdeutsche Regierung eines wiedervereinigten Deutschlands sein«.[26]

Auch auf der Bundeskonferenz im Juni 1957 stand das Thema Polen auf der Tagesordnung. Die Konferenz forderte die Aufnahme wirtschaftlicher und diplomatischer Beziehungen mit Polen. Der neugewählte Bundesvorstand bestätigte im Juni die vom alten Vorstand beschlossene Vorgehensweise, daß ein erster personeller Kontakt über die »junge gemeinschaft« herzustellen sei und vor dem Wahltag am 15. 9. 1957 keinerlei offizielle Kontakte zwischen den Verbänden geknüpft werden sollten. Dem SJ-Ring wurde die Koordination aller Aktivitäten im Hinblick auf Polen übertragen. Der aus der Polen-Kommission ausgeschiedene Heinz Westphal wurde durch Fred Gebhardt ersetzt.[27]

Die Berliner Verbandsführung hatte im Verlauf des Jahres 1957, ungeachtet des Vetos des Bundesvorstandes, bereits systematisch inoffizielle Kontakte nach Polen aufgebaut,[28] wobei sich einerseits die guten Beziehungen nach Jugoslawien hilfreich erwiesen und andererseits das Vorhandensein der polnischen Militärkommission in West-Berlin. Klaus Fiek hatte als häufiger Gast auf den Empfängen der jugoslawischen Militärmission dort einen Sekretär der polnischen Militärmission kennengelernt, der zum ersten Ansprechpartner für die Berliner Falken wurde.[29] Diese vorerst informellen Kontakte waren bis zum September bereits soweit gediehen, daß Harry Ristock vom Bundesvorstand beauftragt wurde, Verhandlungen über den Besuch einer Falken-Delegation in Warschau zu führen.[30]

Entsprechend ihren Beschlüssen auf der Landeskonferenz planten die Berliner im RF- und SJ-Bereich eine Reihe von gemeinsamen Sommermaßnahmen mit den entsprechenden polnischen Partnerorganisationen und hofften, diese Maßnahmen im Rahmen des Besuches der Vorstandsdelegation der Falken unter Dach und Fach zu bringen. Als feststand, daß dieser Besuch nicht vor Mitte März stattfinden würde, reisten Harry Ristock und der Berliner RF-Ringleiter Dietrich Masteit Mitte Februar zu technischen Kontakten im Hinblick auf die Zeltlager nach Warschau.[31] Die Vorstellungen der Berliner waren, in beiden Altersgruppen ein Gemeinschaftslager mit jeweils mehreren hundert Teilnehmern beider Seiten durchzuführen. Diese Lager sollten möglichst groß gehalten werden, um den Charakter einer echten Jugendbewegung bewahren zu können. Anderenfalls befürchteten die Berliner, von polnischer Seite nur ausgesuchte Funktionäre als Partner vorgesetzt zu bekommen. Die Polen bestanden auf kleineren Lagern und gaben organisatorische Schwierigkeiten als Haupthinderungsgrund an; was durchaus nicht vorgeschoben zu sein brauchte, wenn man sich z.B. die damalige schlechte Versorgungslage in Polen vor Augen hält. Auch der schließlich gefundene Kompromiß spricht für diese Annahme. Die Lager sollten zwar mit den von den Berlinern geplanten Teilnehmerzahlen stattfinden, wurden dafür aber geteilt. Zwei sollten in Berlin und zwei an der polnischen Ostseeküste durchgeführt werden.[32]

## IV.4. Der erste offizielle Kontakt

Am 16. März 1958 reiste die Delegation des Bundesvorstandes nach Polen. Zu ihr gehörten der Verbandsvorsitzende Kalli Prall, die Bundesvorstandsmitglieder Gernot Koneffke, Heinz Schmidt und Harry Ristock. Außerdem waren von Berliner Seite der Landessekretär Manfred Wetzel, der die gesamte Fahrt organisatorisch vorbereitet hatte, und Wolfgang Götsch beteiligt. Diese starke Präsenz von Berlinern hatte politische und organisatorische Gründe. Einmal hatten die Berliner die Kontakte angeknüpft und gedachten sie auch konkret auszufüllen. Zum anderen sollte die Zugehörigkeit des Berliner Landesverbandes zur Bundesorganisation damit eindeutig dokumentiert werden, nachdem es bereits im Vorfeld Schwierigkeiten um die Zusammensetzung der Delegation gegeben hatte. »Dort hat es längerer Verhandlungen bedurft, eines Briefwechsels, der hin und her ging, bis sich die polnischen Genossen hinsichtlich ihres Außenministeriums soweit durchsetzen konnten, daß eine gemeinsame Delegation zustande kam«, erinnerte sich Manfred Wetzel.[33]

Der Besuch in Polen dauerte zehn Tage und führte die Delegation nach Warschau, Posen, Breslau und Krakau. Es wurden Betriebe und Hochschulen besichtigt sowie das ehemalige Konzentrationslager Auschwitz. Auch für touristische und kulturelle Programmpunkte war Platz. Die Delegation diskutierte mit Vertretern aus Politik, Wirtschaft und Verwaltung, darunter einem Mitglied des ZK der VPAP, aber auch mit Arbeitern und Studenten.[34] Im Verlauf der vielen Besichtigungen und Diskussionen erhielten die deutschen Gäste einen Einblick in politische und wirtschaftliche Abläufe in Polen.

Auf der anderen Seite interessierten sich ihre Gesprächspartner für die Situation in der BRD und die politische Haltung des Verbandes. Insbesondere zwei Fragen bewegten zu jener Zeit die Gemüter der Menschen in Polen, so daß die Vertreter der Falken damit bei allen Gesprächen konfrontiert wurden. Dabei handelte es sich um die Atombewaffnung der Bundeswehr, die gerade in jenen Tagen im Bundestag diskutiert wurde, und die Oder-Neiße-Linie. In den Diskussionen um diese Punkte zeigte sich der starke Friedenswille bei den Polen und die Angst vor einem deutschen Revanchismus.[34a] Zumeist verliefen diese Gespräche in ruhiger und sachlicher Atmosphäre, beide Seiten stellten ihre Standpunkte dar, ohne den ideologischen Schlagabtausch zu suchen. Informationsbedürfnisse und Meinungsaustausch standen im Vordergrund.

Eine Ausnahme von dieser Regel bildete die Diskussion mit dem Studentenkomitee der Universität Posen. Dort beteiligte sich ein Dozent aus der DDR an der Diskussion, der von den Gastgebern nicht eingeladen worden war und dessen Erscheinen sie gegenüber den Falken bedauerten.

»Wir haben in einer Studentendiskussion in Posen plötzlich einen FDJler sozusagen identifiziert. Der war im Auftrag der FDJ sozusagen ferngesteuert von Ostberlin, der lehrte an der Posener Universität. Der ging also rein, um aufzupassen, was die Polen da mit uns machen. Unser Erstaunen war auf keinen Fall größer als das der Polen, daß da sozusagen Honeckers Agent saß, denn der Honecker war damals der FDJ-Boß«, berichtete Wolfgang Götsch.[35]

So verlief diese Diskussion in einer gespannten Atmosphäre. Die Vertreter der Falken sahen sich ständig genötigt, Versuche, die DDR als den vorbildlichen deutschen Staat darzustellen, zurückzuweisen. Statt des erhofften Informationsaustausches fand eher ein politischer Schlagabtausch statt, der mit einer offenen Diskussion wenig zu tun hatte.

Die politischen Gespräche mit dem ZK des ZMS nahmen dagegen einen anderen Verlauf. Die Atmosphäre dieser Besprechungen wurde nicht nur in dem gemeinsam herausgegebenen Kommuniqué als offen und vertrauensvoll bezeichnet. Wolfgang Götsch und Manfred Wetzel erinnern sich, daß sie verblüfft waren »über das Maß an Freiheitlichkeit, das uns dort entgegenschlug«.[35a]

Manfred Wetzel beschreibt seinen Eindruck von den polnischen Gesprächspartnern:

»Die Funktionärsschicht des ZMS in der ersten Periode – es waren sehr engagierte aufgeschlossene und sehr wissensdurstige jüngere Leute – hatte aufgrund dessen (der Ereignisse des polnischen Oktober, d. V.) ein verhältnismäßig hohes Maß an Selbständigkeit und konnte offensichtlich sehr freimütig in ihren Kreisen diskutieren, welche Forderungen sie innerpolnisch gesehen an die Führungsspitze hatte für die zu leistende Jugendarbeit. Sie hatten in der ersten Phase ein verhältnismäßig hohes Gewicht. Es hat sich aber dann 1958/59 langsam verlagert. Bis zu diesem Zeitpunkt war der polnische Jugendverband, der ZMS, wieder soweit strukturiert, daß langsam die Direktive von oben nach unten immer mehr an Boden gewann.«[36]

Wobei sich auch in dieser ersten Phase einige deutliche Unterschiede in der Arbeitsweise zwischen den beiden Organisationen zeigten. Manfred Wetzel schildert zwei entsprechende Beispiele:

»Bei Polen ist auch so eine kleine Eigenart dabei, daß die Polen, die polnischen Genossen, nicht gewohnt waren, daß ein Delegationsmitglied der Delegationsleitung widerspricht, so daß in dem Gespräch sich immer ergab, daß nur die Leiter etwas sagten. Wir waren dann auch erstmal zurückhaltend in der ersten Phase und haben unseren Bundesvorsitzenden was sagen lassen. Dann haben die Beifall geklatscht oder wie auch immer. In der zweiten Runde haben wir dann schon unserem Bundesvorsitzenden widersprochen, dann kamen die polnischen Genossen in Schwierigkeiten, weil sie nicht mehr wußten, wo sie reden und zustimmen sollten. Das waren so Lernprozesse, die da stattgefunden haben.«

Den ersten Lernprozeß hatten die Gastgeber zu diesem Zeitpunkt bereits hinter sich.

»57 liefen die Vorbereitungen, wobei schon die ersten Gepflogenheiten der polnischen Genossen sichtbar wurden. Der erste Sekretär, Marian Renke, hieß er, schrieb immer an unseren ersten Vorsitzenden Kalli Prall. Der Kalli Prall schickte mir den Brief, und ich habe dann geantwortet. Aber es entsprach nicht ganz den Gepflogenheiten derartiger Strukturen, die sie in ihren Erfahrungen mit FDJ und anderen kommunistischen Jugendverbänden des Ostblocks gesammelt haben, daß da also ein etwas untergeordneter Sekretär dann unmittelbar im Briefwechsel mit dem ersten Sekretär des polnischen Jugendverbandes verkehrte. Aber da wir das einfach durchgehalten haben, ist es dann schließlich auch so weit gekommen, daß der Marian Renke mir dann direkt geschrieben hat.«[37]

An andere Sitten der Polen mußten sich wiederum die Falken gewöhnen. Im Rahmen von Gastlichkeit spielt der Alkoholkonsum in Osteuropa eine noch größere Rolle als bei uns. Es werden regelrechte Trinkrituale veranstaltet. Wolfgang Götsch berichtete, daß sich die Falken bemühten, auch auf diesem Gebiet gegenzuhalten:

»Im Sinne der Landessitten war es wichtig, daß Kalli Prall mit Marian Renke um die Wette soff, im wahrsten Sinne des Wortes sozialistischer Wettstreit. Ja wirklich! Wir wußten, daß das kam, und der Prall hatte uns den Auftrag gegeben, dafür zu sorgen, daß er von uns so auf's Zimmer gebracht wird, daß es sozusagen niemand merkt. Und er konnte saufen – und dann hat er den Renke systematisch unter den Tisch gesoffen. Und als der dann plötzlich – plumps – um viertel fünf morgens unter dem Tisch liegt, sagte Prall stieren Blickes: So, ich möchte jetzt in mein Bett. Das lief wirklich so ab. Ich meine, diese Technik hatten wir ja schon von Jugoslawien her drauf ... das hat uns wesentlich geholfen, das Abschlußkommuniqué, dieses berühmte, herzustellen.«[38]

Die beiden letzten Tage ihres Besuches verbrachte die Delegation erneut in Warschau, dort sollte ein Resümee der Reise gezogen werden, eine Pressekonferenz und die Verabschiedung eines gemeinsamen Kommuniqués standen noch auf dem Programm. Die Abschlußbesprechung mit dem ZK der ZMS erbrachte insbesondere für die Berliner eine Enttäuschung. Der ZMS erklärte zwar seine Bereitschaft, die Beziehungen zur SJD auszuweiten, sah sich jedoch nicht in der Lage, in diesem Jahr mehr zuzusagen als den Rückbesuch einer ZK-Delegation in Deutschland. Aus diesem Grunde könnten auch die vorgesehenen Zeltlager nicht stattfinden. Dieser Beschluß wurde von Marian Renke mit vier Punkten begründet:

1. hätten die Beschlüsse des Bundestages zur atomaren Bewaffnung der Bundeswehr das Klima zwischen der BRD und Polen verschlechtert und dies belaste solche Maßnahmen,

2. würde der ZMS einen stufenweisen Ausbau der Kontakte bevorzugen und wolle erst die Ergebnisse seines Besuches in der BRD abwarten,

3. würden internationale Maßnahmen in dieser Breite zuviel Kraft von der inneren Arbeit des Verbandes abziehen, im übrigen stehe das internationale Programm des ZMS bereits seit dem vorigen Jahr fest,

4. sei dies auch eine Frage von Devisen, über die der ZMS nicht verfüge.[39]

Diese Entscheidung war nicht im Zusammenhang mit dem Ablauf des Besuchs gefallen, sondern wahrscheinlich aus höheren politischen Gründen, über die an dieser Stelle nur spekuliert werden kann. Vermutlich sind die Möglichkeiten, vielleicht auch die Bereitschaft der Polen für eine Öffnung in Richtung Westen von seiten der Falken überschätzt worden. Alfred Gleitze sieht das heute ähnlich:

»Ich weiß jetzt nicht, ob ich sagen soll, sie haben zu große Versprechungen gemacht, die sie dann nicht gehalten haben. Heute mit dem Abstand würde ich eher sagen, wir haben ihnen zu große Versprechungen abgenötigt, von denen wir hätten wissen müssen, daß sie sie zu dem Zeitpunkt gar nicht einhalten konnten.«[40]

Weitere unerwartete Schwierigkeiten gab es bei der Erstellung eines gemeinsamen Abschluß-Kommuniqués. Die Verhandlungspartner waren sich einig geworden, in dem Kommuniqué die Gemeinsamkeiten herauszustellen und die bestehenden Differenzen auszuklammern – etwa die Frage der Oder-Neiße-Grenze, wo die Falken in vielen Diskussionen ihren von der offiziellen deutschen Position abweichenden Standpunkt erläutert hatten, aber eine den polnischen Intentionen entsprechende Erklärung weder abgeben konnten noch wollten. Jedoch führte die von den Polen erneut ins Spiel gebrachte Frage nach dem Status der Berliner Teilnehmer zu schweren Differenzen, die erst im Verlauf einer langen Nachtsitzung bereinigt werden konnten. Die Sitzung mußte mehrmals unterbrochen werden, um den Delegationen Gelegenheit zu geben, sich intern abzustimmen. Interessanterweise vertraten in der deutschen Delegation die Linken, die oftmals selbst innerhalb des Verbandes übermäßiger Sympathien für den Kommunismus verdächtigt wurden, die kompromißloseste Haltung. Wolfgang Götsch und Harry Ristock legten die Delegation darauf fest, keine Formulierung zu akzeptieren, die eine Sonderrolle des Berliner Landesverbandes beschrieben hätte und setzten dies auch gegenüber den Vertretern des ZMS durch. Harry Ristock erinnert sich nicht ohne Stolz seiner damaligen Rolle:

»Diese Fahrt ... hatte eine Abschluß-Pressekonferenz mit einem Abschlußkommuniqué, war alles sehr dramatisch. Dramatisch insofern, als unsere rechten Brüder aus dem Bundesvorstand einfach Verhandlungen mit östlichen Kommunisten noch nicht erlebt hatten und bereit waren, ein viel zu weiches Protokoll zu unterschreiben ... Die Polen wollten so eine besondere Drei-Staaten-Theorie – Berlin ausgeklammert – mit einbeziehen, und da habe ich dann mit dem Abbruch gedroht. Meine rechten Freunde waren auf einmal erschüttert, wie man solche freundlichen Menschen so schlecht behandeln könnte ...«[41]

Man einigte sich schließlich auf die Formulierung, »eine sechsköpfige Delegation der SJD – Die Falken«, ohne weitere Aussagen über die Funktion der Teilnehmer und ihre staatliche Zugehörigkeit zu treffen. Die politische Kernaussage des Kommuniqués lautete:

»1. Hauptaufgabe ist die Erhaltung des Friedens in Europa und in der Welt, wobei eine Gipfelkonferenz aus diesem Grund förderlich und für notwendig erachtet wird.

2. Eine Abrüstung in West und Ost dient der Vertiefung friedlicher Bestrebungen in beiden Teilen der Welt. In diesem Zusammenhang wird der Plan des polnischen Außenministers Rapacki als Grundlage für internationale Verhandlungen und als Initiative für den ersten Schritt zur Realisierung dieses Zieles begrüßt. Beide Verbände wenden sich – dem Sinn des

Rapacki-Planes entsprechend – gegen die Aufstellung von Raketenbasen auf dem Gebiet Deutschlands und gegen die jetzt vom Bundestag beschlossene atomare Bewaffnung der Bundesrepublik.
3. Beide Verbände haben ein gemeinsames Interesse an der Überwindung reaktionärer, militaristischer, neofaschistischer und revanchelüsterner Kräfte in der Bundesrepublik Deutschland. Sie begrüßen den Kampf der Sozialdemokratischen Partei Deutschlands und anderer demokratischer Kräfte gegen die Politik der Atombewaffnung und des Atomtodes der Regierung Adenauer.
4. Die Sozialistische Jugend Polens begrüßt die Bemühungen der Sozialistischen Jugend Deutschlands – Die Falken, in Übereinstimmung mit dem diesbezüglichen Beschluß der Verbandskonferenz in Stuttgart die Aufnahme diplomatischer Beziehungen zwischen der Bundesrepublik und Polen zu erwirken, über die die polnische Regierung in der Vergangenheit wiederholt die Bereitschaft zu Verhandlungen ausgedrückt hat. Sie werden im Interesse der Freundschaft der Jugend schon jetzt Kontakte durch gegenseitige Besuche von Delegationen und Gruppen ihrer Verbände herstellen.«[42]

## IV.5. Gedenkstättenfahrten als Ansatz für die Verbreiterung der Kontakte

Das wichtigste Ergebnis der Polen-Delegation war die Herstellung von offiziellen Kontakten zwischen beiden Verbänden und der gemeinsam erklärte Wille, diese Kontakte fortzusetzen und auszubauen. Andererseits hatte sich gezeigt, daß an eine Entwicklung der Beziehungen analog dem Verhältnis zu Jugoslawien zumindest vorerst nicht zu denken war. Im Landesverband Berlin setzte das Nachdenken darüber ein, wie man die getroffenen Vereinbarungen im Sinne der eigenen Intentionen, einen umfassenden Austausch zu initiieren, ausfüllen konnte. Jürgen Dittner:

»Wir haben natürlich überlegt, wie kann man angefangene Kontakte vertiefen, und wie kann man die Kontakte auf eine breitere Basis stellen, damit es nicht nur auf der Vorstandsebene bleibt. Das war ja unser Ansatz, möglichst viele Jugendliche miteinander ins Gespräch zu bringen.«[43]

Im Rahmen dieser Überlegungen entstand die Idee, eine Gedenkstättenfahrt nach Auschwitz durchzuführen. Der Besuch in Auschwitz hatte bei den Teilnehmern der Vorstandsdelegation tiefe Betroffenheit ausgelöst[44] und die Erkenntnis nach sich gezogen, »daß dies die beste Anschauungsmöglichkeit für die Bewältigung von NS-Vergangenheit ist, die es überhaupt gibt«.[45] So lag es nahe, diesen Gedanken bei der weiteren Ausgestaltung der Kontakte nach Polen in den Vordergrund zu stellen und damit gleichzeitig politischen Vorbehalten sowohl bei uns als auch in Polen begegnen zu können. Manfred Wetzel zu dieser Frage:

»Man muß das von beiden Seiten aus sehen. Die Gedenkstättenfahrten waren bei uns natürlich auch ein Mittel vor allen Dingen, administrativ bis zu Senatsgeldern oder Bundesgeldern diese Kontakte überhaupt realisieren zu können. Sie waren zweitens moralisch für uns zur Diskussion ein starkes Motiv, das gegen andere Widerstände politischer Natur durchsetzen zu können. Es war sicherlich von der polnischen Seite aus ganz anderen Konstellationen ja sehr ähnlich. Daß eine westdeutsche Delegation in die neuen polnischen Gebiete fährt, also in die ehemaligen deutschen Ostgebiete, das war natürlich auch dort nicht so glatt und ohne weiteres protokollarisch ohne politische Diskussion zuwege zu bringen, weil die polnischen Genossen ja sehr stark auf die Staatsräson Rücksicht nehmen mußten, wo wir bei weitem nicht so eingebunden waren.«[46]

Nun hatten die Berliner Falken in der Tat einen größeren Handlungsspielraum als ihre osteuropäischen Partnerorganisationen, aber auch sie befanden sich in politischen Abhängigkeiten, aus denen z.B. bestimmte Legitimationszwänge resultierten.[47]
Die Chance, die sich durch die Entwicklung in Polen bot, wollte der Landesverband nutzen im Sinne einer von ihm als notwendig erachteten Politik der Entspannung

gegenüber den osteuropäischen Staaten. In der Form der Gedenkstättenfahrten konnte dieser damals umstrittene Ansatz verknüpft werden mit der angesichts der jüngsten deutschen Geschichte unabweisbaren Notwendigkeit, daß die junge Generation ein Bekenntnis ablegen mußte gegenüber den Schandtaten, die in Europa im deutschen Namen begangen worden waren.

Neben diesen mehr auf Außenwirkung gerichteten Momenten spielten auch verbandlich orientierte Motive eine wichtige Rolle. Die Gedenkstättenfahrten sollten dazu beitragen, die Verbandsarbeit zu stärken und sowohl für Mitglieder als auch für Außenstehende attraktiver zu machen. Peter Weiß zählt alle Gründe auf:

»Für uns bot sich politisch natürlich die Möglichkeit, hier in den Ostraum einzudringen, einmal den Kalten Krieg aufzuweichen, da wurde das schon viel deutlicher zu dieser Zeit. Damals hatten wir schon die Parole: ›Mit Ulbricht und Adenauer keine Wiedervereinigung!‹ Da war uns schon klar, daß das also von beiden Seiten hochgeschaukelt wird. Und da kam das politische Interesse hinzu, diese kalten Kriegsfronten aufzuweichen, gegen den Stalinismus in den Ostblockländern zu wirken, Völkerfreundschaft zu verstärken und politische Bildung zu leisten, eben in den Ostblock hinein deutlich zu machen, daß es hier eine Jugend in Deutschland gibt, die mit dem Faschismus brechen will und sich damit auseinandersetzen will und diese Schuld übernehmen will. ... Und außerdem verband sich damit eine Möglichkeit, politisch-inhaltlich für den Verband auch etwas zu leisten, also die antifaschistische Zielsetzung des Verbandes zu stärken, auch im Kulturbetrieb umzusetzen in kulturelle und politisch-inhaltliche Diskussionen und Veranstaltungen. ... Es war gleichzeitig eine Möglichkeit, die Attraktivität und die Anziehungskraft des Verbandes zu steigern, da kamen mehrere Elemente zusammen.«[49]

Nachdem der Bundesausschuß Anfang Juni die bisherige Linie der Verbandspolitik gegenüber Osteuropa – Kontakte erst einmal dort herzustellen, wo Entstalinisierungstendenzen sichtbar waren – gebilligt hatte,[50] ließ sich Harry Ristock im August 1958 vom Geschäftsführenden Bundesvorstand beauftragen, mit dem ZMS wegen einer Reise von Mitgliedern des Verbandes nach Auschwitz zu verhandeln.[51]

## IV.6. Pioniergefühl und politische Aufgabe

Da der Gegenbesuch der Delegation des ZMS bei den Falken nicht wie geplant noch 1958, sondern erst ein Jahr später erfolgte,[52] konnte auch die Auschwitz-Fahrt erst im folgenden Herbst stattfinden. Sie mußte schließlich noch einmal um zwei Monate verschoben werden, weil sich der Besuch der polnischen Delegation erneut verzögert hatte. Am 15.10.59 ergingen die Einladungen für die Fahrt am Wochenende des 28./29. November. Nach der Ausschreibung durften sich Mitglieder ab 14 Jahren beteiligen, einige Beteiligte berichteten jedoch, daß auch Personen aus dem Umfeld des Verbandes mitgenommen wurden.[53] Auch die Alterszusammensetzung der Fahrtgruppe – von den insgesamt 452 Teilnehmern waren 267 über 20 Jahre, davon wieder 119 über 25 Jahre alt –[54] weist darauf hin, daß viele der Teilnehmer zumindest nicht mehr zu den in den Gruppen aktiven Mitgliedern gehörten. Fest steht auf jeden Fall, daß eine kleine Delegation der Berliner Naturfreunde mitgefahren ist.[55] Vermutlich wegen der zu kurzen Zeitspanne, die zwischen der Zusage durch den ZMS-Vorstand und der Durchführung der Fahrt lagen, entfiel die geplante Werbung in den westdeutschen Bezirken. Nur insgesamt 24 Personen – ein Großteil von ihnen Funktionäre und Hauptamtliche des Verbandes – kamen nicht aus Berlin. Der Preis war auf 18,– DM für Mitglieder ohne eigenes Einkommen bzw. 25,– DM festgelegt und gegenüber den tatsächlichen Unkosten von 30,– DM aus Senatsmitteln subventioniert.

Das Programm[56] sah am Samstag einen kurzen Aufenthalt in Kattowitz zur Einnahme des Frühstücks und dann die sofortige Weiterfahrt nach Auschwitz vor. Danach ging es weiter nach Krakau, wo auch übernachtet wurde. Am nächsten Morgen fand eine gemeinsame Kulturveranstaltung mit dem ZMS in der Krakauer Oper statt. Der Rest des Tages war für Besichtigungen und Freizeit vorgesehen. Sonntag abend wurde die Rückfahrt nach Berlin angetreten. Den damaligen Falkengepflogenheiten entsprechend gehörte eine gründliche Vorbereitung zu den Voraussetzungen für die Teilnahme. Nach einem Beschluß des Landesausschusses war die Beteiligung an zwei Vorbereitungsabenden auf Kreis- oder Landesebene Pflicht. Außerdem wurden die Gruppen angehalten, sich ihrerseits genauestens vorzubereiten.

Während von vielen die zentralen Vorbereitungstreffen als wenig effektiv im Sinne einer wirksamen Vorbereitung geschildert wurden,[57] berichteten andere über minutiöse Vorbereitungen in einigen Kreisen und vor allem in den Gruppen.[58] Aber auch wer nur an den zentralen Veranstaltungen teilnahm, wußte aufgrund seiner Falken- oder verwandten Sozialisation worum es ging. »Daß Millionen Juden umgebracht worden sind, das hat in diesem Verband niemand bezweifelt«,[59] stellte Dietrich Masteit fest.

Ähnlich äußerte sich Christoph Jänicke, von seinen sozialdemokratisch orientierten Eltern schon als Kind zu den Falken geschickt und damals Mitglied der politisch sehr aktiven, von Oberschülern geprägten Gruppe »Rosa Luxemburg«:

»Über Faschismus und Antifaschismus brauchte man uns eigentlich nicht so sehr viel erzählen. Ich kann nur sagen ... wir haben den Antifaschismus wirklich mit der Muttermilch eingesogen oder eingehämmert bekommen im Laufe der Schicksale unserer Eltern oder durch das, was unsere Eltern erlebt haben, so daß wir dann diese Fahrten eigentlich als eine Aufgabe empfanden.

Ich empfand es als Aufgabe, das anderen jetzt mitzuteilen, was ich wußte und was wir da machten. Aber daß wir Antifaschismus lernen mußten, kann man nicht sagen.«

Er beschreibt seine Beweggründe zur Teilnahme an der Auschwitzfahrt folgendermaßen:

»Die Restauration in der Bundesrepublik schlug immer höhere Wellen. Wir merkten im Grunde genommen immer mehr, daß kein Mensch mehr danach fragte, ob einer Nazi gewesen ist, ob einer hoher Nazi gewesen ist. Der Adenauer fragte ja überhaupt nicht danach. Ich weiß nicht, ob die Deutsche Partei noch existierte. Seebohm war Minister und alle möglichen Leute ... in uns kochte es immer mehr...«

Und Ursula Jänicke fügte dem hinzu:

»...daß man dem entgegentreten und auf irgendeine Weise das auch zeigen muß. Ich könnte mir vorstellen, daß so was auch in einem großen Verband ein bißchen vorher in der Luft liegt, so daß ich jetzt gar nicht sagen könnte, jetzt hat sich das einer ausgedacht. Es gibt Dinge, die werden reif, irgendwann sind sie einfach fällig. Da habe ich den Eindruck, das war so.«[60]

Daß die Intentionen der Verbandsführung von den politisch aktiven Mitgliedern geteilt wurden und in ihren Überlegungen ebenfalls eine wichtige Rolle spielten, ergibt sich auch aus den Aussagen von Peter Kunze, damals knapp zwanzigjähriger Verwaltungsangestellter:

»...die Erwartungen waren, ich glaube, sehr vielfältig. Zum einen was die Konzentrationslager selbst betraf, war es einerseits der Wunsch, das selbst mal zu sehen, um sich damit noch intensiver auseinanderzusetzen und befassen zu können, zum anderen natürlich, das wird, glaube ich, jeder verstehen, eine gewisse Scheu und Zurückhaltung davor, das war also durchaus zwiespältig. Daneben das andere Programm, also einmal der rein touristische Aspekt, Krakau zu besichtigen, den Wawel zu besichtigen, Warschau anzusehen ...«

»...durch die deutschen Ostgebiete zu fahren...« ergänzte Gisela Kunze.

»...das war natürlich ungeheuer reizvoll, zumal man auf anderem Wege ja zu der Zeit überhaupt noch nicht hinkam. Es war auch also ein gewisses Pioniergefühl dabei, so wie damals bei der

103

Jugoslawienreise, dann auch bei der ersten Polenreise, später bei der Pragreise, daß man einfach in Gebiete reinkam, die man einmal kennenlernen wollte. Nachdem man ungeheuer viel darüber gelesen hatte und gehört hatte, was den Polen z.B. von den Deutschen, später teilweise von den Russen angetan wurde, wollte man natürlich auch sehen, wie sind die Kontakte mit den Leuten dort, die offiziellen Kontakte mit Vertretern des Jugendverbandes, die es ja gab. ... Aber es war auch so, das hört sich vielleicht ein bißchen pathetisch an, so eine Stimmung, daß man mit einer gewissen Botschafterfunktion da hinfuhr, so als Vertreter eines anderen Deutschland, einer heranwachsenden Generation, die von sich aus was tun wollte, um diese verkrusteten Blöcke aufzubrechen und mit der Bevölkerung dort in Kontakt zu kommen, um die offizielle Linie der deutschen Politik, die sich ja mit allen Mitteln gegen Osten hin abgrenzte und alles verteufelte, was da war, um die zu durchbrechen. Und diese Botschafterfunktion oder dieses Bewußtsein da, ein ganz kleines Stück beizutragen, soweit man es eben konnte, die ließ eben auch jedes Gespräch mit Polen auf der Straße – so belanglos das war – in einem gewissen anderen Licht erscheinen, daß man eben einfach sagte, zwischenmenschliches Kennenlernen, Wiederanknüpfen von Kontakten, nach ungeheuren Greueln und Zerwürfnissen, die da vorher vorgekommen waren. Jeder noch so kleine Schritt bedeutet eine gewisse Auflockerung und eine Verbesserung der Beziehungen.«[61]

Andere sahen dem Besuch in Polen eher mit gemischten Gefühlen entgegen. Auch in der Mitgliedschaft der Berliner Falken gab es Vorbehalte gegenüber Fahrten in den Ostblock. Helmut Walz, damals junger Maschinenschlosser, erinnert sich:

»Viele haben sich in meiner Gruppe damals sehr kritisch dazu geäußert, denn wir hatten alle so ein bißchen Angst, nach Polen oder auch in die Tschechoslowakei zu fahren, denn wir hatten ja noch gerade die Situation vor Augen, die sich in der sogenannten Ostzone entwickelt hatte. Da hatten einige Sorge, auch die Eltern der Jugendlichen haben damals ihre Sorgen angemeldet und haben gesagt, ob das nun gut ist, mitzufahren.«[61a]

## IV.7. Polnische Impressionen

Am Abend des 27. November 1959 standen schließlich 16 Busse geschmückt mit Transparenten: Sozialistische Jugend Deutschlands grüßt das polnische Volk, in deutscher und polnischer Sprache an der Oder. Ein Teil der Insassen wartete mit gemischten Gefühlen auf die Einreise nach Polen und stellte erleichtert fest, daß die Abfertigung freundlich und zügig vonstatten ging, womit die ersten Befürchtungen bereits zerstreut waren.[62] Auch weitere Erfahrungen, die die Reiseteilnehmer in Polen machten, relativierten die vorhandenen Ängste und trugen bei allen Teilnehmern zu einem differenzierten Polenbild bei. Ursula Jänicke berichtet:

»Wir haben ein Kulturzentrum besucht. Da ist uns schon mal aufgefallen, daß da westliche Zeitungen ausgelegen haben, was wir von der DDR überhaupt nicht kannten und auch nicht gehört hatten. Das hat uns schon einigermaßen überrascht. Da haben wir wohl jemanden gefragt, und die haben gesagt, das ist hier möglich. Ich sage das mal ganz kurz, um es auf einen Nenner zu bringen. Die Polen sagten: Es wäre hier bei uns noch viel mehr möglich, wenn die DDR nicht zwischen uns und euch wäre und wir auf der anderen Seite nicht die Russen hätten. Da war also eine ganze Menge bei denen so an geistiger Unabhängigkeit im Fluß. Wir haben eigentlich erwartet, daß wir da mehr festgefügte Meinungen finden, also pro Rußland und pro DDR. Das war gar nicht so der Fall, das hat uns sehr überrascht. ... Und in Krakau in der Marienkirche haben wir alle Fotos vom Veit Stoß-Altar aufgekauft, weil wir das irgend jemandem mitbringen sollten. Da ist uns aufgefallen, das voll die Kirchen waren, denn hier war man ja zu der Zeit – wir jedenfalls – Kirche, nein, das gab es gar nicht, und da war die Kirche voll, auch junge Leute.«

»Und Uniformierte, Soldaten in Uniform in der Kirche, wo gab's denn so was! Das war im Grunde genommen auch eine Episode, die unerhört erstaunlich war«, fügte Christoph Jänicke hinzu.[63]

Aber Polen hielt noch andere Überraschungen für die deutschen Gäste bereit. Christoph Jänicke schildert seinen Eindruck von Warschau, das im November 1962 zum erstenmal im Rahmen einer Gedenkstättenfahrt von den Falken besucht wurde:

»Das war ein Erlebnis, diese polnische Großstadt, dieses Modische, was uns so auffiel bei den Menschen, wie sie gekleidet waren, immer im Vergleich zu Ostberlin z. B., das man gut kannte, oder anderen Orten in der DDR, die man gut kannte, wo man dann sagte: Das sieht hier eigentlich ganz anders aus als in Ostberlin, viel lebenslustiger.«[64]

Ein im Anschluß an die erste Fahrt 1959 von einem Teilnehmer für die Jugendzeitschrift »Blickpunkt« verfaßter Artikel schildert ähnliche Wahrnehmungen aus Krakau:

»Es war Sonnabend und viele junge Leute bevölkerten die Straßen; sie gingen ins Kino, ins Theater, zum Tanzen oder spazieren und betrachteten dabei die Auslagen der recht modern dekorierten Geschäfte.«

Ein Studentenclub fand das besondere Interesse des ebenfalls studentischen Autors:

»An allen Tischen saßen junge Männer in gut geschnittenen Anzügen und elegant gekleideten Mädchen, die sich lebhaft miteinander unterhielten. Fast jeder sprach französisch, deutsch oder englisch, wußte eine Menge über die Bundesrepublik und war lebhaft an Berichten aus dem Westen interessiert. Aus einem Nebenraum tönte heiße Musik: Die Paare tanzten auf amerikanische Weise. Worin bestand nur der Unterschied zwischen uns und dieser polnischen Jugend? Groß konnte er jedenfalls nicht sein.«[65]

Gunther Soukup erinnert sich, daß er in diesen Studentenclubs die intensivsten Kontakte in Polen erlebt hat. Manfred Wetzel schilderte, daß er von polnischen Betreuern in verschiedene Lokale, die Treffpunkte von Oppositionellen waren, geführt wurde. Die Aufnahme, die die jungen Deutschen in Polen fanden, war überwiegend herzlich. Ernst Froebel, der allerdings auch als besonders kontaktfreudiger Mensch beschrieben wurde,[65a] berichtete:

»Auschwitz war eine Triumphfahrt! ... Wenn die Busse unterwegs Pause gemacht haben – wir sind gefeiert worden, wir haben Getränke geschenkt gekriegt, wir haben was zu essen geschenkt gekriegt, Zigaretten angeboten usw. ... In der Straßenbahn brauchten wir nicht zu bezahlen, irgendeiner von der Bevölkerung hat für uns bezahlt oder der Schaffner hat uns kein Fahrgeld abgenommen. In dem Lokal, was voll war, rückten die Leute beiseite und machten für uns Platz. Auf der Straße wurde ich persönlich angequatscht: Aus Westberlin biste? Sie konnten etwas Deutsch, sie feiern heute Geburtstag, ob meine Frau und ich, wir beide, ob wir nicht mitkommen zum Geburtstag? Dann sind wir zur Geburtstagsfeier mitgegangen bis frühmorgens. Ich bin sogar zu spät gekommen zur großen Kundgebung in der Oper.«[66]

Positive Erfahrungen machten auch andere Teilnehmer. Selbst Menschen aus der jüdischen Bevölkerungsgruppe, die am meisten unter dem Naziterror gelitten hatten, zeigten gegenüber den jungen Deutschen keinen Groll, sondern begrüßten deren Initiative. Christoph Jänicke schildert eine Begegnung vom November 1962 in Warschau:

»... aber dann ein Erlebnis im Jüdischen Theater, auf das wir ganz zufällig gestoßen sind, einfach nur, weil ein Freund Hebräisch konnte, hebräische Schrift sah und lesen wollte und sie nicht entziffern konnte, bis er merkte, das ist ja eigentlich Jiddisch, was für uns durchaus verstehbar ist, aber in hebräischer Schrift geschrieben. Da sind wir dann rein und haben uns erstmal hinten hingesetzt. Die probten auf Jiddisch, das verstand man einigermaßen gut. Dann unterbrachen sie die Probe, es kam jemand, und wir sagten, daß wir die und die sind. Das fanden die ganz toll und haben uns Willkommen geheißen, und wir sollten uns hinsetzen. Dann kam ein Schauspieler – da waren sie wohl fertig und machten eine Pause –, das war ganz absurd, der sagte, ihr seid aus

Deutschland und eigentlich – wir können das immer noch nicht verstehen, wie das alles passiert ist. Wir dachten deutsch, wir redeten deutsch, und ich habe so einen schönen deutschen Namen – er hieß Schönhut, er fand den so toll – und ich habe nie gedacht, daß die Nazis uns so was antun oder die Deutschen insgesamt. Aber nun speziell eigentlich als eine fremde Jugendgruppe von diesen jüdischen Leuten so unerhört freundlich empfangen worden zu sein, das war für uns schon ganz erstaunlich.«[67]

Die wenigen gegenteiligen Erfahrungen konnten den insgesamt positiven Eindruck nicht trüben. Gunther Soukup erinnert sich:

»Es kam vor, daß alte Frauen vor allen Dingen ungeheuer aggressiv auf diese Busse reagierten. Vermutlich waren das nach dem Krieg die ersten Deutschen, die sie gesehen haben und nach dem, was ihnen angetan worden war, war es völlig klar.«[68]

Daß die polnische Bevölkerung trotz ihrer leidvollen Erfahrungen den Besuch der jungen Deutschen als Geste der Versöhnung mit so großer Bereitwilligkeit akzeptierte, war für die Teilnehmer eine positive Überraschung und bestärkte sie in ihrer Überzeugung, diesen einmal eingeschlagenen Weg fortzusetzen. In diesem Sinne äußerte sich auch Manfred Wetzel in der »jungen gemeinschaft«:

»Wir fanden in Polen eine junge Generation, die aufgeschlossen und wißbegierig ist. Eine Generation, die die politische Entwicklung in der Bundesrepublik sehr genau verfolgt und kritisch ist. Für uns sollte es angesichts unserer Erlebnisse und Erfahrungen einen Leitgedanken geben: Laßt die Jugend miteinander sprechen!«[69]

## IV.8. Auschwitz – »Was wir da gesehen haben, das vergißt man nie!«[70]

Eine wichtige Intention der Gedenkstättenfahrten war es, durch emotionale Betroffenheit das antifaschistische Bewußtsein der Teilnehmer zu bestärken. Harry Ristock:

»Uns war damals klar, daß das nur theoretische Aufbereiten der Vergangenheit für die Jungen, die das ja alles nicht erlebt hatten, das nur Zeigen von Filmen und das nur Erzählen von schrecklichen Geschichten erreichte die Menschen auch, aber zu wenig. Wer an irgendeinem Novembermorgen in der schrecklichen Tristheit von Auschwitz und Birkenau in die Baracken gegangen ist und die Überreste der Verbrennungsöfen gesehen hat, und wer an der Todesmauer gestanden hat ... in dem tristen Gelände, in all dem, was dort an Schrecklichem noch als Hauch spürbar war ... Dieses emotional schreckliche Erlebnis hat dazu beigetragen, daß viele tausend junge Menschen schneller und mehr gelernt haben, als sie normalerweise aus Schrecklichem lernen können, was dort geschehen ist und daß es zu verhindern gilt, daß dies erneut passieren könnte.«[71]

Die Aussagen von Teilnehmern bestätigen, daß die Konfrontation mit Auschwitz einen unauslöschlichen Eindruck hinterlassen hat. Helmut Walz berichtet:

»Gerade dieser Besuch in Auschwitz hat weit in den Schatten gestellt, was ich mir von Auschwitz und all diesen Dingen, die dort in Polen passiert sind, auch im Warschauer Ghetto, was ich vorher gehört hatte von meinen Eltern, was ich gelesen hatte. Es gab da auch schon Publikationen von Widerstandskämpfern über Dinge, die im Warschauer Ghetto und in Auschwitz passierten. Aber ich muß sagen, die schlimmsten Eindrücke und Erwartungen wurden noch überschattet. ... Es hat also dermaßen auf mich gewirkt, daß ich manchmal nicht geschüttelt hatte und nachts nicht mehr richtig schlafen konnte. Auch der Eindruck von dieser Darstellung mit den ausgebrochenen Zähnen, ausgerupften Haaren. Man war zwar damals schon in dem Alter, daß man so was vertragen konnte, aber es hat auf mich eine grauenhafte Wirkung gehabt, daß ich noch heute manchmal darunter leide, daß ich manchmal mit Schrecken daran zurückdenke. Auch heute noch, das, was ich da gesehen habe, kann man nach 20, 30 Jahren noch nicht vergessen.«[71a][70]

In welcher Weise das nachempfundene Grauen noch heute präsent ist, belegt auch der folgende Dialog zwischen Christoph und Ursula Jänicke:

*Chr. J.:* »Es war so schrecklich, daß du in manchen Phasen, wo du da rumgelaufen bist, gedacht hast: Nein, nein! Du mußtest dich so sperren, um nicht zusammenzubrechen. Dieser Schrecken, der ist geblieben. Das ist drin in uns.
*U. J.:* Ich mach die Augen zu, ich steh da drin. Ich stehe wirklich da drin in diesen Baracken mit den Holzbetten übereinander, der Haufen Schuhe...
*Chr. J.:* Das war dann im Museum.
*U. J.:* Also das geht mir so unter die Haut, es ist wirklich ganz schlimm.
*Chr. J.:* Das ging glaub ich allen so ... Das vergißt man nicht ... Ich glaube auch, daß es bei allem Drumherum, was wir eben erzählten, das zentrale Erlebnis geblieben ist.
Ich weiß nicht, ob für alle, aber für die meisten.«[72]

Peter Kunze betonte den Aspekt der persönlichen Betroffenheit zur Erfassung und Bewältigung des eigentlich Unfaßbaren:

»Es ist schon so, daß man sich mit all dem per Literatur auseinandersetzen kann, und selbst wenn man das gelesen hat und wenn man Zahlen kennt über Opfer – es ist doch eine ganz andere Sache, wenn man plötzlich da steht, in den Baracken steht, die örtlichen Verhältnisse plastisch vor sich sieht oder diese Sammelkammern, wo eben Haare, Schuhe, Brillen und Zahngold gesammelt wurden zur Verwertung oder eben auch diesen berüchtigten Block 11 da gesehen hat. Es ist schon ein Erlebnis, was einem stärker zu denken gibt als eine rein theoretische Auseinandersetzung nur aufgrund von Literaturangaben. Und im Grunde genommen, könnte man das eigentlich nur noch viel mehr Leuten wünschen, weil es eben doch dieses namenlose, generelle Elend, was sich hinter solchen Zahlen in Büchern verbirgt, auflockert. Ich habe es wiederholt gesehen, daß Leute, die sich dann plötzlich mit Einzelschicksalen konfrontiert sahen, daß es denen dann aufging, was überhaupt dahintersteckt. Wenn man eine Zahl von 6 Millionen hört, ist das natürlich eine Größenordnung, die für alle Leute unvorstellbar ist und mit der sich überhaupt nicht viel verbindet. Aber wenn man da in den Baracken plötzlich ein Bild sieht und entsprechende Dokumente sieht und sieht, das ist hier Shmuel Meyer aus der Morgenstraße oder der Sonnenallee oder so was und man denkt dann, das ist doch das Nachbarhaus, wo man jetzt wohnt oder das ist doch da, wo man immer vorbeifährt. Und wenn man dann sich vielleicht noch ein bißchen vorstellt, wie lief das ab, was hat die übrige Bevölkerung dazu getan, wie sind die dahintergekommen überhaupt, wer hat da mitgewirkt, Rolle der Reichsbahn usw. – das spielt schon eine ganz schön große Rolle bei der Durchdringung und Verarbeitung dieses ganzen Komplexes.«[73]

Für Siegfried Stirba stand neben der Betroffenheit der Aspekt von Schuld und Sühne, die Frage, ob angesichts des Ausmaßes der begangenen Verbrechen eine moralische Wiedergutmachung überhaupt möglich ist, im Vordergrund.

»Dieser Besuch hat eine Betroffenheit erzeugt, das kann man auch schwer schildern. Ich kann also heute nicht sagen, mit was für einem Gefühl man da nun zurückgekommen ist. Ich weiß nur, daß wir also fast deprimiert waren, daß wir gesagt haben: Das können wir nie wieder gerade biegen, was da entstanden ist, das kriegste nie wieder hin.«[74]

Entsprechend deprimiert waren die Teilnehmer nach der Besichtigung des ehemaligen Konzentrationslagers. Peter Hopf: »Ich muß sagen, auf der Hinfahrt waren wir ziemlich fröhlich, aber auf der Rückfahrt war doch eine bedrückte Stimmung.«[75] Auch Gunther Soukup erinnert sich, daß die Bewältigung des Erlebnisses von Auschwitz vielen Schwierigkeiten bereitete:

»Es gab ziemliche Spannungen in der Gruppe, weil einige auf den Schock von Auschwitz gar nicht anders reagieren konnten als mit Lachen und andere als Moralisten auftraten. Also die einen, die irgendwo versuchten, schon als sie aus dem Lager raus waren, entweder anfingen, Stullen zu essen oder sich Witze zu erzählen, um aus der Situation herauszukommen, während die anderen also auf die Palme brachte. Da gab es ziemlich dicke Luft.[76]

## IV.9. Der aufrechte Gang – auch in der Höhle des Löwen

In Auschwitz an der Todeswand, wo zahllose Menschen erschossen worden waren, fand im Zusammenhang mit der Kranzniederlegung eine Feierstunde statt. Wolfgang Götsch und Wieslaw Adamski hielten Ansprachen. Die Rede von Wolfgang Götsch enthielt im Sinne der Intentionen der Falken das Anerkenntnis der deutschen Schuld, betonte den Willen zur Versöhnung und schloß das Gelöbnis ein, alles zu tun, um eine Wiederholung solcher Verbrechen zu verhindern, Adamski benutzte dahingegen die Gelegenheit, einen politisch-ideologischen Streit vom Zaune zu brechen. U. a. lobte er die DDR als ersten Arbeiter- und Bauernstaat auf deutschem Boden und feierte das sowjetische »Berlin-Ultimatum« als Friedensvorschlag.[77]

Die Berliner Falken empfanden dies als mehrfachen Affront. Einmal wegen der Wahl des Ortes und des Zeitpunktes für diese Ausführungen, wo es angesichts des eben Gesehenen für die jungen Deutschen weder denkbar noch möglich war, sich direkt zur Wehr zu setzen. Dann weil diese Rede dem Geist der zwischen den beiden Verbänden getroffenen Abmachungen eindeutig widersprach, hatten sie sich doch bereits während des Besuches der Delegation des Falkenvorstandes in Polen darauf geeinigt, das Trennende auszuklammern und statt dessen die Gemeinsamkeiten zu betonen.[78] Mit der Rede von Adamski wurden quasi die gemeinsamen Geschäftsgrundlagen in Frage gestellt. Jürgen Dittner dazu:

»Wir waren generell immer einig, was wir wollen – Versöhnung über die Grenzen und versuchen, die große Politik rauszuhalten, damit wir nicht zerrieben werden. Das war die Idee, nicht die Konflikte in den Mittelpunkt zu stellen, sondern zu versuchen, taktisch geschickt das Verbindende herauszusuchen und nicht die Mächtigen zu reizen. Das hat eigentlich bis auf den Fall Adamski auch immer geklappt. Wir wollten die große Politik auch deswegen aus dem Spiel lassen, damit wir nicht gezwungen werden, die Position des Westens zu beziehen und dann im kleinen das nachvollziehen zu müssen, was die Großen ohnehin machen. Unser Ansatz war Versöhnung, das bedeutet, bestimmte Konflikte auch wegzulassen und nicht zu provozieren, statt dessen lieber nach Gemeinsamkeiten zu suchen. Darum geht es ja, sonst ist Politik nicht möglich.

Landesverbandslinie hieß aber auch: »Wenn man schon geprügelt wird, dann aber auch selbstbewußt – auch in der Höhle des Löwen – gegenzuhalten.«[78a]

Dieses in der Auseinandersetzung mit der FDJ unter weitaus schwierigeren Bedingungen bereits mehrfach angewandte Prinzip[79] sollte jetzt auch in Polen zum Tragen kommen. Entsprechend herrschte bei den Vertretern der Berliner Falken Einigkeit darüber, diesen Vorfall nicht auf sich beruhen zu lassen und zu passender Gelegenheit die eigene politische Position ebenso öffentlich darzulegen. Die für den nächsten Vormittag vorgesehene gemeinsame Kulturveranstaltung in der Krakauer Oper bot dafür den geeigneten Rahmen. In einer Nachtsitzung mit den Vertretern des ZMS setzten die Falken durch, daß ihnen am nächsten Tage auf dieser Veranstaltung Gelegenheit gegeben wurde, auf die Ausführungen von Adamski zu antworten. Den Text für diese Rede, die Harry Ristock halten sollte, erarbeiteten die anwesenden Mitglieder der Berliner Falken-Führung gemeinsam.[79a]

Vor 1200 jungen Deutschen und Polen in der Krakauer Oper bekannte sich Ristock noch einmal im Namen des Verbandes zu den Opfern des Faschismus und dem »unermeßlichen Leiden des ganzen polnischen Volkes«. Er betonte den Friedenswillen des Verbandes und sein Engagement gegen »die Aushöhlung der demokratischen Staatsform in Westdeutschland«. Dann fuhr er fort:

*Rechts: Falkendelegation in Auschwitz im November 1959.*

»Wir kämpfen aber mit der gleichen, vielleicht sogar gesteigerten Härte gegen den Mißbrauch der Begriffe Demokratie und Sozialismus in der DDR. ...
Wir kämpfen für ein wirklich demokratisches und sozialistisches Deutschland. Unser Ziel ist der menschliche Sozialismus. Für uns ist die DDR kein Arbeiter- und Bauernstaat. Seit dem Jahre 1956 verfolgen wir mit Aufmerksamkeit und Bewunderung den Kampf des polnischen Volkes für mehr Freiheit und für mehr Brot. Wir verneigen uns vor der Größe jenes Mannes, der der stalinistischen Willkür trotzte und der seit jenen Tagen an der Spitze des polnischen Volkes steht. Wir grüßen W. Gomulka.«

Zum Berlin-Problem äußerte er:

»Wir bedauern zutiefst die Spaltung unseres Landes und halten weder die Regierung des östlichen Teils unseres Landes noch die UdSSR, noch irgend eine andere Macht für berechtigt, einseitig den Status Berlins zu verändern, seine Sicherheit zu gefährden.«

Er schloß mit den Worten:

»Wir sind die jungen Sozialisten Deutschlands. Wenn ihr es wollt, kämpfen wir mit Euch gemeinsam gegen Faschismus und Unterdrückung – für eine friedliche Welt.«[80]

Diese Rede fand bei den anwesenden Verbandsmitgliedern eine begeisterte Aufnahme und verfehlte auch ihre Wirkung auf die polnischen Jugendlichen nicht. Gunther Soukup:

»Selten habe ich so viel Einigkeit im Verband erlebt wie da, denn es war eine imposante Sache, wie der Harry ungeheuer gekonnt – das muß man wirklich sagen – diese immer noch stalinistischen Jugendfunktionäre in Verlegenheit gebracht hat. ...
Das war also ein Echo auch bei den Polen, das war toll, da hatten wir wirklich das Gefühl, etwas Gutes gemacht zu haben.«[80a]

Angesichts des konsequenten Auftretens von Harry Ristock in der Krakauer Oper wurde vielen Verbandsmitgliedern die Absurdität der in Berlin gegenüber dieser Fahrt geäußerten Vorbehalte – Anbiederung an Kommunisten u. ä.[81] – noch einmal besonders deutlich. Dennoch benutzten die Berliner Falken diesen Vorfall nicht, um sich in der Heimat gegen solcherlei Angriffe zur Wehr zu setzen. Da die Polen ihnen Gelegenheit gegeben hatten, eine eigene Stellungnahme abzugeben, war dieser Vorfall für sie erledigt.

Im Sinne ihrer Intentionen war ihnen der Erhalt der Gemeinsamkeiten mit dem ZMS wichtiger als eine Ausschlachtung dieses Vorfalls mit dem Ziel, das eigene Ansehen in der Heimat zu verbessern. So wurde die Angelegenheit weder in den verbandlichen Publikationen noch in einem von Ristock persönlich verfaßten verbandsinternen Bericht erwähnt. Die Westberliner Presse nahm weder von diesem Vorfall noch von der gesamten Fahrt Notiz. Lediglich im sozialdemokratisch orientierten »Telegraf« erschien am 9. 12. 59 ein kurzer Bericht von Christoph Jänicke über die Fahrt.

## IV.10. Die zweite Auschwitzfahrt

Vom Gesamtverband wurde die erste Auschwitzfahrt als Erfolg betrachtet. Der Bundesvorstand faßte aufgrund dessen den Beschluß, Ostern 1960 eine zweite Fahrt durchzuführen, an der eine größere Anzahl von Mitgliedern aus dem Bundesgebiet teilnehmen sollte. Mit der Organisation wurden Kalli Prall und Harry Ristock beauftragt. Gleichzeitig wurde die Entsendung eines Dankschreibens für die organisatorische Hilfe bei der Durchführung der Fahrt an den ZMS beschlossen.[82]

Bei der Vorbereitung dieser Fahrt ergaben sich neue Schwierigkeiten mit dem ZMS. In seinem Antwortschreiben auf den Brief der Falken erklärte der ZMS, daß er sich nicht in der Lage sehe, die für Ostern 1960 geplante Fahrt abzuwickeln, da er zu diesem Zeitpunkt eine eigene große Veranstaltung durchführen werde. Der Bundesausschuß beschloß daraufhin am 17.1.60, erneut einen Brief an den ZMS zu richten, in dem unter Hinweis auf die jüngsten antisemitischen Vorfälle in der BRD auf die Wichtigkeit einer solchen Fahrt zu diesem Zeitpunkt hingewiesen werden sollte. Außerdem wurde die Entsendung einer Verhandlungsdelegation nach Warschau angeregt. Falls alle Bemühungen, mit dem ZMS zu einer Einigung zu kommen, scheiterten, sollte versucht werden, »ob die Fahrt ohne Inanspruchnahme des polnischen Jugendverbandes durchgeführt werden kann«.[83]

Am 22.2.60 konnte Harry Ristock im Geschäftsführenden Bundesvorstand schließlich mitteilen, daß »die Fahrt nach Auschwitz Ostern 1960 doch möglich sein wird«. Zu Verhandlungen über die konkrete Durchführung reisten der neue Vorsitzende Horst Zeidler, Fred Gebhardt und Harry Ristock am 28.2.60 nach Warschau.[84]

Diese drei Personen wurden dann auch vom Bundesvorstand als Fahrtenleitung benannt. Die Verhandlungen mit den Polen gestalteten sich weiterhin schwierig. Der ZMS argumentierte mit der Tatsache, daß wegen der Osterfeiertage alle öffentlichen Einrichtungen, Jugendherbergen etc. geschlossen seien. Es sei deshalb notwendig, Mitarbeiter des ZMS zur Betreuung der deutschen Gäste einzusetzen, die dafür extra bezahlt werden müßten. Aus diesem Grund entstanden Unkosten von 45,– DM pro Teilnehmer, 50 % mehr als bei der ersten Fahrt. So beschloß der Bundesvorstand, die Fahrt abzusagen, falls ein in Aussicht gestellter Zuschuß aus Bundesmitteln nicht gewährt werden würde. Gleichzeitig wurden jedoch jene Bezirke ermächtigt, die Fahrt durchzuführen, die in der Lage wären, sie selbst zu finanzieren.[85] Die Bundeszuschüsse wurden bewilligt, und so fand die Fahrt zu denselben Preisen wie im November 1959 mit ca. 660 Teilnehmern, davon ein Drittel aus Berlin, statt.[86] Diesmal waren es 19 mit Transparenten geschmückte Busse, die sich im Trubel des Osterreiseverkehrs am Morgen des 16. April von Berlin aus auf den Weg machten. Die westdeutschen Teilnehmer waren mit ihren Bussen in der Nacht zuvor nach Berlin gereist.

Das Programm war gegenüber dem ersten Besuch umgestellt worden. Zuerst wurde Krakau besucht, wo für Besichtigungen der Ostersonnabend zur Verfügung stand. Eine gemeinsame Veranstaltung mit dem ZMS fand – entgegen dem ausdrücklichen Wunsch der Falken – nicht statt. Am Sonntag stand die Besichtigung von Auschwitz-Birkenau auf dem Programm. Die Kranzniederlegung an der Todeswand war diesmal eingebettet in eine kulturelle Feierstunde. Das Lied von den Moorsoldaten erklang, jemand las das aus den Auszeichnungen des Lagerkommandanten Rudolf Höss. Brechts Aufruf: »An die Kämpfer in den Konzentrationslagern« wurde rezitiert. Danach sprach Fred Gebhardt. Er wiederholte den Willen der Falken, zur Versöhnung beizutragen und das erneute Aufkommen eines Faschismus nicht zuzulassen. Die Feier endete mit dem gemeinsamen Singen des Liedes »Unsterbliche Opfer«.[87]

Diese Fahrt fand im Verband breiteste Würdigung. In der »jungen gemeinschaft«

wurde ausführlich darüber berichtet, wobei die dort abgedruckten Berichte von Teilnehmern die von uns bereits wiedergegebenen Aussagen von Berliner Falken bestätigen.[88] Um auch denjenigen, die nicht an der Fahrt teilgenommen hatten, einen Eindruck zu vermitteln, erstellte der Verband einen Film über die Fahrt.

Auch in der Öffentlichkeit fand diese Fahrt offenbar größere Aufmerksamkeit als die erste. Auf einer Sitzung des Bundesausschusses berichtete Harry Ristock, »daß im Fernsehen und auch in einigen Zeitungen Berichte über die Fahrt erschienen seien«.[89] In unserer Auswertung der im Landesarchiv vorliegenden Berliner Tageszeitungen sind wir allerdings wiederum auf keine entsprechende Berichterstattung gestoßen.

Auf der Sitzung des Geschäftsführenden Bundesvorstandes am 28.4.60 wurde festgestellt, daß diese Fahrt zu einem nachdrücklichen Erlebnis für alle Teilnehmer geworden war. Harry Ristock und den Genossen des Landesverbandes Berlin, die die Fahrt organisiert hatten, wurde »der Dank für die geleistete Arbeit ausgesprochen.«

Des weiteren beschloß der GV, die Kontakte zu Polen unter keinen Umständen abreißen zu lassen und mit dem ZMS in Verhandlungen über gemeinsame Veranstaltungen zu treten. Zu diesem Zweck wurde ein weiteres Dankschreiben an den ZMS gerichtet.[90]

## IV.11. Die Schwierigkeiten im Verhältnis zum ZMS

Nach dem relativ gelungenen Auftakt im März 1958 hatten sich die weiteren Beziehungen zum ZMS schwieriger als erwartet gestaltet.

Der für den Herbst annoncierte Rückbesuch einer polnischen Delegation fand nicht statt, obwohl die Polen im August vom Verbandsvorstand nochmals schriftlich eingeladen worden waren. Erst ein Jahr später im Oktober 1959 bereiste eine Delegation des ZMS die Bundesrepublik.

Inzwischen war Marian Renke als erster Sekretär des ZMS durch Wieslaw Adamski abgelöst worden. Ein Teil der Verzögerung war wiederum durch Streitigkeiten über die Zugehörigkeit des Berliner Landesverbandes zum Bundesverband entstanden.[91] Das Programm sah schließlich einen zweitägigen Aufenthalt in West-Berlin und anschließend die Weiterreise über Hamburg, Bremen, Bielefeld, Duisburg, Düsseldorf, Bonn nach Frankfurt vor. So konnten die Falken reklamieren, die Polen hätten im Rahmen ihrer Rundreise durch die BRD auch West-Berlin besucht, während die Vertreter des ZMS aus ihrer Sicht ihrem Besuch in West-Berlin den Besuch der Bundesrepublik angeschlossen. Neben der obligatorischen Stadtrundfahrt diskutierten die Gäste in Berlin mit dem Landesvorstand und -ausschuß und wurden in Kreuzberg vom Bezirksbürgermeister Kressmann empfangen. In der Bundesrepublik besichtigten sie Betriebe und soziale Einrichtungen, trafen Vertreter der Jungsozialisten und konferierten zum Abschluß ganztägig mit Mitgliedern des Verbandsvorstandes in Frankfurt. Der Bericht von Kalli Prall in der »jungen gemeinschaft« klang hinsichtlich der Ergebnisse des Besuches und der Zukunftsperspektiven weitaus weniger optimistisch als die vergleichbaren Texte nach dem Besuch der Falken-Delegation in Polen.[92]

Die im Verlauf der Durchführung der zweiten Auschwitz-Fahrt zutage getretene Zurückhaltung des ZMS bestätigte den Eindruck, daß der ZMS sich gegen eine Intensivierung der Beziehungen sperrte. Harry Ristock berichtete auf dem Bundesausschuß:»Der polnische Jugendverband habe zwar die organisatorischen Voraussetzungen für die Fahrt geschaffen, sei aber zu engeren Kontakten nicht bereit gewesen.«[93] Damit hatte sich die Linie fortgesetzt, die das Verhältnis zwischen den Falken und dem ZMS bisher schon bestimmt hatte. Angefangen mit der Absage der gemeinsamen Zeltlager 1958, dann die Verzögerung des Gegenbesuches des ZMS in der BRD, schließlich die Schwierigkeiten bei der Realisierung der zweiten Auschwitzfahrt, war die Haltung des ZMS von einer gewissen Zurückhaltung gegenüber den weitergehenden Wünschen der Falken gekennzeichnet gewesen, wobei sich diese Reserviertheit verstärkt hatte und sich weiter verstärkte.

Aufgrund dieser Probleme im Umgang mit dem ZMS reifte im Berliner Landesverband die Erkenntnis, daß die Hoffnungen, die man auf die Entwicklung in Polen gesetzt hatte, sich nicht erfüllen würden. W. Götsch:

»Es war ursprünglich von unserer Motivation her die gleiche ideologische Ausgangsebene wie bei Jugoslawien. Uns interessierte eben der ZMS in seinen Möglichkeiten, über einen vermenschlichten Kommunismus für polnische Verhältnisse das zu tun, was die Jugoslawen für ihre Verhältnisse machten. Aber wir haben uns dann doch sehr schnell mit kleineren Brötchen zufriedengeben müssen. Im Sinne von Begegnung und Rückbegegnung haben es die Polen nie geschafft wie die Jugoslawen, wollten sie auch nicht, und man muß auch einfach wissen, daß sie selbst auch Kontrollierte waren. Es gab noch die Hoffnung, auch wie immer noch lange gehegte Hoffnung, daß man auf der oberen Ebene, im exklusiven Kreis sozusagen, diese Kontakte fortführen kann, ist auch geschehen. Aber daß wir sozusagen Gruppe gegen Gruppe, wie wir es auch mit Jugoslawien zum Teil, mindestens Delegation gegen Delegation, haben machen können, das hatten wir uns gleich abgeschminkt und haben dann aus den Erfahrungen unserer offiziellen Reise das sich anbietende Minimale rausgeholt, und das war maximal genug.«[93a]

Ein weiteres retardierendes Moment für die Beziehungen nach Polen war die Praxis der Visaerteilung durch polnische Dienststellen. Manfred Wetzel berichtete, »daß die Zustimmung von den Polen immer sehr spät kam. Es waren zum Teil schon die Reisebusse aus der Bundesrepublik nach Berlin unterwegs, und wir hatten immer noch nicht die Visa von den Polen.«[94]

Auch Jürgen Dittner bezeichnete diese Vorgänge als »ein durchgehendes Ärgernis« und führte dazu aus:

»Ich bin nicht der Meinung, daß die Polen nicht organisieren können, sondern diese Dinge waren vorgeschoben, was ja in vielen Ländern üblich ist, wenn man einen politischen Hintergrund hat und das nicht offen bekennen will.«[94a]

Die Zurückhaltung des ZMS und das Verhalten der polnischen Behörden lassen sich aus der besonderen polnischen Situation und insbesondere aus der Entwicklung der polnischen Außenpolitik erklären. Wie der Bericht der Polen-Kommission des Verbandsvorstandes ausweist, hatte der ZMS in der ersten Phase zur Zeit seiner Gründung (April 1957) einen gewissen Handlungsspielraum gegenüber der VPAP![95] Daher rührten auch die großen Hoffnungen, die der Landesverband Berlin in die Kontakte mit dem ZMS setzte. Im Zuge der Konsolidierung des Gomulka-Regimes verlor er diese aber zunehmend. Die Durchführung des ursprünglich für Dezember 1957 anberaumten III. Parteitages der VPAP im März 1959 gilt als das Datum, an dem die innere Stabilisierung Polens abgeschlossen war.[96] Auch der ZMS dürfte zu diesem Zeitpunkt wieder fest in der Hand der VPAP gewesen sein. Die Ersetzung von Marian Renke durch den von seiten der Falken als Bürokraten stalinistischen Typs geschriebenen[97] Wieslaw Adamski ist nur ein Hinweis dafür. Wenn auch die Absage der für 1958 geplanten polnisch-deutschen Gemeinschaftszeltlager einen ersten Rückschlag bedeutete und darauf hinwies, daß die polnische Jugendverbandsführung in dieser Frage ihre Kompetenzen offenbar überschritten hatte, so herrschte dennoch zu keiner Zeit eine größere Übereinstimmung zwischen den beiden Jugendverbänden als im März 1958. Der verzögerte Rückbesuch der polnischen Delegation fand bereits in einem wesentlich kühleren Klima statt. Grund dafür war eine Umorientierung der polnischen

Außenpolitik. Die Kontaktaufnahme zwischen den Falken und dem ZMS hatte in dem Zeitraum stattgefunden, als Polen versuchte, seine innenpolitische Entwicklung durch außenpolitische Schritte abzusichern. Die bekannteste außenpolitische Initiative war der Rapacki-Plan für eine atomwaffenfreie Zone in Mitteleuropa. Dieser Plan stieß sowohl im Westen als auch in der Sowjetunion auf Mißtrauen, weil sich dieser Plan in seinem Kern auch gegen die Logik der Machtblöcke in Europa richtete.

»Mit seiner Politik ›konstruktiver Koexistenz‹ mußte sich Rapacki gegen die Verdächtigungen zur Wehr setzen, er wollte einmal das westliche Bündnissystem aufbrechen und danach durch eine Schaukelpolitik die Bindungen Polens an das sozialistische Lager lockern.«

So bringt Jörg K. Hoensch in seiner Geschichte der polnischen Volksdemokratie die Vorwürfe auf einen Nenner.[98] Wir erinnern uns, daß die Falken und der ZMS in ihrem gemeinsamen Kommuniqué vom März 1958 den Rapacki-Plan ausdrücklich begrüßt hatten.[99]

Generell war die polnische Außenpolitik der Jahre 1957 und 1958 bestimmt von einem »Offenhalten der Tür nach Westen«.[100] In diesem Zusammenhang zeigte sich auch eine Bereitschaft, das Verhältnis zur Bundesrepublik zu normalisieren,[101] die aber bei der Bundesregierung keinen Widerhall fand.

Diese Bestrebungen endeten ziemlich abrupt, als die Sowjetunion im Vorfeld des »Berlin-Ultimatums« auch die Polen wieder zu stärkerer Blocksolidarität verpflichtete. Während eines Besuches der polnischen Parteiführung in der Sowjetunion im Oktober/November 1958 wurde ihr als Gegenleistung für die Aufgabe ihrer unabhängigen Außenpolitik noch einmal ausdrücklich ihr innenpolitischer Handlungsspielraum und die Unverletzlichkeit der Oder-Neiße-Grenze durch die Sowjetunion garantiert.[102] In der Folgezeit unterstützte Polen die sowjetische Deutschlandpolitik immer vorbehaltloser. Allerdings hatte die intransigente Haltung der Bundesrepublik einen Großteil dazu beigetragen, daß Polen in der Zementierung der Spaltung Deutschlands und der Unterstützung der DDR den erfolgversprechendsten Weg zur Sicherung seiner Westgrenze und seiner nationalen Integrität erblickte,[102a] wie der polnische Ministerpräsident Cyrankiewicz in einer scharf formulierten Rede auf dem III. Parteitag der VPAP im März 1959 eindeutig bekundete.[103] In diesem Sinne verbesserte Polen sein seit 1956 gespanntes Verhältnis zur DDR und erklärte in der Folge die Bundesrepublik zum gemeinsamen Hauptfeind.[103a]

Diese Haltung blieb natürlich nicht ohne Auswirkungen auf die Politik des ZMS gegenüber den Falken. Der Ansatz Rapackis zur Aufweichung der Blockfrontation als Grundlage eines gemeinsamen Interesses zwischen den Verbänden verlor an Bedeutung. Die Polen betonten wieder stärker die Solidarität mit dem sozialistischen Lager. Die Rede Adamskis im November 1959 war ein eindeutiger Hinweis in diese Richtung. Und daß die Reaktion der Falken die Polen in ihrer zunehmenden Zurückhaltung noch bestärkt haben dürfte, steht wohl außer Zweifel.

Hinzu kam, daß die FDJ diese Aktivitäten der Falken argwöhnisch beobachtete und ihren Einfluß geltend machte, um die Beziehungen der Falken nach Osteuropa zu erschweren, solange sie selbst davon ausgenommen war. Jürgen Dittner berichtete:

»Also wir merkten immer wieder, wenn es eine Abkühlung in den Kontakten gab, dann war vorher irgendein internationales oder nationales oder bilaterales Treffen zwischen FDJ und den jeweiligen kommunistischen Jugendverbänden gewesen, und die FDJ-Sekretäre haben dann wieder interveniert, und die Kontakte der Polen direkt mit den Falken sind ständige Kritikpunkte gewesen.«[104]

Waldemar Klemm erinnerte sich an eine Unterhaltung während der langwierigen Abfertigung an der DDR-Grenze bei der ersten Polenfahrt, die diese Einschätzung bestätigt: »In zwischenmenschlichen Gesprächen sagten die Vopos, daß wir das sein lassen sollten und lieber zur FDJ fahren sollten statt über die DDR ins befreundete Ausland.«[105]

Auch bei den Fahrten selbst traten des öfteren Vertreter der FDJ in Erscheinung, um ihren Anspruch nach Kontakten zu den Falken zu dokumentieren. Wir haben bereits berichtet, daß während des Besuches der Vorstandsdelegation der Falken in Polen ein FDJ-Vertreter als ungebetener Gast zu einer Veranstaltung an der Posener Universität erschien.[106] Solche Ereignisse wiederholten sich bei ähnlichen Gelegenheiten. Helmut Walz:

»Wir sind bei unseren Reisen regelmäßig von Vertretern der FDJ – man kann schon beinahe sagen – verfolgt worden. Die haben uns also in Prag, in Warschau, in Krakau, wo wir waren, haben die uns regelrecht aufgelauert. Die saßen auf einmal in dem gleichen Restaurant, wo wir nun unser Mittag- oder Abendessen bekamen. Dann stellte sich auf einmal heraus, sie stellten sich zum Teil selber vor, wir sind also die Freunde von der FDJ aus Ostberlin und wußten, daß ihr herkommt, und wir möchten gerne mit euch diskutieren.«[107]

Vermutlich übten sie auch Druck auf die Gastgeber aus, um zu den von ihnen gewünschten, von den Falken aber abgelehnten Gesprächen zwischen beiden Organisationen zu kommen. Anläßlich der zweiten Auschwitzfahrt brachte die FDJ über den ZMS offenbar eine gesamtdeutsche Jugendbewegung in Auschwitz ins Gespräch, was die Falken als nicht akzeptabel zurückwiesen. Die »junge gemeinschaft« berichtete dazu:

»Es gibt Leute, die uns mit solchen Problemen, die wir nicht lösen können, belasten wollen. Auschwitz ist kein Treffpunkt für die Sozialistische Jugend Deutschlands und Ulbrichts FDJ. Das deutsch-polnische Verhältnis ist zu kompliziert, als daß man es mit den innerdeutschen Widerwärtigkeiten einer nicht von uns verschuldeten Spaltung zusätzlich belasten sollte. Die polnischen Freunde haben dies respektiert.«[108]

Aber das Ergebnis war, daß nicht mehr der ZMS, sondern das polnische Büro für Jugendtouristik als offizieller Partner für die Durchführung dieser und weiterer Fahrten fungierte. Auch die Weigerung des ZMS, eine gemeinsame Veranstaltung mit den Falken durchzuführen, dürfte im Zusammenhang mit der Intervention der FDJ gestanden haben. Inwieweit die von den Falken entwickelte, dann aber nicht ausgeführte Idee, die Auschwitzfahrt im Frühjahr 1960 gemeinsam mit den übrigen Arbeiterjugendverbänden, Naturfreundejugend, DGB, DAG, SDS und Jungsozialisten durchzuführen,[108a] ebenfalls ein Opfer dieser Verwicklungen bzw. der Zurückhaltung des ZMS wurde, war nicht zu ermitteln. Der Verdacht liegt jedoch nahe.

Wenn auch der Einfluß der FDJ stets spürbar blieb, ihr Versuch, mit den Falken auf osteuropäischem Boden ins Gespräch zu kommen, blieb fruchtlos. Offene Diskussionen, wie sie zwischen den Falken und ihren Gastgebern stattfanden, waren zwischen Falken und FDJ nicht möglich. Die Aussagen von Helmut Walz belegen, in welchem Maße das Verhältnis zwischen diesen beiden Verbänden gespannt war:

»Da hat es natürlich heiße Auseinandersetzungen gegeben. Wir haben denen ihren Paulus* vorgeworfen, und die haben uns unsere SS-Nazis vorgeworfen, Globke und auch andere, der bei uns in der Bundesrepublik nach dem Krieg Karriere gemacht hat, d. h. wir haben uns mit denen auf Hauen und Stechen gestritten. Es hat immer kurz vor einer Prügelei gestanden, weil wir mit diesen sogenannten Genossen von der FDJ also einfach nicht klargekommen sind. Es hat

---

\* Paulus trug als Oberbefehlshaber der 6. deutschen Armee vor Stalingrad durch seinen blinden GEhorsam gegenüber Hitlers Durchhaltebefehlen eine Mitschuld am Tod von ca. 200000 Soldaten. Nach seiner Entlassung aus sowjetischer Kriegsgefangenschaft im November 1953 nahm er seinen Wohnsitz in der DDR, begrüßte die sowjetische Deutschlandpolitik und betätigte sich als Initiator »Gesamtdeutscher Offizierstreffen« in Ost-Berlin.

115

überhaupt, wie gesagt, nur einen Argumentenaustausch gegeben, kein vernünftiges Gespräch und keinen Konsens dieses Gespräches. Das ist ganz gravierend gewesen im Gegensatz zu den Freunden der polnischen und auch der tschechoslowakischen Jugend. Mit denen hatten wir ein ganz anderes Verhältnis, d. h. so eine Art Gastgeberverhältnis. Die haben uns freundlich behandelt.

Wir haben mit ihnen gesprochen, haben da aber auch eingestanden, daß wir selbst Unverständnis haben gegenüber unserem Staat, denn die kamen dann auch auf diese Sache mit dem Globke, mit dem Adenauer, der damals in den 50er Jahren den Globke reingeholt hat ins Kanzleramt, während wir es einfach nicht für möglich hielten, daß einer, der Kommentare zu diesen Blut- oder Rassegesetzen geschrieben hat, daß dieser Mensch bei Adenauer im Kanzleramt sitzt. Das haben wir den sogenannten Freunden aus der FDJ natürlich nicht gerne zugegeben, denn erstens haben wir dazu nichts zu sagen, und zweitens fehlt uns einfach das Verständnis dafür, ihnen gegenüber so eine Art Solidarisierungseffekt für ihre Leute zu erzeugen. Das haben wir den Tschechoslowaken und den Polen gesagt, aber nicht den sogenannten Freunden aus Ostberlin, die ja angereist waren, um uns in irgendeiner Form auszuheben. Das ist eine ganz dolle Sache gewesen. Es war schon für jeden von uns klar, wenn wir wieder eine Reise begannen, die jungen Genossen aus Ostberlin werden uns wahrscheinlich wieder auf den Fersen sitzen. Das war also regelmäßig so der Fall gewesen. Es war schon penetrant, und im Grunde genommen hat es ihnen gegenüber nichts gebracht, uns gegenüber nichts gebracht, weil es immer wieder sofort nicht auf eine Freundschaftshaltung, sondern auf eine Konfrontationshaltung rausgelaufen ist.«[109]

## IV.12. Die Motivation wandelt sich, das Interesse bleibt

Ungeachtet der aufgetretenen Schwierigkeiten waren die Falken, insbesondere der Berliner Landesverband, daran interessiert, die Beziehungen zum ZMS aufrechtzuerhalten und wenn möglich auszubauen. Die Motivation hatte sich allerdings gewandelt. Die in Berlin gepflegten Hoffnungen, der polnische Oktober könnte einen jugoslawischen Weg hervorbringen, waren verflogen. Im Vordergrund standen jetzt die Bemühungen, die Aussöhnung mit Polen voranzubringen und damit einen Beitrag zu leisten im Rahmen der Ost-West-Entspannung. Alfred Gleitze dazu:

»Der immer mitverfolgte Gedanke war, auch in der großen Politik etwas zu bewegen. ... und wenn wir nur kleine Rädchen bei dieser Gelegenheit drehen können – das Wort Entspannung, ich weiß nicht, ob es damals schon erfunden war, aber es lief in diese Richtung. ... Es war auch eine stehende Redensart bei uns, daß wir sagten, das wird eines Tages kommen. Wenn wir es nicht machen, werden es die Rechten machen, und die werden als erstes mit ihren Limousinen dahinfahren. ... So sind wir weiterhin am Ball geblieben. Immer, wenn sich die Tür ein bißchen öffnete, haben wir auch versucht, hindurchzugehen.«[110]

Alfred Gleitze deutet damit an, daß in jenen Jahren eine Akzentverschiebung bei den Intentionen, mit denen die Berliner Falken ihre Ostkontakte machten, eingetreten war. Die außenpolitische Wende der SPD und innerhalb des Bundesverbandes, die sich vorbehaltlos auf den Boden der Bundesrepublik als Grundlage für jede weitere Politik gestellt hatten,[111] war nicht ohne Auswirkungen auf die Entwicklung im Berliner Landesverband geblieben. Insbesondere der Bau der Mauer hatte bei den Berliner Falken zu der Einsicht geführt, daß eine auf die Wiedervereinigung als kurzfristiges Ziel ausgerichtete Politik sich auch unter der Prämisse des Dritten Weges politisch überholt hatte. Die Blockstrukturen waren zu verfestigt, die Berliner Falken stellten sich darauf ein, ihre Politik am Bestehen der beiden, von ihnen ungeliebten deutschen Staaten orientieren zu müssen.[111a] Nicht mehr die blockübergreifende Strategie zur Überwindung der Spaltung stand jetzt im Vordergrund ihrer Überlegungen, sondern das Bemühen, die schlimmsten Auswirkungen der Blockkonfrontation – etwa die Berliner Mauer – abzumildern und einer weiteren Auseinanderentwicklung zu begeg-

nen. Inhaltlich nahmen damit die Berliner Falken die Entspannungspolitik, wie sie sich in der Bundesrepublik 1969 mit der Regierung Brandt/Scheel durchsetzte, vorweg. Generell kann man sagen, daß sie mit ihren Aktivitäten zu den Vorreitern jener Entspannungspolitik gehörten.
Polen spielte im Rahmen dieser Überlegungen eine wichtige Rolle. Die innere Liberalität, die in Polen nach wie vor bestand, wurde im Vergleich zu den Verhältnissen in der DDR als erstrebenswert betrachtet. Ebenso boten die polnischen Verhältnisse ein gutes Anschauungsmaterial, um »der in Westdeutschland herrschenden Vorstellung, daß der Osten ein in sich gefestigter Block sei, entgegenzuwirken«, wie Harry Ristock auf dem Bundesausschuß im Mai 1960 ausführte.[112]

So entwickelte Ristock die Idee, den Differenzierungsprozeß im Ostblock, insbesondere die Entwicklung in Polen nutzbar zu machen, »um das Schicksal der Menschen in Ostdeutschland zu erleichtern.« Durch eine Politik der Annäherung an die osteuropäischen Staaten unter Umgehung der DDR sollte diese im eigenen Bündnis isoliert und zu Zugeständnissen gebracht werden. Auf dem Landesparteitag der SPD im Dezember 1961 benutzte Ristock dafür die Formulierung: »mit den weniger schlechten Kommunisten die schlechten Kommunisten aufzuweichen und beiseite zu räumen«. Die weniger schlechten Kommunisten waren vor allem die Polen, die durch politische und wirtschaftliche Unterstützung aus der BRD in die Lage versetzt werden sollten, sich aus ihrer Umklammerung durch die DDR und die Sowjetunion zu lösen.[113] Als Ziel formulierte ein Positionspapier der Berliner SPD-Linken vom September 1962 die »Schaffung polnischer Zustände in Ost-Deutschland«.[114] Auch die Berliner Falken selber stellten wieder Forderungen, die auf eine Intensivierung der Entspannungspolitik abzielen. Im April 1963 beschlossen sie auf ihrer Landeskonferenz: »Die von Polen geforderte Anerkennung der Oder-Neiße-Linie sollte kein Hinderungsgrund für die Aufnahme diplomatischer Beziehungen sein« und richteten die Bitte an die sozialdemokratische Bundestagsfraktion, sich dafür einzusetzen.[115]

Dies war zwar immer noch keine eindeutige Erklärung zur Frage der Oder-Neiße-Grenze, reichte aber aus, den Landesvorstand der Berliner SPD zu einer Distanzierung von dieser Entschließung zu veranlassen.[116] Ziel dieser Initiative der Falken war es, die Bewegung, die durch den Abschluß eines Handelsabkommens zwischen der Bundesrepublik und Polen – das auch zur Errichtung einer Handelsmission in Warschau führte[117] – in das deutsch-polnische Verhältnis gekommen war, zu nutzen und voranzutreiben. Der Zeitpunkt schien günstig, die SPD zu ermahnen, ihre eigenen Bemühungen zur Normalisierung des deutsch-polnischen Verhältnisses wieder aufzunehmen, nachdem ihre erste entsprechende Initiative von 1958 ohne Ergebnis geblieben war.[118] So brachte der Berliner Landesverband diesen Antrag auch auf die Bundeskonferenz im Mai in Bielefeld ein, wo er in leicht differenzierter Form ebenfalls mit großer Mehrheit verabschiedet wurde.[119]

Doch die SPD hatte ihre unter dem Eindruck des polnischen Oktober gezeigte Aufgeschlossenheit gegenüber Polen wieder verloren und ihr Verhältnis zu den Vertriebenenverbänden, das in jener Zeit aufgrund dessen nicht frei von Belastungen gewesen war, seit 1959 wieder kontinuierlich verbessert.[120] Sie zeigte in dieser Frage keinerlei Bewegung. Umso mehr aber die Berliner Falken, die die Mitte der 60er Jahre zunehmende öffentliche Diskussion über die Regelung des deutsch-polnischen Verhältnisses nutzten. In seinem Rechenschaftsbericht auf der Landeskonferenz im April 1964 benannte der neue Vorsitzende der Berliner Falken Alfred Gleitze »das Problem der gegenwärtigen deutschen Grenzen, in denen man sich einrichten müsse, und die Frage der Verständigung mit Deutschlands Nachbarvölkern« als unabweisbare Schwerpunkte der Verbandsarbeit.[121]

In diesem Sinne sprach sich Harry Ristock, nach seinem Ausscheiden als Landesvorsitzender 1963 weiterhin Vorstands-Mitglied der Falken, auf dem Berliner SPD-Parteitag im Oktober 1964 für die Anerkennung der gegenwärtigen Grenzen und für den Abschluß eines Freundschaftsvertrages mit Polen analog zum deutsch-französischen Vertrag aus. Außerdem erklärte er den von ihm mitvertretenen Versuch, Ulbricht zu isolieren, für gescheitert und forderte eine aktive Politik des Ausbaus von Kontakten auch gegenüber der DDR.[122]

Als der Verband am 30. April 1965 ein öffentliches Forum zum Thema »Oder-Neiße oder Elbe?« durchführen wollte, um »unser Verhältnis zu unseren polnischen Nachbarn und die immer wieder Unfrieden stiftende Grenzfrage zu erörtern«,[123] erhielt er eine entgegen den sonstigen Gepflogenheiten schriftliche Aufforderung des SPD-Landesvorstandes, »von dieser Veranstaltung ... Abstand zu nehmen.«[124] Ein halbes Jahr vor den Bundestagswahlen, von deren Ausgang sich die SPD einiges erhoffte, glaubte der SPD-Vorstand, keinerlei von der offiziellen Parteilinie abweichenden Meinungsäußerungen dulden zu können.[125]

Die Falken fügten sich dieser Aufforderung zähneknirschend, »um unseren Verband nicht jeglicher Wirkungsmöglichkeit zu berauben.« Ihr Antwortschreiben an die SPD zeigt in eindringlicher Weise die Irrationalität, mit der das Problem der Grenzfrage in der deutschen Politik gehandhabt wurde, auf:

»Wir sind auch in Polen gewesen. Menschen, die wir dort trafen, sprachen über Deutschland mit Sorge. Ihre Angst wurzelte in dem vermeintlichen Rechtsanspruch, den sie dauernd von deutscher Seite vernehmen.

Daß der Verlust der ehemals deutschen Ostgebiete für viele unserer Mitbürger – und auch für manchen von uns – bitter und schmerzlich ist, daß das Herz von Menschen sich verkrampft, die ihre Heimat verloren haben, – wer könnte sich darüber hinwegsetzen? Aber die Bitterkeit dieses Verlustes kann nicht durch eine Jahrzehnte währende Flucht in die Unwahrhaftigkeit gemildert werden. Seit etlichen Jahren hören wir in privaten Gesprächen aus dem Munde führender Männer aller Parteien das augenzwinkernde Eingeständnis, daß es natürlich närrisch sei, noch länger anzunehmen, das Deutsche Reich werde in den Grenzen des Jahres 1937 wiedererstehen. Seit Jahren wissen wir alle, daß öffentliche Äußerungen zur Oder-Neiße-Frage in Deutschland dem Verhalten der Volksmasse gleichen, die einen Kaiser ohne Kleider bestaunten. Im Unterschied zum Andersen'schen Märchen soll offenbar auch den Kindern nicht gestattet werden, des Kaisers Kleiderlosigkeit zuzugeben. Wir glauben, daß die Chancen deutscher Politik unter der Last trügerischer Illusionen und närrischer Erwartungen ersticken müssen. Am zwanzigsten Jahrestag der Kapitulation eines Regimes, das die Lüge zur Perfektion steigerte, ist nichts dringender geboten als Wahrhaftigkeit.«[126]

## IV.13. Der weitere Verlauf der Beziehungen der Falken nach Polen

Wie wir bereits aufgezeigt haben, war spätestens nach der zweiten Auschwitzfahrt im April 1960 ersichtlich, daß der weitere Kontakt zum ZMS sich schwieriger gestalten würde als erwartet. Gemeinsame Aktionen waren nicht möglich, ebensowenig wie Begegnungen auf breiterer Ebene. Selbst die Durchführung der Gedenkstättenfahrten bereitete zunehmend Schwierigkeiten. So beschränkte sich der Kontakt zwischen den beiden Verbänden in den Jahren 1960/61 auf die Teilnahme von Vorstandsmitgliedern an vom ZMS sowie den polnischen Pfadfindern als Kinderorganisation oder für Redakteure von Jugendzeitschriften veranstalteten Seminaren. Daneben gab es in Verbindung mit dem Büro für Jugendtouristik in Warschau vom SJ-Feriendienst – dem Reisebüro der Falken – durchgeführte Studienfahrten nach Polen. Diese 17tägigen Fahrten verbanden touristische und Bildungs-Aspekte miteinander, hatten aber auch nicht nur wegen des Besuchs in Auschwitz einen politischen Akzent. Für die ersten

beiden Fahrten im Sommer 1960 wurde in der »jungen gemeinschaft« unter ausdrücklichem Hinweis auf ihre politische Bedeutung ausführlich geworben.[127]
Für den Herbst 1961 plante der LV Berlin erneut eine Fahrt nach Auschwitz, die dann allerdings nicht stattgefunden hat. Die Gründe dafür ließen sich nicht feststellen. Die von Alfred Gleitze geäußerte Vermutung, daß die durch den Bau der Mauer ausgelösten Irritationen dabei eine Rolle gespielt haben könnten, erscheint recht plausibel:

»Da wird wahrscheinlich die starke Verunsicherung durch den Bau der Mauer eine Rolle gespielt haben. Da würde ich nicht ausschließen wollen, daß das auch auf unserer Seite auf Sparflamme gekocht worden ist. Unabhängig jetzt von der Situation in Berlin schlechthin war es ja auch für den Verband eine sehr angespannte Situation. Denn wir hatten bis zu dem Zeitpunkt immer noch formal den Anspruch aufrechterhalten, in Gesamtberlin tätig zu sein als Pendant zu der Tätigkeit der FDJ und haben dann – ähnlich wie die Partei – sozusagen unsere Mitglieder aus der Verpflichtung entlassen. Ein Teil sitzt heute noch drüben, und ein Teil kam dann noch unter teilweise auch dramatischen Umständen hier nach Westberlin rüber. Und das war dann nicht so die Zeit, nun außerdem noch vom Sekretariat aus die nächste Fahrt nach Polen zu betreiben. Das ging mindestens bis zum Jahresende, da war vieles weitgehend außer Betrieb gesetzt.«[128]

So konnte die nächste Fahrt der Berliner Falken nach Auschwitz erst im November 1962 stattfinden, auch diesmal nur unter Schwierigkeiten. Sowohl die DDR als auch die polnischen Behörden weigerten sich im Sinne der östlichen Drei-Staaten-Theorie, Pässe der Bundesrepublik als Reisedokumente für die Berliner Teilnehmer anzuerkennen und verlangten entgegen der bei den bisherigen Fahrten geübten Praxis die Vorlage von Westberliner Personalausweisen.[129] Da eine Weigerung, sich auf diese Regelung einzulassen, nicht nur die Absage dieser Fahrt, sondern faktisch den Abbruch aller Kontakte nach Osteuropa bedeutet hätte, wurde sie akzeptiert.[130] Dennoch erhielten die Falken erst Ende Oktober die Genehmigung des polnischen Außenministeriums für die vom 20. bis zum 25. November geplante Fahrt.[131]

Jetzt traten andere Schwierigkeiten auf. Der Berliner Senat lehnte es unter diesen Umständen aus außenpolitischen Bedenken ab, Zuschüsse zu gewähren. Die 147 Reiseteilnehmer hatten den vollen Preis zu entrichten, nur drei hatten von der Möglichkeit Gebrauch gemacht, deswegen zurückzutreten.[132] Dies, obwohl der unter Einbeziehung des Zuschusses kalkulierte Preis von 80,– bzw. 100,– DM für Vollverdiener im Verhältnis zu den vorangegangenen Fahrten schon recht hoch lag.[133]

Der erweiterte zeitliche Rahmen der Fahrt ermöglichte einen zweitägigen Aufenthalt in Warschau. Von da aus wurde die nahegelegene Gedenkstätte Palmiry besucht und der dort ruhenden Opfer des Hitlerfaschismus mit einer Kranzniederlegung geehrt; ebenso wie jene im Warschauer Ghetto am folgenden Tag, wo eine kurze Feierstunde stattfand. Die Fahrt führte weiter nach Krakau und nach Auschwitz, wo erneut der Opfer der faschistischen Barbarei gedacht wurde. Eine offizielle Begegnung mit dem polnischen Jugendverband war abermals nicht möglich.[134] Die Fahrt war diesmal mit einer Presseerklärung angekündigt worden, so daß in einigen Westberliner und westdeutschen Zeitungen Hinweise auf diese Reise erschienen. Die teilnehmenden Journalisten Erich Richter und Carl L. Guggomos berichteten erneut im »Blickpunkt« sowie dem »Telegraf«, dem »Spandauer Volksblatt« und dem »Vorwärts« ausführlich über diese Reise. Der Tenor dieser Berichte deckte sich mit den von uns bereits geschilderten Eindrücken von anderen Teilnehmern der Gedenkstättenfahrten. Neben dem prägenden Eindruck der Stätten des Grauens wurde vor allem die innere Liberalität in Polen gewürdigt.[135] Der Kommentar von Guggomos in der »jungen gemeinschaft« schloß mit den Worten: »Noch ist Polen nicht verloren – für uns. Für ›den Westen‹. Für den freiheitlichen Sozialismus. Für die Welt von morgen. Noch nicht.«[136]

Eine große Aufmerksamkeit fand die Falken-Fahrt auch im Zentralorgan der FDJ, »Junge Welt«, das mehrfach darüber berichtete, nicht ohne die Falken aufzufordern, ihre antifaschistischen Aktivitäten in Berlin zu verstärken.[137] Der Erfolg und das gute publizistische Echo dieser Fahrt gaben den Falken im nachhinein recht, daß sie sich über die Bedenken des Senats in der Paßfrage hinweggesetzt hatten. Da auch die Westalliierten den Standpunkt vertraten, daß die Einwohner West-Berlins keine Bürger der Bundesrepublik sind, war auch die Auseinandersetzung um die Paßfrage mit ihren negativen Konsequenzen bald beendet.

Im Zusammenhang mit der bereits beschriebenen Offensive der Berliner Falken zur Regelung des Verhältnisses zu Polen kündigte Harry Ristock im März 1963 im Bundesausschuß erneut an, daß der LV Berlin versuchen wollte, 1964 in Polen ein Zeltlager durchzuführen.[138] Dies kam jedoch wiederum nicht zustande. Alfred Gleitze zu den Gründen:

»Das war dann eine Phase, in der die Polen nur noch bereit waren, im wesentlichen nur noch über ihr Jugendreisebüro zu verhandeln, mehr unter dem Gesichtspunkt, das bringt Devisen. Und so haben wir die meisten weiteren Reisen auch angelegt. Da ist dann kein Raum für eine Jugendbewegung gewesen – und nur die hätte ja einen Sinn gehabt. Es hätte keinen Sinn gehabt, auf irgendeinem freien Feld völlig losgelöst von der sonstigen Wirklichkeit Zeltlager zu veranstalten, sondern das hätte ja ein Begegnungslager sein müssen, mindestens mit einem Teil polnischer Jugendlicher. Und dazu zeigten die sich nicht in der Lage.«[139]

So konnten weiterhin nur touristische Reisen oder Gedenkstättenfahrten stattfinden. Im Rahmen der Gedenkfahrten wurde Maidanek als neues Ziel erschlossen. Vom 19. bis zum 24. 11. 1963 reisten 200 Angehörige und Sympathisanten des Landesverbandes, darunter einige Mitglieder des Abgeordnetenhauses von Berlin, nach Maidanek. Um die Rede, die der im April neugewählte stellvertretende Landesvorsitzende Lothar Pinkall dort hielt, gab es heftige Auseinandersetzungen, die zum Rücktritt Pinkalls und zur Abgabe einer Erklärung der Falken über ihr Verhältnis zu diesem Staat gegenüber der SPD führten.[140]

Pinkall hatte in seiner Rede darauf hingewiesen, daß der Faschismus kein Betriebsunfall der Geschichte war und den Zusammenhang zwischen Kapitalismus und Faschismus betont. Daraus leitete er ab, daß eine Wiederkehr des Faschismus – wenn auch in anderer Form – jederzeit möglich sei. Als Belege dafür, daß sich ein Teil des alten Ungeistes in der Bundesrepublik am Leben gehalten hatte, führte er an:

»Nun sind nicht mehr die Juden, sondern die Kommunisten – oder auch die Leute um Kennedy, die Sozialdemokraten oder die Gewerkschaften die Quelle allen Übels. Nun wird zwar nicht mehr der Führergeist beschworen, aber immer noch werden Leute, die nicht der Linie der ›Staatspartei‹ folgen, als mißliebige, staatsfeindliche Elemente, ›linksintellektuelle Narren‹ oder Wegbereiter des Bolschewismus diffamiert. Auch vom Herrenmenschen wagt man nicht zu sprechen, dafür aber von der besonderen Mission des christlichen Abendlandes, die Menschen vor dem Bolschewismus zu retten.«

Eine seiner Schlußfolgerungen war:

»Der Kampf gegen die offenen und die verschleierten Formen des Terrors in unserer Industriegesellschaft erfordert die Existenz kritischer, aktiver Menschen, erfordert die offene Diskussion über das herrschende Unrecht und das Unrecht der Herrschenden, wo immer in der Welt es sichtbar wird.«[141]

Das Jahr 1964 brachte im Zusammenhang mit dem Frankfurter Auschwitz-Prozeß eine Zunahme des Interesses an Polen auch im Gesamtverband. Der Landesverband Hessen fuhr im Mai nach Auschwitz und erstellte darüber eine ausführliche Dokumentation.[142] Die »junge gemeinschaft« widmete ihre Septemberausgabe schwerpunktmäßig dem Thema Polen. Dort forderte u. a. unter der Überschrift »Auschwitz liegt in Polen« die Vorwärts-Redakteurin Valeska von Roques als Gastautorin die Aufnahme von diplomatischen Beziehungen zu Polen.[143]

Dieselbe Autorin brachte in der Novemberausgabe in dem Artikel »Warum sie ostwärts fahren« die Bemühungen der Falken in dieser Richtung auf den Punkt, indem sie fragte:

»Kann man überhaupt anfangen, miteinander zu sprechen, ohne daß man sich auf der deutschen Seite zur Vergangenheit bekennt und sich dadurch zugleich von ihr distanziert hat?«

Des weiteren beschrieb sie die Vorreiterfunktion der Ostkontakte der Falken:

»Dabei nutzt der Verband die Möglichkeit, die der hohen Politik nicht gegeben sind, um ihr zugleich das Terrain für künftige Möglichkeiten zu bereiten. Sicherlich wissen gerade die Falken, daß man den Kommunismus nicht wegbegegnen kann. Sie wissen aber auch, daß Auseinandersetzung nur durch das offene Gespräch, Wandel nur durch Annäherung zustande kommen kann.«[144]

Auf der Sitzung des Bundesvorstandes im Oktober plädierte der Vorsitzende Horst Zeidler dafür, den Kontakt zur polnischen Jugendorganisation wieder zu intensivieren und schlug vor, dem ZMS den Besuch einer größeren Verbandsdelegation unter Einbeziehung von Berliner Teilnehmern für den November 1964 anzubieten. Der Berliner Landesausschuß unterstützte diese Initiative, obwohl oder gerade weil er auf seiner Sitzung am 27.10.64 festgestellt hatte, daß zur Zeit wegen der Preisgestaltung durch die polnischen Partner weitere Fahrten nach Polen wenig sinnvoll erschienen. Die hohen Preise hatten dazu geführt, daß kaum noch Verbandsmitglieder an den Fahrten teilnehmen konnten.[145] Der Besuch der Delegation in Warschau kam jedoch nicht zustande. Erst Ende März 1965 reisten Horst Zeidler und sein designierter Nachfolger, der Bundessekretär Klaus Flegel, nach Warschau. Dort erzielte man Übereinstimmung darüber, die brachliegenden Beziehungen zu reaktivieren und die strittige Frage des Berlin-Status pragmatisch zu regeln. Die Vertreter des ZMS stimmten weiterhin im Grundsatz zu, Mitglieder ihres Verbandes im kommenden Jahr in die Zeltlager der Falken zu entsenden. Klaus Flegel betonte in seinem Bericht im Bundesvorstand, »daß die Gespräche in einer äußerst freundlichen Atmosphäre verlaufen sind und man das Gefühl haben kann, daß der polnische Jugendverband an intensiven Kontakten sehr interessiert ist«.[146]

Vorerst wirkte sich dies jedoch noch nicht aus. Die ausgesprochene Einladung zur Bundeskonferenz in Nürnberg nahm der ZMS wegen »Terminschwierigkeiten« nicht wahr. Einer Gruppe, die über den mittlerweile in Berlin gegründeten Falkenreisen-Feriendienst im November nach Polen reisen wollte, wurden die Visa nicht erteilt, angeblich, weil sie zu spät beantragt worden waren, wie die polnische Militärmission in West-Berlin später erklärte.[147]

Nicht zuletzt, um diese und ähnliche bereits berichtete Schwierigkeiten bei der Durchführung von Fahrten nach Polen zu klären, reisten die beiden Vorsitzenden des Landesverbandes Berlin, Alfred Gleitze und Hanns Kirchner, auf Einladung des polnischen Jugendreisebüros zum Jahreswechsel 1965/66 nach Warschau. Sie vereinbarten dort eine weitere Fahrt nach Auschwitz für Ostern 1966. In einem Gespräch mit Josef Altmann von der internationalen Abteilung des polnischen Jugendverbandes teilte dieser das Interesse des ZMS mit, die Kontakte nach Deutschland wieder aufzunehmen und deutete ebenfalls eine mögliche Beteiligung von polnischen Gruppen an den Sommerlagern des Verbandes an,[148] die aber nicht zustande kam. Die frei ausgeschriebene Auschwitzfahrt fand in geringeren Dimensionen als geplant statt. Nur insgesamt 140 Teilnehmer hatten sich angemeldet, darunter sehr wenige Verbandsmitglieder. Offenbar machte sich bemerkbar, daß mittlerweile viele andere Träger, bis hin zu den bezirklichen Jugendämtern, solche Fahrten durchführten. Auch war der Reiz des Neuen, Fremdartigen verflogen. Fahrten nach Osteuropa gewannen eine immer größere Normalität.

Im Rahmen einer Grundsatzdiskussion über Kontakte zu osteuropäischen Ländern hatte der Bundesvorstand im Februar 1966 beschlossen, dem nächsten Bundesausschuß den Entwurf einer Erklärung zur Deutschland- und Europa-Politik vorzulegen.[148a]

Diese Erklärung, die im März 1966 vom Bundesausschuß verabschiedet wurde, trug wesentlich dazu bei, das Verhältnis zum polnischen Jugendverband zu erleichtern.[149] Der Punkt 5 dieser Erklärung stellt fest:

»Ein zukünftiges partnerschaftliches Verhältnis zu den Völkern der Sowjetunion, Polens, Jugoslawiens und der Tschechoslowakei, die im letzten Krieg durch deutsche Schuld schwer zu leiden hatten, erfordert Verständnisbereitschaft von beiden Seiten. Die Vergangenheit muß jedoch allen Deutschen klarmachen, daß Deutschland dabei die ersten Schritte tun und Opfer bringen muß. Auf keinen Fall ist es zu verantworten, im deutschen Volk die Hoffnung auf Revision der 1945 vorläufig vorgenommenen Grenzziehung an Oder und Neiße zu erhalten und zu nähren.«[149a]

Damit hatte der Verband zum ersten Mal öffentlich die Unabänderlichkeit der in der Folge des zweiten Weltkrieges entstandenen territorialen Fakten betont.

Auch wenn in der Bundesrepublik die Diskussion zu dieser Frage vor allem nach dem Erscheinen der EKD-Denkschrift im September 1965 ein gutes Stück vorangekommen war, in der öffentlichen Meinung dominierten nach wie vor jene, die sich nicht mit der Oder-Neiße-Grenze abfinden wollten. Der entsprechenden Allensbach-Untersuchung vom Februar 1966 zufolge waren dies 54% der Bevölkerung. Dagegen betrug der Anteil jener, die bereit waren, sich mit dieser Grenzziehung abzufinden, nur 27%.[150]

Im Dezember dieses Jahres erhielten die Falken eine Einladung des Allpolnischen Komitees für die Zusammenarbeit der Jugendorganisationen, in dem die drei polnischen Jugendverbände ZMS, Pfadfinder und Landjugend zusammengeschlossen sind. Als Vertreter der Falken reisten vom 12. bis zum 17.1.1967 die beiden Vorsitzenden, Klaus Flegel und Bodo Brücher, sowie Werner Zeitler, Leiter der internationalen Kommission der Falken, sowie aus Berlin Lothar Gleitze, Mitglied des Bundesvorstandes und der internationalen Kommission.

Die Delegation besuchte neben Warschau die Dreistadt Danzig-Gdingen-Zopott, die Westerplatte, Marienburg und das KZ Stutthof. Zum Programm gehörten Besuche und Diskussionen in Betrieben sowie Jugend- und Studentenclubs. Die Unterredungen mit den Vertretern der polnischen Jugendorganisationen wurden als »wenn auch in einigen Fällen sehr hart, doch immer sehr offen und von dem Gedanken der notwendigen Verständigung getragen«, bezeichnet. Bei den Gesprächen spielten die aufgrund der Großen Koalition veränderten innenpolitischen Verhältnisse in der Bundesrepublik eine große Rolle. Die Gesprächspartner waren übereinstimmend der Auffassung, »durch die Arbeit ihrer Organisation zu versuchen, in ihren Ländern, an einer Politik der Entspannung in Europa mitzuarbeiten«.

Es wurden konkrete Vereinbarungen mit den polnischen Verbänden getroffen über eine Verstärkung des Jugendtourismus, einen Gruppenaustausch in bezug auf Zeltlager und Fachgruppen und einen Artikelaustausch in Jugendzeitschriften. Gleichzeitig wurden Vertreter der polnischen Jugendorganisationen zur Bundeskonferenz im Mai in Hamburg eingeladen.[151]

Dort erlebte dann Andrzey Bienkowski als Vertreter des ZMS, daß sich die Konferenz in einem Antrag zur Entspannungspolitik für die »Anerkennung der Grenzen, die infolge des vom Deutschen Reich entfesselten zweiten Weltkrieges gegenüber unseren Nachbarvölkern entstanden sind«, aussprach.[152]

Dennoch bereitete die Umsetzung der getroffenen Vereinbarungen weiterhin Schwierigkeiten. Es gab zwar eine spürbare, aber keine durchgreifende Verbesserung der Beziehungen. Vor allem im Bereich des Gruppenaustausches blieb die Zurückhaltung der Polen trotz geschlossener Vereinbarungen bestehen. Da ansonsten in Polen die Frage von Westreisen relativ liberal gehandhabt wurde,[152a] liegt die Vermutung nahe, daß dieses im Zusammenhang mit den von den Falken vertretenen politischen Ideen stand. Offenbar fürchtete die polnische Parteiführung, daß ein Austausch mit den Falken der zumindest immer latent vorhandenen sozialistischen Opposition, gerade unter der Jugend und den Studenten in Polen, Auftrieb geben könnte. So kam die vom Landesverband Berlin annoncierte Teilnahme von polnischen Jugendlichen an ihrem Sommerlager in Steinbrunn/Burgenland wiederum nicht zustande.[153] Auch über andere Austauschmaßnahmen liegen uns keinerlei Hinweise vor, mit Ausnahme des Seminars »Jugend in Europa«, das die Falken im November 1967 veranstalteten und an dem sich neben den Polen auch alle anderen Ostblockstaaten mit Ausnahme Albaniens beteiligten.[153a]

Statt dessen gab es erneut Schwierigkeiten. Die Berliner Falken hatten sich im März 1968 mit den demonstrierenden Studenten Polens – die beflügelt durch die Entwicklung in der CSSR mit Fordcrungen nach mehr kultureller Freiheit und politischen Reformen auf die Straße gingen[154] – solidarisiert. Zusammen mit Studentenvertretungen und anderen Organisationen aus dem Umfeld der APO hatten die Falken einen offenen Brief an den polnischen Ministerpräsident Cyrankiewicz gerichtet, in dem sie »gegen die Unterdrückung der sozialistischen Studenten durch die Partei- und Staatsbürokratie« protestierten.[155]

Daraufhin wurde Anfang April eine für Himmelfahrt geplante Fahrt der Berliner Falken nach Warschau und Maidanek, an der ca. 150 Personen teilnehmen wollten, vom polnischen Jugendreisebüro abgesagt. Um die gegenseitigen Beziehungen nicht noch weiter zu belasten, stellten die Falken in ihrer Presseerklärung fest, daß zunächst kein Grund bestehe, die Absage der Reise mit der Solidaritätserklärung für die polnischen Studenten in Verbindung zu bringen,[156] wußten es aber besser. Alfred Gleitze dazu:

»Daß die Verschnupfung da war wegen unserer Solidaritätserklärung, das war ganz offensichtlich, und das haben wir in der Öffentlichkeit noch nicht einmal so drastisch erklärt, wie wir es wußten. ... Die Polen haben gesagt, wir mischen uns in die inneren Angelegenheiten ein, während wir immer gesagt haben, wir kennen diesen Status nicht. Als Sozialisten sind wir der Meinung, wir können uns überall einmischen, wo Sozialisten operieren oder die sich dafür halten. Das ist keine staatliche Einmischung. Wir sind nicht die Bundesregierung, wir sind auch nicht der Berliner Senat, sondern wir sind ein Jugendverband, und der sagt zu jedem Thema seine Meinung, und das müßtet ihr eigentlich akzeptieren.«[157]

Die Kontakte auf der Funktionärsebene gingen davon unbeschadet weiter. Im Juni 1968 führte im Rahmen eines Aufenthaltes in der BRD der Chefredakteur des Zentralorgans des polnischen Jugendverbandes, Jerzy Felikziak, ein Gespräch mit dem Bundesvorsitzenden Klaus Flegel.[158]

Auf der Bundeskonferenz im Mai 1969 sprach der Vertreter der polnischen Jugendorganisationen, Silvesta Szafarz, ein Grußwort und überreichte Klaus Flegel ein

Geschenk.[159] Im Juli nahmen die Bundesvorstandsmitglieder Dieter Geske, Manfred Rexin und der Bundessekretär Dieter Lasse an einem Seminar des Allpolnischen Komitees für die Zusammenarbeit der Jugendorganisationen aus Anlaß des 25. Jahrestages der Gründung der Volksrepublik Polen teil. In diesem Rahmen führten sie Gespräche mit Vertretern des polnischen Jugendverbandes und überbrachten eine Einladung für eine dreiköpfige Delegation im Frühjahr 1970 in die Bundesrepublik.[160] Sie wurde zwar angenommen, der Besuch fand dennoch nicht statt. Nachdem die Verhandlungen zur Normalisierung des Verhältnisses zwischen der Bundesrepublik und Polen wieder aufgenommen worden waren, befleißigten sich die Polen wieder einer größeren Zurückhaltung, um den Erfolgsdruck auf die Verhandlungen zu erhöhen. So berichtete Werner Zeitler, Vorsitzender der Internationalen Kommission, auf der Bundeskonferenz im Mai 1971: »Polen hat den Gruppenaustausch von der Anerkennung der Oder-Neiße-Grenze abhängig gemacht.«[161] Diese Haltung setzten die Polen bis zur Ratifizierung der Ostverträge fort. Eine Delegation des Allpolnischen Komitees für die Zusammenarbeit der Jugendorganisationen, die schließlich im Frühjahr 1972 auf Einladung der Falken und der Jungsozialisten in der Bundesrepublik weilte, erklärte jetzt übrigens in Übereinstimmung mit den Gastgebern, »daß die beiderseits gewünschte Verstärkung des Jugendaustausches zwischen den betroffenen Ländern die Ratifizierung der Verträge zur Voraussetzung haben muß«.[162]

Entsprechend ihrer bisherigen Praxis begrüßten und unterstützten die Falken die Ostpolitik der Regierung Brandt/Scheel. Auf der Bundeskonferenz im Mai 1971 äußerte der neue Vorsitzende Dieter Lasse dem SJD-Pressedienst zufolge: »Der Regierungswechsel sei von diesem Verband auch deshalb begrüßt worden, weil endlich eine Außenpolitik eingeleitet wurde, die von den in Europa gewachsenen Realitäten ausgeht.« Weiterhin konnte Lasse mit Fug und Recht behaupten: »Dieser Jugendverband zähle sich ohne Selbstüberschätzung zu den Wegbereitern der jetzigen Ostpolitik.«[163]

# V. Der nächste Schritt – von Auschwitz nach Theresienstadt

Anders als bei Jugoslawien und Polen spielte der Berliner Landesverband der Falken in bezug auf Kontakte in die ČSSR nicht von Anfang an eine Vorreiterrolle. Er war aber einer der ersten Jugendverbände, die nach dem Bau der Mauer die Kontakte zur ČSSR (wieder) aufnahmen. Er war der erste Jugendverband, der hunderte, summa summarum einige tausend Jugendliche zu den Stätten der NS-Verbrechen in die ČSSR führte und sie dabei gleichzeitig mit dem Land und der tschechoslowakischen Jugend in Kontakt brachte. Außerdem hatte er zum tschechoslowakischen Jugendverband ein besonders intensives Verhältnis, das erst durch die Zerschlagung des »Prager Frühlings« beendet wurde. Eine weitere Besonderheit war, daß diese Kontakte – im Unterschied zu jenen nach Jugoslawien und Polen, wo es zwar auch eine Sonderrolle der Berliner gab, es aber partiell zu Überschneidungen und gemeinsamen Maßnahmen kam – mit Ausnahme der ersten Fahrt unabhängig von der Entwicklung im Bundesverband verliefen.

Da solche Verknüpfungen fehlen, kann in diesem Kapitel auf die Darstellung der Entwicklungen der Beziehungen zum tschechoslowakischen Jugendverband auf der Ebene des Bundesverbandes verzichtet werden. Als Hintergrund-Information sei an dieser Stelle angemerkt, daß einige andere Untergliederungen der Falken kurz nach dem Berliner Landesverband in den Jahren 1963/64 Beziehungen zur ČSSR anknüpften und ebenfalls Gedenkstättenfahrten durchführten. Im November 1965 weilte dann eine Delegation des Bundesvorstandes unter Leitung des Bundesvorsitzenden Klaus Flegel in Prag, um über die Aufnahme von offiziellen Kontakten zwischen den Falken und dem ČSM zu verhandeln.

## V.1. Die Vorgeschichte

Im Falkenverband hatte als erste Untergliederung der Unterbezirk Frankfurt am Main bereits Ende der 50er Jahre auf kulturellem Gebiet Beziehungen in die ČSSR. Die Auseinandersetzung in den Verbandsgremien um eine in diesem Zusammenhang geplante Fahrt in die ČSSR mag belegen, mit welchen Schwierigkeiten Ostkontakte zu jener Zeit belastet waren.

Ein schriftlicher Antrag des Bezirks Hessen-Süd, die Teilnahme einiger Mitglieder des Bezirks an einem Lager der kommunistischen Jugend der ČSSR im Sommer 1958 zu genehmigen, wurde vom Bundesvorstand unter Hinweis auf die allgemeine Ostpolitik des Verbandes einstimmig (!) abgelehnt.[1] Der Bezirk stellte daraufhin seinen Antrag erneut an den Bundesausschuß. In einer längeren Diskussion über Ostkontakte im allgemeinen wurde festgestellt, daß das entscheidende Kriterium sei, inwieweit sich die Regierungen dieser Länder vom stalinistischen Regime entfernt haben.[1a] Deshalb seien Kontakte bisher nur nach Jugoslawien und Polen befürwortet worden. Entsprechend wurde der Antrag aus Hessen-Süd gegen eine Stimme bei sieben Enthaltungen abgelehnt. Daraufhin stellte Fred Gebhardt den Antrag, die Fahrt zu genehmigen unter der Voraussetzung, daß sie auf eigene Kosten und ohne Unterstützung des tschechischen Jugendverbandes durchgeführt wird, die Beteiligten keine Erklärungen im Namen des Verbandes abgeben, auch keine Einladungen annehmen oder aussprechen und daß ein Beobachter des Vorstandes teilnimmt. Auch dieser Antrag verfiel mit 13 zu 6 Stimmen der Ablehnung. Danach stellte Reinhard Göpfert, Vorsitzender des Bezirks Hessen-Süd, folgenden Antrag:

»Es ist dem Sing- und Tanzkreis des Unterbezirks Frankfurt erlaubt, die schon vor Jahren aufgenommenen Kontakte zu Kulturgruppen in der ČSR aufrechtzuerhalten. Zu diesem Zwecke können sie in die ČSR fahren.«

Dieser Antrag wurde schließlich mit 8 zu 7 Stimmen angenommen.[2]

Zu Beginn der 60er Jahre schien sich die Aufnahme von offiziellen Beziehungen zwischen den Falken und dem tschechoslowakischen Jugendverband ČSM anzubahnen. Der Bundesvorstand erklärte im Januar 1961 seine Bereitschaft, Vertreter des ZK des ČSM während ihres Deutschlandbesuches zu empfangen und einen Teilnehmer zu einer Studienfahrt für Schriftleiter von Jugendzeitschriften nach Prag und Warschau im Juni 1961 zu entsenden.[3] Diese Ansätze fielen der Verschlechterung der Ost-West-Beziehungen in der Folge des Mauerbaus zum Opfer. Am 1.12.61 beschloß der Bundesvorstand, im Hinblick auf die Ereignisse des 13. August eine Einladung für drei Verbandsvertreter zu einer Studienfahrt in die ČSSR abzulehnen.[4]

Aus Anlaß der 20jährigen Wiederkehr des Verbrechens von Lidice lud der ČSM westdeutsche Jugendverbände, u. a. auch die Falken, zur Teilnahme an den Gedenkfeiern ein. Mit Ausnahme des Hamburger Landesjugendringes lehnten alle Verbände diese Einladung ab, weil sie befürchteten, daß diese Veranstaltung zu einer kommunistischen Propagandaaktion mißbraucht werden könnte.[5] Als Harry Ristock im Juni 1962 im Bundesausschuß die neuerliche Durchführung einer Auschwitzfahrt im November beantragte, schlug Peter Brügmann (Hamburg) vor, als Ausgleich für die Nichtbeteiligung des Verbandes an den Lidice-Gedenkfeiern statt nach Auschwitz nach Lidice zu fahren. Ristock griff diesen Vorschlag auf und wollte versuchen, beide Fahrten durchzuführen. Der Verbandsvorsitzende Horst Zeidler äußerte jedoch Bedenken, Kontakt zur ČSSR aufzunehmen, die Fahrt in die ČSSR unterblieb erst einmal.[5a]

## V.2. Der Berliner Landesverband wird aktiv

Zu diesem Zeitpunkt waren auch im Landesverband Berlin schon Überlegungen im Hinblick auf eine Ausweitung der Ostkontakte auf die ČSSR angestellt worden. Die Intentionen, aus denen heraus die Beziehungen zur ČSSR gesucht wurden, unterschieden sich von jenen, die in früheren Jahren für die Ostkontakte maßgeblich gewesen waren in einem wichtigen Punkt. Der Gedanke vom »Dritten Weg« und die Suche nach ideologischer Übereinstimmung, die bei Jugoslawien und Polen noch eine große Rolle gespielt hatten, vor allem in eine unabhängige Entwicklung in Osteuropa als Auftakt zu einer Überwindung der Blockkonfrontation gesetzten Hoffnungen waren wie bereits beschrieben in den Hintergrund getreten.[6] Die Kontakte in die ČSSR standen unter dem Zeichen Aussöhnung mit den Völkern Osteuropas im Dienste der Ost-West-Entspannung. Die Dimension einer nichtstalinistischen sozialistischen Politik kam erst später im Laufe der innenpolitischen Entwicklung in der ČSSR hinzu.

Wegen der im I. Kapitel geschilderten politischen Konstellation im Bundesverband erschien es diesmal schwieriger, eine offizielle Absegnung für Kontakte in die ČSSR zu erhalten. Zwar gehörten Ostkontakte zu jenen Verbandsaktivitäten, für die es auch nach 1960 einen gewissen Spielraum gab,[6a] dennoch war eine größere Vorsicht geboten. Wie schon im Jahre 1957, als die Berliner Falken ungeachtet der abwartenden Haltung des Bundesvorstandes bereits informelle Kontakte nach Polen geknüpft hatten,[7] wurden auch diesmal wieder verschlungene Pfade gewählt.

Ernst Froebel übernahm es, erste Verbindungen anzuknüpfen. Er hatte privat bereits die ČSSR bereist und war in diesem Zusammenhang auch in Lidice und Theresienstadt gewesen. Die positiven Erfahrungen dieser Besuche und das Bedürfnis,

Ostkontakte nicht den Vertretern der Wirtschaft zu überlassen, bildeten im Verband einen wesentlichen Antrieb für eigene Aktivitäten in dieser Richtung. Ernst Froebel:

»Ich war als Privatmann einer der ersten, der nach Lidice gefahren ist. Da war noch überhaupt kein (West-)Deutscher da. Und in Lidice haben im Rosengarten alle Nationen Rosen gepflanzt außer den West-Deutschen. ... Viele haben sofort erkannt: Westler, Deutsche. Jeder erkannte es an der Kleidung, am Auftreten. Wir sind so unvorstellbar freundlich behandelt worden. ... Z. B. kam eine Frau, die konnte Deutsch, die hat sich vorgestellt und ob es unbescheiden ist von ihr, wenn sie uns zu einer Tasse Kaffee oder Tee einlädt. Sie freut sich, daß auch Deutsche aus dem Westen kommen. ... Und ich habe hier berichtet nach den Fahrten in die Tschechoslowakei, nach den ersten Eindrücken in Lidice und in Prag zu einer Zeit, als auf dem Wenzelsplatz mein VW noch der einzige westdeutsche Wagen war. Aber es standen große Mercedesse und Opel Kapitäne da von den großen Wirtschaftsleuten. Die waren schon da, entweder zum Jagen in der Hohen Tatra, zum Bärenschießen oder solche Geschichten oder wegen Generalvertretungen von Pilsner Urquell oder so was. Das ist ja schon ein Riesengeschäft, wenn du das unterm Nagel hast. Die waren beizeiten da. Und da war noch Kalter Krieg, du warst noch Kommunist und solltest gleich rüberwandern. Aber das galt für die natürlich nicht.«[7a]

Nach der Erinnerung von Ernst Froebel wurde er im Frühjahr 1961 – also parallel zu den ersten Bemühungen auf Bundesverbandsebene – von Harry Ristock beauftragt, erste informelle Kontakte mit dem Ziel eines Austausches auf kulturellem Gebiet anzuknüpfen.

Ernst Froebel wurde nicht nur deshalb damit beauftragt, diese Kontakte herzustellen, weil er aufgrund seiner Reisen Kenntnisse über die ČSSR aus eigener Anschauung besaß, sondern vor allem deshalb, weil er politisch nicht exponiert war und beruflich eine unabhängige Stellung besaß. Unautorisierte Ostkontakte konnten zur damaligen Zeit in Berlin für exponierte Sozialdemokraten und für Mitglieder des öffentlichen Dienstes unangenehme politische und berufliche Folgen haben.[8] E. Froebel berichtete:

»Wer macht die Kontakte? Ristock wurde von der Partei bezahlt, Jugendsekretär, und Gleitze war beim Senat. Ich war im freien Lager, wir haben eine Schneiderei. Der Senat oder die Partei, die können mich mal – ich fahre in die Tschechoslowakei zu Dubček oder Novotny, der damals noch dran war – die können mir gar nichts. Mir können sie das Gehalt nicht wegnehmen, nicht maßregeln oder ein paar Gehaltsstufen tiefer setzen oder nicht mehr befördern.«[9]

So stellte Ernst Froebel eine Verbindung zur tschechischen Militärmission in West-Berlin her und besorgte in der Folge vor allem Kinder- und Zeichentrickfilme für die Verbandsarbeit, vermittelte aber auch den Auftritt von Künstlern aus der ČSSR in West-Berlin. In diesem Zusammenhang erinnert sich Harry Ristock an folgende Episode.

»Ich habe mal einen Kontrakt unterschrieben mit Karel Gott, 120 DM für einen abendlichen Auftritt. Das habe ich noch in Erinnerung, 120 DM. Er war ein unbekannter Sänger. Als er später bei mir auftreten sollte, wollte er natürlich eine Stargage.«[10]

Anfang bis Mitte der 60er Jahre wurden selbst solche Kulturveranstaltungen angefeindet und erregten sogar behördliches Interesse. Wiederum mußte Ernst Froebel alles auf seine breiten Schultern nehmen und schließlich selbst als Veranstalter fungieren:

»Erst haben die Falken die ›Weiße Rose‹ gemietet für diese Veranstaltung, und dann haben die umgespult auf ›Ernst Froebel macht das‹. Und ich habe überall unterschrieben mit Ernst Froebel. Das war das erste.
Der tschechische linke Kulturmann da, der Sekretär Sirotek, mit dem war ich sehr gut befreundet, der sagte, es sei ein großes Problem, aber sie werden alles tun, daß wir keine Schwierigkeiten bekommen. Und wenn wir Schwierigkeiten bekommen würden, dann soll ich ihn nur anrufen. Ich kriegte die Dienst- und Privatnummer. ›Keine Feindschaft, wir sind nicht böse.

Wir kennen solche Schwierigkeiten, wir hatten auch sehr viele. Wir sind nicht böse, wenn das politisch nicht geht‹ usw. Sie werden auch in einem unauffälligen Bus kommen. Die ›Weiße Rose‹ voll, absolut knüppeldick voll! Meine Reinickendorfer sind alle gekommen. Wer noch nicht da ist – die Tschechen mit einem traumhaft schönen Programm! Ich stehe draußen und warte auf die Tschechen, da kommen Glatze und Keule, Wippi, Paule – ich kenn die heute noch – und sagen: ›Ernst, da drin ist der Verfassungsschutz. Wir sind angesprochen worden, wer hier der Veranstalter ist. Sie haben festgestellt, es ist keine Veranstaltung der Falken, der Verantwortliche bist du hier.‹

So haben wir das gemacht, Harry und so sind ja alle Beamte oder in irgendeiner Position, da können sie Ärger kriegen. Ich habe meinen Namen gegeben dafür. Ich sag also zu den Jungs: ›Die können doch nicht sagen, ich soll kommen. Fragt doch mal, was sie wollen.‹ Die sind wieder losgewackelt, die hatten sich verwieselt, da hinten hingesetzt. Nun komme ich wieder rein. Da haben es doch meine Banditen fertiggekriegt und haben laut von der Ecke vom Saal gebrüllt: ›Ernst, da hinten sitzen die beiden Jungs vom Verfassungsschutz!‹«[11]

Auch einige Falken waren nicht frei von Berührungsängsten in diesem Zusammenhang. Jürgen Dittner:

»Ich weiß noch, als ich das erstemal eine Einladung in die tschechische Militärmission erhielt, habe ich drei Briefe geschrieben, habe raufgeschrieben: Ich befinde mich in der Zeit von – bis – dort und dort. Sollte ich nicht bis dann und dann zurück sein, bitte Mutter benachrichtigen.«[12]

Die realen Erfahrungen im Umgang mit den Tschechoslowaken empfand er dahingegen ausgesprochen positiv:

»Dann kamen wir zu den Tschechen, kriegten einen lockeren Empfang. 30, 40 Leute waren da, und irgend jemand spielte Klavier. Dann wurde ein bißchen gesungen, also ein kultureller Auftakt im Rahmen eines Empfanges. ... Wir haben in den Tschechen von Anfang an etwas gefunden, was sie auch selbst von sich sagen: Wir Tschechen sind die Franzosen des Ostens. Das heißt, dieses Charmante, dieses Nette, was uns in Jugoslawien schon gefallen hat, sagen wir mal das Slawische; ständig die Einladung in die Militärmission ... Das setzte sich eigentlich auf vielen Ebenen durch, wann nun was kam – Zeitschriftenaustausch, Angebot, mal ein Puppenspiel zu übernehmen, dann sehr stark die Vermittlung zur Kulturabteilung in Ost-Berlin, Filmkatalog, die Möglichkeit, kostenlos gute Filme, Schmaltonfilme, Farbfilme zu bestellen, Gruppenfilme und damit ganz qualifiziert was für die Gruppenarbeit zu machen. Das war ein unheimlich wichtiger Punkt für jeden Gruppenleiter, endlich was Konkretes zu haben. Alle waren berufstätig, die wußten Woche für Woche: Du mußt einen Gruppenabend gestalten, mußt Öffentlichkeitsarbeit machen – und jetzt also über die Tschechen qualifizierte Angebote zu kriegen, später dann auch Musikgruppen. ... Das waren also die zwei Schienen, kulturell und filmisch in Kontakt zu kommen und natürlich dann auch das Bedürfnis relativ schnell, jetzt nicht nur die Produkte aus dem Land zu holen, sondern rüberzufahren.«[13]

Für dieses »rüberfahren« galten die Bedingungen, die von den Falken auf der Bundeskonferenz 1959 für Ostkontakte aufgestellt worden waren, so daß auch für den Berliner Landesverband eine Teilnahme an den Lidice-Feiern 1962 nicht in Frage kam. Alfred Gleitze:

»Da bedurfte es gar keines Beschlusses, das war noch so mehr oder weniger selbstverständlich. ... Wir wären ja wahrscheinlich in Verlegenheit gekommen bei der Art der Reden, die da gehalten wurden. ... Wir wollten in eigener Verantwortung fahren und auch nicht eingebettet in eine solche Feier, bei der dann die diffusesten Vereine aus aller Welt dort zusammentrafen.«[14]

Ungefähr zu jener Zeit reifte der Entschluß bei den Mitgliedern der Verbandsführung, trotz der Schwierigkeiten, unter denen die kulturellen Kontakte in Berlin standen, eine eigene Fahrt in die ČSSR zu unternehmen.

Dazu angeregt und bestärkt wurden sie von Dr. Nowak, dem damaligen Leiter der Militärmission und seinem Kulturreferenten Dr. Sirotek. Alfred Gleitze erinnert sich:

»Also die Entscheidung in Berlin, in dieser Richtung was aufzuziehen, die ist dann tatsächlich im Grunde genommen aus dem Kreis der engeren Vorstandsmitglieder geboren worden, weil wir inzwischen den Kontakt hatten hier zur tschechoslowakischen Militärmission. Und weil die uns dann in irgendeiner Form andienten und sagten, sie geben Hilfestellung, warum eigentlich nicht auch in Richtung Tschechoslowakei irgendwas. Und da haben dann so ganz persönliche Kontakte eine Rolle gespielt. Der damalige Leiter der Mission war ein Dr. Nowak, war so ein alter Widerstandskämpfer, dem das schon von der Seite her ein Herzensanliegen war, daß auch von Berlin aus was passierte. Natürlich fuhren da schon zu dem Zeitpunkt FDJ-Delegationen und Lidice-Komitee und Theresienstadt-Komitee und sonst was hin, aber der hatte auch so den Ehrgeiz – so habe ich es in Erinnerung –, der war noch so ein richtiger Diplomat der alten Schule, der dann sagte, das wäre doch was, wenn der Jugendverband, der in Berlin diesen Bekanntheitsgrad hat, wenn der was machen würde. Da bin ich bereit, alle Wege zu schmieren. Und so ist es dann auch zustande gekommen. In dem Falle nicht so direkt von Jugendverband zu Jugendverband, sondern über die Schiene Militärkommission und auf der anderen Seite dann beim Jugendverband auch durch das Jugendreisebüro.«[15]

Im Frühjahr 1963 nahm der Landesverband die politische Vorbereitung für eine Fahrt in die ČSSR in Angriff.

Auf der Landeskonferenz im April lag ein Antrag des Kreises Kreuzberg vor, der relativ zurückhaltend formuliert war:»Der Landesvorstand wird beauftragt zu prüfen, ob die Möglichkeit besteht, daß Mitglieder der SJD – Die Falken in die ČSSR fahren können, um an den Stätten des nationalsozialistischen Unrechts Theresienstadt oder Lidice Kränze niederzulegen.«[16]

Dieser Antrag wurde von der Antragskommission neugefaßt und noch vorsichtiger formuliert:»Der Landesverband wird beauftragt, Voraussetzungen dafür zu schaffen, daß junge Menschen unsrer Stadt auch weiterhin die Stätten des nationalsozialistischen Unrechts besuchen können. Nach mehrmaligen Gedenkstunden in Auschwitz und Bergen-Belsen sollte vordringlich die Möglichkeit eines Besuches von Lidice und Theresienstadt geprüft werden.«[17]

Diese entgegen den sonstigen Gepflogenheiten der Berliner Falken übergroße Zurückhaltung läßt ermessen, in welchem Maße sie mit Schwierigkeiten für das Anliegen, in die noch als stalinistisch geltende ČSSR zu fahren, rechneten. Der Antrag wurde in dieser Fassung gegen eine Stimme angenommen. Die Phase des Vorfühlens konnte beginnen.

Die wichtigste Ebene der Absicherung war die gegenüber der SPD. Einmal, weil damit gleichzeitig die Frage der Finanzierung durch den Berliner Senat verbunden war. Zum anderen, weil die Zustimmung der SPD auch die Voraussetzung für die Genehmigung einer solchen Fahrt durch den Bundesvorstand war. Lothar Pinkall, zu dieser Zeit 2. Landesvorsitzender, schilderte die Unterredungen mit Kurt Neubauer, damals Senator für Jugend und Sport sowie stellvertretender SPD-Landesvorsitzender:

»Daraufhin haben wir lange Gespräche mit diesem geführt und haben gesagt: ›Hör mal zu, das kann doch mit dieser Kalten-Kriegs-Mentalität nicht so weitergehen, sondern ohne den Versuch einer Verständigung mit Osteuropa, ohne Anerkennung der Oder-Neiße, ohne Möglichkeiten der Kontakte mit der ČSSR, Polen oder sonst etwas zu entwickeln und damit Möglichkeiten in diesen Ländern zu schaffen, durch diese Kontakte etwas Ähnliches zu kriegen im innenpolitischen Bereich wie eine gewisse Lockerung starrer Systeme, vielleicht also sozusagen durch eine Entspannungspolitik auch ein Aufbrechen der inneren Strukturen zu erreichen – ist das nicht alles machbar‹? Und wenn ihr das als Partei schon nicht erreichen könnt – aus welchen Gründen auch immer –, könnte man ja auch dem Jugendverband eine Funktion übertragen. Dann könnt ihr ja sehen, wie reagiert wird, wenn da so etwas gemacht wird. Laßt euch nicht gleich damit identifizieren, aber ihr könnt doch erstmal wohlwollend sagen: O. k., ihr übernehmt eine politische

Funktion, die wir als Partei für richtig halten, aber wo wir uns noch nicht trauen.‹ So in dem Sinne haben wir eigentlich auf der Parteiebene geredet.«[18]

Diese Gespräche erwiesen sich letztlich als erfolgreich, nicht zuletzt weil in jener Zeit gerade in der Berliner SPD schon intensiv über ein neues Verhältnis zu den Staaten Osteuropas nachgedacht wurde.[18a] Der nächste Schritt konnte in Angriff genommen werden. Alfred Gleitze beschreibt den weiteren Verlauf:

»Dr. Sirotek, der war damals der Kulturmensch hier von denen, der hat dann eines Tages angeboten und hat gesagt, er ist bereit, zum Jugendverband in der Tschechoslowakei eine Brücke zu bauen. Und die hatten nun – das kam uns sehr zu Hilfe – gerade in diesen Monaten ein eigenes Jugendreisebüro gegründet, Reisebüro der Tschechoslowakischen Jugend, ČKM. Sirotek ist – das weiß ich noch wie heute – vorgereist. Ich habe den Inkall in seiner IG-Metall-Schule da in Pichelsdorf abgeholt, und wir sind – damals für uns wie gesagt sehr abenteuerlich – über Dresden, Zinnwald dann nach Prag gereist. Und gleich nach Zinnwald sind wir auch noch aufgehalten worden, da haben uns dann Leute aus dem sudetendeutschen Raum, wenn es auch Tschechen waren, erkannt an unserer Autonummer usw. und haben uns in eine Kneipe gezogen. Dann sind wir so gegen Mitternacht in Prag eingetroffen. Und dann hat Sirotek vor dem Hotel gestanden und hat gesagt, inzwischen sind die Hotelbetten vergeben worden, aber er bringt uns in irgend so einem Gästehaus unter. Und am nächsten Tag haben wir dann das erste Mal die Leute kennengelernt, die damals das Reisebüro machten. Mit denen sind wir z. T. heute noch befreundet. Und von denen weiß ich nun eben heute, was es dann für quälerische Diskussionen gegeben hat, sowohl im Zentralkomitee des Jugendverbandes als auch natürlich – bei denen funktioniert das ja anders als bei uns – zwischen Partei und Jugendverband, bis es dann endlich grünes Licht gab vom Zentralkomitee der Partei, denn die machten dann eine geschickte Politik eben auch uns gegenüber. Die kamen uns zunächst nicht als Jugendverband entgegen, sondern nur als Reisebüro. Ob es dann auch zu Kontakten mit dem Verband kommt, machten sie davon abhängig, ob die Sache von uns wirklich als seriöser Partner betrieben wird. Zu diesen Kontakten kam es dann sehr schnell.«[19]

Die Gedenkstättenfahrten dienten als Einstieg für die Kontakte in die ČSSR und bildeten für beide Seiten das Testobjekt vor der Aufnahme intensiverer Beziehungen. Wolfgang Götsch beleuchtet diesen Aspekt von der Berliner Seite:

»Diese Gedenkstättenfahrten in die Tschechoslowakei hatten schon wieder eine andere Dimension. Wohlgemerkt, es war ja vor dem großen tschechischen Wandel und vor dem Tauwetter dort, aber wir sind ja dort zum ersten Mal sozusagen in ein äußerlich stabiles kommunistisches Land gefahren. Die alten Ziele, eben Kontakte mit Leuten dort, auch mit jungen Kommunisten, waren zwar weiter vorhanden nach meiner Erinnerung. Wir haben sie aber sozusagen hier noch besser und noch mehr versteckt als etwa beim Thema Auschwitz hinter dem Anliegen Gedenkstättenfahrten.«[20]

## V.3. Die erste Fahrt stößt auf unerwartet hohes Interesse

Diese Aktion der Falken fand zu jener Zeit schon eine viel breitere Unterstützung, als sie die ersten Fahrten dieser Art genießen konnten. In ihrem Aufruf zu dieser Fahrt hatten die Falken ihr Anliegen noch einmal deutlich formuliert. Dort hieß es:

»Am Wochenende, 28./29. September 1963, werden ca. 600 junge Berliner in die Tschechoslowakei reisen und an den Stätten nationalsozialistischen Unrechts in Theresienstadt und Lidice ein Bekenntnis zu den Opfern des Faschismus ablegen. Sie werden Botschafter unserer geteilten Heimatstadt sein, werden einmal mehr den Beweis antreten, daß die Berliner keine Revanchisten und Militaristen sind. Sie werden aber auch einmal mehr die Ansicht ad absurdum führen, daß Reisen in die Länder des sogenannten Ostblocks in den Herzen junger Menschen Schaden anrichten. Vielmehr werden alle Teilnehmer mit einem erweiterten Horizont nach Berlin zurückkehren.«[20a]

Diesem Aufruf folgten mehr als doppelt so viele junge Berliner als geplant, so daß für das folgende Wochenende eine weitere Fahrt angesetzt werden mußte. Mit der ersten Reisegruppe fuhren schließlich 780, mit der zweiten noch einmal 542 Personen. Auch die Medien zeigten großes Interesse. Vertreter von Presse, Rundfunk und Fernsehen begleiteten die Fahrt, im ZDF wurde ein zwanzigminütiger Bericht gesendet. Zu den Teilnehmern der Fahrt gehörten auch eine Anzahl von sozialdemokratischen Abgeordneten, Stadträten und Bezirksverordneten.[20b] Senator Kurt Neubauer persönlich verabschiedete die erste Reisegruppe am Abend des 27. September und wies auf die Notwendigkeit und den Nutzen dieser Fahrt hin.[21] Im Abgeordnetenhaus führte er dazu aus:

»Ich bin nicht der Auffassung, daß Reisen in den Ostblock mangelnde Politik zu ersetzen haben. Aber Reisen junger Leute in den Ostblock – das war meine Vorstellung und ist meine Vorstellung – können dazu beitragen, Zerrbilder, die von den Machthabern der Zone in jenen Ländern auch über die Jugend unserer Stadt und unseres Landes verbreitet werden, beseitigen helfen.«[21a]

Auch der Bundesvorstand hatte mit Werner Zeitler und Helmut Hellwig zwei Vertreter entsandt. Beide kamen aus dem Bezirk Westliches Westfalen, der für den November des gleichen Jahres ebenfalls eine Fahrt nach Lidice und Theresienstadt vorbereitete. Sie führten am 28. 9. ein Gespräch mit Vorstandsmitgliedern des ČSM, das von ihnen als hart, aber aufschlußreich bezeichnet wurde.[22]

Die große Zahl von Anmeldungen, die für diese Fahrt eingegangen waren, hatte die Falken selbst überrascht und bereitete bei der Organisation einige Schwierigkeiten. Günther Jahn, damals als Falkensekretär mit den Vorbereitungen der Fahrt betraut, erzählte:

»Wir waren überwältigt – das muß man mal sagen. In der Vorbereitung hat es immense Arbeit damals gemacht, die Pässe lagen alle im Sekretariat, das alles so auf einen Haufen zu kriegen. Wir hatten in der ersten Runde gar nicht mit so viel Teilnehmern gerechnet, es ist uns ein bißchen aus der Hand geglitten. Wir haben ja dann für so eine Riesengruppe gar kein Quartier mehr gekriegt, wir haben dann in der Hochschule gewohnt. Deswegen wurden dann nachher auch 2 Gruppen gebildet.«

Die Tschechen erwiesen sich glücklicherweise als zuverlässiger, unbürokratischer Partner und ermöglichten auch die zweite Fahrt. Sie kamen den Falken auch in anderer Weise entgegen. Sie sicherten Günther Jahn, der am 14. August 1961 nach West-Berlin geflüchtet war und deswegen eine Strafverfolgung durch die DDR-Behörden zu fürchten hatte, zur organisatorischen Abwicklung der beiden Fahrten einen ungefährdeten Aufenthalt in Prag zu:

»Ich habe 14 Tage in Prag gewohnt, bin über Nürnberg, weil ich ja durch die DDR nicht durfte. Die Militärmission hier in Berlin hat erklärt, daß mir keine Gefahr droht und wenn die DDR eine Auslieferung beantrage, daß ich dann über Nürnberg wieder auf die Westseite abgeschoben werde. Ich bin dann rübergefahren und habe dort gewohnt.«[22a]

Ebenso wie die Zeltlager des Landesverbandes seit 1960 war diese Fahrt frei ausgeschrieben worden. So waren unter den 800 Teilnehmern der ersten Reisegruppe nur ca. 200 Verbandsmitglieder.[23] Die Öffnung dieser Fahrten und die damit erreichbaren hohen Teilnehmerzahlen sollten ihren Demonstrationscharakter noch verstärken und außenstehende Jugendliche in diese Form der Vergangenheitsbewältigung einbeziehen und, wenn möglich, auch an den Verband heranführen. Jürgen Dittner zur Frage der Großfahrten:

»Das war eine Demonstration gegenüber den betroffenen Völkern. Hier kommt eine neue Generation aus Deutschland, die kommt nicht mit Panzern, mit Soldatenstiefeln, sondern wegen der Überwindung der Vergangenheit in friedlicher Absicht auch in großer Zahl. Es war ja auch die Frage, ist es nicht sinnvoller, mit kleinen Zahlen zu fahren? Sollen junge Deutsche in so riesiger Zahl quasi einfallen? Da haben wir gesagt, wir dürfen nicht einfallen, wir müssen das geschickter machen, um Betroffenheit hervorzurufen bei den Polen oder Tschechoslowaken wie auch bei unseren Teilnehmern. Denn die NS-Zeit erschließt sich nicht nur über den Vorstand, genauso wenig wie die Polen und Tschechen unseren Friedenswillen nicht nur über die Presse erfahren können. Das muß man beides spüren, erlebbar machen.«[23a]

Entsprechend den hohen Teilnehmerzahlen und dem großen Anteil frei Geworbener mußte die Vorbereitung anders angelegt werden als bei den bisherigen Gedenkstättenfahrten. Alfred Gleitze berichtete:

»Nach Polen, da war das eben noch mehr so ein Ereignis, was die Teilnehmer – die meistens in Gruppen daran teilnahmen aus dem Verband – zum Inhalt ihrer Gruppenarbeit gemacht haben in der Vorbereitung, während dann später die Verbandsmitglieder genauso als Einzelteilnehmer sich mit anmeldeten in dem technischen Verfahren sozusagen und nicht etwa die Gruppe soundso daran teilnahm, und darum unterschied sich das dann doch ganz erheblich. ... Die Vorbereitung gezielt der Tschechoslowakei-Fahrten haben wir dann so gemacht, daß wir die Teilnehmer, besonders bei den ersten Fahrten, die ja eine sehr große Teilnehmerzahl hatten, so ein bißchen dezentralisiert in den Bezirken, in Jugendheimen zu Vorgesprächen einluden, sie überhaupt erstmal über den Stand der Geschichte – was ist Tschechoslowakei, was sind die Vorgänge gewesen, die in der Tschechoslowakei stattgefunden haben usw. – zu informieren, stellten dabei fest, daß sowohl bei Verbandsmitgliedern als auch bei Nichtmitgliedern eine weitgehende Unkenntnis da war, daß wir also mit Fragen konfrontiert wurden: ›Wie oft übernachten wir auf dem Weg nach Prag?‹ oder so. Es war ja damals – in der Kalte-Kriegs-Situation war ja der Ostblock weitgehend Niemandsland, und da war dann eigentlich, wie gesagt, kaum ein Unterschied zwischen Mitgliedern und Nichtmitgliedern. Sicher hoben sich da eine Reihe von Funktionären heraus, aber schon das normale Gruppenmitglied hat dann genauso erstmal wie ein anderer außerhalb des Verbandes eigentlich erfahren, was das Ziel dieser Aktionen war.«[24]

Das große Interesse, auf das diese Fahrt stieß, scheint in der Tat größtenteils daraus gespeist worden zu sein, daß die ČSSR für junge Leute völliges Neuland war und ebenso exotisch wie andere viel weiter entfernt liegende Regionen der Erde. Auch die durch großzügige Subventionen des Berliner Senats ermöglichten günstigen Preise von 33,– bzw. 38,– DM für Mitglieder/Nichtmitglieder dürften für das große Interesse an der Fahrt von Bedeutung gewesen sein.

## V.4. Reiseeindrücke

Bereits die Fahrt über Dresden durch die DDR, die in dieser Zeit für Westberliner die entfernteste Region der Welt bildete, weil sie dort überhaupt nicht hinreisen konnten, setzte bei einigen Teilnehmern Emotionen frei, z. B. bei Ursula Jänicke:

»Ich bin da durch die DDR gefahren, genau die Strecke entlang, wo meine Verwandten wohnten. Ich durfte nicht hin. Die sind gestorben, mein Vater durfte nicht zur Beerdigung von seiner Mutter. Ich bin da durchgefahren wirklich mit einem Zorn.«[24a]

Die Erfahrungen in der ČSSR waren dagegen insgesamt positiv. Ursula und Christoph Jänicke schildern ihre ersten Eindrücke von der ČSSR:

*U. J.*: »Da haben wir uns über die Tschechen so gefreut, wie offen sie waren und was die für eine liberale Einstellung hatten. Das hat uns sehr beeindruckt. Einer hat uns von dem Stalin-Denkmal an der Moldau erzählt, das sie irgendwann abgenommen haben. Da habe ich zumindest zum erstenmal ganz bewußt erlebt, wie sie sich gegen die DDR abgesetzt haben und daß ich die Tschechen als sehr fortschrittlich empfunden habe.«

*Chr. J.*: »Obwohl sie damals als die treuesten Bundesgenossen der Russen galten.«

*U. J.*: »Aber das war offensichtlich sehr oberflächlich, denn die waren so gesprächsbereit und so offen und haben sich doch in einem Maße lustig gemacht über ihre ›Freunde‹. Wir hatten da auch so Dolmetscher und Leute in den Bus gesetzt bekommen. Das waren die, deren Meinung uns so erfreute.«
*Chr. J.*: »Das war ja das Erstaunliche, weil wir dachten, das müssen doch eigentlich ganz linientreue Leute sein. Das war auch wieder im Gegensatz zu verstehen, was man aus der DDR wußte oder gehört hatte oder wirklich erlebt hatte, daß da doch in der Haltung eine Liberalität war – das war schon ganz erstaunlich.«[25]

In Prag war abends eine offizielle Jugendbegegnung mit Musik und Tanz organisiert worden, die den Teilnehmern die Möglichkeit bieten sollte, mit Prager Jugendlichen ins Gespräch zu kommen. Waldemar Klemm erinnert sich:

»Da war das Interessante – das hatten wir in den anderen Ländern bisher nicht – die hatten einen der größten Säle der Stadt freigemacht für einen Abend und ein Treffen organisiert mit Berliner und tschechoslowakischen, Prager Jugendlichen, Lucerna-Saal war das. Es war eine Veranstaltung mit Musik und Tanz, aber so tischweise Tschechen und Deutsche zusammen.«[25a]

Auch Friedrich-Wilhelm Rüttinger war von diesem Treffen begeistert:

»In der Lucerna, in so einer großen Halle, hatten die eine Begegnung gemacht – Berliner Jugend und Prager Jugend. Da konnten ziemlich alle hin, da wurde nicht irgendwie ausgelesen, daher war es natürlich knackig voll. Es gab dort ein Bombenprogramm, wir haben alle bekannten Künstler, z. B. Karel Gott und andere sind dort aufgetreten. Wir haben dort sehr viele Tschechen kennengelernt. Ich habe damals jemanden kennengelernt, den ich heute noch besuche und mit dem ich korrespondiere, mittlerweile Chefarzt. Er hat uns damals als Student betreut.«[26]

Durch diese offizielle Veranstaltung kamen alle Teilnehmer der Fahrt in Kontakt mit Einheimischen, während dies in Polen weitgehend der Initiative der einzelnen überlassen blieb und auf Grund dessen ein Großteil gerade der Jugendlichen kaum in Berührung mit der polnischen Bevölkerung gekommen war. Diesen Unterschied würdigten viele der Befragten positiv. Siegfried Stirba:

»In der Tschechoslowakei gab es mehr Kontakte mit Jugendorganisationen, Gewerkschaften. In Polen gab es diese Kontakte im Grunde genommen nicht. Du hast in der Tschechoslowakei andere Möglichkeiten gehabt. ... Bei solchen Fahrten, da gab es jede Menge Kontakte. Die habe ich in Polen damals vermißt.«[27]

Ein weiterer Grund, der Kontakte zur Bevölkerung in der ČSSR erleichterte, lag in der Art der Unterbringung. Waldemar Klemm:

»Der Vorteil in der Tschechoslowakei war, daß wir unsere Station in Prag hatten, das ist eine Hauptstadt und eine Großstadt. Die polnischen Unterkünfte lagen ja außerhalb. So hat es zwangsläufig viel mehr Kontakt zur Bevölkerung gegeben, als es in Polen möglich war.«[28]

Diesen Aspekt betonte auch Jürgen Dittner:

»Also ich glaube, die Diskussionen waren eigentlich immer offen schon durch die Art der Unterbringung. Wir hatten bei den ersten Fahrten noch Studentenwohnheime, und später gab es ja schon Jugendhotels richtig mitten in der Stadt. Man konnte also aus dem Hotel rausgehen, konnte einzeln und in kleinen Gruppen durch die Stadt. Und man konnte in Prag zumindest – immer und zu jeder Zeit, wenn man als Deutscher erkannt wurde – politisch diskutieren, nicht nur über Preise, über Einkaufen, sondern über alle Themen.«[29]

Die innere Situation der ČSSR im Herbst 1963 beschrieb Erich Richter in seinem Artikel im Blickpunkt folgendermaßen:

»Nachdem Stalin auf seinem Denkmalsockel über Nacht unter dem politischen Tauwetter zusammenschmolz, sein steinernes Monument kurzerhand abgetragen wurde ... hat der politische

Druck von oben etwas nachgelassen. Im Gegensatz zu Polen aber fehlen in den Kioskauslagen noch immer westliche Zeitungen. Dagegen sind die Kinos mit Filmen aus dem Westen ausverkauft... Die ersten Eindrücke eines 24stündigen Aufenthaltes reichen zu einer gültigen Gesamtbeurteilung kaum aus. Trotzdem dürfte die Mehrzahl der Teilnehmer dieser Gedenkfahrt den politischen Standort der ČSSR so definieren: Weniger stalinistisch als die DDR, aber auch noch nicht so liberal... wie Polen.«[30]

Grundsätzlicher war die Kritik, die in der Zeitschrift »radikal«, dem Organ der linken Opposition im Berliner Landesverband, geübt wurde. Dort wurde ausgeführt:

»Entgegen dem Staatsnamen (Tschechoslowakische Sozialistische Republik) und im Widerspruch zur Verfassung vom 11. Juli 1960 kann man nicht behaupten, daß dieses Land eine sozialistische Gesellschaftsform hat. So fehlt z. B. eine umfassende Entscheidungsbefugnis der Arbeiter in den Betrieben, so ist z. B. nicht zu bemerken, daß der Staat oder die einzige Partei (ohne Fraktionserlaubnis) ›abstirbt‹ und daß in allen Bereichen menschlichen Zusammenlebens wirkliche sozialistische Bedingungen vorherrschen. Die ČSSR ist bestenfalls auf dem Wege zu einer sozialistischen Gesellschaftsform und nicht schon auf dem Wege des ›jeder nach seinen Bedürfnissen‹.

Aber trotz dieser entscheidenden Mängel hat die Regierung der ČSSR einige soziale Errungenschaften eingeführt, die beispielgebend für sozialdemokratische Parteien und Gewerkschaften im Westen sein müssen.«[30a]

Angeführt wurden in diesem Zusammenhang die Arbeitszeitregelungen (z. B. 35-Stunden-Woche im Bergbau), Mutterschutz, kostengünstige staatliche Kindergärten, der Abbau von Bildungsprivilegien. In den vielen Diskussionen mit Tschechen bemühten sich die jungen Berliner, das vielfach von Propagandaklischees geprägte Deutschlandbild zurechtzurücken. Erich Richter erinnert sich heute:

»Auch die offiziellen Betreuer in Polen und in der ČSSR waren von der Aufrichtigkeit dieser Demonstration des guten Willens, von der völkerfreundschaftlichen Geste emotional stark beeindruckt. Bei den geselligen Kontakten vor allem im ›Lucerna‹ in Prag wurden bedeutungsvolle, informative Gespräche geführt, die bei den Partnern Defizite über politische Realitäten ausgleichen konnten. Das Deutschland-Bild erhielt neue inhaltliche Nuancen.«[31]

Damals zog er im »Telegraf« folgendes Fazit dieser Begegnungen und Diskussionen:

»Sie bahnten eine Verständigung zwischen der Jugend Deutschlands und der Tschechoslowakei an, und sie erschütterten zugleich die Glaubwürdigkeit der kommunistischen Propaganda. Die jungen Tschechen – unter ihnen auch die Kommunisten – wissen jetzt, daß die deutsche Jugend keinen Platz für Revanchisten und Militaristen in der Bundesrepublik und in Berlin freihält. In Zukunft wird man also in Prag und in Orten dieses Landes differenzieren müssen, wenn über die Deutschen geurteilt wird. Darin liegt der unbestrittene Erfolg der Fahrten.«[32]

Dieser Erfolg läßt sich an einem Punkt konkret nachweisen. Im Dokumentationszentrum in Lidice wurden den Besuchern Filme vorgeführt, in denen die Bundesrepublik undifferenziert als Hort von Reaktionären, Militaristen und Faschisten dargestellt wurde. Günther Jahn berichtet, wie die Reaktion der jungen Berliner auf diese Filme mit dazu beitrug, daß später eine moderatere Fassung dieser Filme hergestellt wurde:

»Dort im Zentrum von Theresienstadt z. B. oder in Lidice in den Filmen wurden die Bundesrepublik und die Deutschen ja in einer Härte beschimpft, daß die jungen Menschen sagten, wir kommen hierher mit gutem Willen und wollen, daß das nicht wiederkommt, und wir werden dann noch beschimpft. Dieses war eigentlich so die erste ein bißchen politische Auseinandersetzung, zu sagen, wenn wir zusammen sprechen, wenn wir die Welt verändern wollen, wenn wir was machen wollen, dann müssen wir uns einfach näher kommen. Das, was die Eltern gemacht haben, das ist Vergangenheit. Es ist richtig, wir müssen das aufarbeiten, aber dieses persönliche Beschimpfen hat dazu geführt, daß sie doch probierten, sich zu wehren und zu sagen: ›Wir sind das doch nicht, wir wollen, daß das nicht wiederkommt. Was euer Feind ist, ist auch unser Feind, aber deswegen dürft ihr uns in diese Schelte nicht mit einbeziehen.‹ Dieses waren so Diskussionspunkte, die ich bei beiden Fahrten übrigens erlebt habe.

Später, als ich mit dem – ich weiß nicht mehr wie der hieß vom Jugendverband, der da damals auch gemaßregelt worden ist – dann gesprochen habe, stellte ich fest, daß die das gar nicht so sahen. Für die war diese Reaktion völlig unverständlich.

Bloß in den späteren Jahren haben sie – weil dieses war ja nicht nur ein Argument derjenigen, die von uns das erstemal geschickt worden sind, sondern auch Argumente von späteren Gruppen, wir waren ja Vorreiter – dieses in bestimmten Fragen auch ein bißchen geändert. Nicht geändert, sondern in einer anderen Sprachform gebracht, das heißt, der Angriffspunkt ist noch der gleiche gewesen, auf die alten Nazis mit Recht – nur zu differenzieren ein bißchen, daß sie Partner haben, bis zu dem Tage waren wir nicht Partner.«

Die Filme wurden verändert, weil als Ergebnis dieser Besuche die Tschechoslowaken erkannten, daß sie ihre starren Feindbilder revidieren müssen. Günther Jahn bestätigte dies noch einmal ausdrücklich:

»So ist es, das muß man ganz klar sagen. Durch diese Kontakte nicht Gegner zu sein, sondern Partner zu sein in einer bestimmten politischen Frage, das hat das bewirkt.«[32a]

Auch die andere Seite äußerte sich positiv über den Verlauf der Begegnungen. Die deutschsprachige Zeitung des ČSM »Tschechoslowakische Jugend« berichtete:

»In vielem wurden wir uns im Laufe der Diskussionen mit unseren Gästen einig: Im aufrichtigen Streben nach freundschaftlichen Kontakten, in der Entschlossenheit, für die Erhaltung des Friedens zu kämpfen und auch dafür, daß sich die schreckliche Vergangenheit – symbolisiert durch die Namen Lidice und Theresienstadt – niemals mehr wiederholt. In manchen Fragen konnten wir uns nicht einigen (zum Beispiel über die Art, wie man eine sozialistische Gesellschaft aufbaut), aber der offene Gedankenaustausch trug auch hier zu unserem gegenseitigen näheren Kennenlernen bei, zur Klärung der Standpunkte, und zeigte die Gründe, warum wir die oder jene Ansicht vertreten. Auch so eine Diskussion ist ein Bestandteil jener Aufrichtigkeit, mit der jeder bei uns aufgenommen wird ... Daß wir bei vielen Problemen einen anderen Standpunkt vertreten, kann kein Hindernis für Gespräche sein. Eher im Gegenteil.«[33]

## V.5. Die Feierstunden in Lidice und Theresienstadt

Wie der oben zitierte Artikel aus der »Tschechoslowakischen Jugend« andeutet, spielte das politische Bekenntnis des Landesverbandes, das sowohl durch diese Fahrt selbst auch im Verlauf der Fahrt abgelegt wurde, eine wichtige Rolle für die Annäherung beider Seiten. Im Rahmen der Gedenkstunde in Lidice am Sonntag vormittag betonte die Vorsitzende des dortigen antifaschistischen Komitees, eine der überlebenden Frauen, dies erneut. Sie schloß ihre Rede mit den Worten:

»Ich bin froh, daß gerade ihr jungen Menschen aus Berlin hier seid und helfen wollt, den Frieden zu erhalten und wiedergutzumachen, was eure Vorfahren an Schrecklichem getan haben. Lassen Sie es nicht zu einem dritten Krieg kommen, denn es geht auch um Ihre Zukunft. Ein Krieg aber würde uns alle vernichten.«[34]

Alfred Gleitze betonte in seiner Rede das antifaschistische Engagement des Verbandes und sein Eintreten für Versöhnung und Völkerverständigung. Er führte u. a. aus:

»Wir stehen hier beschämt, weil alle diese Verbrechen im Namen des Volkes geschehen sind, dem wir angehören. Wir, Vertreter der jungen Generation in unserem Lande, sind hierher gekommen, um ein Bekenntnis für die Opfer und gegen die damaligen Mörder abzulegen. ... Lidice – stellvertretend für eine Unzahl anderer Stätten – ist für uns, die jungen Deutschen, ein nur durch immer währendes Tun zu bewältigender Schandfleck in der Geschichte unseres Volkes. Wir sind

*Lidice 1963*

*Rechts: Alfred Gleitze bei seiner Ansprache in Lidice*

aufgerufen – und wir stehen zu dieser Verpflichtung – alle Reste und Spuren des nationalsozialistischen Deutschland zu tilgen. ... Wir kommen in die Tschechoslowakei mit dem guten Willen, die geschlagenen Wunden zu heilen. Wir wissen, daß das, was geschehen ist, schwerlich wieder gutzumachen ist. ... Wir kommen aus Berlin, und wir können der tschechoslowakischen Jugend versichern, daß die überragende Mehrheit unserer jungen Menschen bereit ist, bedingungslos mit unserer Vergangenheit abzurechnen. Wir wollen mit dazu beitragen, daß der Graben zwischen den Völkern durch das Tun der Jugend gerade unseres Volkes nach und nach wieder zugeschüttet wird. Wir wissen, daß wir damit anfangen müssen und deshalb sind wir hier.

Kein Zweifel: Wir sind hierher gekommen, um den Versuch zu machen, die *deutsche* Vergangenheit zu bewältigen. Wir sind weit davon entfernt, uns als Richter der Vergangenheit anderer Völker aufzuspielen, dieses Recht würde man uns auch völlig berechtigt absprechen. *Richtig ist aber auch, daß es eine echte Versöhnung der Völker über die Gräber der Millionen Menschenopfer hinweg nur geben wird, wenn wir uns hier – und gerade an dieser Stelle – in einem Punkt über die gemeinsame Zukunft völlig einig sind: Das Auslöschen von Menschenleben als Mittel der Politik muß ein für allemal gebrandmarkt werden. Wer den Mord am politisch Andersdenkenden wegen seiner anderen Überzeugung, dem Angehörigen einer anderen Volksgemeinschaft, Rasse, Religion oder Hautfarbe entschuldigt oder verniedlicht, klagt sich selbst an.* Diese unsere Meinung vertreten wir kompromißlos an jeder Stelle in der Welt. Wer uns dieses Wort sprechen läßt, ist unser Freund.«[35]

Dieser letzte hier zitierte Absatz richtete sich auch an die Gastgeber und beinhaltete – ohne es direkt zu benennen – sowohl den Hinweis auf die tschechischen Vergeltungsmaßnahmen an Deutschen nach Beendigung des 2. Weltkrieges als auch auf stalinistische Praktiken und den »Schießbefehl« an der Mauer. Im Anschluß an diese Rede pflanzten die Falken einen Rosenstock in den dortigen Rosengarten, in dem Rosen aus aller Welt blühen.

Im Verlauf des Nachmittags fand in Theresienstadt eine weitere Feierstunde statt. Hierfür hatten die Falken ein Kulturprogramm erstellt. Der jüdische Kantor Nachamah sang, die Geschichte der Festung Theresienstadt und des Ghettos wurde dargestellt, Dokumente aus Verfolgung und Widerstand in der ČSSR wurden rezitiert, ebenso die Gedichte, die dorthin verschleppte jüdische Kinder geschrieben hatten.

In den Schlußworten dieser von Gunther Soukup ausgearbeiteten und vom Vorstandsmitglied Rosemarie Raschik vorgetragenen politisch-kulturellen Gedenkstunde wurden noch einmal die Gründe der Falken für die Durchführung dieser Fahrt dargelegt. Dort hieß es u. a.:

»Diese Notwendigkeit ergibt sich aus dem Versagen der politischen Führungsschichten in der Bundesrepublik, die bisher nicht den Versuch unternommen haben, an diesem Ort deutscher Schande zu dokumentieren, daß es auch ein anderes Deutschland gab als das der großen und kleinen Eichmänner, der Heydrich, der Globke und Oberländer gab und gibt.

Richtig ist, daß viele, allzuviele Deutsche bereit waren, Taten zu begehen oder zu dulden, die dem ganzen Deutschland Anlaß zu kollektiver Scham gaben.

*Wir* haben diese Scham empfunden: in Polen und Jugoslawien, in Holland und Bergen-Belsen ebenso wie in Lidice.

Wir empfinden sie hier in Theresienstadt.

*In unserer Heimat* hat man diese Scham verdrängt. Denn sie erinnert an unsere Verantwortung. Es bleibt die Frage: Sind die tieferen Ursachen des Nationalsozialismus in den Deutschen der Gegenwart überwunden.

Denn das ist die *Verantwortung*, die die *junge* Generation Deutschlands trägt: Die Fehler und *Verbrechen* der Väter *unwiederholbar* zu machen durch die Beseitigung der *Wurzeln* dieser Fehler und Verbrechen. Es kann dieser Generation deshalb nicht erspart werden, mit Genauigkeit und Schonungslosigkeit diese Vergangenheit zu untersuchen. Das Ergebnis wird alarmierend sein. Wir werden begreifen, daß wir wieder kämpfen müssen. Die *Formen* unseres Wirkens werden vielfältig sein. Insgesamt aber ist es politisches und kulturelles *Partisanentum*, dessen unsere Zeit bedarf.«[36]

Dieser Text, insbesondere der Abschnitt über das Versagen der politischen Führungsschichten und der Begriff politisch-kulturelles Partisanentum sorgten für einige Aufregung in der Westberliner Öffentlichkeit und wurde bei der darauffolgenden Fahrt am nächsten Wochenende unter dem Druck von Presse und Senat nicht mehr vorgetragen.[36a]

Mit der Durchführung dieser Feierstunden verfolgte der Verband zwei Ziele, die Jürgen Dittner im folgenden benennt:

»Ich bin der Meinung, wenn man an diesen Orten einen Kranz niederlegt, gehört es auch dazu, daß man in feierlicher Form der Toten gedenkt als Verbeugung vor dem Volk, das unter den Deutschen gelitten hat und zu dem man gefahren ist, um zu sagen: Wir sind Deutsche, aber wir sind eben andere Deutsche und haben auch andere Absichten, was die Zukunft betrifft. Und dann der entscheidende Punkt, das war eigentlich mehr der pädagogisch-politische, um Betroffenheit zu erzeugen, um zu sagen: Frieden und Verständigung ist nicht nur eine Frage des Kopfes, sondern es muß so von innen kommen – so ein Stückweit Betroffenheit, Zorn, Wut, ständig dieses Gefühl, nie wieder! Die Faust zu ballen und zu sagen: Menschen, die solche Absichten haben, so was wieder hervorzurufen, denen fallen wir beizeiten ins Handwerk.«[37]

Dieses Ziel ist auch weitgehend erreicht worden, auch bei jenen Teilnehmern, die nicht aus dem Verband kamen. Günther Jahn schildert seinen Eindruck von den Auswirkungen dieser Begegnung mit den Schrecken der Vergangenheit auf die Teilnehmer aus der speziellen Sicht von jemandem, der in der DDR aufgewachsen ist:

»Die Feierstunde in Lidice und Theresienstadt, die Rede von der damaligen Bürgermeisterin – die ja Überlebende des Verbrechens war –, das war für die Leute sehr beeindruckend, wie auch die Fahrten nach Bergen-Belsen und Auschwitz. Junge Menschen in Berlin hatten davon überhaupt keine Vorstellung. Für uns war das anders. Ich bin in die Berufsschule gegangen, wir waren noch nach Weimar gefahren, nach Buchenwald, aber ein Teil der Westberliner Jugendlichen hatte in seinem Leben noch nie so was gesehen. Die hatten einfach alle gar keine Vorstellung. Es war natürlich unheimlich beeindruckend, die Menschen zu sehen, die da mitgefahren sind. Es waren ja nicht alles Verbandsleute, es waren auch wildfremde Leute, die so beeindruckt waren. Ich kann mich noch erinnern, daß wir irgendwo in einer Kneipe gesessen und diskutiert haben, wie so was überhaupt passieren konnte. Wenn wir diese Pferchkästen gesehen haben, wo die Menschen damals mit 36, 38 Personen in so einer Kammer gelebt haben – das war für viele einfach gar nicht vorstellbar. Und wenn man sich das überlegt – das war '63 –, dann kann man sich mal vorstellen, was wir eigentlich in der Erziehung über das Nachholen des Faschismus versäumt haben, daß die Leute '63 das erstemal erschüttert waren. Das ist ja ein Verdienst der Falken gewesen, nach Auschwitz und woanders hinzufahren. Das war für mich eines der erschütterndsten Erlebnisse, zu erleben, wie junge Leute – später auch in Auschwitz – das gar nicht in ihre Vorstellungskraft hineinbringen konnten und das erstemal mit dem Faschismus sich auseinandergesetzt haben, denn viele Lehrer haben es in der Schule nicht gemacht. Es funktioniert ja bis heute nicht richtig, in den Schulen diese Geschichte aufzuarbeiten. Ich habe ja nun viel politische Arbeit gemacht, aber das war für mich tief beeindruckend. Die Tschechen – ich war ja noch eine Woche da – waren davon übrigens ebenso beeindruckt.«[37a]

Christoph und Ursula Jänicke, die auch 1959 in Auschwitz gewesen waren, ziehen Vergleiche:

*U. J.:* »Auf dieser Fahrt hatte das alles mehr so den Charakter Widerstand und Auflehnung, während bei der Auschwitz-Fahrt dieses passive Leiden das Hauptmotiv war. Während man dort merkte, da ist auch schon irgendwo Widerstand geleistet worden, wenn auch alles schrecklich war, aber da haben sich Leute aufgelehnt.«

Christoph Jänicke wies darauf hin, daß der Besuch in Auschwitz eine hohe Sensibilität für das Leiden des jüdischen Volkes erzeugt hatte, die auch die Eindrücke bei späteren Fahrten prägt:

»Ich würde beinahe sagen, daß wir jedenfalls zu dieser Zeit sensibler für die Sachen waren, die den Juden angetan worden sind ... und da spielte ein anderes Erlebnis bei der Theresienstadt-Fahrt eine Rolle, wo wir in Theresienstadt rumgeführt wurden durch die Kasematten. Hier wurden tschechische Freiheitskämpfer umgebracht, Julius Fučik und dieser und jener. Da hat jemand uns geführt, und wir haben gefragt, in Theresienstadt da sind doch auch unendlich viele Juden umgebracht worden. Na ja, das interessierte nicht so. Da waren wir unheimlich sensibel, daß dieses nationale Problem für die Tschechen viel wichtiger war, als daß es eben auch eine Stätte war, wo Juden umgebracht worden sind. Da war vielleicht so der Gegenpunkt. Ich muß auch sagen, vielleicht waren die Falken insgesamt dafür sensibler. Wir haben ja nicht umsonst Kantor Nachamah mitgehabt. Ich überlege, ob da nicht auch so eine Art – nein, gottesdienstliche Handlung war das nicht, aber eine jüdische, der hat da Gesänge gesungen. Das war ja so ein Hinweis darauf, wir sind erstmal unter dem Aspekt Judenverfolgung und Unrecht an den Juden überall gewesen. Natürlich waren wir auch in Lidice. Da spielt dieses Problem gar keine Rolle, das ist ja ganz klar.«[38]

## V.6. Trotz eines Rückschlages – die Normalisierung schreitet voran

Während des Aufenthaltes in der ČSSR hatte Alfred Gleitze die Einladung an die tschechische Jugend gerichtet, West-Berlin zu besuchen. Aus der Erwägung heraus, daß »jeder normal denkende Mensch die Normalisierung der Beziehungen zwischen den Nachbarländern begrüßen« müsse,[38a] nahmen die Tschechen diese Einladung an und entsandten Ende Mai 1964 eine 70köpfige Gruppe junger Tschechen nach West-Berlin. Diese Begegnung sollte wiederum aus Senatsmitteln gefördert werden. Senator Neubauer begrüßte die Gäste aus der ČSSR auf einem Empfang, es gab Stadtrundfahrten, Betriebsbesichtigungen, einen Tanzabend im Prälat Schöneberg, eine gemeinsame Kranzniederlegung in der Gedenkstätte Plötzensee. Dieser Besuch – wiederum organisiert vom tschechoslowakischen Jugendreisebüro – verlief zur Zufriedenheit beider Seiten. Die »Tschechoslowakische Jugend« berichtete über den Verlauf des Besuches:

»Wenn mich jemand fragen würde, worin ich die Hauptbedeutung unserer Reise nach Westberlin sehe, würde ich ohne zu zögern antworten: In der Konfrontierung unserer Ansichten ... Und es ist von Nutzen, über die Standpunkte zu diskutieren, zu schauen, warum diese oder jene Meinungen entstehen und gleichzeitig zu helfen, die unrichtigen Vorstellungen über uns zu beseitigen. ... Die Diskussionen über unsere Meinungen, wie ich sie in der Prager Lucerna und im Westberliner Prälaten erlebt habe, möchten wir fortsetzen, die Kontakte, deren konkreter Ausdruck der gegenseitige Besuch war, möchten wir weiter pflegen. Es existieren jedoch einflußreiche Kräfte in Westberlin, die sich dagegen stellen. Die Sehnsucht nach Verständigung läßt sich jedoch nicht zum Schweigen bringen. Sie hat standhafte Befürworter.«[39]

Im Rechenschaftsbericht des Landesvorsitzenden zur Jahreskonferenz 1965 hieß es dazu:

»Dieser Besuch war ein voller Erfolg für das von uns vertretene politische Anliegen. In der Öffentlichkeit fand der Besuch um so größere Beachtung, als es sich hier um den ersten Fall des Aufenthaltes einer Jugendgruppe aus dem Ostblock in Westberlin handelte.«[40]

Allerdings hatte der Landesverband im Zusammenhang mit diesem Besuch zu spüren bekommen, daß sich in der Tat einflußreiche Kräfte seiner Politik der Verständigung mit Osteuropa entgegenstellten. Den Anlaß dafür bildete die Frage der Einreise der Gruppe aus der ČSSR vor dem Hintergrund des Streits um den Status von West-Berlin. Einige Tage vor Ankunft der Gruppe hatte die tschechoslowakische Militärmission den Falken mitgeteilt, daß die Gruppe nicht wie geplant über den Kontrollpunkt Dreilinden, sondern über den Checkpoint-Charlie in der Friedrichstraße einreisen würde. Durch die Benutzung dieses innerstädtischen Übergangs sollten die von den Ostblockländern vertretene Drei-Staaten-Theorie und insbesondere die Existenz einer Staatsgrenze zwischen Berlin (Hauptstadt der DDR) und der »selbständigen politischen Einheit Westberlin« betont werden. Aus dem genau entgegengesetzten Grund waren Berliner Behörden an einer Einreise über Dreilinden interessiert. Da am Übergang Friedrichstraße auf westlicher Seite keine Kontrollen stattfanden, weil man die Einheit von Gesamtberlin nicht in Frage stellen wollte, entgingen die Tschechoslowaken auf diese Weise den notwendigen Einreiseformalitäten. Bei einer Einreise via Friedrichstraße hätten die Tschechoslowaken bei alliierten Dienststellen in West-Berlin eine Aufenthaltsgenehmigung einholen müssen, was sie versäumten, die Falken aber im Glauben ließen, die entsprechenden Vorschriften beachtet zu haben.

Nach der Abreise der Gruppe wurde vom Jugendsenator gegenüber den Falken der Vorwurf erhoben, daß sie ihn, obwohl er eine Förderung dieser Begegnung davon abhängig gemacht hatte, daß die notwendigen Formalitäten beachtet werden, nicht von dieser Änderung des genehmigten Besuchsprogramms unterrichtet hatten. Da dies nach Ansicht des Senators ihre Pflicht gewesen wäre und sie außerdem durch ihr Verhalten in einer hochpolitischen Angelegenheit wenig Fingerspitzengefühl bewiesen hätten, sperrte der Senator bis zur Klärung dieser Angelegenheit alle Mittel für die Falken. Die Presse, vor allem die in Berlin, benutzte diesen Vorfall, um wieder einmal kräftig gegen die Falken vom Leder ziehen zu können. Der in der FAZ erhobene Vorwurf, die Falken seien politische Dilettanten,[41] gehörte noch zu den harmloseren Anschuldigungen, die in der Presse erhoben wurden. In der Folge dieses Konfliktes mußten sich die Falken bereit erklären, alle Anträge auf öffentliche Mittel für Kontakte zu Ostblockstaaten und die Einladung an 200 junge Tschechoslowaken zur Teilnahme am Sommerlager in Norwegen zurückzuziehen. Damit entfiel auch eine weitere in großem Rahmen geplante Fahrt in die ČSSR.[42]

Das beiderseitige Interesse, die begonnenen Kontakte fortzuführen, blieb jedoch erhalten. Bohuslav Martinec von der internationalen Abteilung des ČSM erklärte im August 1964 noch einmal das Interesse der ČSSR-Jugendverbände an einem verstärkten Jugendaustausch mit der BRD und betonte, daß es gegenwärtig schwieriger sei für ČSSR-Gruppen, die Einreisegenehmigung in die BRD zu erhalten, als umgekehrt.[43] Schon das Jahr 1964 war von der Intensivierung der Kontakte geprägt. An einem internationalen Camp der Falken des Bezirks Württemberg im August 1964 nahmen Jugendliche aus der ČSSR teil, wobei sich die Anreise dieser Gruppe aufgrund der schleppenden Visaerteilung durch das Auswärtige Amt verzögerte.[44] Im Gegenzug reiste im Oktober eine Delegation des Bezirks mit 64 Teilnehmern nach Lidice und Prag und vereinbarte dort in Gesprächen mit dem ČSM eine Fortsetzung der Kontakte.[45]

Auch andere Jugendverbände suchten Kontakte in die ČSSR. So unternahm Ostern 1964 der Bezirksjugendring von Berlin-Wilmersdorf als erster Berliner Jugendring eine Gedenkfahrt in die ČSSR,[46] ebenfalls die Jugend der Berliner IGM im November,[47] beide von den Falken über personelle Verflechtungen mitinitiiert, sowie weitere gewerkschaftliche und kirchliche Gruppen aus der Bundesrepublik.[48]

Im Oktober des Jahres reisten die beiden Berliner Landesvorsitzenden Alfred Gleitze und Hanns Kirchner nach Prag, um die Wiederaufnahme der Kontakte und gemeinsame Aktivitäten für das Jahr 1965 vorzubereiten. Sie vereinbarten dort einen Besuch des Berliner Landesvorstandes in Prag im November zur Diskussion politischer Fragen mit dem Vorstand des ČSM sowie eine Fahrt nach Lidice und Prag für Ostern 1965. Des weiteren erklärten sich die Tschechoslowaken bereit, wieder Jugendgruppen nach West-Berlin zu entsenden, nachdem über die Abwicklung der Einreiseformalitäten Einigkeit erzielt werden konnte. Der an sie herangetragenen Idee der Berliner Falken, im Sommer 1965 ein internationales Jugendlager mit möglichst vielen Delegationen aus ganz Europa durchzuführen, standen sie positiv gegenüber und erklärten ihre Bereitschaft, mit den Jugendverbänden anderer osteuropäischer Staaten deswegen Fühlung aufzunehmen.[49]

## V.7. Der Landesvorstand in Prag – im November 64 die ersten Anzeichen des Frühlings 68

Der Besuch des Landesvorstandes in Prag im November 1964 hatte einen offiziellen Charakter und war als Begegnung zweier Spitzengremien konzipiert worden. Im Mittelpunkt sollten Verhandlungen über den Fortgang der weiteren Beziehungen und ein Meinungsaustausch über Fragen von beiderseitigem Interesse stehen. Harry Ristock erinnerte sich an den Ablauf dieser Begegnung:

»Dort wurden von der tschechischen Seite die normalen spätstalinistischen Kommentare, Begrüßungsformeln alle abgewickelt. An die haben wir uns sowieso nie gehalten, da haben wir in ganz Osteuropa, so weit wir es erreichten, immer konstatiert, daß wir da völlig frei waren, vor allen Dingen auch deshalb frei waren, weil wir unsere Reaktionären und Konservativen immer gleich einbezogen und dann verglichen – manchmal viele Gemeinsamkeiten entdeckten. Das war die eine Ebene. ... Es gab die offizielle Sitzung, es gab die Mittagspause, Abendbrot. Dann gab es Kneipen, und die gleichen Leute diskutierten, die vorher die Rituale abgewickelt hatten, diskutierten auf der zweiten Ebene, der privaten Ebene dann das Reale, das wirklich Reale. Am Anfang war der sogenannte realistische Sozialismus und am Abend war dann der Sozialismus. Ich habe das so in Erinnerung, daß die Menschen, die vorher die offiziellen Texte deklarierten, wenig später wie umgewandelt waren. ... Die subjektive Rückerinnerung täuscht ja vielleicht, ich bilde mir ein, daß wir – doch vielleicht glorifizieren wir das heute, die wir dabei waren – fast den Geist der Geschichte spürten, daß da was passiert und daß das schon sehr früh war. Also ich sehe das als Prozeß des Werdens des Frühlings.«[50]

Gunther Soukups Wahrnehmungen waren ähnlicher Art:

»Ich erinnere mich zunächst mal so klimatisch an eine Situation, die gekennzeichnet war dadurch, daß erstmal diese üblichen offiziellen Reden gehalten wurden mit allem Hickhack und Revanchismus in der Bundesrepublik. Dann saß neben mir ein Tscheche – die hatten uns immer so placiert, daß ein Deutscher und ein Tscheche nebeneinander saßen –, da sagte der Tscheche zu mir: ›Ist gleich vorbei – Schallplatte.‹ Als dann das Offizielle vorbei war, war dann das Klima sehr entkrampft, aber die erste Situation war absolut stalinistisch. Irgendwo nahmen die das selber nicht mehr ernst. Die haben augenzwinkernd die alten Sprüche abgelassen, aber nicht mehr real dahintergestanden, das war so mein Eindruck. Und in der Sache war das eigentlich eher so, solche kühnen Perspektiven zu entwerfen. Die hatten die Idee aufgegriffen, Leute ins Sommerlager zu schicken und solche Sachen. Die waren eigentlich sehr interessiert daran, ihre Einengung aufzubrechen und die Falkenmittel zu benutzen.«[51]

In der Tat versuchten die Tschechen, für den Plan der Falken, 1965 in Norwegen ein gesamteuropäisches Jugendlager durchzuführen, in Osteuropa Unterstützung zu gewinnen. In seinem Bericht über die Ergebnisse dieser Begegnung im Landesausschuß erwähnte Alfred Gleitze, daß der Leiter des Jugendreisebüros Alex Ferra bereits mit Ungarn, Bulgaren und Jugoslawen deswegen verhandelt habe – allerdings ohne Erfolg – und weiterhin bereit sei, in dieser Frage den Falken behilflich zu sein.[52]

An einem Erfahrungsaustausch auf pädagogischem Gebiet zeigten sich die Tschechoslowaken ebenfalls sehr interessiert. Gunther Soukup:

»Wir haben eine Menge geredet über Beteiligung von Jugendlichen, die hatten ja auch ihre pädagogischen Probleme. Bei den offiziellen Geschichten erschien es so, als würden alle Jugendlichen beteiligt sein, aber dann kam raus, daß es durchaus ein Nachlassen der Motivation gab und daß sie da auch von uns wissen wollten, wie wir das machen. Also überhaupt war die Tendenz bei allen, das möglichst schnell aus dem Offiziellen ins Halboffizielle zu bringen, weil dann diese anderen Gespräche möglich waren. Das drückt das mit der Schallplatte aus – Schallplatte ist zu Ende –, so ein beruhigender Satz.«[53]

Auch im menschlichen Bereich kamen sich die Gesprächspartner näher. Gunther Soukup erinnert sich:

»Es war auch relativ rasch möglich, eine persönliche Atmosphäre herzustellen. Ich erinnere mich, einer von diesen tschechischen Vorstandsmitgliedern, der stammte aus der Stadt im Sudetenland, aus der ich auch stamme, also im gleichen Jahr in der gleichen Stadt geboren. Er hat einen deutschen Namen und ich einen, den die Tschechen eher benutzen. Ich bin 1938 getürmt nach Deutschland, er 38 in die Tschechoslowakei – also immer zwei Seiten seitenverkehrt gespiegelt. Wir haben dann sehr lange über diese Erfahrungen geredet, wie man so was einschätzen und verarbeiten kann. Diese persönliche Atmosphäre war eigentlich ziemlich gut, gerade bei diesen Kontakten im kleineren Rahmen.«[54]

Ein ganzer Tag war für den politischen Meinungsaustausch eingeplant worden. Um eine offene Diskussion zu ermöglichen, hatte man vereinbart, sich ohne Tagesordnung zusammenzusetzen und keinerlei schriftliche Verlautbarungen über die Inhalte des Gesprächs herauszugeben. Der Verlauf der Gespräche erfüllte die von beiden Seiten gesetzten Erwartungen. Alfred Gleitze:

»Dieser Besuch des Landesvorstands hatte den Zweck, einmal eine grundsätzliche inhaltliche Debatte mit ihnen zu führen, bei der nun ganz besonders vereinbart war, daß das nicht irgendwie festgehalten wird und man sich das gegenseitig hinterher um die Ohren hauen will. Da wurde sehr freimütig diskutiert, auch über die Nachkriegsentwicklung und so. Und dann stellte man fest – das war sehr positiv verlaufen – daß man so weit auseinander gar nicht war, nur jeder sozusagen auf seine Nabelschnur Rücksicht nehmen mußte.«[55]

Jürgen Dittner schildert seinen Eindruck von diesem Meinungsaustausch:

»Es war klimatisch weitaus besser als bei den Polen. Die Polen waren in jeder politischen Frage, wo sie eine andere Meinung hatten, eigentlich verbissen und ernsthaft. Da war kein Lächeln im Gespräch, da war keine Verbindlichkeit, während die Tschechen durchgehend auch bei den geringen anderen Auffassungen freundlich verbindlich blieben. Das Trennende war bei den Tschechen längst nicht so groß. Die Tschechen haben eigentlich für mich überraschend – im nachhinein nicht mehr überraschend – ganz großen Wert auf die Eigenständigkeit gelegt. Sie haben für mich mehr oder weniger als Pflichtübung die Freundschaft, die unverbrüchliche Freundschaft zur Sowjetunion kurz bekundet – beinahe wie unser Abgeordnetenhaus immer noch sagt: Wir glauben an die Unantastbarkeit... und die Mauer muß fallen. Dann haben wir also als Westberliner mit Tschechen über Probleme geredet. Die ganze Geschichte, dieses Protokoll über die Vorstandssitzung gibt das ja wieder, bestimmte generelle Einschätzung zur Rolle der Sowjetunion im Zusammenhang Niederschlagung des Faschismus und Blockbildung, zu der sie gehören, so die Traditionsrolle oder historische Rolle der Sowjetunion – aber ansonsten eigenständiger Weg und dann sehr differenzierte Bekenntnisse, eigentlich je höher der Funktionär in der Hierarchie, desto klarer der offizielle Kurs; bei den Menschen, wo ich die Funktion nicht dabei habe, bestimmte Differenzierungen und bei uns eigentlich umgekehrt. Ristock die größte Kontenance und weitere Landesvorstandsmitglieder – das läßt sich ja beinahe wörtlich aus den Beiträgen ablesen –, dann aber doch auch wieder das westliches Positionen ein Stückweit bezogen haben, da wird es ganz deutlich, daß die ein Stückweit antikommunistisch waren oder sagen wir mal, die Unsicherheit im Umgang mit Kommunisten wurde deutlich, unser anderes Verständnis von Pluralität und Parteienvielfalt, von Pressefreiheit, von Aufstellung von Kandidaten bei Wahlen u. ä. Ich habe mit Interesse die Ausführung der damaligen Vorstandsgenossen gesehen, und ich glaube einfach, das läßt sich aus der Ergebnisniederschrift so ein bißchen beweisen.«[56]

Die Erinnerungen von Jürgen Dittner an diese Diskussion sind besonders deutlich, weil er sie – wie von ihm erwähnt – mit Hilfe von handschriftlichen Kurznotizen, die er damals anfertigte, wieder auffrischen konnte.

Diese Notizen bestätigen auch, daß die laue Luft des Prager Frühlings in den Diskussionen mit dem ZK des ČSM bereits spürbar war.

Nach der offiziellen Einführung stellte Harry Ristock die theoretische Konzeption des Berliner Landesverbandes vor, soweit sich dies aus den Stichpunkten verfolgen läßt, im Sinne der von uns im Verlauf des II. Kapitels aufgezeigten Grundlinien mit der zu dieser Zeit bereits erfolgten Akzentverschiebung. Die Redebeiträge der Vertreter des ČSM zeigten, daß es neben divergierenden Auffassungen – etwa über die DDR –, die zu einem Großteil aus der Block-Logik resultierten, in vielen Fragen ähnliche Standpunkte gab. Mehrere Diskussionsbeiträge von Vertretern des ČSM ließen erkennen, daß unter diesen Funktionären ein Differenzierungsprozeß eingesetzt hatte, der zum Teil sehr weitgehend war. So äußerte Alfred Gleitze große Genugtuung über die Ausführungen eines Vertreters des ČSM zum Stalinismus, dessen Aussagen sich an das sogenannte Testament Togliattis[56a] und andere Erklärungen der KPI angelehnt hatten und weitgehend der Einschätzung der Berliner Falken entsprachen.

Nach den bisherigen Erfahrungen im Verhältnis zu Vertretern tschechoslowakischer Organisationen war dies zwar nicht ganz überraschend, aber die Deutlichkeit, mit der bestimmte politische Aussagen von seiten einiger Vertreter des ČSM getroffen wurden, war dennoch verblüffend. Denn an der Oberfläche bildete die ČSSR zu jener Zeit noch ein intaktes stalinistisches System.[57]

Die zweite Entstalinisierungswelle nach dem XXII. Parteitag der KPdSU im Oktober 1961 hatte ebenso wie die erste nur zögernd auf die ČSSR übergegriffen. Die Führung der ČSSR um Staats- und Parteichef Novotny bemühte sich wiederum erfolgreich, weitergehende Konsequenzen zu vermeiden, da sie selber in erheblichem Maße in die Exzesse des Stalinismus verstrickt war. Anderseits konnte sie sich dem Zeitgeist nicht länger verschließen, vor allem, da sich Anfang der 60er Jahre die wirtschaftliche und politische Immobilität der verkrusteten Strukturen in erschreckender Weise bemerkbar machte. 1962 und 1963 stagnierten Produktion und Nationaleinkommen, und es zeigte sich, daß die KPTsch ihren mobilisierenden Charakter selbst für die eigene Mitgliedschaft eingebüßt hatte. So wurde die Notwendigkeit von Reformen überdeutlich. Gegen die erdrückenden und lähmenden bürokratischen Verhältnisse formierte sich unter Führung der Intelligenz eine Koalition sozialer Kräfte, die einen Wandel anstrebte, teilweise mit dem Ziel einer funktionell-technokratischen Reform, z. T. aber auch mit einem weitergehenden demokratischen Impetus. Unter dem Druck dieser Kräfte und der wirtschaftlichen Schwierigkeiten wurden seit 1963 Lockerungen auf kulturellem und wissenschaftlichem Gebiet sowie eine stärkere Öffnung nach Westen (u. a. mit Reiseerleichterungen für Bürger der Bundesrepublik Anfang 1964) und im Laufe des Jahres 1964 ein wirtschaftliches Reformprogramm eingeleitet. Diese Maßnahmen hatten weitreichende Auswirkungen. Die Aufhebung der kulturellen Isolierung durch die Veröffentlichung der Arbeiten westlicher und nonkonformistischer marxistischer Autoren bestärkten die Reformbestrebungen vor allem bei den Angehörigen der Intelligenz, die auf unterer und mittlerer Ebene von Partei und Gesellschaft Leitungsfunktionen innehatten. Diese von außen kommenden Anregungen fanden bei ihnen eine bereitwillige Aufnahme, und so ist es nicht verwunderlich, daß im November 1964 ein führendes Mitglied des ČSM bereits mit den Thesen Togliattis argumentierte, die erst am 20. September in Italien veröffentlicht worden waren.

Auf der Oberfläche waren diese tiefgreifenden Entwicklungen jedoch kaum sichtbar, zumal man sich von offizieller Seite alle Mühe gab, die Bedeutung dieser Lockerungen herabzusetzen. Wolfgang Götsch berichtet von seinen Erfahrungen bei der ersten Fahrt im Herbst 63:

»Daß wir dort selbst dann auch schon Tauwetter studieren konnten, das machte es zusätzlich attraktiv. Im Kulturbereich fanden wir eine Liberalität, die allerdings sorgfältig versteckt wurde. Wenn unsere Reisebegleiterin irgend etwas sagte, und ich äußerte: ›Sie machen ja da eine unheimlich wichtige politische Bemerkung‹, dann sagte sie: ›Nein, nein, das hat nichts mit Politik zu tun, das ist nur Kultur.‹ So haben die ihrerseits ihre eigenen Tauwetterbedürfnisse als unpolitisch getarnt. Das war schon interessant, aber bei der Zusammensetzung der Teilnehmer natürlich nur für eine kleine Elite von Leuten, die auch selbst politisch genug bewandert waren. Das hat die breite Masse der Mitfahrenden nicht mitgekriegt.«[58]

## V.8. Die weitere Entwicklung der Beziehungen

Nicht alle hochfliegenden Pläne, die in den Gesprächen in Prag zwischen den Vorständen entwickelt worden waren, ließen sich auch verwirklichen, dennoch kam es zu einer weiteren kontinuierlichen Verbesserung der Beziehungen.

Das Projekt des europäischen Begegnungslager in Norwegen ließ sich trotz des Vermittlungsversuchs des ČSM bei den anderen osteuropäischen Jugendverbänden nicht verwirklichen. Alfred Gleitze äußert sich zu den Gründen:

»Da sind die zurückgepfiffen worden. Bilateral hätten wir wohl auch mit anderen osteuropäischen Verbänden was machen können, aber daß es so direkt als internationales Meeting gelten sollte, das war dann offensichtlich nicht erwünscht ... der direkte Wink, darauf zu verzichten und das so nicht weiterzuführen, der schien mir damals aus Moskau gekommen zu sein. Wir haben neben den offiziellen Diskussionen dann ja auch über manches Zwischenmenschliche mit den Tschechen gesprochen – nur darauf kann ich mich berufen –, daß man diesen Eindruck dann hatte. So expressis verbis wurde das natürlich nicht gesagt, schon gar nicht, wenn man sich am Verhandlungstisch gegenüber saß.«[59]

Die Beziehungen zwischen den Berliner Falken und dem ČSM nahmen dessen ungeachtet einen weiteren Aufschwung. Die politische Entwicklung in der ČSSR, die Zuverlässigkeit des ČKM und des ČSM bei der Abwicklung der Programme und sich vertiefende menschliche Kontakte trugen dazu bei. Alfred Gleitze dazu:

»Bei den Tschechen ist es eigentlich dann nachher in den letzten zwei Jahren, so 66/67/68 schon mehr Routine gewesen, daß wir uns gegenseitig dankend in den Briefen bestätigten, daß die Gruppe dahin kommt und die fährt und dann und dann kommt die da an, das war schon so Routine zwischen wirklich befreundeten Organisationen. Das war nicht bloß eine Frage der Organisationen, sondern die Menschen konnten gut miteinander.«[60]

Die oben beschriebenen frustrierenden Erfahrungen im Umgang mit den polnischen Stellen ließen die Kontakte zur ČSSR in noch hellerem Licht erscheinen und führten dazu, daß sie den eindeutigen Schwerpunkt in der internationalen Arbeit des Landesverbandes in bezug auf Osteuropa bildeten. Jürgen Dittner sieht das heute kritisch:

»Und das (Verhalten der Polen, d. V.) hat vielleicht auch dazu geführt, daß dann der Kontakt zur Tschechoslowakei anschließend aufgenommen wurde, weil dort eben die Bereitschaft größer war und die Kontakte sich leichter gestalten ließen. Deshalb, möchte ich beinahe meinen, ist Polen vernachlässigt worden. Im nachhinein würde ich sagen, das war sicher ein Fehler. Man hätte einen längeren Atem haben müssen, auch was Polen anbetrifft.«[61]

145

Bereits das Jahr 1965 erbrachte eine Vielzahl von gemeinsamen Aktivitäten. Über Ostern fuhren die Falken mit 400 jungen Berlinern für 4 Tage nach Prag und Lidice. Entsprechend blieb mehr Zeit für Kultur, Freizeit und Begegnungen. Neben dem gemeinsamen Tanzabend gab es auch einen Theaterbesuch in Prag. In Lidice hielt Alfred Gleitze wiederum eine Gedenkrede, die eng an jene, die er dort 1963 bereits gehalten hatte, angelehnt war, und pflanzte dort erneut einen Rosenstock.[62] Anfang Juli führte der Landesverband eine Studienfahrt zur Spartakiade in Prag durch, nicht ohne Bauchschmerzen, wie Alfred Gleitze versicherte. Deshalb wurde die Fahrt auch nicht öffentlich ausgeschrieben:

»Wir wollten es einfach mal erleben. Da hatten sich ja sehr viele auch schon wirklich freundschaftliche Kontakte herausgebildet, und die bedrängten uns, also kommt doch mal und guckt euch das mal an. Und wir hatten schon vorher gewisse Vorurteile und sagten: Mensch nee, so 'ne Massenaufmarschsgeschichte, da sind wir einfach zu belastet, das kann eigentlich nicht unser Geschmack sein. Na gut, wir gucken uns das mal an, und dann – es war keine sehr große Gruppe – sind wir dahingefahren und haben uns da auf eine Tribüne setzen lassen und haben uns dieses Ritual angeguckt mit den Massen, keulenschwingenden und fahnenschwingenden Parteisekretärinnen und was da alles aufmarschierte und haben ihnen dann aber auch unumwunden gesagt, nein, unser Geschmack ist das nicht, ein zweites Mal werden wir so was nicht machen. Wir haben ihnen mehr oder weniger den Gefallen getan, uns das mal anzugucken. Die waren mächtig stolz darauf.«[63]

Im August beteiligten sich 90 junge Tschechoslowaken am Sommerlager der Falken in Norwegen. Alfred Gleitze berichtete in der Berliner SJ darüber:

»Viele hatten uns vor dem Experiment gewarnt. Wohlmeinende, aber auch solche, die noch immer in den Kategorien des Kalten Krieges denken. Wir taten es dennoch: Wir luden 90 junge Bürger der ČSSR ein, an unserem Sommerlager teilzunehmen. So trafen sich Jugendliche aus Deutschland und der Tschechoslowakei in einem dritten Land, in Norwegen.
 Natürlich hatten wir uns vorher der Zustimmung der zuständigen Behörden versichert. Und wir machten uns Gedanken, wie wir die bestmöglichen Voraussetzungen dafür schaffen konnten, neben den offiziellen Zeremonien vor allem auch die individuellen Kontakte zu fördern.
 Wir schlugen deshalb der Leitung der tschechoslowakischen Reisegruppe vor, ihre Teilnehmer nicht in einem Komplex unterzubringen, sondern auf die zwölf, analog zu den Berliner Verwaltungsbezirken geschaffenen Oberdörfer aufzuteilen. Diese Regelung wurde akzeptiert und erwies sich dann auch als gute Grundlage der freundschaftlichen Verständigung zwischen den Jugendlichen.
 Die Diskussion über politische und gesellschaftliche Probleme fand statt – zwanglos und offen in kleinen Gruppen, im Gegensatz zu einer offiziösen Diskussion im Rahmen einer großen Domizil-Veranstaltung, wo von beiden Seiten ein gutes Maß hohler Frieden-Freundschaft-Eierkuchen-Phrasen gedroschen wurden. Viele Einzelgespräche ließen erkennen, daß sich auch in der ČSSR die Mehrheit der Jugend politisch kaum engagiert. Auch hier ist die Jugend in erster Linie bemüht, sich beruflich zu qualifizieren, nicht nur, um gesellschaftlich eine hervorragende Rolle zu spielen, eher aus rein materiellen Gründen. Jedenfalls sollte der in Norwegen begonnene Dialog fortgesetzt werden.
 Zwischen den ›Oberen‹ beider Seiten bestand freundschaftlicher Kontakt, der noch durch die Tatsache erleichtert wurde, daß die ČSSR-Bosse eher wie sozialdemokratische ›Bürokraten‹ wirkten, denn als Kaderfunktionäre eines kommunistischen Jugendverbandes – den Unterschied gab's also nicht (!).
 Kritik seitens der Gäste gab es partiell am Essen und der Unterbringung, weil sie es anders – besser – gewohnt sind. Aber eine Staatsjugend hat neben der Zwangsjacke der von oben ausgerichteten Ideologie den Vorteil, materiell besser gestellt zu sein als Verbände der freien Jugendarbeit. Und so hat der tschechoslowakische Jugendverband, was Zeltlagerausrüstung anbelangt, ganz sicher einen wesentlich höheren Standard als wir.

Unser Experiment ist gelungen. Es hat sich herausgestellt, daß junge Menschen, die aus verschiedenen gesellschaftlichen Systemen kommen, zusammen leben und miteinander reden können. Wir leisten diese ›Pionierarbeit‹ auch im Hinblick auf das notwendige Gespräch zwischen der Jugend der beiden Teile Deutschlands, das kommen muß um der Wiedervereinigung wegen.«[64]

Die nächste Gedenkstättenfahrt fand bereits wieder im November statt.

Anfang Oktober war im Landesausschuß angeregt worden, in zukünftige Programme solcher Fahrten Betriebsbesichtigungen und Diskussionen mit Vertretern gesellschaftlicher Organisationen aufzunehmen. Daraufhin reiste Alfred Gleitze nach Prag, um diese Wünsche den Vertretern des ČKM vorzutragen. Bereits bei der folgenden Gedenkfahrt im November konnte das Programm um eine Betriebsbesichtigung und eine politische Diskussion mit dem Zentralkomitee der antifaschistischen Kämpfer erweitert werden.[65] Allerdings zeigte sich in der Frage der Betriebsbesichtigungen, daß auch dem guten Willen der Vertreter der ČKM offenbar politisch motivierte Grenzen gesetzt wurden. Während ansonsten kaum organisatorische Mängel zu beklagen waren, wurden die Betriebsbesichtigungen sehr oft »in letzter Minute aus irgendeinem technischen Grund wieder abgesagt«. Wenn sie stattfanden, war es offensichtlich, daß die Gruppen nur mit sorgfältig ausgewählten Gesprächspartnern zusammentrafen.[65a] Da sich statt der erwarteten 400 Personen im November 1965 nur 200 beteiligten, mußte die geplante Feierstunde in Theresienstadt ausfallen, weil die entstehenden Unkosten im Verhältnis zur Teilnehmerzahl zu hoch gewesen wären.[66] In seiner Rede in Lidice erläuterte Alfred Gleitze, warum die Falken immer wieder solche Gedenkstättenfahrten unternahmen:

»Viele sagen: Was geht das alles uns an, wir haben keine Schuld, als das alles geschah, haben wir noch gar nicht gelebt. Kann man einen solchen Standpunkt akzeptieren? Wir wissen, man kann es nicht! Hitler und Eichmann, Auschwitz und Lidice gehören zur deutschen Geschichte. Ein Volk aber, das seine Geschichte nicht kennt oder ignoriert, ist unfähig, die Gegenwart zu gestalten und Perspektiven für die Zukunft zu entwickeln.«

Diese Worte haben auch fast 20 Jahre später nichts von ihrer Gültigkeit verloren, ebenso wie die folgenden Ausführungen:

»Den Ewiggestrigen in unserem Land und denen in anderen Ländern, den Reaktionären des Kalten Krieges in Ost und West, den Kräften der Intoleranz und der Unduldsamkeit muß von der jungen Generation die Macht aus den Händen genommen werden. Es könnte sonst sein, daß die große Chance der Menschheit, einen dauerhaften Frieden und eine glückliche Zukunft für alle Menschen zu schaffen, abermals verspielt wird.«[67]

Im Jahre 1965 waren auch die Besuche von Jugendgruppen aus der ČSSR in West-Berlin wieder aufgenommen worden, und im Landesverband machte man sich Gedanken über die Durchführung eines Sommerlagers im folgenden Jahr in der ČSSR. Ergebnis dieser Diskussion war der Plan, ein »Testlager« durchzuführen, das nur Verbandsmitgliedern und Mitarbeitern des Sommerlagers offenstehen und im Anschluß an das große Lager in Callantsoog stattfinden sollte.[68]

Um die Jahreswende 1965/66 reisten die beiden Landesvorsitzenden wie bereits berichtet nach Warschau[69] und besuchten bei dieser Gelegenheit auch Prag. Dort verhandelten sie über das gemeinsame Programm für das Jahr 1966. Vereinbart wurden eine Gedenkfahrt zu Himmelfahrt, die Beteiligung von ČSSR-Jugendlichen am Sommerlager der Falken und die Durchführung eines Lagers in Lipno/Südböhmen. Während die anderen Maßnahmen in der gewohnten Routine abgewickelt wurden, kam das Zeltlager in der ČSSR nicht zustande. Nach der in der Berliner SJ veröffentlichten Ausschreibung für das Lager sollte es vom Tschechoslowakischen

Jugendverband für die Falken aufgebaut werden. Die Unterbringung sollte in Zwei-Mann-Zelten erfolgen, die Verpflegung aus einem Hotel geliefert werden. Genau über diese Punkte herrschte beim Berliner Falkenvorstand Unbehagen, das mit zur Absage des Lagers beitrug. Alfred Gleitze dazu:

»...aber es war schon in Südböhmen ein Platz ausgeguckt, den haben wir auch besichtigt. Der hätte sich auch geeignet, aber es ist dann zum Teil auch daran gescheitert, daß wir einen bestimmten Stil, wie wir das in der Praxis bewirtschafteten, gefunden hatten, während sie uns so ein bißchen den Stil aufzwingen wollten, wir sind dann gar nicht die Veranstalter, sondern sie machen dann trotzdem dieses Lager, und die Armeeküche beliefert uns und all solche Geschichten. Und da ist es dann letztlich doch nicht weiter verfolgt worden, während wir ja sonst immer einen völlig unabhängigen Status hatten. Wo wir auch hinkamen, auch nach Norwegen oder Holland oder sonstwas, haben wir eben bei einem Bauern eine Wiese gemietet und alles andere haben wir mitgebracht und haben das alles selber organisiert. Und da wollten sie uns sehr starke Korsettstangen einziehen, hatten auch ein bißchen Sorge, daß sonst irgendwas da übersprungt oder so. Und das ist einer der Gründe gewesen, warum wir das dann – damals meinten wir noch – nur vertagt haben, machen wir es dann vielleicht erst nächstes Jahr oder übernächstes Jahr. Daß es dann letztlich nicht zustande gekommen ist, wissen wir heute, aber damals war der Vorsatz immer noch weiter da. Aber wir wollten das noch mehr aufsprengen.«[70]

Für das Scheitern dieses Vorhabens dürften ebenso wie in der Frage der Betriebsbesichtigungen letztlich schwer ergründbare politische Entscheidungen von seiten der ČSSR-Behörden verantwortlich gewesen sein. Der Spielraum, den sich die ČSSR-Führung und ihren Organisationen in jener Zeit gewährte, war zwar groß, aber keinesfalls unbegrenzt. Der von der Prager Volkszeitung angegebene Mangel an geeigneten Zelten[71] war die offizielle Sprachregelung, bildete aber nicht den eigentlichen Grund für die Absage.

Das Verhältnis zwischen den beiden Verbänden blieb davon unberührt. Auch 1967 nahmen wieder 100 Jugendliche aus der ČSSR am Sommerlager der Falken teil. Ein Bericht der deutschsprachigen Prager Volkszeitung gibt Aufschluß über die Auswahl und den Status der tschechoslowakischen Teilnehmer. Die Zeitung zitierte Evzen Kraft vom ČMK:

»Bei uns wird – um es ganz offen zu sagen – immer noch eine gewisse Auswahl getroffen. Die Kreisausschüsse des ČSM bekommen einige Reisen, die dann in Betrieben und Schulen angeboten werden. Das Interesse ist natürlich groß und darum wird anständig gemischt. Die Reise kostet einschließlich Verpflegung und Taschengeld 1900 Kronen (mehr als ein durchschnittlicher Monatsverdienst, nach offiziellem Kurs ca 545,– DM, zum Vergleich: der höchste Satz für deutsche Jugendliche betrug 278,– DM, d.V.). Das Alter unserer Teilnehmer liegt zwischen 19 und 25 Jahren, die Hälfte kommt aus Prag und etwa ein Drittel von allen sind Studenten. Wir stellen drei Betreuer, davon müssen zwei gleichzeitig als Dolmetscher fungieren. Deutschkenntnisse waren nicht Voraussetzung zur Teilnahme an der Fahrt.«[72]

Die guten Beziehungen zwischen den Berliner Falken und dem ČSM führten im November 1967 dazu, daß die anderen Berliner Jugendverbände annahmen, die Falken hätten sich die Exklusivrechte für ČSSR-Reisen gesichert, weshalb eine Sondersitzung des Landesjugendringes einberufen wurde.[73] Den Hintergrund für diese Befürchtungen bildeten die Schwierigkeiten, die anderen Jugendverbänden bei der Durchführung von Fahrten in die ČSSR zu jener Zeit entstanden waren. Andere Verbände waren teilweise auf die Mithilfe des Falkenreisebüros zur Durchführung ihrer Fahrten angewiesen, weil das Falkenreisebüro sich relativ große Platzkontingente für Reisen in die ČSSR gesichert hatte.[74] Hinzu kam, daß die Falken im Gegensatz zu den anderen Verbänden nicht von Zurückweisungen an der Grenze betroffen wurden. Alfred Gleitze berichtete:

»...es war nur so, daß die Tschechen, besonders das Jugendreisebüro, uns immer eine besondere Art von Vertrauen entgegenbrachten. Das war die Zeit, in der z.b. hier schon die Studentendemonstrationen liefen, und da hatte man in Prag und natürlich in den anderen Ostblockhauptstädten eine gewisse Sorge, daß da Funken überspängen. Und deswegen wollte man sich z.B. Studenten möglichst vom Halse halten. Das ging so weit, daß ganze Gruppen an der Grenze zurückgeschickt wurden oder jedenfalls die Teilnebmer zurückgeschickt wurden, bei denen zu erkennen war, daß es sich um Studenten handelte. Und da kam dann diese angebliche Exklusivrechtsgeschichte auf, da gab es also eine sehr dramatische Entwicklung. Eine Gruppe des Landesjugendringes war zwischen Sonntag und Bußtag in Prag gewesen, wohl drei, vier Busse, und wir kamen am Bußtag unsererseits an. Das war schon eine Phase, wo wir vermieden, über Dresden zu fahren, sondern die Interzonenstrecke nach dem Süden erst benutzten, und dann in der Nähe von Eger da einreisten. Jedenfalls kam also die Gruppe des Landesjugendringes aus der Tschechoslowakei, und an dem gleichen Grenzübergang standen unsere Busse an. Und die Geschäftsführerin des Landesjugendringes erklärte und lächelnd: ›Ein Teil eurer Busse könnt ihr gleich umdrehen lassen, die müßt ihr nämlich alle umschichten, denn alles, was Studenten sind, müßt ihr gleich nach Hause schicken. Bei uns ist auch ein Bus nach Hause gefahren‹. Da haben wir gesagt: ›Bei uns fahren entweder alle wieder nach Hause oder wir fahren alle rein, aber wir werden wohl alle reinfahren‹. Und dann habe ich mit den Grenzleuten verhandelt, dann haben die mehrmals mit Prag telefoniert, dann war auch ein Beauftragter vom Jugendreisebüro da, und ohne daß wir dann noch allzuviel machen mußten, kam plötzlich grünes Licht: Ja, unsere Gruppe kann geschlossen einreisen. Und da kam dann die Legende auf: Die Falken haben sich inzwischen Exklusivrechte gesichert. Das hat dann offensichtlich noch eine ganze Reihe anderer kleiner Indizien gegeben, daß die das auch noch vielleicht der einen oder anderen Gruppe gesagt haben, wärt ihr mit den Falken mitgefahren, dann wäre das gelaufen oder so. Es hat nie einen solchen Vertrag gegeben, weder rechtlich und auch nicht in mündlicher Absprache.«[75]

Einen weiteren Beweis für die guten Beziehungen des Landesverbandes in der ČSSR lieferte das Telegramm, daß die Redaktion der Prager Volkszeitung anläßlich der Jahreskonferenz im April an die Falken 1968 übersandte.»Noch unter dem Eindruck des begeisterten Erneuerungsprozesses in unserem Land« wünschte die Redaktion der Volkszeitung der Konferenz viel Erfolg.[76]

## V.9. Gruppenfahrten in die ČSSR

Neben den Gedenkstättenfahrten, die zumeist zweimal jährlich stattfanden, gab es auch eine Vielzahl von Reisen in kleinerem Rahmen. Da die Festgruppen in der Verbandsarbeit Mitte der 60er Jahre an Bedeutung verloren hatten, waren die Teilnehmer solcher Fahrten z.T. recht beliebig zusammengesetzt. Christoph und Ursula Jänicke berichten von einer solchen Fahrt mit 10–15 Teilnehmern:

Chr. J.: »Das war eine von den Falken organisierte Fahrt, aber da waren aus unserer Gruppe nur wir beide. ... Es war jedenfalls eine Falkenfahrt in ein tschechoslowakisches Jugendlager, ein Jugenddorf eigentlich, wo eine Menge anderer Gruppen waren, in der Hohen Tatra. Da sind wir erst nach Prag gefahren, haben da übernachtet, dann mit der Eisenbahn quer durch die Tschechoslowakei, das war eine tolle Fahrt.«
U.J.: »Auf dem Rückweg waren wir noch Tage in Prag, das war auch noch auf dem Programm. Da haben wir im Studentenheim gewohnt.«[77]

Und Jürgen Dittner erinnert sich:

»Also Gruppenreisen haben wir auch gemacht. Es war relativ häufig, daß kleinere Gruppen in die Tschechoslowakei gefahren sind. Anlaufpunkt war immer Prag und von Prag je nachdem, also mal Spindelmühle/Riesengebirge oder Prag/Bratislawa oder Prag/Brünn. Das waren Kleinstgruppenfahrten, da konnte man sich relativ einfach anmelden, über lange Jahre bei dem für den deutschen Bereich zuständigen Jugendsekretär im Jugendreisebüro – die haben ja dann die Jugendreisen aus den ZK rausgenommen und ein eigenes Jugendreisebüro gemacht und hatten da so Direktionen englischsprachig, deutschsprachig –, und mit denen, die für den deutschsprachigen Raum zuständig waren, die brauchte man in Prag nur anzurufen und zu sagen, wir kommen mit 5 oder 8 oder 20 Leuten, dann konnte man fahren. Das waren beinahe private Initiativen. Wenn wir zusammengesessen haben: Was machen wir Bußtag, offizielle Gedenkstättenfahrt? Ach nein, fahren wir mit 3 Autos Prag an und lassen uns dann mal was vermitteln zur Messe in Brünn oder bestimmte andere Sachen. Das ist relativ häufig gemacht worden. Ich habe drei– oder viermal privaten Urlaub 14 Tage und länger gemacht bis ganz zur südlichen Slowakei, ein bißchen vorgeplant, mit dem Pkw, mit mehreren Pkw's als Gruppe. Das waren z. B. Spandauer Falken, die waren mit vier Autos 14 Tage in der Tschechoslowakei.«[78]

Wenn auch die Gründe für die Beteiligung an solchen Fahrten sehr unterschiedlich waren, der Einstieg war für alle der gleiche. Die Teilnahme an einer Gedenkstättenfahrt hatte das Interesse für das Land geweckt. Jürgen Dittner:

»Die Gedenkstättenfahrten nach Lidice und Theresienstadt brachten Kontakt mit dem Land und weckten den Wunsch, mehr zu sehen. Nicht nur die Stätten des Schreckens, sondern auch in Kontakt mit Menschen zu kommen, die Landschaft zu sehen. Es hat einfach gereizt, da öfter hinzufahren.«[79]

Dies bestätigte auch U. Jänicke und erläuterte ihre spezielle Motivation:

»Wir hatten ja nun auch inzwischen im Laufe der Jahre ein ganz erhebliches Berlin-Bewußtsein entwickelt, und von daher hatten wir auch ein bißchen Sendungsbewußtsein, daß wir den Leuten die Problematik nahebringen wollten. Das war uns auch bei allem wichtig, denn wie gesagt, touristische Gelüste konnten wir eigentlich überall befriedigen, aber es war eben dann doch noch mehr. Und die Frage: Ist es wirklich so ein totaler Eiserner Vorhang, ist das wirklich so eine undurchsichtige Sache oder wird uns das immer so erzählt, die fand ich immer ganz wichtig. Die haben wir uns auch überall gestellt und haben uns auch gesagt, wenn die uns jetzt erzählen, daß die Leute da so und so sind, dann wird denen auch bestimmt von uns erzählt, daß wir in ein bestimmtes Raster passen. Und das können wir auch ein bißchen aufbrechen.[80]

Jürgen Dittner benennt ein anderes Moment: Die Sympathie mit der politischen Entwicklung in der ČSSR:

»Ich glaube auch, die Tschechen haben eine große politische Sympathie gehabt, die Überzeugung, die eine ČSSR-Fahrt mit sich brachte, war einfach riesig. ... Viele Falken, die zuerst skeptisch waren und vielleicht nur unter dem Aspekt ›Gedenkstättenfahrten‹ oder ›billig verreisen‹ mitgefahren sind, die waren dann doch eigentlich fasziniert von dem, was die gesehen haben und was sich ihnen als System dargestellt hatte. Es ging ja von Besuch zu Besuch irgendwie aufwärts, was die Versorgung, das Angebot in den Geschäften auch mit technischen Geräten, elektronisch und solche Sachen betraf. Also von daher glaube ich, ist die Überzeugungskraft der Tschechoslowakei ein Stückweit für ein nichtkapitalistisches System doch ziemlich groß gewesen. ... Wir wollten die Tschechen unterstützen auf einem Weg, der uns ganz spannend erschien, ich glaube, das spielte mit. Alle Diskussionen, z. B. auch gemeinsame Zeltlager und Gruppenaustausche zu machen, evtl. auch zu versuchen, im Riesengebirge Polen und DDR in ein Camp zu bringen und so verschiedene Sachen waren eigentlich für mich so begründet, die Tschechen in ihrer Entwicklung zu unterstützen.«[81]

Ähnlich wie in Jugoslawien kam es in der ČSSR zu Begegnungen mit Gruppen aus der DDR und anderen osteuropäischen Ländern. Christoph und Ursula Jänicke trafen während ihres bereits erwähnten Aufenthalts in einem internationalen Jugendlager in der Hohen Tatra auf eine Gruppe aus der DDR und eine aus der Sowjetunion.

Chr. J.: »Das war auch wieder eine Situation, die für uns eigentlich ganz wichtig war, daß wir mit einer richtig festen DDR-Gruppe in Kontakt kamen, die da auch Ferien machte, womit die DDR-Betreuer nicht gerechnet hatten. Die versuchten schon, ihre Leute gegen uns abzuschotten. ... Da war es tatsächlich so, wenn wir mit denen redeten, daß einer rief: ›Paul kommt!‹, und dann sind sie weggegangen von uns. Paul war der Betreuer.«

U. J.: »Das war das erstemal, daß wir auch mit DDR-Leuten mal gesprochen haben so außerhalb.«

Chr. J.: »Da waren etliche Lehrer drunter.«

U. J.: »Die waren auch sehr offen.«

Chr. J.: »Es war eine innerdeutsche Begegnung. Wir haben viel mit denen geredet, eigentlich hatten wir unheimlich herzlichen Kontakt. Ich erinnere mich nur, einer war Lehrer, der erzählte, in der DDR ist er in einer katholischen Gegend, daß zu der Zeit jedenfalls im Schulraum nach wie vor das Kruzifix hängt. Das werde ich nicht vergessen, das war doch sehr beeindruckend. Er sagte, das haben sie nicht geschafft, das bleibt da hängen. Ansonsten verstand man sich eben auf Anhieb, bei den Russen war es ebenso mit einigen. Da gab es keine Schwierigkeiten. ... Mit einem Mädchen von der sowjetischen Gruppe hatten wir ganz netten und herzlichen Kontakt, die hat auch mal geschrieben.«

U. J.: »Die DDR-Leute haben doch auch immer geschrieben, da haben wir bloß nachher nicht mehr die Zeit gehabt, wieder zu schreiben.«

Chr. J.: »Das Lager war kein großes politisches Ereignis, es war ein kleines Körnchen der Falkenarbeit. Aber für uns war es was ganz Tolles. Für uns war es, glaube ich, deshalb so toll, weil wir das erstemal durch diesen Kontakt mit der DDR-Gruppe merkten, die sind eigentlich nach wie vor im Grunde genommen genauso wie wir, so hatten wir jedenfalls den Eindruck. Es war eine rein zufällige Begegnung. Wir wollten ja nicht missionieren und waren nicht die Vertreter des Westens oder so was, aber es war schon ganz interessant.«

U. J.: »Da war jedes Zwischenmenschliche schon irgendwie politisch.«

Chr. J.: »In dem Augenblick, wo einer ruft, der und der kommt, und dann gehen sie weg von uns, da ist das schon eine Manifestation, wenn wir miteinander reden. Politische Diskussionen – glaube ich – haben wir nicht geführt mit denen; das wäre auch viel zu gefährlich gewesen für die. Es war eben auch das erstemal, daß wir mit russischen Jugendlichen Kontakt hatten, der war unheimlich herzlich. Auch schon der Umstand, daß wir zumindest eine Zeitlang noch hin und her geschrieben haben, war schon ganz erstaunlich.«[82]

## V.10. Das Ende des »Prager Frühlings« und die Auswirkungen auf das beiderseitige Verhältnis

Mit dem Rücktritt des Altstalinisten Antonin Novotny von seiner Funktion als erster Sekretär der KPTsch und der Wahl von Alexander Dubček zu seinem Nachfolger im Januar 1968 hatten sich die Reformer in der Partei durchgesetzt. Im März mußte Novotny auch von seinem Amt als Staatspräsident demissionieren. Die KPTsch formulierte ein umfassendes Programm der demokratischen Erneuerung. Aus der Liberalisierung begann sich die Demokratisierung zu entwickeln, der »Prager Frühling« erlebte seine kurze Blüte. Die Reformperiode hatte nicht abrupt eingesetzt, und sie endete auch nicht abrupt mit der Intervention der Warschauer-Pakt-Staaten am 21. August 1968. Entgegen den Erwartungen der sowjetischen Führung gelang es nicht, eine politische Repräsentation zu bilden, die sich auf die Intervention stützen und die sofortige Absetzung der von der Sowjetunion inhaftierten bisherigen Parteiführung vollziehen wollte. So mußten die Inhaftierten entlassen und als Partner in allerdings sehr ungleichen Verhandlungen in Moskau akzeptiert werden. Sie kehrten vorerst in ihre Ämter zurück, nachdem sie mit dem Moskauer Protokoll einige der Hauptforderungen der Sowjetunion akzeptiert hatten. In der Folge versuchte die Führung der KPTsch eine Politik des Ausgleichs zwischen den Forderungen der Sowjetunion und den Reformbestrebungen durchzuführen, scheiterte aber am Willen der sowjetischen Führung, den Reformkommunismus gänzlich zu zerschlagen und seine Repräsentanten politisch auszuschalten. Das Ende des Reformkurses kam schrittweise, aber das

Ziel der Sowjetunion, eine Normalisierung der innenpolitischen Entwicklung der ČSSR im Sinne der Gleichschaltung mit dem restlichen sozialistischen Lager zu erwirken, wurde erreicht. Im April 1969 mußte Alexander Dubček von seiner Funktion als Parteivorsitzender zurücktreten. Immerhin dauerte es bis weit in das Jahr 1970 hinein, bis die letzten Reformer ihrer Ämter enthoben, aus der Partei ausgeschlossen und die von ihnen verwirklichten Beschlüsse rückgängig gemacht worden waren.[82a] Dennoch, der Anfang vom Ende war im August 1968 eingeleitet worden, die Intervention hatte den Versuch, Sozialismus und Demokratie miteinander zu verbinden, verhindert. Die Falken mußten konstatieren, daß ihre Hoffnungen auf die Entstehung eines attraktiven Modells vom realen Sozialismus erneut gescheitert waren. Harry Ristock:

»Der Kontakt zum tschechoslowakischen Jugendverband ging dann hinein in immer mehr sich verdichtende Beziehungen, die dann im Prager Frühling zur völligen Umarmung führten und dann zur schrecklichen Enttäuschung. Eine sozialistische Demokratie, die im Wachsen war, war kaputtgeschlagen. Es gibt heute noch persönliche Freundschaften dort in den Bereich hinein.«[83]

Die Hoffnungen, die viele Falken auf die Entwicklung in der ČSSR gesetzt hatten, waren z. T. auch mit Befürchtungen verknüpft gewesen, Befürchtungen, die die späteren Ereignisse vorwegnahmen. Jürgen Dittner:

»Dann kriegten wir auch Sorge, daß die Tschechen überziehen, aus zwei Gründen: erstens die Verärgerung der Sowjetunion oder unter dem Motto – wie lange läßt sich Moskau das noch gefallen und kann es sich das gefallen lassen? –, dann die Eifersüchteleien der FDJ gegenüber uns wurden ja auch zur Kritik an den Tschechen wegen der – vielleicht haben sie es anders formuliert – Westlastigkeit der Tschechen. Wir haben immer stärker gesehen, daß sie bestimmte Sachen beinahe blind und gerne auch aus dem Westen übernommen haben. Ich selbst habe immer wieder argumentiert, wie blind wir uns als Nachkriegs-Deutsche an amerikanische kulturelle und sonstige Dinge gehängt haben und wie wenig uns das gebracht hat, was die Identität vor allen Dingen völlig in die Ecke schiebt. So haben wir eigentlich den Tschechen auch gesagt, laßt dieses und jenes. Wenn die dann wieder 20 neue Zeitschriften hatten, z. B. wenn die Vielfalt von Zeitschriften und Tageszeitungen ein Beweis für Pluralität ist, dann hört sie auch irgendwann auf. Zum Schluß waren die Zeitungsstände so überpflastert mit Zeitungen, das ging eigentlich in eine ungesteuerte Richtung, und beide Elemente haben vielleicht auch dazu geführt: sowohl zu starke Anleihe am Westen und damit zu starkes Reizen des Ostens. Wenn man sich besser kennt und nicht verdächtigt wird, man als Besserwisser aus dem Westen kommt, um die Dinge zu sagen oder zu verkünden, sondern daß man einfach sagen konnte: Wir bewundern euren Weg und unterstützen den, aber hier und da haben wir schon Bedenken, weil uns ja auch bekannt wurde, welche Verhaltensweisen, ja beinahe konterrevolutionärer Art aus einigen Fachbereichen der Universität herauskam, aus bestimmten Ausbildungsstätten. Wie z. B. Militäreinheiten anfingen, Diskussionen zu führen, die also praktisch die Frage nach der Zugehörigkeit zum Block beinhalten, und wenn also Soldaten oder Armee oder Offiziersnachwuchs so ungeschützt diskutiert, dann war schon erkennbar, daß es daraus Konflikte mit dem übrigen Block und vor allem mit der Sowjetunion geben würde. Darüber haben wir gesprochen.«[84]

Gemeinsam mit dem SDS organisierten die Berliner Falken noch am Abend des 21. August eine Demonstration zur tschechoslowakischen Militärmission, wo sie ein Protestschreiben gegen die Intervention überreichten. Am nächsten Tag fuhren der Landessekretär Heinz Beinert und Alfred Gleitze nach Prag, um die Entwicklung aus nächster Nähe zu verfolgen und aus der Sicht ihrer dortigen (politischen) Freunde kennenzulernen.[85]

In einem Artikel in der »jungen gemeinschaft« im Oktober 1968 ließ Heinz Beinert die Beziehungen der letzten fünf Jahre zwischen den Falken und dem ČSM Revue passieren. Er schreibt dort u. a.:

»Der Anfang war nicht einfach. Bürokratische Hürden mußten hier wie dort genommen werden. Schließlich hatten die Kalten Krieger auf beiden Seiten zu fürchten, daß die Welt für sie nicht schöner wird, wenn es jungen Menschen gelingt, gegenseitige Klischeevorstellungen zu revidieren. Dennoch waren die Bemühungen nicht umsonst. Oft vorbei an der damals noch stalinistischen Führung des tschechoslowakischen Jugendverbandes fanden wir in- und außerhalb der Jugendorganisation Diskussionspartner, die von der Notwendigkeit einer antibürokratischen Revolution als Alternative zur Selbstreform der Staats- und Parteibürokratie überzeugt waren. Wir fanden aber auch eine Jugend, die sich in ihrer Mehrheit in die innere Emigration zurückgezogen hatte, weil sie nicht nur Verzierung des stalinistischen Akklamationsapparates sein wollte, in dem sie konkret keine politische Mitbestimmung hatte.«

Über das Verhältnis der tschechoslowakischen Jugend zum »Prager Frühling« schrieb er:

»In den Köpfen dieser Jugend war schon lange das lebendig, was wir seit einigen Monaten in der ČSSR an gesellschaftlicher Neuorientierung verfolgen konnten. Dies war im Grunde die Bedingung für den Erfolg der Politik Alexander Dubčeks. Heute steht die tschechoslowakische Jugend nahezu geschlossen gemeinsam mit der Arbeiterklasse hinter Dubček und der KPČ.«[86]

In der Tat bildete nicht nur der ČSM, sondern auch die neuentstandenen Jugendorganisationen auch nach dem August 1968 einen wichtigen Rückhalt für die Reformkräfte. Der Bundeskongreß der neuentstandenen Kinder- und Jugendorganisationen im März 1969 bewies, daß in der Jugendbewegung die Reformer weiterhin die Vorherrschaft hatten.[87]

So zeigten sich die Auswirkungen der politischen Veränderungen in der ČSSR auf das Verhältnis zwischen den Falken und dem ČSM erst nach und nach.

Im November 1968 führte der Landesverband eine Gedenkfahrt in die ČSSR, die nach Theresienstadt, Prag und Lidice führte, wie vorgesehen durch. Auch das Rahmenprogramm blieb unverändert, eine Betriebsbesichtigung und eine Kulturveranstaltung gehörten weiterhin dazu.[88]

Alfred Gleitze beschreibt das politische Klima in der ČSSR im Herbst 1968:

»Man konnte da doch noch recht deutliche Worte sagen, und so haben wir in die Rede, die ich dort gehalten habe, noch eine ganze Menge reingeschrieben, was dann später nicht mehr möglich war. Und es sind ja sogar noch bis Ende 68 in der anderen Richtung Begegnungen möglich gewesen. Später ging das dann teilweise innerhalb von Wochen, da änderte sich schlagartig nachher die Szene. Aber in der ersten Runde, also im Herbst, hat nicht nur noch eine Gedenkstättenfahrt stattgefunden, sondern auch die große Tagung der Jugendreisebüros in Prag, die die immer traditionell im Herbst veranstalteten, fand statt trotz der Tatsache, daß vorher die Besetzung stattgefunden hatte. Vor dem Tagungshotel hatten die Tschechoslowaken sich einen besonderen Gag einfallen lassen. Statt der sonst üblichen Fahnen aller teilnehmenden Nationen hatten sie nur lauter bunte, grüne, gelbe, weiße Fahnen aufgehängt und gaben damit zu erkennen, daß sie sich als Gastgeber einer neutralen Veranstaltung betrachteten. Da waren die auch noch alle im Amt. Erst einige Wochen danach sind die dann so mehr oder weniger geschaßt worden.«[89]

Im Verlauf des Jahres 1969 wurden die ersten konkreten Auswirkungen der politischen Veränderungen spürbar. Die Besuche von Gruppen aus der ČSSR bei den Berliner Falken wurden eingestellt, damit verbunden war eine Neuordnung des gegenseitigen Zahlungsverkehrs, und schließlich wurden auf tschechoslowakischer Seite die Personen ausgewechselt. Alfred Gleitze berichtet:

»Wir hatten bis zu diesem Zeitpunkt, z. B. auch was wirtschaftliche Bedingungen anbetraf, noch sehr lockere Verabredungen. Wir haben z. B. so ein System gehabt: Tageverrechnung. Ein Tag Aufenthalt von einem Jugendlichen von uns in Prag bei so einer Gedenkstättenfahrt entspricht anderthalb Tagen Aufenthalt eines Tschechen in unserem Lager und so. Da wurde gar nicht mit Bargeld abgerechnet, sondern da wurden bloß wechselseitig die Aufenthaltstage verrechnet. Das wurde sofort gestoppt, da kam wieder die alte stalinistische Kontrollkommissionsmethode, und da wurde brachial denen Korruption vorgeworfen z.b. Da war auch nicht ein Hauch von Korruption, sondern das war eine pragmatische Lösung, aber damit versuchten sie die zu binden. Die haben dann zum Teil selber gekündigt, die Hauptverantwortlichen bei dem Jugendreisebüro, aber der eigentliche geschäftsführende Leiter, der ist über viele Jahre ganz bitter degradiert worden. Der hat dann manchmal an einer Tankstelle gearbeitet. Dann hat er so einen Druckposten gehabt, wo er mit dem Auto zwar ein bißchen durch die Gegend reisen konnte, was man hier Marketing nennen würde, hat dann bei den Kiosken nachfragen müssen, wieviel Mlada Frontas sie verkauft haben, was die sowieso selber wußten, und solche Geschichten.«[90]

Mit der Ablösung der seit Jahren bekannten und z.T. auch befreundeten Partner auf der anderen Seite endete das besondere Verhältnis zwischen den Berliner Falken und dem ČSM. Dennoch behielt der Landesverband ein Interesse, die Kontakte in die ČSSR aufrechtzuerhalten. Die Ost-West-Entspannung voranzutreiben und die Bundesrepublik in diesen Prozeß verstärkt mit einzubeziehen, bildete nach wie vor ein wichtiges Anliegen. Der Bundesvorsitzende Klaus Flegel formulierte in jg-aktuell – seit Oktober 1967 das Nachfolgeblatt der »jungen gemeinschaft« – was damals sicherlich der Überzeugung einer breiten Mehrheit der Verbandmitglieder entsprach:

»...nichts wäre schädlicher, als aus Emotionen, die sicher verständlich wären, Schlüsse zu ziehen, durch die Mauern wieder aufgerichtet würden und durch die wir erneut in eine Phase des Kalten Krieges und einen sterilen Antikommunismus zurückfallen würden. Dies wäre genau das politische Klima, das die Vertreter des harten Kurses in Moskau benötigten, um die Bundesrepublik noch mehr als bisher zum Buhmann und Gefahrenherd Nr. 1 in Europa zu stempeln.«[91]

Auch die andere Aufgabe, junge Menschen mit den schrecklichen Erlebnissen der deutschen Vergangenheit zu konfrontieren, in dem Sinne wie es Alfred Gleitze 1965 in Lidice formuliert hatte, blieb bestehen.[92]

So führte der Berliner Landesverband seine Gedenkfahrten in die ČSSR fort. Heinz Beinert, mittlerweile Berliner Landesvorsitzender, konnte anläßlich der Durchführung der 25. Fahrt nach Prag und Lidice im Mai 1970 erklären:

»Wenn heute die Gedenkstättenfahrten einen erstrangigen Platz in der Arbeit aller großen Jugendverbände einnehmen, dann ist das ein Verdienst der Berliner Sozialistischen Jugend, die bereits 1963 mit über 1000 Berliner Jugendlichen in die ČSSR fuhr, ohne Rücksicht auf die hinterhältigen Angriffe der damals noch am Kalten Krieg orientierten Berliner Öffentlichkeit.«[93]

# VI. Zwei Schritte vorwärts – ein Schritt zurück. Politische Konflikte und ihre Regelung

In den vorhergehenden Kapiteln ist bereits aufgezeigt worden, daß die von den Berliner Falken vertretene Konzeption in vielen Punkten dem »Zeitgeist« voraus war, und wir haben angedeutet, daß es eine Reihe von Konflikten auch und gerade um die Osteuropa-Kontakte des Landesverbandes gegeben hat. Im folgenden Kapitel sollen Art und Verlauf dieser Konflikte aufgezeigt werden und auf welche Weise es dem Verband gelang, trotz aller Anfeindungen den einmal beschrittenen Weg – wenn auch auf Umwegen – zu Ende zu gehen. Dabei ist zu berücksichtigen, daß der Führung des Jugendverbandes die Konfliktträchtigkeit ihres Handelns durchaus bewußt war, sie aber aus zweierlei Gründen bereit war, diese Auseinandersetzungen in Kauf zu nehmen: Einmal, weil sie die Diskussion über die von ihr aufgegriffenen Themenkomplexe voranbringen wollte, zum anderen, weil sie sich von einem rebellischen Image des Verbandes eine größere Anziehungskraft auf politisch aktive Jugendliche versprach.

## VI.1. Die »Landesverbandslinie« und ihre innerverbandliche Umsetzung

Die im bisherigen Verlauf dieser Arbeit dargestellte politischen und pädagogischen Schwerpunktsetzungen der Berliner Falken waren Ausdruck der sogenannten »Landesverbandlinie«. Diese enthielt den informellen Konsens der Führungsgruppe des Landesverbandes über seine Funktion und sein politisches Selbstverständnis. Entwikkelt wurde es vor allem im sogenannten »Rat«. Der »Rat« war in gewisser Hinsicht mit dem jahrelang auf Bundesverbandsebene tätigen PAK vergleichbar. Er war ein Diskussionsorgan der führenden Kräfte des Landesverbandes, die sich der Linken zurechneten. Seine Funktion bestand zunächst einmal darin, unter Vermeidung des durch die (Verbands-)Öffentlichkeit entstehenden Drucks politisch heikle Themen und unkonventionelle Ideen diskutieren zu können. Dadurch, daß die Linke im Berliner Landesverband die Mehrheit hatte, konnten viele der im »Rat« entwickelten Denkansätze in der Politik des Landesverbandes umgesetzt werden. Der »Rat« entwickelte sich mehr und mehr zum informellen Führungsgremium des Verbandes. Zum »Rat« gehörten u. a. die von uns Interviewten Jürgen Dittner, Ernst Froebel, Alfred Gleitze, Wolfgang Götsch, Dietrich Masteit, Harry Ristock, Waldemar Schulze, Gunter Soukup, Peter Weiß, Manfred Wetzel. Harry Ristock über den »Rat«:

»Der Berliner Landesverband ist geleitet worden hinter den formalen Gremien durch eine kleine Gruppe von Menschen, ›Der Rat‹ nannte sich das. Er hatte in dem Durchlauf von 10 Jahren insgesamt, wenn man alle mal zusammennimmt, die mal ausgeschieden und dazugekommen sind, 16 Personen. Es war eine stabile Gruppe, die in einer kaderähnlichen Weise zusammenhielt, die typnmäßig völlig unterschiedlich waren, heftigste Diskussionen, alle Streite der Welt wurden ausgetragen.«[1]

Da es sich dem «Rat» um eine relativ kleine Gruppe von Menschen handelte, ist zunächst die Frage von Interesse, in welcher Weise die Umsetzung der dort entwickelten Ideen in den Verband hinein erfolgte, und zwar nicht nur auf der Ebene von Beschlüssen und den dazu notwendigen Mehrheiten in Gremien, sondern auch im Hinblick auf die Bereitschaft der Basis, die Beschlüsse mit Leben zu erfüllen.

Eine wichtige Rolle in diesem Zusammenhang spielten die Gruppenleiter und andere untere Funktionäre, die an und mit der Basis Politik machten. Sie bestimmten zumeist kraft ihrer Persönlichkeit die Inhalte wie die Formen der Gruppenarbeit. Die Gewinnung dieser Gruppe, die gleichzeitig das Gros der Delegierten auf den Landeskonferenzen stellte, bildete den Schlüssel für die politische und praktische Umsetzung der Intentionen der Führung. Bei diesem Prozeß spielten zwei Momente eine wesentliche Rolle: Einmal, daß diese Gruppe gegenüber der normalen Mitgliedschaft bereits eine gewisse Auslese im Hinblick auf ihr politisches Engagement darstellte und daher neuen Anregungen und Initiativen gegenüber sehr aufgeschlossen war. Gefördert wurde dies durch die zentralen Bildungsangebote des Verbandes, die sich zum Großteil an die Funktionäre richteten und auch von ihnen wahrgenommen wurden sowie durch die rege innerverbandliche Diskussion, die sowohl auf den Gremiensitzungen als auch in gesonderten Veranstaltungen geführt wurde.

Nach Aussagen von Alfred Gleitze trug Harry Ristock sein Konzept auch persönlich und unermüdlich in die Kreise und Gruppen:

»Harry ging als Wanderprediger durch den Verband, ließ sich einladen, oder wo man ihn nicht einladen wollte, erschien er auch unaufgefordert und hat dort mehr oder weniger agitiert.«[2]

Wie wir bereits im bisherigen Verlauf der Untersuchung dargestellt haben, fielen diese Diskussionen bei einem Großteil der politisch aktiven Mitglieder auf fruchtbaren Boden. So konnte Harry Ristock mit Fug und Recht behaupten:

»...die Quersumme der Führungsschicht des Verbandes, das ging ja Gott sei Dank runter, war nicht nur oben. Der ›Rat‹ war zwar etwas abgesetztes. Hauptverdienst des ›Rates‹ war aber, daß er sich immer von der Basis her der Mehrheiten auch geistig versicherte, durchgehend, wenn das auch manchmal sehr autoritär war, zugegeben.«[3]

Der Prozeß der innerverbandlichen Umsetzung der politischen Intentionen der Führung verlief trotzdem nicht widerspruchsfrei. Den Hauptstreitpunkt bildete auch in Berlin die Frage, welche Aufgabenstellung einem Kinder- und Jugendverband, dessen Mitgliedsspanne von 6 bis zu 25 Jahren reicht und in dem lange Zeit mehr Kinder als Jugendliche organisiert waren, zukommt. Dem Vorstand wurde von seinen Kritikern vorgehalten, daß er den Schwerpunkt der Verbandsarbeit zu sehr auf die Interessenvertretung politisch bewußter junger Menschen lege und dabei die Bedürfnisse vieler anderer Verbandsmitglieder vernachlässige.

Wolf Tuchel, damals einer der schärfsten innerverbandlichen Kritiker der Politik des Berliner Landesverbandes, benennt die unterschiedlichen Positionen:

»Da gab es schon einen entscheidenden Unterschied in der Weise, daß Ristocks Anspruch dahin ging, über Jugendpolitik hinaus zu greifen und zu allgemeiner Politik Aussagen zu treffen, während der andere Flügel eben sein wesentliches Element darin sah, Jugendpolitik zu verdeutlichen, d. h. aus den Bedürfnissen auch der vielen Mitglieder zu schöpfen, die sich eben nicht der Falken wegen ihres sozialistischen Namens angeschlossen haben, sondern die zu ihnen gestoßen sind, um ein Gesellungsbedürfnis zu befriedigen und die man mühsam mitschleppen mußte auf seinem Weg. Das erforderte eben sehr harte Arbeit, einfach um sie beieinander zu behalten. Es gab ja in den 50er Jahren schon das abbröckelnde Interesse von den Jugendverbänden hin zu offeneren Freizeitgruppen in Freizeitheimen und Rückzug in die Privatsphäre unter allen möglichen Begründungen, daß die Schule zu sehr belaste und die Lehre zu sehr in Anspruch nehme. Das ist schon ein Moment, was auch diese Unterschiede mit ausgeprägt hat.«[4]

Ausgehend von diesem grundsätzlichen Konflikt kritisierten die Vertreter einer mehr pädagogisch orientierten Verbandspolitik das nach ihrer Meinung zu starke Engagement der Verbandsführung in politischen Fragen.

Die Kontakte nach Osteuropa waren von dieser Kritik nicht ausgenommen. Dabei standen zwei Aspekte im Vordergrund: Einmal, daß man Gedenkstättenfahrten, deren Durchführung an sich unumstritten war, lieber im westeuropäischen Raum veranstalten solle. Den Grund dafür bildete eine starke Zurückhaltung gegenüber Kontakten zu den osteuropäischen Jugendverbänden und der Wunsch, den Verband nicht in Gegensatz zu den Vorstellungen der SPD zu bringen. Jedoch war diese Opposition innerhalb des Verbandes verhältnismäßig gering. Die anfängliche Zurückhaltung einiger Kreise gegenüber den Ostkontakten wurde relativ schnell aufgegeben. Anfang der 60er Jahre bestand dann im Verband bereits »Konsens über die Sinnfälligkeit solcher Maßnahmen«.[5]

Anders als jene, die aus pädagogischen und politischen Erwägungen eine zu weitgehende Politisierung des Verbandes ablehnten, ging die Verbandsführung davon aus, daß gerade durch das Setzen von unkonventionellen politischen Akzenten die Attraktivität eines politischen Jugendverbandes gesteigert werden könne. Diese Maxime bestimmte durchgehend das Selbstverständnis der Verbandsführung in dem von uns beschriebenen Zeitraum.[6] Im Bericht des SJ-Ring-Vorstandes zur Landeskonferenz 1965 wurde dies auf folgende Formel gebracht:

»Ohne rebellischen Ruf des Verbandes keinen politisch engagierten Nachwuchs. ... Ohne publizistische Bedeutung keine politische Wirksamkeit. Ohne gute Außenarbeit schmort der Verband im eigenen Saft. Publizistische Bedeutung erfordert aber den Mut zum Risiko. (Das Risiko sollte allerdings kalkuliert sein).«[7]

Warum der publizistischen Bedeutung solch ein hoher Stellenwert beigemessen wurde, erläuterte Peter Weiß:

»Wir hatten eben die Vorstellung, daß man demokratische Öffentlichkeit erzwingen kann. Nachher die Studentenbewegung hat gesagt: ›Wir erreichen das nur durch Steineschmeißen.‹ Wir haben keine Steine geschmissen, sondern haben dauernd Aktionen gemacht, die öffentliche Beachtung fanden.«[8]

Dieser rebellische Ruf und ein Avantgardebewußtsein bildete in der Tat für viele der jungen Menschen, die sich dem Verband angeschlossen hatten, ein wesentliches Moment der Identität mit dem Verband. Die uns vorliegenden Aussagen von ehemaligen Gruppenmitgliedern der Falken bestätigen dies. Da die Fahrten nach Osteuropa in erheblichem Maße angefeindet waren, spielten sie in diesem Zusammenhang eine wichtige Rolle. Siegfried Stirba formulierte dies am deutlichsten. Aus der Nachbetrachtung gesehen waren für ihn die Besuche in den Gedenkstätten zwar beeindruckend, erbrachten aber letztlich nur eine Bestätigung des vorher schon angeeigneten Wissens. Daher gewann der rebellische Aspekt eine größere Bedeutung:

»Wichtiger eigentlich als der wirkliche Besuch war, daß man das gegen einen bestimmten offiziellen Widerstand gemacht hat... Dieses erstemal gegen die Obrigkeit, das waren eigentlich die Erlebnisse, die im nachhinein – wenn ich mich so nach der Wirksamkeit dieser Erlebnisse frage – viel stärker waren als der Besuch der Konzentrationslager. Das Organisieren der Fahrt gegen den Willen der Obrigkeit war viel mehr ein Schlüsselerlebnis als die Fahrt selber.«[9]

Die gleichen Vorbehalte, die innerhalb des Berliner Landesverbandes gegen die Ostkontakte artikuliert wurden, existierten auch auf der Ebene des Bundesverbandes, und zwar in verstärktem Maße.

Peter Weiß machte dafür den Einfluß der SPD, der – wie wir gesehen haben – auf der Bundesebene weitaus größer war als in Berlin, verantwortlich:

»Diese Schwierigkeiten im Verband waren natürlich auch übertragene Schwierigkeiten von der

SPD, denn diese Teile, die in dem Verband Widerstand machten, standen unter dem starken Einfluß der Partei. Die Sekretäre waren alle von der Partei bezahlt. Und es war eine rechte Partei, und zwar eine stark antikommunistische Partei. Das wirkte sich unmittelbar in den Verband hinein aus. Die Mehrheit im Bundesvorstand waren eben Leute, die so mit der Partei verbunden waren und in Parteibezirken waren, in denen die politische Linke, die sozialistische Linke innerhalb der Partei keine große Rolle spielte.«[10]

Aufgrund der im ersten Kapitel skizzierten Entwicklung auf Bundesebene war es den Berlinern dennoch möglich, das Plazet des Bundesvorstandes zu den von ihnen geplanten Aktivitäten zu erhalten. Wenn auch nicht mit der Klarheit, die sich in Berlin ausgeprägt hatte, sah doch eine Mehrheit auf Bundesebene die Nützlichkeit und die Notwendigkeit dieser Kontakte ein und ließ den Landesverband, wenn auch mit einiger Skepsis, gewähren.

## VI.2. Die Absicherung der Verbandsaktivitäten gegenüber der SPD

Das Verhältnis des Berliner Landesverbandes zur SPD unterschied sich von jenem, was auf der Ebene des Bundesverbandes bestand. Es gab in Berlin auf seiten des Verbandes ein größeres Selbstbewußtsein gegenüber der SPD. Man begriff sich als gleichberechtigter Partner und nahm das Recht für sich in Anspruch, Kritik an Programmatik und Praxis der SPD zu üben. Im politischen Verständnis der Mitglieder des Rates kam dem Jugendverband eine besondere Rolle zu. Sie gingen davon aus, daß gerade die in der sozialistischen Bewegung organisierte Jugend am ehesten Willens und in der Lage sei, neue Wege in der Politik zu beschreiten und Anstöße zu einer Veränderung der offiziellen Politik zu geben. Die politische Durchsetzung dieser Veränderungen erwarteten sie von der SPD, und die meisten von ihnen stritten auch dort für ihre Ziele. Da es für eine sozialistische Politik innerhalb des Berliner Landesverbandes der SPD kaum eine Plattform gab, bildeten die Falken die Operationsbasis für den Kampf um eine Einflußnahme auf die SPD in ihrem Sinne. Seit 1955, verstärkt ab 1959, betrieb der informelle Führungskreis der Falken um Harry Ristock die Organisierung der linken Opposition innerhalb der Berliner SPD. Mit dem Zerfall der Gruppe um den langjährigen Berliner SPD-Vorsitzenden Franz Neumann im Verlauf des Jahres 1958 nahm der Einfluß der »Falkenfraktion« innerhalb der SPD-Linken zu.[11]

So bestand ab Anfang der 60er Jahre sowohl in inhaltlichen als auch in personellen Fragen eine weitgehende Identität zwischen den Falken und der SPD-Linken.

Durch das starke Engagement der Führungsspitze des Verbandes innerhalb der SPD war die Verquickung zwischen beiden größer als auf Bundesebene. Konflikte zwischen Verband und Partei waren gleichzeitig auch immer innerparteiliche Konflikte mit allen daraus resultierenden Vor- und Nachteilen. Alfred Gleitze beschreibt dieses Verhältnis:

»Unser Selbstverständnis war, daß man eigentlich im Grunde genommen leitender Funktionär bei uns nur sein kann, wenn man den Ehrgeiz hat, auch in der Partei ein festes Standbein zu haben, d.h. es war schon so – wir haben uns als linke Sozialdemokraten empfunden. ... Irgendwo haben wir immer mit einem Bein in der Partei und mit einem Bein im Verband gestanden und haben auch mal dadurch die Chance gehabt, das eine Bein zurückziehen zu können und einen Augenblick mal den Körper voll in die eine oder andere Seite zu verlagern, wobei es meistens das Zurückziehen in die Hütte war – das war der Verband –, wenn man in der Partei auflief.«[12]

Entsprechend hatte die Strategie, Positionen innerhalb der SPD zu erobern, die auf der Ebene einiger SPD-Kreisverbände (Berliner Verwaltungsbezirke) recht erfolgreich gewesen war, Auswirkungen auf die Verbandspolitik. Lothar Pinkall:

»...auf jeden Fall sind alle politischen Positionen, die bei den Falken diskutiert wurden, darauf hinterfragt worden, wie das sozusagen in der Partei ankommt, wie das wohl laufen könnte. Und da die meisten – ob das nun Ristock oder andere waren – zu gleicher Zeit auf der Parteiebene Ambitionen hatten, war das dann ein schwieriges Feld. Da mußten dann immer erst Gespräche geführt werden.«[13]

Das bedeutete, daß es durch diese Verflechtung mit der SPD für den Jugendverband ungeachtet der proklamierten Unabhängigkeit eine Grenze gab, die dort gezogen werden mußte, wo durch Falkenaktivitäten die eigenen Positionen innerhalb der SPD bedroht erschienen. Daß diese selbstgezogene Grenze den Rahmen des Möglichen ausschöpfte, ohne jemals ernsthaft darüber hinaus zu gehen, beweist z.B. die Tatsache, daß zwar einerseits mehrere Parteiordnungsverfahren gegen Harry Ristock zumeist im Zusammenhang mit seinen Aktivitäten bei den Falken in Gang gesetzt wurden, sie jedoch ausnahmslos für seinen weiteren politischen Weg ohne Folgen blieben.

Da die Berliner SPD in ihrer überwältigenden Mehrheit stark antikommunistisch eingestellt war, stießen die Kontakte der Falken nach Osteuropa bei der SPD auf einige Vorbehalte. Aus diesem Grund gab es für diese Politik in den 50er Jahren innerhalb der SPD kaum Bündnispartner. Harry Ristock beschreibt die damalige Situation:

»Wir haben bis zu Willy Brandts Antritt hier gegen zwei Flügel kämpfen müssen: gegen die Neumann-Linke und gegen die Rechte um Kurt Mattick, so daß wir überhaupt keine Hilfe hatten, wobei die Neumann-Linke, Franz Neumann selbst zu uns ein gutes Verhältnis und Ella Kay immer so ein Mutter-Sohn-Verhältnis zu mir hatte. Aber sie haben uns natürlich auch im Regen stehen lassen, aber zumindest menschlich war das netter. Man muß hier noch hinzufügen: Diese Neumann-Linke war hinsichtlich ihres Verhältnisses zu den Kommunisten unbeweglich geworden. Was ich wissenschaftlich exakt und theoretisch voll begreife, damals nicht ganz, aber heute voll. Sie haben ja Auseinandersetzungen mit reaktionären Kommunisten geführt, und zwar war das existentiell zum Erhalt der Möglichkeit, politisch zu überleben. Aber sie waren natürlich engstirnig geworden. Sie befürchteten hinter jedem Baum einen Kommunisten. Da waren sie eigentlich rechts und das, was eigentlich offiziell links der Partei war, nicht identisch, aber ähnlich. Das änderte sich dann, als die Neumann-Linke die Macht verliert, 1957, Ristock zwar mit Mißtrauen in die Führungslinke aufgenommen wird, in den Neumann-Kreis, von rechts als Keulenriege bezeichnet. Das sind all diese Dinge von denen auch nicht freundlichen gesehen worden, aber jetzt begann eine Solidarität. Sagen wir mal, ab 57 und diese entscheidenden Vorgänge – der Neumann verbietet noch als Landesvorsitzender dem Kühn, bei Ristock zu reden –, aber ab einem Jahr später beginnt Neumann Ristock abzuschützen, nicht nur, weil er ihn mag, wir laufen alle unter links und weil er gegen die Rechten ist. Es gibt eine ein bißchen verbesserte Situation.«[14]

Dieses Bündnis führte dazu, daß sich die Vertreter des Neumann-Flügels in der SPD dafür einsetzten, den Falken ihren politischen Spielraum nicht zu beschneiden, obwohl – wie von Harry Ristock bereits ausgeführt – sie deren Aktivitäten inhaltlich nicht immer billigten. So warnte Franz Neumann auf dem Landesparteitag 1959 die Mehrheit davor, die politischen Aktivitäten der Falken mit bürokratischen Maßnahmen zu reglementieren und äußerte:

»...die Genossen, die nach dem Sprachgebrauch heute ganz weit rechts stehen, kenne ich schon aus der Zeit von vor 30 und 35 Jahren, und sie haben damals nicht gerade sehr freundliche Worte über den Vorsitzenden der Arbeiterjugend, Eich Ollenhauer, gesprochen. Sie waren so radikal, sie waren so ausfallend, daß das, was die Falken heute sagen, geradezu ein sanftes Gesäusel ist.«[15]

Auch dieser Appell, junge Menschen nicht mit den Maßstäben der Parteidisziplin, sondern mit denen zu messen, die man selbst als junger Mensch angelegt hat, konnte die negative Grundstimmung gegenüber der politischen Linie der Falken, die in weiten Teilen der SPD von der Führung bis zur Basis herrschte, nicht aufbrechen. Im folgenden sollen einige Beispiele erläutern, wie sich das innerparteiliche Klima der SPD den jungen Falken darstellte und welchen Anfeindungen sie ausgesetzt waren. Helmut Walz: »Ich bin 56 in die SPD eingetreten, und es dauerte nicht allzu lange, daß ich auf einmal – ohne daß ich mich da besonders stark gemacht hatte – mich auf der äußersten Linken wiederfand. In meiner Abteilung war ich dann der ›rote Helmut‹ oder der ›rote Walz‹ und konnte also tun und lassen, was ich wollte, gewählt worden bin ich dann in entscheidende Positionen auch nicht mehr, weil man mir mißtraute und auch aufgrund dieser Fahrten, die wir unternommen haben mit den Falken, wo wir auch deutliche Worte gesagt haben – deutliche Worte in Richtung SPD: Ihr müßt jetzt endlich mal was unternehmen – daß wir da angefeindet wurden. Das ist das schlimmste, was mir bei dieser ganzen Sache noch in Erinnerung ist. Ich leide heute noch darunter, daß die SPD nicht in der Lage war, diese Kritik zu verkraften, jedenfalls weite Teile der Mitgliedschaft gar nicht mehr weit entfernt war von diesen Mitläufern, die damals die Nazis gewählt haben; dieser Antikommunismus alles sozusagen überdeckte und man also kaum noch Spielraum hatte, diese Verständigungspolitik nach dem Osten hin zu treiben.«[16]

Ernst Froebel:

»Für die Fahrt nach Polen brauchten wir ja ein Visum der DDR. Eine Mutter, Bezirksverordnete in Kreuzberg, schrieb uns, sie müßte damit die DDR als Staat anerkennen. Das würde sie niemals machen, und deshalb dürfte ihr Kind auch nicht mitfahren. Das war so die Atmosphäre, die damals herrschte.«[17]

Barbara Greube, damals Sekretärin im Landesbüro der SPD:

»Als die Polenfahrt war, hatten sie (die bereits erwähnten Eberhard Hesse und Kurt Mattick, d. V.) mir vorher gesagt, daß ich mir das mal genau überlegen sollte, ob ich da mitfahre, das wäre nicht nützlich und so. Ich kann das im einzelnen nicht mehr sagen, wie es gelaufen ist. Und dann sind wir gefahren und kamen, glaube ich, einen Tag später zurück. Es war schlechtes Wetter, und es gab Verzögerungen, daß wir einfach zu spät zurückfuhren. So war ich dann einen ganzen Tag nicht da. Deshalb mußte ich hinterher zum Hesse, der hat sehr ernsthaft mit mir geredet, daß ich mir das doch überlegen sollte, ob ich solche Sachen weiterhin machen würde. Das wäre doch mit der Arbeit in der Partei nicht vereinbar und ull als ein Käse, die ganzen Sprüche, die damals zu der Zeit noch drauf hatten, daß es also nicht opportun ist, in den Ostblock zu fahren.«[18]

Und Harry Ristock berichtete, daß seine Rede in der Krakauer Oper bei den Vertretern der Mehrheit in der Berliner SPD nicht etwa Anerkennung gefunden, sondern »absolutes Unverständnis« ausgelöst hatte.[19]

Im Kreuzfeuer der Kritik von seiten der Berliner SPD standen auch immer wieder die Beschlüsse der Falken in bezug auf die Politik gegenüber Osteuropa. Wir haben bereits berichtet, daß sich im April 1963 der Landesvorstand der SPD von der Entschließung der Falken-Landeskonferenz distanziert hatte, in der erklärt worden war, daß die von Polen geforderte Anerkennung der Oder-Neiße-Linie keinen Hinderungsgrund für die Aufnahme von diplomatischen Beziehungen bilden sollte. Der Landesvorstand der SPD erklärte sein Befremden über diese Entschließung und wies in diesem Zusammenhang ausdrücklich darauf hin, daß die SPD die Oder-Neiße-Linie nicht anerkenne.[19a]

Auf dem Landesparteitag im Mai 1963 formulierte Willy Brandt im Rahmen seines Grundsatzreferates erneut grundsätzliche Kritik an den Beschlüssen der Falken. Er führte dort aus: »Was ich von den letzten drei Jahreskonferenzen der ›Falken‹ gehört habe, war alles andere als überzeugend.«[20]

Dennoch stießen die Ostaktivitäten der Falken grundsätzlich auf größeres Verständnis innerhalb der SPD, als in der Folge des Mauerbaus im Kreise Willy Brandts und seiner Berater über eine neue Politik gegenüber Osteuropa zur Überwindung der festgefahrenen Situation nachgedacht wurde.[21] Harry Ristock:

»Die entscheidende Verbesserung der Situation tritt eigentlich erst ein – aber sie tritt noch nicht in der praktischen Hilfe ein durch die Partei – in dem Moment, als Brandt anfängt, vorsichtig in Bonn – hier in Berlin hat er ja Anfang der 60er Jahre nie so etwas gesagt – aber in Bonn hatte er die Doppelfunktion, da war er Kandidat, und da gibt es einen Satz von Brandt, ich zitiere aus der Erinnerung: Wir müssen eine neue Politik betreiben nach dem Mauerbau, Entspannungspolitik. Und wir – ich versuche den Satz nachzuvollziehen, ein doppeldialektisch geformter Satz – und wir müssen für die Entspannung mehr tun als alle anderen, weil wir an der Spaltung mehr leiden als alle anderen und weil wir im Prozeß von möglicherweise dann eintretender Entspannung mehr profitieren als alle anderen. Ein Satz, gesprochen so 61/62 in Bonn.«[22]

Da diese neue Politik vorerst sehr vorsichtig formuliert und noch vorsichtiger praktiziert wurde, hatte sich die Situation vor allem klimatisch entspannt. Die Unterstützung auf seiten der SPD nahm zwar zu, blieb aber dennoch begrenzt.

In dem Moment, wo die Aktivitäten der Falken in das Kreuzfeuer der Öffentlichkeit gerieten, distanzierten sich nicht nur die offiziellen Gremien der SPD, sondern auch der größte Teil der wohlmeinenden Unterstützer. In dieser Zeit lief vieles auf der Ebene einer informellen Duldung bei offizieller Distanz. Peter Weiß beschreibt dies mit folgenden Worten:

»...wobei dann auch manches mit Augenzwinkern geschah, manches von den Leuten (aus der SPD, d. V.) zur Absicherung gemacht wurde, die gesagt haben: ›Macht mal, aber ich habe das nie gesagt, und wenn mich jemand fragt, ich war immer dagegen‹.«[23]

Vor diesem Hintergrund bedurfte es auf seiten der Falken einiger Geschicklichkeit, um die von ihnen geplanten Aktivitäten zu verwirklichen, vor allem weil es zumeist auch noch darum ging, Senatszuschüsse für diese Zwecke zu erhalten. Die Ausführung glich daher einem Verwirrspiel. Gunther Soukup:

»In der Regel ist es so gelaufen, daß die Partei eigentlich immer erst sachte angespielt worden ist, ihr nie die ganze Wahrheit gesagt worden ist, aber immer so ein bißchen. Ähnlich wie Kinder Eltern austricksen, solche Spiele.«[24]

Alfred Gleitze beschreibt die Vorbereitung von gewagten Aktivitäten folgendermaßen:

»Also weitgehend ist die ganze Geschichte, wie man sich entschied, ob man einfach was machte ohne Rücksicht auf Verluste oder ob man vorher sich absicherte oder so was, eigentlich eine Frage der Intuition gewesen. Da gab es keine festen Spielregeln, das ist mal so gemacht worden und mal so, mal unbekümmert, mal blauäugig, aber manchmal auch ganz bewußt. Aber auch hier könnte man wirklich nicht sagen, das war durchgehend eine Linie, sondern es war immer so, man versuchte das, was man sich an Prinzipien erarbeitet hatte, durchzusetzen, ließ es also erstmal laufen, und wenn man merkte, man stößt auf Widerstand, dann gab es eben auch mal taktische Entscheidungen. Dann gab es eben auch mal eine ganz klare Distanzierung, aber wir konnten auch ein bißchen ausspielen, daß es in der Partei dann auch differenzierte Meinungen gab und konnten uns dann manchmal verstecken hinter einzelnen Kreisverbänden beispielsweise.«[25]

Im Ausnutzen der Meinungsverschiedenheit innerhalb der SPD und auf den Ebenen der verschiedenen Gremien und Zuständigkeiten bewies die Führung der Falken einiges Geschick. Dabei kam ihr zugute, daß sie ab Ende der 50er Jahre die politische Diskussion innerhalb der Berliner SPD-Linken entscheidend mitprägte und die Linken in einigen Kreisverbänden die Mehrheit bildeten.

Eine wichtige Rolle vor allem für die finanzielle Absicherung der Fahrten nach Osteuropa spielte Ella Kay, bis 1962 Senatorin für Jugend und Sport in Berlin und

SPD-Bundesvorstandsmitglied, zeitweilig auch im Berliner SPD-Landesvorstand. Alfred Gleitze über die Rolle von Ella Kay:

»...Und da ist uns auch zur Hilfe gekommen – es ging ja nicht ohne finanzielle Unterstützung durch öffentliche Mittel –, daß schon zu einem frühen Zeitpunkt die Ella Kay in den Senat kam, daß wir von dort manche wohlwollende finanzielle Unterstützung bekommen haben, wobei sie manches Risiko einging, auch politisch. ... Sie hat das mitgetragen und war ja dann gleichzeitig im Parteivorstand verankert und hat dann dafür die Verantwortung auch übernommen und dafür manchmal auch Prügel eingesteckt. Sie hat uns dann auch manchmal gestoppt, unseren Unwillen hervorgerufen. Aber heute im nachhinein weiß ich, daß da mehr Wohlwollen drin war als der Versuch, bösartig zu sein, sondern daß sie eben auch in der Klemme war manchmal. Und es ging eben bei den Jugoslawen schon los und wirkte sich natürlich dann später bei den ersten Schritten in Richtung Polen um so stärker aus.«[26]

Auch Ella Kay gewährte diese Unterstützung, obwohl sie einigen dieser Aktivitäten, z. B. der ersten Auschwitzfahrt, durchaus skeptisch gegenüberstand. Neben dem innerparteilichen Bündnis, das die Traditionalisten um Franz Neumann und die jungen Sozialisten um Harry Ristock mittlerweile eingegangen waren, dürfte dabei auch die innerhalb der sozialdemokratischen Bewegung untereinander gewährte Solidarität eine Rolle gespielt haben, die durch unterschiedliche Standpunkte zu einzelnen Fragen nicht aufgehoben wurde. Peter Weiß formulierte das folgendermaßen: »...es gab eine lange Zeit in der SPD, da war man erst der Genosse und dann der ›krumme Hund‹. Und obwohl man ein ›krummer Hund‹ war, blieb man doch ein Genosse.«[28]

Neben dem sich wandelnden politischen Klima und der daraus resultierenden Einsicht in die Notwendigkeit hat dieses Motiv der Solidarität vielleicht auch eine Rolle gespielt, daß Kurt Neubauer als Nachfolger von Ella Kay, innerparteilich eindeutig auf dem rechten Parteiflügel der SPD angesiedelt, die Linie der grundsätzlichen Unterstützung der Osteuropa-Aktivitäten der Falken fortsetzte. Dabei blieb er auch, als er dadurch selbst mehrmals in prekäre Situationen geriet und in einigen Fällen sich genötigt sah, den Tatendrang der Falken zu stoppen.[29]

Dabei erwies sich einmal mehr, daß die Verzahnung des Verbandes und seiner Repräsentanten mit der SPD positive und negative Aspekte beinhaltete. Einerseits konnte, wenn auch z. T. auf schwierigen Wegen, einige Unterstützung von seiten der SPD gewonnen werden, andererseits wirkte die Rücksichtnahme auf die SPD immer wieder als hemmender Faktor und führte entgegen den eigenen Intentionen zu opportunem Verhalten und Anpassung.

## VI.3. Die Reaktion der Berliner Öffentlichkeit auf die ersten Kontakte der Falken nach Polen

In ähnlichem, zumeist noch höherem Maße als die Berliner SPD war ein Teil der Öffentlichkeit und der Presse antikommunistisch geprägt und reagierte deshalb auf die Beziehungen der Falken nach Osteuropa zurückhaltend bis ablehnend, teilweise auch offen feindselig. Da die Gedenkstättenfahrten als solche zunächst in der Presse und bei ernstzunehmenden Politikern außerhalb jeder Kritik standen – die Erfahrungen etwa im Kollegenkreis waren allerdings andere, wie wir noch sehen werden –, machten jene, denen trotzdem die ganze Richtung nicht paßte, ihre Kritik an Begleiterscheinungen fest.

Bereits die erste von uns festgestellte öffentliche Reaktion auf die Polenkontakte der Falken dokumentiert hervorragend den damaligen Zeitgeist. Als Reaktion auf die Kurzmeldung, daß die Falken planen Zeltlager an der polnischen Ostseeküste in der

Nähe von Elbing durchzuführen,[30] erhielt der sozialdemokratisch orientierte »Telegraf« einen Leserbrief, in dem darauf hingewiesen wurde, daß Elbing nicht in Polen, sondern in dem noch immer unter polnischer Verwaltung stehenden Teil Deutschlands läge.[31]

Allerdings stellte ein darauf folgender Leserbrief die Intentionen der Falken heraus und würdigte sie positiv,[32] gleiches gilt für einen Bericht auf der Jugendseite der »Berliner Stimme«.[33]

Der Besuch der Vorstandsdelegation im März 1958 und die damit zusammenhängenden Vereinbarungen fanden in der Berliner Presse[34] kaum Beachtung, wenn überhaupt, dann in Form von kurzen dpa- und UPI-Meldungen.[35] Eine Ausnahme bildete die Boulevardzeitung »Der Abend«, die sich in dieser Zeit des öfteren mit tendenziösen Artikeln gegen die Falken hervortat.[36] Der dortige Kommentar über das gemeinsame Abschlußkommuniqué von Falken und ZMS zeichnete die Grundlinie, an der sich später immer wieder die Kritik am Vorgehen der Falken entzündete: »Man darf im Ausland und schon gar nicht im kommunistischen der eigenen Regierung nicht in den Rücken fallen«. »Der Abend« schrieb u. a.:

».. . man wird stutzig, wenn einem das ›Abschlußkommuniqué‹ des Besuches in die Hände fällt und man von einem Gespräch erfährt, das die Falken-Mitglieder mit polnischen Journalisten führten. Denn dabei kündigten sie eine große Kampagne gegen die atomare Ausrüstung der Bundeswehr an und redeten auch sonst ungeniert über den innerdeutschen Streit. Sollten diese jungen Leute noch nie etwas von der internationalen Gepflogenheit gehört haben, ein umstrittenes inneres Problem nicht öffentlich im Ausland und schon gar nicht in einem kommunistischen Staat zu erörtern?«[37]

Die ersten Gedenkstättenfahrten nach Polen fanden wie bereits erwähnt in der Westberliner Presse keine Resonanz. Dies wurde von den zurückkehrenden Falken auch wahrgenommen, allerdings hatten sie aufgrund ihrer bisherigen Erfahrungen mit der Presse in Berlin auch nichts anderes erwartet. Peter Hopf:

»In der Berliner Presse ist das, soweit ich mich erinnere, nicht allzu sehr gewürdigt worden, denn die Falken waren als politische Jugendorganisation in Berlin von der auch damals schon mächtigen Ullstein-Springer-Presse doch immer als negativ, als Kommunisten verschrien.«[38]

Viel härter als das Desinteresse der Zeitungen traf die jungen Falken die Reaktion vieler Mitbürger. Noch ganz unter dem Eindruck des in Auschwitz Gesehenen, konnten sie die Verdrängung oder Verharmlosung der NS-Zeit, mit der sie im Alltag konfrontiert wurden, noch weniger begreifen. Rosemarie El-Gayar, die damals gerade zu den Falken gestoßen war:

»Wie ich schon gesagt habe, sind diese ersten Eindrücke von 1959 eigentlich nie aus meinem Gedächtnis geschwunden. Ich kann mich, noch erinnern – in dieser Zeit arbeitete ich noch als Krankenschwester im Krankenhaus Wannsee –, daß in dieser Zeit die Frage der Wiedergutmachung an den Juden gerade wieder sehr aktuell war. Ich habe mich da in wahnsinnige Auseinandersetzungen auch mit den Kollegen im Krankenhaus begeben, weil sie eigentlich ganz stark gegen die Wiedergutmachung gewesen sind. Mein historisches Wissen über die Zeit des Faschismus ist zwar recht mager gewesen, aber allein aus diesen gefühlsmäßigen Erlebnissen in Auschwitz habe ich mich in dieser Diskussion sehr engagiert. Und das hat mir auch für lange Zeit das Leben im Krankenhaus sehr schwer gemacht, denn meine Stationsschwester – meiner Meinung nach eine große Anhängerin des Nationalsozialismus – hat unheimlich aggressiv auf meine Verteidigung der Juden reagiert.«[39]

Helmut Walz berichtete von seinen Erfahrungen:

»Als wir dann nach Hause kamen, da habe ich festgestellt, daß so eine Art Reue oder Mitgefühl oder Verständnis, was wir den Polen oder anderen, die dort in den Konzentrationslagern umgebracht worden sind, entgegengebracht haben bei unseren Reisen, in der deutschen Bevölkerung überhaupt nicht zu verspüren war. ... Ich habe selbst an dem Arbeitsplatz, wo ich hier bin, in dem Kraftwerk habe ich das erlebt, daß Leute mich dann gefragt haben: ›Warum fährst du denn nach Polen, warum in die Tschechoslowakei, nach Theresienstadt, nach Bergen-Belsen? Das ist eine Sache, die ist doch erledigt, darüber wollen wir doch nicht mehr sprechen. Da wollen wir nicht mehr dran rühren.‹ Das war so unverständlich, das sind meine Kollegen gewesen, mit denen ich sonst tagtäglich zusammenarbeite.«[40]

Auch Waldemar Klemm schilderte, daß die Reaktionen von Ablehnung bis Neugier reichten und es kaum Zustimmung gab.[41]

## VI.4. Der Konflikt um die Feierstunde in Theresienstadt

Die ersten Fahrten in die ČSSR im Herbst 1963 fanden in den Medien eine viel breitere Beachtung als die Fahrten nach Polen: Einmal hatten der Eichmann- und der Auschwitzprozeß eine größere Sensibilität für die Verbrechen der NS-Zeit geschaffen, zum anderen wurden Kontakte nach Osteuropa etwas vorurteilsfreier betrachtet. Im Verlauf des Jahres war von der Bundesregierung mit verschiedenen osteuropäischen Staaten der Austausch von Handelsmissionen vereinbart worden, und in der liberalen Öffentlichkeit wurde immer häufiger über Sinn und Unsinn der Abschottung der BRD gegenüber dem Osten nachgedacht. Dennoch sollte sich zeigen, daß das Eis, auf dem sich die Falken bewegten, noch sehr dünn war; die Kritiker einer solchen Öffnung waren noch lange nicht verstummt und warteten nur auf einen Aufhänger, um ihre grundsätzlichen Bedenken äußern zu können. So gab es in den Jahren 1963/64 mehrere heftige Konflikte um die Osteuropa-Kontakte der Falken.

Die öffentlichen Auseinandersetzungen um die Fahrt in die ČSSR begannen bereits vor ihrer Durchführung. Die SPD-Zeitung »Berliner Stimme« veröffentlichte auf ihrer Jugendseite eine Leserzuschrift. Darin wurden Bedenken geäußert, ob es richtig sei, ungefestigte Jugendliche der dortigen kommunistischen Propaganda auszusetzen. Außerdem sei eine Demonstration für Menschenwürde, Gerechtigkeit und Freiheit in Ostblockstaaten nicht möglich. Deshalb schlug der Schreiber vor, die Jugend der Ostblockstaaten lieber nach Dachau und Bergen-Belsen einzuladen, um »mit der Freiheit im Rücken« die Absage an jegliche Gewaltherrschaft vornehmen zu können.[42] Diese Äußerungen belegen, daß es zu jener Zeit auch innerhalb der sozialdemokratischen Bewegung noch massive Vorbehalte gegen die Aktivitäten der Falken gab.

Der akute Konflikt entzündete sich dann am Schlußteil der politisch-kulturellen Gedenkstunde in Theresienstadt und kam für die Falken zuerst sehr überraschend. Jürgen Dittner:

»Es war für uns, die wir dabei waren, unverständlich. Wir waren gefangen von der Atmosphäre, Tageszeit, Jahreszeit, Klima und diese brechende Fülle auf diesem Innenhof und das Orgelspiel durch den Kantor der jüdischen Gemeinde und eine Rede, die paßte, die alle beeindruckt hat. Auch die anderen, die mit waren, haben es erst recht nicht verstanden, was der Anlaß zum Streit war oder zur Kritik. Alle fühlten sich ungerecht behandelt. Wir waren der Meinung, wir haben der deutschen Sache einen guten Dienst erwiesen und waren enttäuscht über diese Reaktion. Da waren eigentlich alle Vorwürfe des Ungeschickten, des politisch Geschmacklosen ... vom Inhalt her nicht nachvollziehbar – heute erst recht nicht, damals auch nicht – und alle, die dabei waren, selbst die, die sehr kritisch und distanziert mitgefahren sind, mehr als Beobachter, die waren völlig entsetzt und sagten, die Reaktion stimmt mit dem, was da erlebt wurde – das mag ein sehr subjektiver Eindruck sein – überhaupt nicht überein.«[42a]

Diesen Eindruck bestätigt auch Alfred Gleitze und schildert, wie der Konflikt ausgelöst wurde:

»Aber es gab eben bei der Fahrt selbst gar keine Widerstände gegen die Art der Feier, nicht etwa Unwillen anschließend in den Autobussen oder so etwas, sondern der Unwille kam erst hoch, als hier in Berlin dann ein Reporter damals vom ›Spandauer Volksblatt‹ – gleichzeitig hat er auch beim ZDF gearbeitet –, der hatte jedenfalls ein Tonband mitgeschnitten von der Geschichte, rannte damit zum Neubauer und erklärte: ›Und das haben Sie gefördert, und wir erwarten, daß Sie am nächsten Sonntag die Sache verhindern.‹ Und da ging es dann also rund.«[43]

Entsprechend erschien am Dienstag nach der Fahrt im »Spandauer Volksblatt« ein Artikel mit der Überschrift »Falken« entgleisten. Instinktlose Rede in Theresienstadt«, der teilweise eine sinnentstellte Wiedergabe der Ausführungen der Falken-Sprecherin enthielt. Dazu gab es einen moderateren Kommentar mit der Tendenz, daß durch diese instinktlosen Äußerungen das positive Anliegen der Fahrt in Frage gestellt worden sei.[44]

Die CDU-nahe Mittagszeitung »Kurier« griff diesen Bericht noch am selben Tage auf und forderte, den Falken die Mittel für die zweite Fahrt zu sperren. Sie kommentierte:

»Den ›Falken‹ scheint es keine Sorgen zu bereiten, von den angeblich versagenden ›politischen Führungsschichten‹ der Bundesrepublik sechsstellige Summen anzunehmen, um dorthin zu reisen, wo derartige ›Bekenntnisse‹ naturgemäß auf offene Ohren stoßen. ... Den Falken steht selbstverständlich das Recht auf Kritik zu. Was sie auf deutschem Boden zur deutschen Poltik sagen, braucht zwar nicht ernstgenommen zu werden, ist aber Teil der demokratischen Auseinandersetzungen. In einem kommunistischen Land die dortige Propaganda gegen die freigewählte Regierung zu unterstützen, die kommunistischen Schandtaten an der Mauer dagegen zu verschweigen – das muß in der Tat peinlich berühren!«[45]

Noch am selben Tag kündigte die CDU-Fraktion im Abgeordnetenhaus an, daß sie den Senat auffordern wolle zu prüfen, ob er die Förderung für die zweite Fahrt am kommenden Wochenende aufrechterhalten könne. Auch die SPD-Fraktion bezeichnete die Rede als unpassend. Am Dienstag abend distanzierte sich auch Senator Neubauer von Form und Inhalt der Rede, nachdem er am Montag eine Stellungnahme mit dem Hinweis, daß er erst den vollen Wortlaut der umstrittenen Rede prüfen müsse, abgelehnt hatte. Jetzt ließ er durchblicken, daß er von den Falken eine ebensolche Distanzierung erwarte. Weiterhin werde er darauf hinwirken, daß die nächste Fahrt ohne solche Reden ablaufe, sehe aber keinen Grund, wegen einer Entgleisung die an sich gute Sache der Fahrten nach Lidice und Theresienstadt in Frage zu stellen.[46]

Der Landesvorstand der Falken fing den ihm zugespielten Ball auf, schließlich wollte er auch die zweite Fahrt mit der finanziellen Unterstützung des Senats durchführen. So erklärte er nach einer Sondersitzung noch am selben Abend: »Dieser Ausklang der Gedenkreise hat zu Recht die Kritik auch der politischen Freunde der Falken gefunden. Der Landesvorstand hat Vorsorge getroffen, daß bei der Wiederholung der Feierstunde am kommenden Wochenende unverständliche und törichte Äußerungen unterbleiben.« Gleichzeitig wurde erklärt:

»Der Vorfall gibt zum Bedauern des Landesvorstandes denjenigen ein Mittel der Polemik in die Hand, die der Gedenkreise in die Tschechoslowakei von vornherein ablehnend gegenüberstanden und den Vorwurf erheben, man dürfe im Ausland nicht das ›eigene Nest‹ beschmutzen. Die Falken sind dagegen der Auffassung, daß der freiheitliche und demokratische Rechtsstaat nur durch Selbstkritik glaubwürdig und lebensfähig bleiben kann.«[46a]

Daß diese Distanzierung mehr unter dem Druck der Verhältnisse denn aus Einsicht erfolgt war, vermuteten die Gegner der Falken zu Recht.[47] Das Versagen der politischen Führungsschichten der Bundesrepublik in der Frage der Aussöhnung mit den

Völkern Osteuropas und bei der Bewältigung der NS-Vergangenheit ist auch von vielen Publizisten, Literaten und anderen Personen des öffentlichen Lebens beklagt worden und bildete nur wenige Jahre später einen der Beweggründe für das Entstehen der Studentenbewegung. Und der Abschnitt mit der ebenfalls heftig beanstandeten Formulierung vom »politischen und kulturellen Partisanentum, dessen unsere Zeit bedarf« war inhaltlich und sprachlich eng an Ausführungen des Schriftstellers Gerhard Zwerenz angelehnt.[47a] Dies wurde jedoch in der Berliner Öffentlichkeit nicht zur Kenntnis genommen, statt dessen wurden die aberwitzigen Zusammenhänge konstruiert. Der Hauptvorwurf war, daß die Falken der kommunistischen Propaganda Vorschub geleistet hätten.

Bei dem massiven öffentlichen und politischen Druck, der sich innerhalb von nur zwei Tagen entwickelt hatte, wählten die Falken den Weg der Distanzierung, obwohl sie selber weniger das Gefühl hatten, einen inhaltlichen Fauxpas als vielmehr einen taktischen Fehler begangen zu haben. Alfred Gleitze heute über den Konflikt und die Presseerklärung:

»...nachdem das Kind in den Brunnen gefallen war, da hat uns Manfred Rexin (Journalist und zu diesem Zeitpunkt Vorstandsmitglied der Berliner Falken d. V.) dann in eine Presseerklärung reingeschrieben: Törichte Reden wie am letzten Sonntag werden nicht wieder gehalten. Und da war es ein bißchen töricht. Das war bei der ersten Fahrt nach Lidice und Theresienstadt. Da ist uns vorher in der abendlichen Zusammenkunft sozusagen der Gaul durchgegangen. Ich kann mich erinnern, da hat Soukup mitgewirkt und die Rosi Raschik damals und einige, und da haben wir dann so Formulierungen übernommen, die – ich weiß jetzt nicht, ob da Zwerenz oder wer da geistig Pate gestanden hat – also die auf die Verhältnisse in der Bundesrepublik durchaus richtig gedacht waren, aber wo nun – vieleicht wirklich ein bißchen Elefant im Porzellanladen – es nicht gerade geschickt war, bei dem ersten Versuch, die Vergangenheit mit der Tschechoslowakei zu bewältigen, dort wir selber sozusagen im eigenen Stromkreis zu produzieren, aber auch im Blickpunkt der internationalen Presse. Und da haben wir dann zurückstecken müssen, da war dann vielleicht auch ein bißchen Blauäugigkeit dabei. Aber man muß es immer hineinsetzen natürlich in den Zeitgeist, der damals überhaupt existierte. Es war ja auch so ein Ausloten, wie weit man gehen kann. Es war ja keinesfalls die gleiche Bereitschaft da, im Prinzip die Sache so zu sehen wie heute, sondern es gab da so viel prinzipielle Ablehnung, daß du also mit tausend Details versuchen mußtest, das irgendwie aufzuweichen. Und da haben wir natürlich auch nicht immer die glückliche Hand gehabt. Und da haben wir Angriffsflächen geboten, wo dann eben der Holzhammer geschwungen wurde; mal von der Springerpresse – nun gut, das hat uns am wenigsten gestört, weil das waren wir ohnehin gewöhnt, daß wir in weiten Teilen der veröffentlichten Meinung doch eben als halbe Kommunisten galten oder sogar in Richtung Stalinismus anfällig oder so. Aber das haben wir ja mit stoischer Ruhe durchgestanden. Schwieriger wurde es immer dann, wenn selbst die wohlwollenden Leute nicht mehr mitspielten.«[48]

Daß die Falken unabhängig von dieser Distanzierung inhaltlich zu dem Gesagten standen, bewiesen auch andere nur wenig später getroffene Aussagen.

Bereits in seinem Bericht zur folgenden Landeskonferenz hatte Alfred Gleitze formuliert: »...mit dem inzwischen gewonnenen Abstand erweisen sich auch die umstrittenen letzten fünf Minuten des ersten Wochenendes nicht als das Ärgernis, zu dem es von böswilligen Kräften der öffentlichen Meinung gemacht wurde.«[48a] Und im Juni 1964 veröffentlichte er im Zusammenhang mit dem Fall Soukup im Blickpunkt ein »Plädoyer für geistiges Partisanentum«.[49]

Mit der Abgabe der distanzierenden Presseerklärung hätte der Konflikt eigentlich beendet sein können, der weitere Verlauf zeigte jedoch, daß er zumindest teilweise künstlich produziert worden war und offenbar ein Interesse bestand, ihn weiter am Kochen zu halten und auszuschlachten.

Das Gros der Westberliner Zeitungen berichtete erst am folgenden Tag, Mittwoch, den 2. 10. 1963, über dieses Ereignis. Bis dahin hatten sie von dem »Zwischenfall« in Theresienstadt noch keine Notiz genommen. Gerade am sozialdemokratisch orientierten »Telegraf« zeigte sich, daß die Rede in Theresienstadt erst zur Entgleisung stilisiert worden war. Am Dienstag hatte der »Telegraf« einen längeren Bericht über den Verlauf der Fahrt gebracht, ohne den »Zwischenfall« zu erwähnen. Im Gegenteil war dort von einer »würdigen Feierstunde im Hof des ehemaligen KZ Theresienstadt« die Rede.[49a] Nachdem der – später erscheinende – »Kurier« vom gleichen Tag behauptet hatte, der »Telegraf« hätte diesen Vorfall »schamhaft verschwiegen«,[50] entschuldigte sich dieser bei seinen Lesern, daß er am Vortag noch nicht »über die bedauerliche Entgleisung« berichtet hatte, weil »der Zwischenfall bei Drucklegung der gestrigen Ausgabe noch nicht bekannt geworden« war.[50a]

Ein Teil der Zeitungen, die dieser Fahrt bisher keine Zeile gewidmet hatten, benutzten die Gelegenheit, um wieder einmal mit den »linken Radikalinskis« abzurechnen.[51] Dies setzte sich auch nach Ablauf der zweiten Fahrt fort. Der »Kurier« nahm eine Meldung der DDR-Nachrichtenagentur ADN – übrigens ohne Angabe der Quelle – zum Anlaß, um erneut gegen die Falken zu polemisieren.[52] Und am folgenden Tag konnten trotz eines bereits ergangenen Dementis die »Morgenpost« und der »Telegraf« den SPD-Vorsitzenden Kurt Mattik mit zwei unterschiedlichen, aber gleichermaßen abschätzigen Äußerungen über das Verhalten der Falken zitieren.[53] Kurt Neubauer stellte später in der Beantwortung einer CDU-Anfrage zu diesem Komplex im Abgeordnetenhaus fest, daß die Meldung des »Kurier« einer Nachprüfung nicht standgehalten hätte.[54] Auch andere Angriffe trugen mehr zur Entlarvung ihrer Initiatoren als der Falken bei. So etwa eine Resolution des Arbeitskreises Sudetendeutscher Studenten (ASST), in der es u. a. hieß:

»Der ASST protestiert besonders gegen die Äußerungen, die von der Sprecherin der ›Falken‹ in Theresienstadt gemacht wurden. ... Der ASST protestiert gegen diese Verleumdung der Bundesrepublik Deutschland und gegen diesen Anschlag auf alle echten Bemühungen zur deutsch-tschechischen Aussöhnung. Aus den Verbrechen von Lidice politisches Kapital zu schlagen und damit von den hunderttausendfachen Morden an den Sudetendeutschen abzulenken, muß als verwerflich abgelehnt werden.«[55]

Dem bürgerlich-liberalen »Tagesspiegel« und vor allem dem Ex-Falken Erich Richter im »Blickpunkt« und »Telegraf« blieb es vorbehalten, auch auf den Inhalt von Alfred Gleitzes Rede in Lidice und andere Aspekte der Fahrt hinzuweisen, die die meisten der erhobenen Vorwürfe ad absurdum führten.[56]

Einen weiteren Höhepunkt dieser Kontroverse bildete die Große Anfrage der CDU im Abgeordnetenhaus von Berlin. Die Zielrichtung dieser Anfrage bestand darin, den Falken die Gewährung von Mitteln aus dem Landeshaushalt für weitere Fahrten in kommunistisch regierte Länder zu entziehen. Neben formaler Kritik, daß für diese und andere Gedenkstättenfahrten mangels anderer Möglichkeiten in Abstimmung mit dem Landesjugendring Mittel aus der Haushaltstelle für Westwanderfahrten gewährt wurden – später wurde dann eine eigene Haushaltstelle für Gedenkstättenfahrten geschaffen – und daß Angehörige des öffentlichen Dienstes ihrer Meldepflicht für Reisen in den Ostblock nicht nachgekommen waren, ging die Argumentation in die Richtung, ob solche Reisen bevorzugt in kommunistisch regierte Länder führen sollten und ob die Falken die notwendige politische Zuverlässigkeit für die anstandslose Durchführung solcher Reisen bieten würden.

Senator Neubauer stellte noch einmal klar, daß er die in Theresienstadt gehaltene Rede nicht billigen könne, sich aber weigere, die Mittelvergabe von politischen

167

Äußerungen abhängig zu machen und Verbände, auch wenn sie öffentliche Mittel in Anspruch nehmen, das Recht haben, kritische Bemerkungen gegenüber staatlichen Instanzen äußern zu dürfen.[57]

Daß diese politischen Angriffe nicht bloß Spielereien waren, sondern ernsthafte Versuche darstellten, die Falken politisch zu disziplinieren, bekam auch Rosemarie El Gayar und Gunther Soukup als Sprecherin bzw. Autor der umstrittenen Textzeilen zu spüren. Rosemarie El Gayar berichtete:

»In dieser Zeit arbeitete ich schon als pädagogische Mitarbeiterin in der Jugendpflege Wedding. Da gab es natürlich erhebliche Auseinandersetzungen mit einem großen Teil der Kollegen, insbesondere mit dem Stadtrat und dem stellvertretenden Bezirksjugendpfleger. Der Bezirksjugendpfleger selbst hat sich in dieser Frage wenig engagiert. Man hat mich ziemlich in die Mangel genommen und im Grunde genommen das, was die Presse damals permanent verkündete, zu ihrer eigenen Meinung gemacht, d. h. eine Aufarbeitung der eigenen Geschichte kann eigentlich nur innerhalb der eigenen Gesellschaft passieren und man dürfe nicht in die Tschechoslowakei fahren und dort große Reden halten, daß es zwar notwendig sei, die eigene Geschichte aufzuarbeiten, aber das gehöre nicht in die internationale Öffentlichkeit. Sie haben den Begriff, der damals durch die Presse ging, die Falken seien Nestbeschmutzer, permanent wiedergekaut. Soweit ich mich erinnern kann, gab es innerhalb der Kollegen ziemlichen Druck, ob es überhaupt sinnvoll sei, mich weiter zu beschäftigen. Letztlich hat sich der damalige Stadtrat, der zwar mit dem, was ich gemacht habe, nicht einverstanden war, doch vor mich gestellt und versucht, mich zu verteidigen.«[58]

Während Rosemarie El Gayar nur unter der Drohung der Kündigung stand, hatte die Autorenschaft der umstrittenen Rede für Gunther Soukup ernsthaftere Folgen.

## VI.5. Falkenaktivitäten als Anlaß für Berufsverbot – Der Fall Soukup

Der inkriminierte Text von Theresienstadt war Teil eines Entwurfs, den Gunther Soukup für diese Feierstunde konzipiert hatte und an dem in der Vorstandsrunde noch einige Änderungen vorgenommen worden waren. Er trat in Theresienstadt selbst nicht auf, aus dienstlichen Gründen hatte er an der Fahrt nicht teilnehmen können. Gunther Soukup wurde auch später nicht als Autor benannt, der verlesene Text fiel damit in die Verantwortung des Falkenvorstandes. Um so überraschter war Gunther Soukup, als er im Dezember 1963 mit der Begründung, er wäre der Autor der inkriminierten Rede in Theresienstadt und er hätte als Organisator des Auftritts einer Prager Jazzband verfassungsfeindliche Elemente begünstigt, vom Dienst suspendiert wurde. Gleichzeitig beantragte das Bezirksamt Wilmersdorf als sein Arbeitgeber beim Senator für Jugend und Sport zu prüfen, ob Gunther Soukup die staatliche Anerkennung als Jugendpfleger entzogen werden müsse.[59]

Der zweite Vorwurf datierte vom Juni des Jahres 1963 und war gleichzeitig ein Hinweis auf den Urheber der Kampagne gegen Gunther Soukup, den Berliner Verfassungsschutz. Wir haben bereits im vorhergehenden Kapitel darauf hingewiesen, daß sich der Verfassungsschutz für die Kontakte der Falken zur tschechoslowakischen Militärmission interessierte. Bei dem Auftritt der Prager Jazzband hatte Gunther Soukup im Auftrag der Falken die Abwicklung des Konzerts in dem von ihm geleiteten Jugendfreizeitheim organisiert. Gunther Soukup erinnert sich:

»Diese Geschichte kennzeichnet eigentlich die Zeit damals auf wirklich typische Weise. Ich hatte also den Saal beantragt, den Anne-Frank-Heim-Saal, für dieses Konzert, hatte mit dem Kulturattaché der tschechischen Militärmission ausgemacht, ich kriege diese Jazzband, brauchte für nichts bezahlen; ich mußte denen 30 Freikarten geben. Dann haben die wohl von der Militärmission die Freikarten an die Deutsch-Sowjetische Freundschaft gegeben. Sie tauchten jedenfalls dort auf, wobei die Spitzel, die nun dort wiederum tätig waren, dem Verfassungsschutz wohl mitgeteilt haben, da wäre ein Falkenkonzert mit einer tschechischen Band, die dort Freikarten verteilt. Ich wurde also morgens im Rathaus angerufen, direkt vom Verfassungsschutz von gegenüber, ich sollte rüberkommen. Ich wurde dann in so einen Trakt geführt, wo die Türen keine Klinken haben. Dort wurde mir nahegelegt, das Konzert sofort abzusagen oder ersatzweise die Freikarten von der tschechischen Militärmission zurückzuverlangen. Da habe ich mich geweigert, fand das also völlig albern. Außerdem hatten sie mir keine Dienstbefugnis gegenüber, ich machte das als Verbandsvertreter. Dann fand das Konzert so statt. Die Verfassungsschützer saßen auch im Saal rum, waren deutlich auszumachen, und ich habe sie dann noch von der Bühne aus angemacht.«[60]

Am 11. Dezember ging beim Bezirksamt Wilmersdorf ein Schreiben der Senatsverwaltung für Sicherheit und Ordung ein, in dem mitgeteilt wurde, daß Gunther Soukup Autor der Rede in Theresienstadt sei (!) und er in voller Kenntnis der Sachlage es Vertretern einer kommunistischen Tarnorganisation ermöglicht habe, an einer Veranstaltung der Falken teilzunehmen. Damit hätte er in beiden Fällen bewußt und überlegt gegen die Interessen der Bundesrepublik Deutschland gehandelt.

Die Senatsverwaltung für Jugend und Sport machte sich diese Auffassung nicht zu eigen. Sie lehnte nach Durchführung des Überprüfungsverfahrens am 6.3.1964 den Antrag auf Widerruf der staatlichen Anerkennung als Jugendpfleger ab,»weil keine Tatsachen festgestellt werden konnten, die die Annahme rechtfertigen, daß dem Kläger die persönliche Zuverlässigkeit fehlt oder daß er nicht mehr für die verfassungsmäßige Ordnung eintritt«.

Das CDU-geführte Bezirksamt Wilmersdorf ließ es bei diesem Versuch nicht bewenden. Es sicherte sich Rückendeckung bei der Senatsverwaltung für Inneres und beim Personalrat, die beide SPD-dominiert waren, und kündigte Gunther Soukup am 24.3.1964 mit der Begründung: »...die Vorgänge Theresienstadt und Tschechoslowakische Militärmission haben unser Vertrauensverhältnis zu Ihnen so schwerwiegend beeinträchtigt, daß wir das Arbeitsverhältnis auflösen müssen.«

Die ÖTV-Betriebsgruppe mit ihrem Vorsitzenden Buchmann (CDU) hatte sich gegen die Kündigung ausgesprochen, war aber im Personalrat unterlegen, der zu den treibenden Kräften bei der Entlassung Soukups gehörte.[61]

So gingen die Fronten quer durch die politischen Parteien, Gunther Soukup selbst sah die Hauptverantwortlichen für seine Entlassung in der eigenen Partei:

»Aber die Angriffe kamen von der rechten SPD. Hintergrund war – das ist wirklich supermakaber – ein Vorgesetzter, stellvertretender Bezirksjugendpfleger, der gehörte einer Gruppe von Leuten an, die alle in der SPD waren, z.T. auch im Personalrat, die aber schon eine gemeinsame Wilmersdorfer Vergangenheit bei den Nazis hatten; bei mehreren nicht astrein, die hatten sich ganz schön eingelassen. Als ich zum erstenmal in Auschwitz war, bin ich wiedergekommen... und habe erzählt, die hatten mich gefragt, wie es da war. Der eine fragte: ›Warst Du denn auch in Birkenau?‹ Ich sagte: ›Ja‹, und meine Gegenfrage war: ›Woher kennst Du denn das?‹ Er sagte: ›Im Krieg.‹ ›Wieso – als Insasse?‹ Da wurde er ganz blaß, und von da an war der Todfeind. Ich glaube, viel von dieser Inszenierung ging von dieser Ecke aus, also von dieser alten Nazi-Riege im SPD-Gewand, die da in Wilmersdorf enorme Macht hatten und die mich loswerden wollten.«[61a]

Gunther Soukup nahm sich Wolfgang Büsch, Fraktionsgeschäftsführer der SPD im Abgeordnetenhaus, als Anwalt und klagte gegen die Kündigung. Seine Gewerkschaft ÖTV gewährte ihm Rechtsschutz.

Da dem Bezirksamt Wilmersdorf wohl bewußt war, daß diese Kündigung juristisch auf sehr wackligen Beinen stand, schob es für den Prozeß noch einen dritten Grund nach. Es behauptete, Gunther Soukup habe sich in Gesprächen mit Kollegen positiv über die DDR, die Berliner Mauer, die Politik der Sowjetunion und das Castro-Regime in Kuba geäußert. Des weiteren hätte er behauptet, daß in der Bundesrepublik nur Faschisten leben. Mit Hilfe dieser Beschuldigungen hätte in der Tat die Entlassung von Gunther Soukup erreicht werden können. Im Vorjahr war die fristlose Kündigung einer Lernschwester (!) vom Arbeitsgericht als gerechtfertigt anerkannt worden, weil diese die Auffassung vertreten habe, daß die Mauer notwendig sei, um die Errungenschaften der DDR zu verteidigen.[62] Auf dieses Urteil bezog sich das Bezirksamt ausdrücklich.

So standen im Mittelpunkt der Arbeitsgerichtsverhandlung auch nicht mehr die beiden im Kündigungsschreiben enthaltenen Gründe, sondern die neukonstruierten Anschuldigungen. Die Beweisaufnahme und die Zeugenvernehmung ergaben jedoch die Haltlosigkeit aller erhobenen Vorwürfe. Gunther Soukup wurde ein differenziertes und teilweise eigenwilliges politisches Weltbild bescheinigt, jedoch keine verfassungsfeindliche Einstellung. Seiner Klage wurde in vollem Umfang stattgegeben. Er durfte an seinen Arbeitsplatz im Bezirksamt Wilmersdorf zurückkehren.

## IV.6. Der Konflikt um die Rede in Maidanek

Bereits acht Wochen nach den Auseinandersetzungen um die Vorgänge in Theresienstadt entzündete sich der nächste Konflikt, diesmal um die Rede von Lothar Pinkall in Maidanek.[62a] Auslöser in diesem Fall war nicht ein Journalist, der Schlagzeilen machen wollte, sondern Mitglieder der SPD-Fraktion, die an der Fahrt teilgenommen hatten. Lothar Pinkall hatte den Text seiner Rede vor der Abreise mit Sperrfrist an die Presse gegeben, es erfolgte jedoch keinerlei negative Reaktion. Im Gegenteil, neben dem »Telegraf« berichteten auch der »Kurier« und der »Tagesspiegel« über die Fahrt, letzterer sogar mit Redeauszügen. Lediglich im Bericht des »Telegraf« fand sich der Hinweis, daß die Rede von Lothar Pinkall bei einigen Teilnehmern Unbehagen ausgelöst hätte.[63] Die Rede Pinkalls war im Berliner Landesvorstand in Abwesenheit Alfred Gleitzes, der zu diesem Zeitpunkt mit einer Delegation des Landesjugendringes in Japan weilte, abgesprochen worden.[63a] Alfred Gleitze, der später zu der Reisegruppe hinzugestoßen war, aber auch einigen anderen Teilnehmern, insbesondere aus der Fraktion der SPD, erschien der Text auch vor dem Hintergrund der Ereignisse in Theresienstadt als zu konfliktträchtig. Nach der offiziellen Version des Vorfalls, wie er Senator Neubauer mitgeteilt worden war, und der Erinnerung Alfred Gleitzes wurde daraufhin der Text von Lothar Pinkall in einer entschärften Form vorgetragen.[64] Lothar Pinkall selbst konnte sich an eine vorhergehende Diskussion am Ort nicht erinnern und bezeichnete diese Aussagen als »Schutzbehauptungen«. Er sagte aus, daß er in freier Rede den Text zwar variiert hätte, aber nicht aufgrund einer vorausgegangenen Intervention.

Da ihm nach eigener Bekundung »das politische Feingefühl«, das man in Berlin dringend braucht, um etwas durchsetzen zu können«, fehlte,[65] bot diese Rede jedenfalls heftigen Anlaß zur Kritik von seiten einiger SPD-Abgeordneten. So war es die SPD-Fraktion, die diesmal den Stein ins Rollen brachte. Dies hing vermutlich mit den Angriffen der Presse und der CDU im vorausgegangenen Konflikt um die Feierstunde in Theresienstadt zusammen. Dort war der SPD vorgeworfen worden, daß dieser »Eklat« geschehen konnte, obwohl einige ihrer Repräsentanten an der Fahrt teilgenommen hatten und ihr geraten worden war, gegenüber den Falken »Akzente zu setzen«.[66]

Diesen Vorwürfen wollte sich die SPD offenbar nicht noch einmal aussetzen und nahm statt dessen die Kritik der CDU und der Presse vorweg. Eine weitere Ursache für das Hochspielen dieser Angelegenheit durch die SPD-Fraktion lag vielleicht in der

Person Lothar Pinkalls begründet. Bereits im Juni 1961 hatte der SPD-geführte Berliner Senat mit einer Intervention zu verhindern versucht, daß die IG-Metall Lothar Pinkall zum Leiter ihrer neuerrichteten Jugendbildungsstätte ernannte. Begründet wurde dies mit seinen politischen Aktivitäten u. a. in der Ostermarsch- und Anti-Atombewegung. Da die IGM an ihrer Entscheidung festhielt, wurden die Zuschüsse aus Lotto-Mitteln für den Heimbau gesperrt. Der »JW-Dienst« berichtete über den Vorfall unter der Überschrift: »Lothar Pinkall persona non grata!«[67]

Unter dem Druck von Senator Neubauer, der personelle und sachliche Konsequenzen von den Falken gefordert hatte,[68] bot der gesamte Landesvorstand der Falken am 3. Dezember dem Landesausschuß als höchstes Entscheidungsgremium zwischen den Landeskonferenzen seinen Rücktritt an. Am selben Tag veröffentlichte die SPD-Fraktion ihre Kritik am Inhalt und Ort der Rede Pinkalls. Erst ab diesem Zeitpunkt griff die Berliner Presse diesen Konflikt auf.[68a] Am folgenden Tag entschloß sich Lothar Pinkall zum Rücktritt von der Funktion des 2. Landesvorsitzenden,»um dem Verband die teilweise in schärfster Form geführten weiteren Angriffe zu ersparen«, wie Alfred Gleitze in seinem Rechenschaftsbericht auf der 17. Landeskonferenz formulierte.[69]

Aufgrund einer erneuten Großen Anfrage der CDU wurde der Fall auch wieder im Berliner Abgeordnetenhaus behandelt. In der Beantwortung dieser Anfrage teilte Senator Neubauer mit, daß der Senat die Äußerungen von Lothar Pinkall in Maidanek weder in der Form noch was den Ort angeht und auch den Inhalt nicht billigt. Des weiteren führte er aus, daß sich die Falken, die ihm in Folge des Theresienstadt-Konflikts versichert hatten, daß sich ein solcher Vorfall nicht wiederholen werde, nicht an getroffene Absprachen gehalten hätten und er sich insbesondere vom Verhalten Lothar Pinkalls persönlich desavouiert fühle. Er warf den Falken vor, daß sie durch ihr Auftreten eine gute Sache in Mißkredit gebracht hätten. Gleichzeitig forderte er den Landesvorstand der Falken auf, einmal seine Haltung zu diesem Staat in seiner Gesamtheit zu umreißen. Des weiteren kündigte er an, Richtlinien für die Vorbereitungen solcher Reisen erlassen zu wollen. Die Verletzung dieser Richtlinien oder »das Nichtbeachten der Grundlagen der politischen Haltung im Auslande« werde zukünftig den Entzug aller Mittel für Auslandsreisen nach sich ziehen. Dabei betonte der Senator, daß er nicht als Zensor auftreten wolle und führte aus: »...selbst kritische Bemerkungen können, wenn sie angemessen sind, auch an Stellen des Auslands gemacht werden.« Für sein weiteres Vorgehen wolle er die Entscheidung des Landesausschusses der Falken abwarten.

Der SPD-Abgeordnete Wolfgang Büsch nahm den Vorschlag Senator Neubauers auf, mit den Falken eine Grundsatzdiskussion über ihr Verhältnis zu diesem Staat zu führen und formulierte den Wunsch seiner Fraktion: »Wir möchten aber bei aller Kritik, die wir nicht wünschen, sondern auch herausfordern müssen, von unseren Jugendverbänden die klare Vorstellung haben, daß sie mit uns gemeinsam bei aller Kritik diesen Staat tragen.«[70]

Der Ausgang der Sitzung des Landesausschusses war nach diesen öffentlichen Erklärungen und den inoffiziellen Vorgesprächen bereits vorprogrammiert. Die Presseerklärung des Verbandes über diese Sitzung lautete wie folgt:

»Der Landesausschuß sprach sein Bedauern darüber aus, daß der Senator für Jugend und Sport und die befreundete Sozialdemokratische Partei über Vorbereitung und Durchführung der Reise nach Maidanek nur unzulänglich informiert worden sind. Er rügte die für diese Mängel verantwortlichen Vorstandsmitglieder und erklärte im übrigen, daß der Vorstand bis zur nächsten Jahreslandeskonferenz seine Tätigkeit fortsetzen soll. Der Landesausschuß nahm den Rücktritt des bisherigen 2. Landesvorsitzenden, Lothar Pinkall, zur Kenntnis und dankte ihm für die bisher geleistete Arbeit.«

Weiterhin beauftragte der Landesausschuß den Vorstand, die Frage nach dem Verhältnis der Falken zu diesem Staat »in präziser und unmißverständlicher Weise zu beantworten«.[71] Diese Erklärung wurde in einem Brief an die Fraktion der SPD vom 14.1.1964 abgegeben. Darin bekannte sich der Landesvorstand zum Grundgesetz »als feststehende, in der Realität zu verwirklichenden Norm, der gegenüber absolute Loyalität zu wahren ist«. Gleichzeitig wurde jedoch die Interpretationsfähigkeit von Verfassungsnormen herausgestellt und reklamiert, daß naturgemäß die sozialistische Bewegung aufgrund ihrer anders gearteten politischen Zielsetzungen eine von der Auslegung der Verfassung durch die jetzige politische Mehrheit abweichende Auffassung vertreten muß.

Des weiteren wurde erklärt, daß parlamentarische Mehrheitsentscheidungen nicht für alle Staatsbürger verbindlich gemacht werden könnten, vor allem dann nicht, »wenn diese Entscheidungen sich als Fehlentscheidungen herausstellen oder gar gegen Geist und Buchstaben der Verfassung selbst gerichtet sind«. Wenn Legislative und Exekutive versuchen, die Verfassung zu umgehen, durchlöchern etc., dann »wird das Recht zum Widerstand Pflicht«.

Auch könne »die Frage nach dem Staat ... nicht beantwortet werden ohne Prüfung der politischen und wirtschaftlichen Machtverhältnisse«. Die Entscheidungen einer kapitalistischen Regierung seien »sehr oft keine Entschlüsse zum Wohle aller Bürger«. Auch aus diesem Grunde seien Sozialisten zur Kritik verpflichtet.

Schließlich wurde auf den provisorischen Charakter der Bundesrepublik hingewiesen und der daraus resultierenden Verpflichtung für das ganze Deutschland und auf eine Wiedervereinigung unter sozialistischen Vorzeichen. »Eine Verfassung für ein Gesamtdeutschland wird sich vom Grundgesetz in einigen wesentlichen Punkten unterscheiden müssen.« Der Brief an die SPD-Fraktion endete mit dem Hinweis:

»Unsere Kritik ist keine Kritik am Staat Bundesrepublik, sondern an unseren unerträglichen gesellschaftlichen Zuständen. Daß diese Zustände von der Regierung unseres Staates mitverursacht oder gar nicht verhindert wurden, empfinden wir als zusätzlichen Anlaß, gemeinsam mit Euch alles zu tun, diese Regierung in der nächsten Wahl durch eine sozialdemokratische zu ersetzen. Von dieser können wir hoffen, daß sie in die gesellschaftlichen Zustände verändernd eingreift.«[72]

Diese Erklärung fügte sich nahtlos in die Haltung des Landesverbandes bei politischen Konflikten mit der SPD ein. Auf der einen Seite wurden Zugeständnisse an den Geschmack der Partei gemacht, andererseits wurde versucht, so viel wie möglich von der eigenen politischen Substanz zu bewahren. Alfred Gleitze zu diesem Prinzip: »Ein bißchen haben wir uns damals als Missionare empfunden, die die Dinge weitertreiben, so nach dem Motto: zwei Schritte vor, einen zurück, sich durchrobben.«[73]

Dies galt auch für den Rücktritt Lothar Pinkalls. Um den Verband als solchen aus der Schußlinie zu bringen, mußten führende Mitglieder, die in politischen Auseinandersetzungen quasi verbrannt waren, damit rechnen, vorübergehend persönliche Konsequenzen ziehen zu müssen. Im Jahr 1962 war Alfred Gleitze davon betroffen gewesen. Nachdem er in einem Redebeitrag auf der Landeskonferenz im April die SPD scharf angegriffen hatte, verließen die anwesenden SPD-Vertreter die Konferenz. Daraufhin verzichtete Alfred Gleitze auf seine Kandidatur zum 2. Vorsitzenden, um das Verhältnis zur SPD nicht weiter zu belasten.[74] Dessen ungeachtet wurde er im folgenden Jahr als Nachfolger von Harry Ristock zum Landesvorsitzenden gewählt. Ähnlich verhielt es sich bei Lothar Pinkall. Er war als Kandidat einer linksoppositionellen Gruppierung im Verband 1963 gegen den Willen der informellen Verbandsführung zum 2. Landesvorsitzenden gewählt worden und fand auch auf der Konferenz 1964 eine Mehrheit, die ihn in einer Kampfabstimmung gegen einen Vertreter der informellen Verbandsführung (Manfred Wetzel) in den Vorstand zurückwählte.[75] Die Mehrheit des Landesverbandes wußte nicht nur, was sie der SPD schuldig war, sie wußte auch, was sie ihren bei der SPD in Ungnade gefallenen Funktionären schuldig war.[76] Auch Alfred Gleitze hatte nach dem Rücktritt Pinkalls in einer persönlichen Erklärung gegenüber der Presse betont, daß er ihn als »eine politisch integere Persönlichkeit« betrachte und der oben zitierte Beschluß des Landesausschusses keine Diskriminierung Pinkalls darstellen solle.[77]

Solche teilweise nur taktischen Rückzüge halfen sowohl den Falken als auch der SPD, das Gesicht zu wahren und die grundsätzliche Zusammenarbeit fortzusetzen. So konnte kurz nach den Auseinandersetzungen um die Rede in Maidanek Willy Brandt als Schirmherr über das Falken-Sommerlager 1964 in Norwegen gewonnen werden.[77a]

Der zweite öffentliche Konflikt um den Berliner Landesverband innerhalb weniger Wochen erregte auch den Unmut des Bundesvorstandes, der beschloß, einige seiner Mitglieder zur nächsten Sitzung des Berliner Landesausschusses zu entsenden, weil durch solche Vorgänge »der ganze Verband in Mitleidenschaft gezogen wird«.[78]

Für viele der Berliner Falkenmitglieder stand fest, daß die Anlässe für diese Konflikte in keinem Verhältnis zu dem gezeigten Ausmaß der öffentlichen Empörung standen. Daher vermuteten sie, nicht zu Unrecht, daß viele der Kritiker ganz andere Ziele verfolgten und die Motive der Teilnehmer dieser Fahrten nicht richtig würdigten. Helmut Walz:

»Für mich war also ganz klar, daß wir aus der Reihe getanzt waren und etwas machten, was wir eigentlich nicht machen durften, denn es waren vordergründig zwar Gedenkfahrten, aber für die Masse der Bevölkerung war das – ich will es mal überspitzt sagen – eine Verbrüderung mit dem Osten. Das war der Hintergrund, und die haben uns jederzeit überall, selbst an den Arbeitsstellen, verdächtigt, wir würden mit den Kommunisten versuchen, in irgendeiner Form in Kontakt zu kommen und vielleicht uns sogar mit denen verbrüdern. ... Es mag zwar sein, daß man gegen die Gedenkstättenfahrten als solche nichts einwenden konnte, aber man hat alles mögliche herangezogen, auch die Reden. Die wurden herangezogen, wurden analysiert und dann immer genau das herausgestellt, was man als eine Verbrüderung oder vielleicht als Nestbeschmutzung, das muß man auch sagen, denn wir haben uns ja ganz entschieden gegen die Globkes und wie sie alle hießen, die Nazis in der Bundesregierung, die ja nachweislich da waren und die ganze Verschleppung der Kriegsverbrecherprozesse, die eigentlich noch folgen sollten und von denen man heute, das muß man leider ja sagen, auch nicht mehr allzu viel hört – diese ganzen Sachen haben wir damals angesprochen, haben an diesen Stätten gelobt, wir werden alles dafür tun, daß dieses jetzt vorankommt, daß es endlich in Angriff genommen wird – und das hat man uns immer negativ ausgelegt. ... Die haben uns als Nestbeschmutzer verschrien. Dann ist die Springer-Presse über uns hergefallen und hat darüber geschrieben, daß wir mit Kommunisten Kontakt aufgenommen hätten. Wir hätten uns – bei den rechten Zeitungen war das natürlich besonders gravierend – in den Kreis derjenigen eingeordnet, die auf die geschichtlichen Verdienste der Deutschen eingeschlagen hätten und all diese Schlagworte, die üblen Schlagworte. Und dabei wurde gar nicht begriffen, was wir vorhatten. Wir wollten nach all dem, was passiert war, eine Aussöhnung. Wir konnten es ja nicht mehr gutmachen. Tote Menschen sind nicht wieder gutzumachen, sind nicht mehr zum Leben zu erwecken. Wir wußten also von vornherein, daß wir nur um Verständnis und um Verzeihung bitten konnten, mehr nicht. Und wenn die Leute, die da so geschunden worden sind, das nicht angenommen hätten, hätten wir sie auch nicht dazu zwingen können. Wir haben es wenigstens versucht.«[79]

## VI.7. Die Eskalation der Konflikte im Jahre 1964

Nicht zuletzt um aus den negativen Schlagzeilen herauszukommen und um dem erhobenen Vorwurf der »Ostlastigkeit« ihrer Gedenkstättenfahrten begegnen zu können, gaben die Berliner Falken im November 1963 bekannt, daß sie für Ostern 1964 eine Fahrt nach Oradour-sur-Glane in Frankreich planten. In Oradour hatte ein ähnliches Verbrechen stattgefunden wie in Lidice. Eine Einheit der Waffen-SS hatte das Dorf im Sommer 1944 zerstört und die Bewohner ermordet. Die Anregung, dorthin zu fahren, ging im wesentlichen von Senator Neubauer aus. Sowohl der Senator als auch die Falken hofften, wieder einmal eine Maßnahme ohne Komplikationen abwickeln zu können. Auf einem zur Jahreswende 1963/64 vom Falken-Bundesverband veranstalteten deutsch-französischen Jugendleiterseminar mit der Partnerorganisation »Falcons Rouges« wurden erste konkrete Absprachen getroffen.[80]

Dann traten unerwartete Schwierigkeiten auf. Offenbar auf Anweisung höchster Regierungsstellen in Paris intervenierte der französische Stadtkommandant in Berlin bei den Falken und beim Jugendsenator. Er machte Bedenken geltend, daß in dem von einer starken linksgerichteten Mehrheit verwalteten Oradour Zwischenfälle zu befürchten seien, die der deutsch-französischen Verständigung abträglich wären. In Wahrheit hatten die Franzosen Sorge, daß es in Oradour zwischen den Falken und der dortigen linken Mehrheit zu einer Form der Völkerverständigung hätte kommen können, die gemeinsam gegen die konservativen Regierungen in Paris und Bonn Stellung bezogen hätte.[81]

Da die Falken nicht auf die Mittel aus dem deutsch-französischen Jugendwerk verzichten wollten, führte die Fahrt schließlich nach Straßburg, von wo aus das nahegelegene KZ Struthof besucht wurde, und nach Paris. Die ursprünglich für Oradour geplanten 2000 Teilnehmer hatte man auf 900 reduziert, letztlich waren es nur ca. 380 Jugendliche, die sich an dieser Fahrt beteiligten.[82] Auf der folgenden Landeskonferenz machte Alfred Gleitze das Hickhack um das Ziel der Fahrt und ihre Finanzierung dafür verantwortlich, daß die Teilnehmerzahlen erheblich hinter den Erwartungen zurückgeblieben waren.[83]

Während der Kranzniederlegung in Struthof stellte sich heraus, daß eine Anzahl von Mitgliedern der Westberliner FDJ sich an dieser Reise beteiligt hatte, als diese dort einen eigenen Kranz niederlegten. Noch am Ort distanzierte sich Alfred Gleitze von dieser von der FDJ inszenierten »gemeinsamen Aktion« und stimmte das weitere Verhalten gegenüber den Mitgliedern der FDJ mit den anwesenden Vertretern des deutschen Konsulats in Nancy ab, auch die Entscheidung, die FDJler nicht von der Rückreise auszuschließen. Das Generalsekretariat des deutsch-französischen Jugendwerkes bestätigte den Falken korrektes Verhalten, so daß auf der 14 Tage später stattfindenden Sitzung des Bundesvorstandes der Falken festgestellt wurde, daß sich dieser Vorfall politisch kaum ausgewirkt habe.[84]

Dies galt allerdings nur solange dieser Vorfall in Berlin nicht bekannt wurde. Im Verlauf des Mai sickerten die ersten Gerüchte über diesen Vorgang durch. Am 14. Mai stellte der CDU-Abgeordnete Günter Dach eine mündliche Anfrage im Abgeordnetenhaus, die Senator Neubauer im Sinne der von uns im vorhergehenden Absatz gemachten Ausführungen beantwortete; es gab keine weitere Diskussion. Nachdem damit der Fall eigentlich erledigt schien, gab es weitere »Enthüllungen« in der Presse und darauf eine erneute Große Anfrage der CDU-Fraktion. Ein Journalist der BZ, der – wie später bekannt wurde – über gute Kontakte zum französischen Geheimdienst verfügte, hatte offenbar aus dieser Quelle den genauen Hergang der Ereignisse in Struthof erfahren, darunter auch Details, die den Falken selbst nicht bekannt gewesen waren.⁸⁴ᵃ So konnte die BZ berichten, daß es sich bei den Mitgliedern der FDJ, die an der Fahrt teilgenommen hatten, um eine größere Anzahl als bisher vermutet und um Spitzenfunktionäre gehandelt hatte, darunter der erste und die zweite Vorsitzende der Organisation. Die BZ titelte »FDJ-Vorstand auf unsere Kosten nach Frankreich!« und kommentierte die Erklärung der Falken, daß ihnen die Vertreter des Vorstandes der FDJ nicht bekannt seien, mit den Worten:

»Wenn Kanzler Erhard behaupten wollte, noch nie den Namen Ulbricht gehört zu haben – der Lacherfolg könnte nicht größer sein. Bessere Ausreden, ihr ›Falken‹-Funktionäre! Die gestern erzählten sind nur für Leute geeignet, die sich die Hose mit der Kneifzange anziehen!«⁸⁵

Damit wurde den Lesern suggeriert, die Falken hätten in dieser Angelegenheit direkt mit Kommunisten zusammengearbeitet oder ihnen zumindest in die Hände gespielt. Ähnliche Tendenz hatte eine Presseerklärung der Jungen Union Berlin, in der behauptet wurde, daß die Ereignisse der letzten Zeit gezeigt hätten,

»... wie leicht es den Kommunisten gelungen ist, ihren Einfluß in verschiedenen Formen auf die Sozialistische Jugend ›Die Falken‹ auszuüben ... Der Landesvorstand der Jungen Union warnt aus diesem Grunde alle Eltern davor, ihre Kinder einer solchen Organisation anzuvertrauen.«⁸⁶

Eine neuerliche Kampagne gegen die Falken war angelaufen, die sich indirekt auch gegen Senator Neubauer richtete, um ihn zu zwingen, Schritte gegen die Falken einzuleiten. Der Senator war in einer schwierigen Lage, denn er wußte, daß die nächste Affäre mit Beteiligung der Falken bereits im Entstehen begriffen war. Am 26.5., auf dem Empfang für die tschechoslowakische Gruppe, die vom 24. bis zum 27. Mai 1964 in Berlin weilte, hatte Kurt Neubauer Alfred Gleitze darauf aufmerksam gemacht, daß die Westalliierten wegen der Nichtbeachtung der Einreisebestimmungen durch die tschechoslowakische Gruppe interveniert hätten. Nach den Aussagen von Alfred Gleitze versuchte Senator Neubauer zuerst diese Angelegenheit unterschwellig zu behandeln.⁸⁷ Offenbar sah er sich unter dem Druck der Umstände und angesichts der gegen die Falken laufenden Kampagne dazu längerfristig nicht in der Lage und trat die Flucht nach vorne an. Am 28.5. sperrte er den Falken bis zur Klärung der Angelegenheit um die Einreise der Gruppe aus der ČSSR alle Mittel. Dieser Schritt kam für die Falken zwar überraschend, für den Senator schien er notwendig und gerade noch rechtzeitig, um ihn selbst vor politischem Schaden zu bewahren. Denn bereits am selben Tage berichtete der CDU-nahe »Kurier«, daß alliierte Behörden bereits vor einigen Tagen eine Prüfung dieser Angelegenheit erbeten hätten.⁸⁸ Und am 29.5. richtete das »Wochen-Echo« scharfe Angriffe gegen Senator Neubauer. Unter der Überschrift »Auf ein Wort Herr Senator!« kommentierte es:

»Wir haben es satt, daß in unserer Stadt eine derart gefährliche Jugendpolitik betrieben wird! Wir sehen auch nicht ein, daß man einer Jugendorganisation, die schon häufig unsere demokratischen Bemühungen im Ausland öffentlich angezweifelt hat, Staatsmittel zur Verfügung stellt.«⁸⁸ᵃ

Mit seiner Reaktion hatte Neubauer zwar die Falken verschreckt und ihren Kritikern neue Munition geliefert, hatte sich damit aber selbst den Rücken freigehalten gegen die Vorwürfe, daß er gegenüber den Verfehlungen der Falken zu nachsichtig sei. Den so gewonnenen Spielraum nutzte der Senator am 4. Juni bei der Debatte um die Große Anfrage der CDU über die Vorgänge auf der Gedenkfahrt nach Frankreich. In seinen von ständigen Zwischenrufen seitens der CDU-Fraktion unterbrochenen Redebeiträgen nahm er die Falken leidenschaftlich gegen die in den letzten Tagen entfachte Kampagne, insbesondere gegen die von der Jungen Union erhobenen Vorwürfe, in Schutz und äußerte den Verdacht, daß die CDU diese Vorfälle um die Falken zum

Anlaß nehmen wolle, ihr nicht genehme politische Aktivitäten zu unterbinden. Er stellte noch einmal klar, daß der Senat die Aktivitäten der Falken in bezug auf Ostkontakte und Gedenkstättenfahrten grundsätzlich billige. Weiterhin verwies er auf die Ehrenerklärung, die die Verbände des Landesjugendringes als Antwort auf die Ausfälle der Jungen Union einstimmig für die Falken abgegeben hatten und erwähnte, daß sie ihm gegenüber versichert hätten, daß auch ihnen die Spitzenfunktionäre der Westberliner FDJ nicht bekannt seien.[89] Außerdem berichtete er – um einer erneuten Anfrage der CDU-Fraktion zuvorzukommen – über den Stand der Dinge in der Angelegenheit der Einreise der Gruppe aus der ČSSR und erläuterte, warum er die vorläufige Sperrung der Mittel für die Falken veranlaßt hatte.[89a] Er forderte die CDU auf, auch in dieser Frage Augenmaß zu bewahren und gab zu bedenken, daß Schwierigkeiten mit Besuchern aus dem Ostblock nicht allein ein Problem der Falken seien, sondern auch andere Verbände beträfen und warnte davor, daß durch eine öffentliche Debatte darüber weitere unerwünschte Hürden für den Aufenthalt von Besuchern aus Ostblockstaaten in West-Berlin aufgebaut werden könnten.[90]

Der Ausgang dieses Konflikts ist bereits erwähnt worden. Die Mittelsperre wurde aufgehoben, dafür erklärten sich die Falken bereit, alle für das laufende Jahr gestellten Anträge auf öffentliche Mittel für Ostkontakte zurückzuziehen. Der Verband und der Senator hatten sich im gemeinsamen Interesse, die Fahrten und Kontakte auch weiterhin aufrechtzuerhalten, darauf verständigt, eine Pause eintreten zu lassen, um den Verband und damit auch den Senator aus den Schlagzeilen zu nehmen und eine Beruhigung der öffentlichen Meinung eintreten zu lassen.[90a]

Die Berliner Falken hatten sich wieder einmal den »taktischen Gegebenheiten« beugen müssen. Die verbandsinterne Wertung, daß der Verband das Opfer einer »von unseren Gegnern nachträglich inszenierten Kampagne« wurde, der sich »sowohl die Behörden dieser Stadt wie auch ein großer Teil unserer Freunde in der Sozialdemokratischen Partei... angeschlossen haben«,[91] erscheint mir zu undifferenziert. Sie übersieht einmal, daß dem Verband selber Fehler unterlaufen waren, die den Gegnern erst die Munition für ihre Kampagnen lieferte. Das vom Verband verfolgte Konzept des kalkulierten Risikos konnte nur solange aufgehen, wie man selber Herr dieser Konflikte blieb, auf ihre Dosierung Einfluß hatte und somit für den Partner, in diesem Fall die SPD und den Senat, berechenbar blieb. Diese Berechenbarkeit war in dem Moment nicht mehr gegeben, wo dem Verband die Steuerung eines Konfliktes aus der Hand glitt, weil er ihn in diesem Fall gar nicht erwartet hatte oder nicht erwarten konnte. Wenn eine Fahrt, die u. a. auch zur Beruhigung der Öffentlichkeit und zur Abmilderung von Kritik durchgeführt wurde, wie die nach Frankreich genau den gegenteiligen Effekt erreicht, weil man selbst hereingelegt worden ist, beginnt ein Selbstlauf. Einmal, weil der politische Gegner natürlich nur auf wirkliche oder vermeintliche Fehler wartet, um sie auszuschlachten, denn wenn zu den einkalkulierten Konflikten noch andere hinzukommen, gerät natürlich die ganze Rechnung durcheinander. Zum anderen, weil auch wohlmeinende Kritiker in einer solchen Situation schwer unterscheiden können, ob es sich um eine wirkliche Panne oder wiederum um das Ergebnis eines Vorpreschens mit dem billigend in Kauf genommenen späteren Konflikt handelt.

Dadurch, daß den Falken zusätzlich zu den aus ihrem politischen Selbstverständnis resultierenden Konflikten, die sie dann im Lauf der Regelung dieser Konflikte als Pannen deklarierten, in kürzester Zeit zusätzlich zwei wirkliche Pannen unterliefen, hatten sie stark an Glaubwürdigkeit eingebüßt und zwangen auch jene, die sich ihnen gegenüber eine kritische Solidarität bewahrt hatten, auf größere Distanz zu gehen.[92]

Daher stellt sich die Frage, ob eine größere Risikobereitschaft bei Austragung der aus der eigenen politischen Überzeugung geborenen Konflikte den Verband davor bewahrt hätte, in diese prekäre Lage zu geraten. Es hätten sich sicher auch andere Formen von taktischen Rückzügen finden lassen als die letztlich gewählten, die die Glaubwürdigkeit des Verbandes weniger belastet hätten.

Die o. a. Wertung der Ereignisse durch die Vorbandsvorsitzenden übersieht dazu, daß die Solidarität »unserer Freunde in der Sozialdemokratischen Partei« nicht unbegrenzt belastbar war. Eine Grenze wurde dadurch gesetzt, wenn diese – wie etwa Senator Neubauer – wegen ihrer Unterstützung der Falken selbst zu stark ins Kreuzfeuer der öffentlichen Kritik gerieten. Außerdem war das Vorgehen jener Kräfte innerhalb der SPD, die erkannt hatten, daß ein neues Verhältnis zu den Staaten Osteuropas gefunden werden mußte, stark von taktischen Rücksichten geprägt.

Der Chefredakteur des »Spandauer Volksblattes«, Hans Höppner, formulierte das in einem Kommentar über den Konflikt um die Ostaktivitäten der Falken folgendermaßen: »...Willy Brandt kann in dieser Phase bundesdeutschen Selbstbetruges nur so viel wagen, wie eine gedankenlose Wählermasse ohne ernsten Schrecken verträgt.«[93]

Im Sinne ihrer eigenen Intentionen mit ähnlicher Zielsetzung unterstützten wesentliche Teile der Berliner SPD in jener Zeit bereits das Anliegen der Falken. Politische Bildungsreisen in Ostblockländer und das damit verbundene antifaschistische Bekenntnis des Verbandes fanden durchaus die Zustimmung einer Mehrheit innerhalb der SPD. Die Differenzen bestanden jeweils darin, daß der Verband diese Reisen zu politischen Manifestationen nutzte, die – soweit sie die Kritik an innenpolitischen Zuständen in der Bundesrepublik und deren Ostpolitik betrafen – innerhalb der SPD sowohl aus taktischen als auch aus inhaltlichen Gründen nicht erwünscht waren.

Je mehr die Falken, die damals umstandslos mit der SPD identifiziert wurden, mit ihrer Form der Entspannungspolitik drohten, potentielle Wähler zu verschrecken, um so mehr gingen jene innerhalb der SPD, die diesen Ansätzen positiv gegenüber standen, auf Distanz, freilich ohne dabei den von ihnen als richtig erkannten Grundgedanken mit bloßzustellen. Sie befürchteten, daß durch dieses Vorpreschen der Falken Rückschläge für ihre eigene Politik eintreten könnten, weil sich der politische Gegner natürlich die vermeintlichen und wirklichen Fehler der Falken zunutze machen würde, um dem Gesamtanliegen Schaden zufügen zu können.

Entsprechend hatte Senator Neubauer am 5. 12. 1963 im Abgeordnetenhaus erklärt: »Ich fühle mich deswegen desavouiert von den ›Falken‹, weil diese eine gute Sache durch ihr Auftreten in Mißkredit gebracht haben...«[94]

So ist aus dieser Furcht die Tatsache zu erklären, daß ausgerechnet in der Phase, als sich auch innerhalb der Berliner SPD die Einsicht durchzusetzen begann, daß Kontakte zu den Ostblockstaaten eine durchaus nützliche Sache sind, auf diesem Gebiet die härtesten Konflikte zwischen der SPD und den Falken ausgetragen wurden.

Das Verhältnis zwischen den Falken und der SPD insgesamt war durch diese Ereignisse kaum belastet. Nicht nur Willy Brandt als Schirmherr, sondern auch Kurt Mattick besuchten das anschließende Sommerlager der Falken in Norwegen.[95] Letztgenannter sowie Senator Neubauer nahmen auch am Wiedersehenstreffen für die Zeltlagerteilnehmer im Berliner Zoopalast teil.[96]

Der Eifer, mit dem die CDU zu jener Zeit die Aktivitäten der Falken verfolgte und immer wieder vor das Abgeordnetenhaus brachte, liegt ebenfalls darin begründet, daß sich in jener Zeit erste Ansätze zu einer neuen Politik gegenüber Osteuropa zeigten. Unter dem Motto »Wehret den Anfängen« wollten sie am Beispiel der Falken aufzeigen, wohin Kontakte zu Kommunisten ihrer Meinung nach letztendlich führen mußten: zu einer Aufweichung und Unterwanderung der westlichen Seite. Daher war ihr

177

*Falken in der Gedenkstätte Bergen-Belsen*

*Rechts: Peter Weiß bei seiner Ansprache in Bergen-Belsen 1962*

Bestreben darauf gerichtet, den Falken vor dem Hintergrund der beschriebenen Ereignisse die Mittel für diese Kontakte zu entziehen. Sie schlug den Sack, Falken, und meinte den Esel, SPD, die daran gehindert werden sollte, einen ähnlichen Weg zu beschreiten.

Daß in dieser Frage ein Stellvertreterkrieg geführt wurde und daß es darum ging, mit den Falken als Vorreiter einer neuen Politik auch diese Politik als solche zu diskriminieren, beweisen die Angriffe, die von seiten der CDU-nahestehenden Jugendverbände zu dieser Zeit gegen die Falken gerichtet wurden. Im März 1964 konstatierte die der CDU nahestehende »Berliner Studentenzeitung«, daß die demokratische Gesinnung der Berliner Falken angesichts ihrer Aktivitäten, darunter auch Reisen in kommunistische Länder, ins Zwielicht geraten sei und äußerte die Erwartung, daß angesichts dieser Tatsachen der Berliner Senat und die SPD als Hauptfinanziers der Falken ihr Verhältnis zu diesen überprüfen würden.[97] Die der Katholischen Jugend nahestehende »Allgemeine Sonntagszeitung«, die bereits in den 50er Jahre keine Gelegenheit ausgelassen hatte, die Falken zu diffamieren,[98] ging im Juni noch einen Schritt weiter. Sie regte das Verbot der Falken an, weil diese eine »Gefahr für Volk und Staat« bedeuteten. Den Grund für diese Annahme bildeten eine Erklärung des Bundesausschusses zur Deutschlandpolitik, in der dieser u. a. die Aufhebung von Reisebeschränkungen für DDR-Vertreter in der Bundesrepublik, einen Zeitungsaustausch mit der DDR und eine aktive Deutschlandpolitik, »die humanitäre Gesichtspunkte über taktische Finessen« stellt, gefordert hatte,[99] sowie die Ostblockfahrten der Falken und die dort abgegebenen Erklärungen. Sie schrieb dazu: »Wie lange müssen wir Bundesbürger uns solches noch gefallen lassen? Das fragen wir vor allem den Berliner Senat, auch aber das Bundesverfassungsgericht.«[100]

Die Berliner Junge Union wollte da nicht nachstehen. In ihren »Blätter(n) für junge Politik« rief sie im Oktober 1964 nach dem Verfassungsschutz als Diskussionspartner für die Falken.[101] Vermutlich war ihr nicht bekannt, daß dieser sich bereits mehrfach für die Falken interessiert hatte. Bereits im Juli hatte dieselbe Zeitung eine weitere Probe dafür abgeliefert, daß die wirklichen Entgleisungen eher bei der Bekämpfung der Falken geschahen. Unter der Überschrift »Die ›Falken‹ – Garanten für Fehlhandlungen« beschäftigte sich der Vertreter des Redaktionsleiters dieses Blattes mit den »Eskapaden« der Falken. Nachdem er in einem Halbsatz angedeutet hatte, wem diese Attacke noch gelten sollte – Willy Brandt als Schirmherr der Falken und deren »außenpolitischer Denker« – schrieb er in bezug auf die Gedenkstättenfahrten der Falken: »Man gebärdet sich dabei in peinlichster Weise als der Träger der deutschen Scham und glaubt, das könne man am besten tun, indem man wider besseres Wissen das eigene Nest beschmutzt.« Weitere Formulierungen wie: »...selbst die ›Falken‹ überlegen sich vor den von ihnen veranstalteten Feierstunden, was sie sagen wollen« und in bezug auf die Teilnahme der FDJ-Funktionäre an der Fahrt nach Frankreich: »Wenn der Falkenchef Gleitze das wirklich nicht gewußt haben sollte, reicht seine Intelligenz nicht einmal für seine jetzigen Posten« und ähnliches führten den »Telegraf« zu der Einschätzung: »Der zügellose Spott und rüde Tonfall dieses Artikels erinnern an den Asphaltjargon der übelsten Nazis.«[102] Diese Aussage bezog sich auch auf eine an anderer Stelle der Zeitung veröffentlichten »Glosse«, die die in dem erwähnten Artikel auch enthaltene Aussage: »Um kein Mißverständnis aufkommen zu lassen, sei betont, daß diese Reisen an die Schandstätten des Nationalsozialismus eine gute Sache sind«[103] wieder in Frage stellte. Im folgenden der vollständige Text dieser tatsächlichen Entgleisung:

»›Die Falken‹, Stolz unserer Stadt, planen, wie aus unzuverlässiger Quelle verlautet, zwei weitere Reisen, falls man ihnen das Geld dazu bewilligt, woran angesichts der sozialistischen Verhältnisse in unserer Stadt nicht zu zweifeln ist. Die erste Reise führt an Schwarze Meer. Dort will man sich für das Verhalten der Westgoten (2. Jahrh. vor Christi Geburt) entschuldigen und einen entsprechenden Kranz niederlegen. Die andere Reise wird nach Nordamerika führen, wo man zu Gast bei den letzten Indianern sein wird. Hier dürften die Falken keinen leichten Stand haben, denn die harten Methoden deutscher Einwanderer im achtzehnten und neunzehnten Jahrhundert sind noch nicht verwunden.«[104]

Abgesehen davon, daß in diesem Pamphlet nicht einmal die historischen Fakten stimmen, [105] zeugt es von einer einzigartigen Ignoranz, sowohl gegenüber dem Faktum der NS-Verbrechen als auch gegenüber der Motivation der Falken zur Durchführung dieser Fahrten.

Daß es sich bei diesen Ausführungen nicht um einen Einzelfall gehandelt hatte, sondern daß dies der Haltung der Zeitungsmacher entsprach, bewies die übernächste Ausgabe dieses Blattes. Die Überschrift: »Getroffene Falken bellen« deutete schon an, daß man sich über die Wirkung der kritisierten Auslassungen freute. Die Reaktion des »Telegraf« wurde als »Krokodilstränenbeitrag« bezeichnet und die Falken wie bereits erwähnt der Aufmerksamkeit des Verfassungsschutzes empfohlen.[105a] Das gestörte Verhältnis der Zeitungsmacher zur NS-Vergangenheit bewies auch ein Artikel, der die Evangelische Industriejugend dafür kritisierte, daß sie auf dem Leningrader Ehrenfriedhof einen Kranz niedergelegt hatte. Dort hieß es: »Kontakte zur Sowjetunion sind eine gute Sache. Vorausgesetzt allerdings, daß die deutschen Kontaktnehmer nicht nur (oder am besten gar nicht) auf Schuldbekenntnisse gedrillt sind ...«[106]

Angesichts dieser Haltung kann das Verdienst der Falken, mehrere tausend Jugendliche zu den Stätten von NS-Verbrechern nach Osteuropa geführt und dort mit ihnen gemeinsam ein Bekenntnis für ein anderes Deutschland abgelegt zu haben, nicht hoch genug gewürdigt werden.

Die erste Antwort auf solche und ähnliche Angriffe wie die oben beschriebenen hatten die Falken bereits im September 1962 gegeben, obwohl zu dieser Zeit die Gedenkfahrten der Falken noch nicht in solchem Maße einer öffentlichen Kritik unterlagen, wie in den folgenden Jahren. Aber mit ähnlichen Reaktionen und Äußerungen waren sie schon vorher, wenn auch nicht in so gebündelter Form, konfrontiert worden. So hatte Peter Weiß, seit dem Frühjahr 1962 erneut SJ-Ringleiter, anläßlich einer Feierstunde in Bergen-Belsen geäußert:

»Man sagt uns oft, wir sollten die Vergangenheit endlich ruhen lassen, und es sei unwürdig, das eigene Nest zu beschmutzen. Man sagt uns oft, die jungen Menschen seien ohnehin nicht für das Geschehen verantwortlich zu machen. Und man sagt uns auch, die Gefahr aus dem Osten sei viel größer und aktueller. Trotzdem sind wir hierher gefahren an diesen grauenvollen Ort, an dem einst ein Konzentrationslager, ein deutsches Konzentrationslager stand, in dem 50000 Menschen, unter dem Terror der SS, unter dem Terror deutscher Menschen, qualvoll gestorben sind.

Und wir wollen hier an diesem Ort, denn kein anderer ist besser dazu geeignet, denen, die so reden, eine Antwort geben. Wir sollen also die Vergangenheit ruhen lassen. Wer sagt das? Meist doch die, die ihre Vergangenheit zu verbergen haben. Beschmutzt nicht den deutschen Namen, schreien meist diejenigen, die ihn durch Tat oder durch ihre Gleichgültigkeit befleckten. Laßt Gras darüber wachsen, raten uns die Mörder und ihre Gehilfen.

Und viele, sehr viele, allzuviele, sprechen es ihnen gedankenlos nach.

Die geschwiegen haben, als es zum Sprechen Zeit war, reden heute laut von Versöhnung.

Aber Versöhnung setzt Einsicht und Bereitschaft zur Sühne voraus.

Einsicht, das wissen wir, bedeutet hier das Bekenntnis zur Mitschuld und den Willen zur Reue.

Erkennen kann man diese Reue aber nur an Taten, nicht an Worten. Daran, daß man es endlich besser macht, von Grund auf besser macht. ...

Wir wissen, daß Opposition, Kritik, Originalität und Zivilcourage in dieser Bundesrepublik

nicht gern gesehen sind. Wir wissen auch, daß jugendliche Begeisterung und Rebellentum, vor allen Dingen Rebellentum, hier abgelehnt werden, daß sie verfehmt und in völliger Verkennung der historischen Wahrheit als Zwietracht und deutsches Erbübel diffamiert werden.
Man wünscht sich von uns einen Gleichklang und Gleichtritt. Ein- und Unterordnung, Stillstand und Zurück sind vielfach wieder die große Mode geworden.
Aber Opposition und Widerstand sind keine leidigen Mißstände, wie totalitäre und konservative Kräfte es uns glauben machen wollen.
Sie sind ein Lebensprinzip, sie sind das Lebensprinzip eines demokratischen Volkes.«[106a]

Am Ende der vielkritisierten Feierstunde in Theresienstadt 1963 hatte es ebenfalls in der Vorwegnahme der kommenden Auseinandersetzungen geheißen: »*Man wird nicht zögern, uns und unser Anliegen zu diffamieren.* Daraus dürfen wir den beruhigenden Schluß ziehen, auf dem richtigen Weg zu sein.«[106b]

## VI.8. Neue Konflikte im Zuge der Auseinandersetzungen um die Ostpolitik der Regierung Brandt/Scheel

Wir haben im vorhergegangenen Abschnitt versucht, einen Bezug herzustellen zwischen den Attacken auf die Falken und der von ihnen mitinitiierten Wandlung auf der politischen Ebene, die sich damals abzuzeichnen begann. Ein weiteres Beispiel dafür, daß dieser Zusammenhang bestanden hat, bildet die Tatsache, daß sich im Jahre 1970, als die neue Ostpolitik der Regierung Brandt/Scheel begann, Konturen zu gewinnen, sich diese Ereignisse wiederholten. Wie 1963–64 versuchten die Falken die neue Politik durch eigene Initiativen vorwärtszutreiben und ebenso wie damals wurden sie dafür von den Gegnern dieser Politik scharf angegriffen.

Im Juni 1970 hielt Heinz Beinert, seit dem Herbst 1969 Vorsitzender der Berliner Falken, auf einer Gedenkfahrt in Maidanek eine Rede, die vor allem bei der CDU einigen Unmut auslöste und in den Berliner Medien den entsprechenden Wirbel entfachte.

Heinz Beinert hatte ähnlich wie Lothar Pinkall an gleicher Stelle auf den Zusammenhang von Kapitalismus und Faschismus hingewiesen und daraus die Kontinuität faschistischer Denkschemata in der Bundesrepublik abgeleitet:

»Wir wissen jetzt, daß die Traditionen der physischen Vernichtung von Kommunisten, Juden und anderen Gruppen während der faschistischen Diktatur... in einer bürgerlich-demokratischen Periode unseres Landes in den Köpfen der Leute weiterleben, daß sie sich heute in der Verketzerung von politisch Andersdenkenden äußern, beispielsweise in der Verfolgung von Kommunisten und in der Kaltstellung von realistisch denkenden Sozialdemokraten.«

Als Konsequenz aus dem Wissen, »daß das, was zu dem Vernichtungslager Maidanek geführt hat, aus jeder bürgerlichen Gesellschaft hervorgehen kann und selbst nach ihrer Überwindung weiter wirkt«, forderte er, um eine Wiederholung dieser Vorgänge auszuschließen, »eine andere Gesellschaftsordnung... ohne Privateigentum und ohne Machtprivilegien.« Weiterhin beklagte er, daß die CDU-Regierungen sich 20 Jahre lang geweigert hatten, die durch den verlorenen Krieg entstandenen Fakten anzuerkennen und mit den Völkern Osteuropas zu einem echten Ausgleich zu kommen und stellte auch in dieser Frage eine gewisse Kontinuität zu faschistischen Traditionen fest.[107]

Der Fraktionsvorsitzende der CDU, Heinrich Lummer, forderte »ein klare Distanzierung der SPD« von dieser Rede, die Junge Union verlangte in einem Brief an den Regierenden Bürgermeister Klaus Schütz die Abwahl Heinz Beinerts von der Funktion eines stellvertretenden Mitglieds des Landesjugendwohlfahrtsausschusses, in die er als Vertreter der Falken erst kürzlich gegen den Widerstand der CDU gewählt worden war,[107a] und in einigen Berliner Medien wurde die Frage gestellt, ob es klug gewesen war, einen solchen »Sektierer« und offenbaren Gegner des Staates in Amt und Würden zu berufen.[108]

Im November 1970 fand dieser Konflikt seine Fortsetzung, als wiederum eine Rede von Heinz Beinert, gehalten in Lidice, Anstoß erregte. Er hatte die Bundesregierung aufgefordert, den eingeschlagenen Weg in der Ostpolitik konsequent zu Ende zu gehen und die Oder-Neiße-Grenze sowie die DDR völkerrechtlich anzuerkennen und das Münchener Abkommen als ungültig von Anfang an zu erklären. Danach ging er scharf mit den Versuchen der CDU/CSU ins Gericht, »eine Politik des Fortschritts im Innern und nach außen« mit allen Mitteln zu verhindern: »Durch Ihre maßlose Hetze gegen eine vernünftige, dem Frieden dienende und der Zukunft zugewandte Politik, durch ihren permanenten Appell an nationalistische Instinkte weckt sie das in unserer Gesellschaft vorhandene faschistische Potential.« Er sah eine »erkennbare Bereitschaft eines großen Teils dieser Partei, gemeinsam mit dem reaktionären Flügel des deutschen Großkapitals erneut in Deutschland eine Diktatur zu errichten, falls die Instrumente der parlamentarischen Demokratie von ihnen nicht mehr manipuliert werden können.« Daraus folgerte er: »Die CDU/CSU stellt sich heute als eine Partei dar, die für Demokraten nicht mehr wählbar ist.«

Diese Aussagen, die vor dem Hintergrund der – damals leidenschaftlich und vor allem von ihren Gegnern häufig diffamierend geführten – Debatte um die Entspannungspolitik zu betrachten sind, stießen vor allem bei der CDU auf massiven Protest. So kam es wieder einmal zu einer Anfrage der CDU im Abgeordnetenhaus über die Gedenkfahrten der Falken.

Die Beantwortung dieser Anfrage und der gestellten Zusatzfragen zeigte, in welchem Maße sich die Situation für die Berliner Falken geändert hatte. Sie hatten sich im Zuge der Auseinandersetzung um die APO politisch weitgehend von der SPD gelöst[109] und nahmen auf die politischen Belange der SPD kaum noch Rücksicht. Möglich geworden war dies nicht zuletzt dadurch, daß sie auch finanziell vom direkten Wohlwollen der SPD und des von ihr geführten Senats unabhängig geworden waren, weil sie seit 1965 wieder Mittel aus dem Bundesjugendplan erhielten, die ihnen 1958 entzogen worden waren.[110] Als Konsequenz aus dieser Entwicklung fühlte sich die SPD nicht mehr für die (Un-)Taten der Falken verantwortlich.

Senator Horst Korber als Nachfolger des ins Innenressort übergewechselten Kurt Neubauer teilte mit, daß der Senat zwar nicht alle Äußerungen, die in Lidice gefallen waren, billige, aber rechtlich keine Möglichkeit sehe, Einfluß darauf zu nehmen. Auf die Zusatzfrage, ob die Art der abgegebenen Äußerungen nicht ein Kriterium für die weitere Förderungswürdigkeit solcher Maßnahmen des Verbandes seien, antwortete Senator Korber, daß die Senatsverwaltung, selbst wenn sie es wollte, dazu keine Möglichkeiten habe.[111] Heinz Beinert brauchte nicht zurückzutreten oder sich von seiner Rede zu distanzieren, um das finanzielle und politische Überleben des Verbandes zu sichern.

Allerdings muß dazu auch gesagt werden, daß der Verband 1970 von der Zahl seiner Mitglieder und seiner politischen Bedeutung nicht mit dem von 1963/64 zu vergleichen war.[112]

# VII. Politische Auswirkungen und verwertbare Erfahrungen

In diesem abschließenden Kapitel soll aufgezeigt werden, inwieweit es gelang, mit dem oben beschriebenen Konzept politischer Jugendverbandsarbeit dauerhafte Erfolge zu erzielen. Dies gilt sowohl in bezug auf die politische Sozialisation der Verbandsmitglieder als auch für daraus entspringende gesamtgesellschaftliche und politische Auswirkungen. Daran anknüpfend soll untersucht werden, welche dieser Erfahrungen für die heutige Jugendarbeit und -politik von Relevanz sind.

## VII.1. Emotionale Betroffenheit als Ansatzpunkt

Der Besuch der Gedenkstätten, die Konfrontation mit dem eigentlich Unfaßbaren bewirkte für sich genommen bei den Teilnehmern bereits eine tiefe emotionale Betroffenheit.

Durch den Ablauf der Feierstunden sollte diese emotionale Betroffenheit noch verstärkt werden und somit dieses Ereignis ein unauslöschliches Erlebnis bilden.[1]

Ein Bericht aus jener Zeit vom Ablauf der Feierstunde am 1. September 1962 in Bergen-Belsen vermittelt einiges von der Stimmung, die dort erzeugt wurde:

»Kurz vor Tagesanbruch des 1. September 1962 formieren sich vor dem Gelände des ehemaligen Konzentrationslagers Bergen-Belsen etwa 500 Westberliner Falken. Bei Fackelschein und leisem Trommelwirbel gehen sie zum Mittelpunkt der Gedenkstätte – einem hoch aufragenden Obelisk....

Die Genossen Harry Ristock und Peter Weiß sprechen. Rezitationen wechseln mit den klagenden Liedern des jüdischen Kantors. Die Fackeln verlöschen. Chorstimmen des Trauermarsches ›Unsterbliche Opfer‹ grüßen auch den feuchtkalten Heidemorgen. An den Steinmalen des Todes häufen sich Blumensträuße.«[2]

Daß durch Form und Inhalt der Feierstunden das emotionale Erleben noch vertieft wurde, berichteten viele der Teilnehmer.

Gunther Soukup:

»Das hat mich politisch ungeheuer beeindruckt, dieses Gefühl, in so einer Nacht zusammenzugehören, nicht alleine zu sein. Das ist die emotionale Seite daran – also auch Feinde zu haben, gemeinsame Feinde, und die Bedrohung zu sehen. Da bin ich am bewußtesten Falke gewesen bei den Feierstunden.«[3]

Helmut Walz:

»Man muß sich das mal vorstellen, in Theresienstadt, als wir das Konzentrationslager besucht haben, hat dieser Kantor Nachamah von der Jüdischen Gemeinde da gestanden und hat mehrere Lieder gesungen. Ich muß sagen, wenn ich daran zurückdenke, bin ich heute noch davon beeindruckt. Das ging nicht nur mir so, die waren alle stumm und starr, die haben da richtig gewürgt.«[4]

Ernst Froebel hatte für die von ihm mit dem Kreis Reinickendorf durchgeführten Gedenkfahrten[5] ein eigenes Konzept entwickelt, das – da diese Fahrten in einem kleineren überschaubaren Rahmen stattfanden – stärker an der Einbeziehung der Teilnehmer in die Gestaltung der Feierstunde orientiert war. Er hielt das für wirkungsvoller als Rezitationen und musikalische Darbietungen, bei denen die Teilnehmer nur Zuschauer sind. Ernst Froebel:

»Frühmorgens, wenn es noch grau ist, wenn der Nebel noch daliegt, bin ich mit den Jungs und Mädels da hingezogen. Dann hatten wir gelernt das Moorsoldatenlied und ›Unsterbliche Opfer‹, das haben mehr oder weniger schlecht zwei mit der Gitarre begleitet. Vier sind vorher hingezogen mit ein paar Fahrrädern, die uns der Herbergsvater gegeben hat. Wenn wir ankamen, standen zwei mit einer Fackel schon da an dem Tor und zwei da hinten. Jeder zweite hatte Fackeln mit, nicht zu viele, sonst blendet es zu sehr, jeder zweite, dritte in der Reihe, jede zweite, dritte Reihe. Und dann ziehen die, wenn es noch ein bißchen unfreundlich naß ist und alles mögliche, da lang.«

In seinen Ansprachen schilderte er die Schicksale ihm persönlich bekannter Widerstandskämpfer und Beispiele aus dem Alltag im Faschismus:

»Ich habe nie von 6 Millionen Toten gesprochen. Ich habe von meinem Freund Magnus Korper erzählt, der Jude war in Holland. Der wußte, wenn er mit uns in den Untergrund geht, wird es ihm noch schlechter gehen als uns, weil er nicht nur Widerstandskämpfer ist, sondern auch noch Jude... Magnus Korper, der meine Anlaufstelle war in Holland, der hat 36 zu mir gesagt: ›Bleib hier, ich begreife nicht, daß du immer wieder in die Diktatur zurückfährst..! Ich könnte nicht so leben, ich kann nicht leben, wenn ich Angst haben müßte für meine Kinder, daß einer in der Schule was erzählt...‹ Und ich habe eine Situation geschildert, welcher Druck da war: Da bin ich damals mit der Straßenbahn gefahren. Die Straßenbahn hat doch eine hohe Schwelle. Wenn in der Mitte keine Verkehrsinsel war, dann war die immer ganz schön hoch. Eine alte Dame, 70 oder 80, will da einsteigen, hält sich an der Stange und will da hoch. Der Schaffner, wie es üblich war, nimmt sie am Arm und will ihr die Stufe hochhelfen. Sie war eine Jüdin, sie hatte den Stern, wie sie hochkam, sah man den Stern. Da war ein SA-Mann in dem Wagen, der schrie: ›Wollen Sie der alten ›Judensau‹ etwa helfen?‹ Dann hat der Schaffner sich nicht mehr getraut, der alten Frau zu helfen. Und die 20 Leute, die in der Straßenbahn gesessen haben, haben alle ihre Menschlichkeit verkauft. Die haben in ihre Zeitung geguckt oder sonst was. Das ist Druck und Terror, und so oft haben wir täglich gelitten und mußten uns damit abfinden.

Wenn ich das in der Form erzählt habe, dann waren die einen halben Tag betroffen – ganz ernste Gesichter. Das geht unter die Haut, was du greifen kannst. 6 Millionen ist kein Begriff mehr, ist ja eine furchtbare Zahl, aber vielleicht waren es nicht 6, sondern 5. Damit haben wir unseren größten Erfolg gehabt.«[6]

Barbara Greube, Mitglied in einer von Ernst Froebels Gruppen, berichtete, wie diese Erlebnisse bis heute nachwirken:

»Aber diese Gedenkstättenfahrten waren eine sehr beeindruckende Geschichte. Im vorigen Jahr, als wir uns trafen mit unserer Gruppe, da kam spontan die Anregung, nächstes Jahr nach Ostern nach Theresienstadt zu fahren, nach Prag und nach Theresienstadt. Ich glaube, die haben auch schon die Truppe voll gekriegt, die da fahren wollen. Das waren sehr einschneidende Erlebnisse für alle, Bergen-Belsen und dann Auschwitz. Es hat auch viele in ihrer eigenen Handlungsweise irgendwie beeinflußt, da bin ich sicher. Das war für uns was ganz Gravierendes, diese Sache, weil man nun auch einige selber kannte, die im KZ waren, aus dem Kreis von Ernst, er selber auch jahrelang gesessen hat. Und als man dann direkt damit konfrontiert wurde, das hat eine wesentliche Rolle gespielt. Das hat nachher auch bestimmt zu bestimmten Einstellungen geführt, diese Gedenkstättengeschichten. Es war nicht so eine 08/15-Geschichte, die man da gemacht hat. Ich sehe das noch, wie wir in Bergen-Belsen diese Gedenkfeier gemacht haben, selber was gesungen haben, vorher probiert haben. Das würde ich auch heute noch jedem Jugendlichen mit auf den Weg geben, daß sie sich das mal angucken, obwohl die heute wahrscheinlich eine ganz andere Einstellung dazu haben.«[7]

Daß die Erlebnisse in den Gedenkstätten und »die Tatsache, daß man sich auf diesem Boden befand, wo das alles passiert ist ... mächtig prägend« war,[8] bestätigen auch viele andere Teilnehmer dieser Fahrten. Bei den meisten von ihnen hat die Verbindung

185

von emotionalem Erleben und politischer Aufarbeitung der Greuel des Faschismus ihren weiteren politischen Lebensweg nachhaltig beeinflußt.

Christoph Jänicke betonte die Bedeutung des persönlichen Erlebens für die intellektuelle Bewältigung des Problems des Faschismus:

»Ich weiß nicht, inwieweit wir auch schon vor der ersten Auschwitz-Fahrt Informationen so genau verarbeiten konnten, wie wir dies nach diesem Erlebnis konnten. Ich weiß es nicht. Du siehst es ganz anders, wenn du da gewesen bist.«[9]

Dies bestätigte auch Siegfried Stirba:

»...z. B. das Lied ›Die Moorsoldaten‹ wurde dann ganz anders diskutiert. Wir haben also die Texte des Liedes z. B. dann praktisch nachvollzogen anhand der Konzentrationslager. Mittlerweile waren es dann zwei, die man gesehen hatte. Da haben wir dann noch mal versucht, den Text des Liedes aufzuarbeiten.«[10]

Diese Momente erlebter Trauer und Wut bestärkten die jungen Menschen darin, den Schwur »Nie wieder Faschismus, nie wieder Krieg«, den 1945 eine andere Generation geleistet hatte, auch weiterhin ernst zu nehmen. Christoph Jänicke:

»...und was wir von dieser Auschwitz-Fahrt hatten, war diese ungeheure Wut oder dieser Antrieb: Du mußt weiter was tun, das ist zwar schon lange her, aber du mußt weiter was tun, und zwar zur Bekämpfung von Faschismus und Antisemitismus.«[11]

## VII.2. Die Gedenkfahrten und die Folgen

Dieses politische Wollen setzte sich sowohl innerhalb als auch außerhalb des Verbandes fort – beinahe zwangsläufig, wie Barbara Greube meint:

»Man konnte ja nicht zurückkommen und sagen, so, nun habe ich das gesehen, das war es nun. Das ist wahrscheinlich überhaupt nicht möglich gewesen, weil es einen selber viel zu sehr erschüttert hat, daß man sich hinterher nicht damit auseinandergesetzt hat. Das mußte man einfach.«[12]

So kam es im Verband als Folge der Gedenkstättenfahrten zu einer weiteren Intensivierung der theoretischen und praktischen Auseinandersetzung mit dem Faschismus. Hinzu kam, daß die antisemitischen Schmierereien, die sich um die Jahreswende 1959–1960 ereigneten, die Notwendigkeit einer aktiven Auseinandersetzung mit der NS-Zeit zusätzlich verdeutlichten. Ernst Froebel und Wolfgang Götsch waren sogar der Meinung, daß eine wirklich in die Breite gehende, über »beschlußmäßige Pflichtübungen«, die sich aus der antifaschistischen Tradition des Verbandes ergaben, hinausreichende, intensive Beschäftigung mit diesem Thema erst in der Folge der ersten Gedenkfahrten und der ersten antisemitischen Ausschreitungen stattgefunden hat.[13] Richtig daran ist zumindest, daß ab 1961 auch die Zeltlagerarbeit des Verbandes unter dem Schwerpunktthema Antifaschismus stattfand. So trugen die Lager 1961 und 1962 in Holland den Namen Anne Frank, 1963 in Norwegen Carl von Ossietzky, was sich natürlich auch in den Lagerprogrammen niederschlug.

Nicht nur innerhalb des Verbandes wurde als Ergebnis der Fahrten die Auseinandersetzung mit dem Thema intensiviert, die meisten der von uns Befragten brachten ihre Erlebnisse auch in anderen Zusammenhängen ein.

Waldemar Klemm, damals Oberschüler, berichtete, daß von ihm und anderen das Thema NS-Verbrechen sowohl im Schulunterricht als auch in der Schülerzeitung angesprochen worden ist. Gisela Kunze hielt in der Berufsschule einen Vortrag, Peter Kunze in seiner Esperanto-Gruppe. Jürgen Dittner berichtet von den Aktivitäten der Spandauer Falken:

»...und selbstverständlich haben wir eigentlich alles, was wir durchgeführt haben, ausgewertet in Form von Berichten, Elternabenden, Wandzeitungen. Ich kann mich sehr gut erinnern, daß wir sowohl über die vorher schon angesprochene Frankreichfahrt wie auch die Gedenkstättenfahrten Lichtbildserien erstellt und die im Rahmen der Volkshochschule in Freizeitheimen und bei SPD-Mitgliederversammlungen angeboten haben. Irgendwo muß ein ganz altes Tonband existieren, weil wir versucht haben, eine Ton-Lichtbild-Serie zu erstellen.... In der Öffentlichkeitsarbeit war sehr hilfreich, daß das ›Spandauer Volksblatt‹ für uns offen war, wir mit Berichterstattungen über unsere Reisen in dieser Zeitung eine Plattform hatten.«[14]

Auch Christoph und Ursula Jänicke versuchten ihre Erkenntnisse zu verbreiten.

*Chr. J.:* »Ich glaube, bei uns ist etwas ganz Richtiges passiert, wir haben aus dieser innerverbandlichen Aktivität eine Aktivität nach draußen entfaltet, einmal im Jugendring, wo wir beide Vertreter waren...«

*U. J.:* »Dann haben wir im Grunde genommen aufgrund dieser Fahrten und Erfahrungen und aufgrund unseres Anliegens diese politischen Bildungsseminare im Bezirksjugendring angeleiert. Da muß ich sagen, daß wir als Falkenvertreter doch sehr viele Themen eingebracht haben, die uns von Bedeutung erschienen und auch ganz gezielt versucht haben, die Referenten mit auszusuchen.«

*Chr. J.:* »Das fiel dann auch auf unerhört fruchtbaren Boden.«

*U. J.:* »Es war nachher so eine richtige Lawine, das ist lange hier gemacht worden in Zehlendorf.«[15]

Jürgen Dittner benutzte seine Stellung im Jugendring ebenfalls, um diese Falkenaktivitäten dorthin auszudehnen:

»Ich hatte dann gleich versucht, die Falkenkontakte zu nutzen und über den Verband hinaus auszuweiten. Ich war damals dann Vorsitzender im Jugendring Spandau. Wir haben den Jugendring Spandau hingebracht nach Lidice mit zwei Bussen und hatten eine gute Presse – in der ČSSR und in Berlin.«[16]

Daß ihre Aktivitäten in dieser Richtung bei der jungen Generation und insbesondere den politisch Aktiven, vielfach im Gegensatz zu den Älteren, auf eine große Aufgeschlossenheit stießen, berichteten alle Befragten, die zu diesem Thema Aussagen gemacht haben. Peter Kunze:

»Ja, es gab diese alten Ressentiments von älteren Leuten, aber das war natürlich in den Kreisen, wo wir unsere Bilder zeigten, zum Beispiel nicht so. Das waren ja meistens Schul- oder andere Jugendgruppen. Ich glaube, in der Esperanto-Gruppe habe ich das auch gezeigt, da bestand eben eine viel größere Bereitschaft, sich auch damit zu befassen und dementsprechend auch eine Aufnahme und Betroffenheit.«[17]

Für viele ergaben sich auch längerfristige Auswirkungen, die ihren politischen und teilweise auch den beruflichen Lebensweg mitbestimmten. Christoph und Ursula Jänicke schlossen sich einer deutsch-israelischen Studiengruppe an:

*U. J.:* »Wir waren Mitglied von einer deutsch-israelischen Studiengruppe an der Uni und haben auch wirklich so ganz bewußt das Bedürfnis gehabt, man muß sich jetzt absetzen gegen die, die sich da keine Gedanken machen, und man muß auch den Übriggebliebenen zeigen, wie sehr man sich betroffen fühlt, obwohl es ja die Älteren verursacht und veranlaßt haben und daß da immer was weitergehen muß, daß sie das merken müssen.«

*Chr. J.:* »Mit der deutsch-israelischen Studiengruppe waren wir in Israel relativ früh, Anfang der 60er Jahre.«

*U. J.:* »62, im Kibuz haben wir gearbeitet. Da war es eben auch ganz wichtig für uns, daß wir sagen konnten, daß wir in Auschwitz waren.«[18]

Gisela Kunze beschrieb, daß das Erlebnis von Auschwitz für sie einen Schlüssel zur Beurteilung der heutigen Politik des Staates Israel bildet:

»Du hast gefragt, ob sich das irgendwo ausgewirkt hat auf heute. Mir fällt dabei ein, bei Diskussionen mit meinen Kindern, wenn man jetzt über Palästina und über Israel spricht, daß da immer noch etwas nachwirkt bei uns, obwohl man – wenn man ganz objektiv ist – heute die Politik Israels verurteilen muß. Und wenn man in dieser Diskussion Stellung beziehen muß, daß man sagt, aber da war das, und wir haben das und das gesehen und das kann man nicht vergessen, und das haben die nicht vergessen, und deswegen sind die offenbar jetzt so geworden. Das ist etwas ganz Nachhaltiges, was unsere Kinder oft nicht verstehen, was sie auch wahrscheinlich völlig im Recht nicht verstehen. Aber das ist garantiert damals entstanden, daß man sagt – also irgendwo so ein gewisses Mitgefühl oder Mitverständnis – daß ihnen das einmal passiert ist, ist so schrecklich, daß sie jetzt überziehen, aber offenbar sich so rechtzeitig wehren wollen, damit ihnen nie wieder so etwas passieren kann.«[19]

Jürgen Dittner machte die antifaschistische politische Bildungsarbeit zu seinem Beruf. In der Folge der antisemitischen Schmierereien hatte das Berliner Abgeordnetenhaus beschlossen, bei den Jugendämtern der Bezirke jeweils eine Stelle für einen politischen Sachbearbeiter einzurichten, deren vordringliche Aufgabe es sein sollte, im Rahmen der kommunalen Jugendarbeit bei der Jugend Aufklärungsarbeit über die NS-Zeit zu leisten. Jürgen Dittner entschied sich für eine dieser Stellen:

»Ich hatte gerade meine Jugendpflegerausbildung abgeschlossen und hätte mich sowieso entscheiden müssen, was ich weiter mache, und da sah ich die Chance, meine Kenntnisse und auch meine Inhalte der Verbandsarbeit jetzt in einer Jugendverwaltung umsetzen zu können. Diese Annahme hat sich bewahrheitet ... Es gelang, die Linie des Verbandes ein Stückweit in der behördlichen Arbeit, bezogen auf die Aspekte Hitlerzeit, Kampf dem Faschismus und Kontakt zu Osteuropa, umzusetzen. ... Mein Bemühen war eigentlich, die Falken als Vorreiter zu nutzen und dann aber die Basis zu verbreitern. Und darum habe ich eigentlich bei allen Gedenkstättenfahrten sowohl im Jugendring Spandau als auch in der beruflichen Position als Sachbearbeiter für politische Bildung die Falkenkontakte genutzt wie auf die Amtsebene gestellt, um weitere Kreise von Jugendlichen anzusprechen, die nicht bereit waren, mit Falken zu fahren. Das war mitunter ein Vorbehalt, manche wollten nicht mit den Falken fahren, und z.B. die Schulklassen und Betriebe – wir hatten hohe Teilnehmerzahlen aus der AEG-Lehrlingsabteilung in Tiergarten –, die fuhren nicht mit Falken, die fuhren aber mit dem Bezirksamt.«[20]

Auch Rosemarie El Gayar suchte sich ein Berufsfeld, in dem die Anstöße, die sie bei den Falken erhalten hatte, einbringen konnte:

»Ich hatte ja vorhin gesagt, daß ich bei dieser ersten Gedenkstättenfahrt sehr angerührt war und mich diese Emotionalität auch über lange Jahre in meiner Arbeit bestimmt hat. Ich habe 1967 bei der Evangelischen Industriejugend angefangen zu arbeiten und habe noch im selben Jahr, d.h. in der zweiten Jahreshälfte 1967 mit einer kleinen Gruppe einen Arbeitseinsatz über drei Wochen in Theresienstadt durchgeführt.«

Aus dieser Tätigkeit als Bildungsreferentin bei der Evangelischen Industriejugend heraus, die sie bis heute ausübt, formulierte sie auch Kritik an den Falken, daß diese zwar auf dem Gebiet der Versöhnung mit den Völkern Osteuropas einen Anstoß gegeben, diesen Ansatz aber nicht weiterentwickelt haben:

»Einerseits muß ich sagen, daß ich heute noch dankbar dafür bin, daß ich solche ersten Erfahrungen mit den Falken machen konnte. In dieser Zeit, in der die Falken diese Gedenkstättenfahrten durchführten, war sicher auch nicht mehr machbar.
Ich denke aber auch, daß vielleicht später, als die Zeiten anders waren – auch andere Organisationen wie die Aktion Sühnezeichen und die Industriejugend anfingen, konkret dort zu arbeiten, daß die Falken es versäumt haben, ihre eigene politische Arbeit weiterzuentwickeln und sich auch stärker mit der Geschichte auseinanderzusetzen.«

Insbesondere, daß bei den frei ausgeschriebenen Fahrten die große Anzahl der Unorganisierten mit der Verarbeitung dieses Erlebnisses allein gelassen wurde, obwohl man dies als Grundstock für weitere Aktivitäten hätte nutzen können, findet heute ihre Kritik:

»Aber wenn du mich heute fragst, war der Verband weder personell noch pädagogisch in der Lage, das, was politisch begonnen wurde, nämlich einer breiten Gruppe von jungen Leuten hier aus dieser Stadt die Möglichkeit zu geben, an solchen Gedenkstättenfahrten teilzunehmen, anschließend entsprechend aufzuarbeiten. Im nachhinein wäre das auf jeden Fall meine Kritik. Das hätte anders gemacht werden müssen. Als einmaliges Erlebnis für die Leute, die da mitgefahren sind, war es sicher eine gute Sache, aber um anschließend inhaltlich weiterzuarbeiten, sicher nicht ausreichend.«[21]

### VII.3. Probleme, die sich aus der Öffnung der Gedenkfahrten ergaben

An diese Kritik von Rosemarie El Gayar anknüpfend soll im folgenden untersucht werden, wie sich die Ausweitung der Gedenkfahrten auf unorganisierte Teilnehmer, die in der Tat an keiner gründlichen Vor- und Nachbereitung teilnehmen konnten, auswirkte und inwieweit die Kritik an dieser Öffnung gerechtfertigt war.

Die Einbeziehung von Unorganisierten in großem Maßstab in die Verbandsaktivitäten begann ab 1960 zuerst in den Verbandszeltlagern. Nachdem die dort gemachten Erfahrungen positiv eingeschätzt wurden, begann der Verband, auch die Gedenkfahrten für Nichtmitglieder zu öffnen. Dafür waren im wesentlichen drei Gründe ausschlaggebend: Einmal wollte der Verband mit Hilfe dieser Aktivitäten seine Mitgliederbasis verbreitern, dazu gewannen diese Fahrten durch eine große Teilnehmerzahl an politischem Gewicht, und schließlich spielten auch finanzielle Aspekte eine gewichtige Rolle. Durch den hohen Anteil an Nichtmitgliedern, die ein höheres Entgelt zu entrichten hatten, trugen die Gewinne aus diesen Fahrten nicht unerheblich zur Finanzierung der sonstigen Verbandsarbeit bei.

Diese geänderte Struktur der Teilnehmer stellte vor allem neue Anforderungen an die Vorbereitung. Diese mußte zentralisiert werden, der Schwerpunkt der Vorbereitung lag jetzt bei den Kreisorganisationen. Helmut Walz berichtet von der Durchführung der Fahrten nach Bergen-Belsen in Reinickendorf:

»Wir haben später auch eine ganze Reihe von Unorganisierten mitgenommen, die eigentlich nicht zu unseren Gruppen gehörten. Wir haben diese Fahrten dann als Multiplikatoren sozusagen mitbegleitet. Es waren also nicht mehr die Gruppen geschlossen beteiligt, sondern wir haben das dann als Veranstaltung angesehen, wo wir dann dieses vermittelt haben. Wir haben die Leute dann vorher eingeladen, haben ihnen gesagt, worum es geht, immer Vorbereitungsbesprechungen durchgeführt, und die wurden dann immer genau informiert erstmal über die Vorgeschichte – wie ist Bergen-Belsen entstanden, was hatte Bergen-Belsen im Nazi-Staat für eine Aufgabe, was ist am Ende daraus geworden, was ist passiert, wer hat Bergen-Belsen befreit und diese Dinge. Das war eine gute Möglichkeit, den Jugendlichen diese Dinge nahezubringen, denn anders konnten sie sie eigentlich kaum erfahren.«[22]

Jürgen Dittner schildert die Handhabung der Vorbereitungen im Kreis Spandau:

»Wir Spandauer waren relativ ›hart und konsequent‹. Bei uns stand neben der politischen Arbeit auch hohe organisatorische Disziplin im Vordergrund. Wer nicht regelmäßig zu den Vorbereitungstreffen kam, wurde von der Teilnehmerliste gestrichen.«[23]

Obwohl die Rigidität in dieser Form sicherlich nicht in allen Kreisen herrschte, versicherte auch Alfred Gleitze: »Da ist kaum einer mitgefahren, der nicht vorher eine intensive Vorbereitung mitgemacht hatte.«[24] Dennoch gab es im Verband einige Vorbehalte gegen diese Öffnung, weil sie einigen zu weit ging. Jürgen Dittner: »Die klassischen, konventionellen Falken – dazu gehören ja die Spandauer auch – die hatten eigentlich immer Kritik. Wir haben gesagt, es muß ein Unterschied sein zwischen dem Stamm-Mitglied der Falken, das sich bekennt und auch die Arbeit macht, und denen, die nur zu bestimmten Aktionen kommen. Das ist die gleiche Debatte, die auch bei den Großlagern geführt worden ist. Heute, im Jahre 83, sehe ich das anders. Ristock hat immer gesagt, wer bei uns mitmachen will, kann mitmachen, wir laden jeden ein, und wenn er sich einpaßt und nicht zu sehr stört, ohne Rücksicht, ob er ein Rechter ist oder sonst was. Ich hatte mehr die Kaderidee damals noch vertreten. Im nachhinein habe ich mich ja nun gewandelt und bin für große Offenheit und finde das einfach gut. Es bleiben ohnehin wenig genug übrig an Aktiven. Die Trennung in der Arbeit der Falken hätte konsequenter zwischen Mitgliedern als Kern (mit Disziplin und politischer Schlagkraft) und den Gästen und Sympathisanten, also der offenen Arbeit, erfolgen müssen. Ich glaube, meine damalige Auffassung war zu rigide und die Praxis, die wir hatten, war zu großzügig. Wir hätten eine Mittellinie fahren müssen.«[25]

Die Kritik an der Öffnung der Fahrten machte sich vor allen Dingen an Vorgängen fest, die sich gegen Ende der 60er Jahre auf diesen Fahrten ereigneten. Jürgen Dittner dazu:

»Es gab ja dann auch disziplinlose Verhaltensweisen. Er wurde relativ viel gesoffen aufgrund des Preisgefüges, aufgrund der Möglichkeit, schwarz umzutauschen. Und wir haben den politischen Anspruch wegrutschen sehen, weil es einfach dann ein Stückweit Polittourismus wurde und es war – wie sagt man heute – ›in‹, auf Gedenkstättenfahrt zu machen.«[26]

Eine große Rolle bei den aufgetretenen Schwierigkeiten spielten die günstigen Preise der Gedenkfahrten, die, nachdem es einen eigenen Etatansatz dafür im Rahmen des Bundesjugendplanes gab, großzügig subventioniert wurden, und das West-Ost-Währungsgefälle. Es begann sich herumzusprechen, daß man sich mit der Teilnahme an einer Gedenkfahrt unter Ausnutzung des Schwarzmarktkurses der DM im Ostblock ein billiges und vergnügtes Wochenende bereiten konnte. Selbst die Fahrten nach Bergen-Belsen wurden in zunehmendem Maße von solchen Wochenendausflüglern heimgesucht.[27]

Diese Entwicklung wurde zusätzlich dadurch begünstigt, daß der Verband Ende der 60er Jahre selbst in eine Krise geriet und keine Antworten mehr auf diese Probleme finden konnte, die Fahrten jedoch aus finanziellen Gründen weiter durchführte. So hatte Anfang der 70er Jahre das Niveau der Gedenkfahrten, einst Schöpfung und eines der Glanzstücke der Verbandsarbeit, einen absoluten Tiefpunkt erreicht.

Im November 1971 formulierte Waldemar Klemm als verantwortliches Vorstandsmitglied für die internationale Arbeit u. a. folgende Kritikpunkte:

»Daß die öffentlichen Mittel des Verbandes für internationale Begegnungen bisher mit dazu beitrugen, den Bürobetrieb zu finanzieren, war wirtschaftlichen hier erforderlich gewesen. Daß dadurch tatsächliche internationale Arbeit auf breiter Basis nicht möglich war, ist bedauerlich. Die bisher üblichen Gedenkstättenfahrten halte ich für uneffektiv, gemessen am politischen Anspruch unseres Verbandes. Die vom Geldgeber zu Recht geforderten Vorbereitungsseminare finden nicht statt, jeder Anmeldende wird berücksichtigt, auch derjenige, der auf früheren Fahrten durch sein Verhalten verbandsschädigend gewirkt hat. ... Politische Kontakte der Nichtmitglieder zum Verband sind rein zufällig.«

Als Konsequenz aus dieser Entwicklung forderte er vor allem eine stärkere Wiedereinbeziehung der eigenen Mitgliedschaft in die internationalen Maßnahmen und eine Intensivierung der Vorbereitungen.[28]

Dennoch lag der Fehler m. E. nicht darin, daß man die Fahrten für unorganisierte Jugendliche öffnete, denn die Erfahrungen der ersten Jahre waren durchaus positiv. Erst als die oben beschriebenen Schwierigkeiten auftauchten und der Verband sich ihnen aus seiner eigenen inneren Schwäche heraus nicht mehr stellen konnte, wurde die Öffnung der Gedenkfahrten zu einer Belastung für den Verband. Bis dahin überwogen m. E. die positiven Aspekte eindeutig, auch wenn aufgrund von fehlendem empirischen Material keine präzisen Angaben darüber gemacht werden können, in welcher Weise die Teilnahme an einer solchen Fahrt für verbandsfremde Teilnehmer ähnlich beeindruckend war wie für die von uns befragten Verbandsmitglieder. Aus den Aussagen und den Beobachtungen der Verbandsmitglieder läßt sich jedoch schließen, daß die Konfrontation mit den Gedenkstätten, die gehaltenen Reden und Feierstunden ihre Wirkung auch auf die unorganisierten Teilnehmer nicht verfehlt haben dürften.

Auch konnten auf diese Art Mitglieder für den Verband gewonnen werden. Werner Schulz, Anfang der 70er Jahre Berliner Falkenvorsitzender, berichtete in einem Rundfunkinterview: »...und (ich) bin vor 10 Jahren, 1962, wieder nach Berlin gekommen. Plötzlich wurde ich durch eine Gedenkstättenfahrt von den Falken angesprochen und durch diese Gedenkstättenfahrt auch so angesprochen worden, daß ich also bei den Falken blieb.«[28]

Das Gros der freigeworbenen Teilnehmer, die nicht zur Mitarbeit im Verband fanden, blieb hingegen von einer weiteren Aufarbeitung des Gesehenen ausgeschlossen, was zweifellos ein Manko bei der Öffnung der Fahrten bildete. Jedoch ist diese Nacharbeit von einem Jugendverband gegenüber Jugendlichen, die außerhalb seines Organisationszusammenhanges bleiben wollen, auch nicht zu leisten. Hier wären andere Institutionen wie Schulen und Berufsschulen, die qua Funktion alle Jugendlichen erreichen, gefordert. Das Verdienst des Jugendverbandes bestand darin, diese Fahrten initiiert und auf breiter Ebene eingeführt zu haben, sowie die eigenen Mitglieder mit Hilfe dieser Fahrten zu einer intensiven Auseinandersetzung mit dem Thema angeregt zu haben. So erwiesen sich m. E. die Gedenkfahrten insgesamt gesehen, trotz einiger Versäumnisse in einer späteren Phase, als eine durchaus geglückte und positive Maßnahme der Jugendarbeit des Verbandes. Daß die Gedenkfahrten und Osteuropakontakte, wie die Arbeit im Jugendverband insgesamt, bei den Beteiligten ihre Spuren bis heute hinterlassen haben, sollen noch einmal die folgenden Aussagen von Helmut Walz und Peter Kunze belegen. Helmut Walz:

>»Die Falken haben, das kann ich ganz deutlich sagen, doch mein Leben, mein jugendliches Leben jedenfalls, geprägt. Ich freue mich heute nachträglich noch darüber, daß diese ganzen Dinge damals für mich möglich waren, die mich sehr mein Weltbild erweitert und mein Verständnis und auch das meiner Freunde – die damals in der Gruppe waren – erheblich erweitert, so daß wir uns auch in Diskussionen mit unseren Eltern, Bekannten und so doch gut behaupten konnten und vielen dieses allgemeine Klischeedenken doch ein bißchen ausgeredet haben.«[29]

Und Peter Kunze führte aus:

>»Das hat unsere ganze Entwicklung entscheidend geprägt. Nicht nur diese Gedenkstättenfahrten, allein überhaupt die ganzen Falkenfahrten. ... Die Gruppenerfahrung, die Fahrten als Höhepunkte des Gruppenlebens waren herausragende Erlebnisse. Das Anknüpfen von neuen Kontakten, die Konfrontation mit der eigenen Geschichte, das hat alles stark geprägt. Vielleicht klingt es etwas pathetisch, aber ich möchte sagen, was für Goethe die Italienreise war, waren für uns die Reisen nach Jugoslawien, Polen und in die ČSSR.«[30]

## VII.4. Die Anstöße der Falken und ihre politischen Auswirkungen

Die Gedenkfahrten und Kontakte nach Osteuropa waren aus dem Bestreben heraus konzipiert worden, etwas zu verändern. Zumindest in den Köpfen der jungen Menschen, weil das Gros der Erwachsenen mit dem Aufbau des Wirtschaftswunders viel zu sehr beschäftigt war, um allzu viele Gedanken an die Vergangenheit zu verschwenden. Für sie war die Bewältigung der Vergangenheit in der Form geschehen, daß sie eine verbrecherische Clique unter der Führung des Dämons Hitler, die das deutsche Volk ins Unglück gestürzt hatte, für alles verantwortlich machten. Diese hatten ihre gerechte Strafe erhalten, das Problem war somit gelöst. Alle anderen waren nur Verführte, Mitläufer, hatten ihre Pflicht getan. Gegen diese Form der Personalisierung gesellschaftlich bedingter Verbrechen machten die Falken Front. Sie forderten, »alle Reste und Spuren des nationalsozialistischen Deutschland zu tilgen«[31] und sahen die junge Generation in der Verantwortung, »die Fehler und *Verbrechen* der Väter unwiederholbar zu machen durch die Beseitigung der *Wurzeln* dieser Fehler und Verbrechen.«

Daraus folgerten sie:»Es kann dieser Generation deshalb nicht erspart werden, mit Genauigkeit und Schonungslosigkeit diese Vergangenheit zu untersuchen.«[32]

Die bei der Untersuchung der Vergangenheit zutage getretenen Tatsachen und der Vergleich mit einigen Erscheinungen in der Bundesrepublik offenbarten eine für sie erschreckende Kontinuität faschistischer Denkformen.

»Da spüren wir nach wie vor Überheblichkeit und Ignoranz gegenüber anderen Völkern und Menschen anderer Sprache und Hautfarbe.
Da erleben wir, wie alles daran gesetzt wird, um eine einheitliche, uniformierte Meinung zu schaffen, und wie diejenigen, die sich erlauben, außerhalb der uniformierten Ansichten zu stehen, die eine eigene, von ihrem Gewissen bestimmte Ansicht vertreten, diffamiert und unterdrückt werden.
Und da sehen wir mit Schrecken, mit großem Schrecken, wie vor allem jene Gleichgültigkeit, Oberflächlichkeit und Trägheit um sich greift, durch die allein Hitler zur Macht kommen konnte.«[33]

»Die Formen haben sich gewandelt, aber ihre grenzenlose, die gesellschaftliche Wirklichkeit verschleiernde Primitivität ist geblieben. Nun sind nicht mehr die Juden, sondern die Kommunisten – oder auch: die Leute um Kennedy, die Sozialdemokraten oder die Gewerkschaften die Quelle allen Übels.«[34]

Mit diesen Aussagen legten sie den Finger auf die noch offene Wunde der unbewältigten Vergangenheit, aus der sich die führenden Politiker und die Mehrheit der Bevölkerung der Bundesrepublik herauszustehlen versucht hatten. Kein Wunder, daß solche Sätze wütenden Protest bei jenen hervorriefen, die diese Vergangenheit nicht bewältigt, sondern verdrängt hatten, weil sie ansonsten vieles, was vor, aber auch nach 1945 in Deutschland geschehen war, u. a. auch ihr eigenes Verhalten hätten in Frage stellen müssen. An dieser Stelle sei noch einmal auf die Äußerungen von Peter Weiß in Bergen-Belsen hingewiesen: »Beschmutzt nicht den deutschen Namen, schreien meist diejenigen, die ihn durch Tat oder durch ihre Gleichgültigkeit befleckten.«[35]

Vor diesem Hintergrund wollte es die Führung der Berliner Falken nicht dabei bewenden lassen, möglichst vielen jungen Menschen ihre Einsichten zu vermitteln, sondern auch einen Beitrag dazu leisten, eine Veränderung der offiziellen Politik zu bewirken. Dies galt insbesondere für die Frage der Beziehungen zu den Staaten Osteuropas, gab es doch an diesem Punkt eine sichtbare Kontinuität zwischen dem NS-Deutschland und der Bundesrepublik. In der NS-Ideologie galten nicht nur das jüdische Volk, sondern auch die Völker Osteuropas als rassisch minderwertig. Dabei konnte auf in Deutschland überkommende Vorurteile gegen die »Polacken« und andere slawische Völker zurückgegriffen werden. In bezug auf die Sowjetunion kam noch das Element des Antikommunismus hinzu. Das NS-Schlagwort vom jüdisch-bolschewistischen Untermenschen kennzeichnet diese Verbindung von rassischen und politischen Vorurteilen sehr deutlich. Die Beschwörung der »Roten Gefahr aus dem Osten«, in der Hochzeit des Kalten Krieges fast so etwas wie eine Staatsdoktrin in der Bundesrepublik, machte sich diese propagandistisch sehr wirksame Verknüpfung von rassischen mit politischen Vorurteilen erneut zunutze. Dazu hatte Lothar Pinkall in Maidanek erklärt: »Auch vom Herrenmenschen wagt man nicht mehr zu sprechen, dafür aber von der besonderen Mission des christlichen Abendlandes, die Menschen vor dem Bolschewismus zu retten.«[36]

Aus der Verantwortung für die Verbrechen, die im Namen Deutschlands an den Völkern Osteuropas besonders zahlreich und in besonders brutaler Form begangen worden waren, versuchte die Mehrheit der Politiker und der Bevölkerung der Bundesrepublik zu flüchten. Als Hilfsmittel dazu dienten einmal die in der Folge des verlorenen Krieges in Osteuropa an Deutschen verübten Vergeltungsmaßnahmen. Dies führte zum Teil – etwa in der oben zitierten Entschließung des Arbeitskreises Sudetendeutscher Studenten – dazu, daß die historischen Tatsachen auf den Kopf gestellt wurden.[37] Nicht die planmäßigen Verbrechen der deutschen Besatzer, sondern die als Reaktion darauf erfolgten Vergeltungsmaßnahmen an den Deutschen bildeten das Maß der Dinge. Unterstützt wurde dies durch die unter dem Stichwort Totalitarismus erfolgte Gleichsetzung von Nationalsozialismus und Kommunismus. Zwei totalitäre Regime hatten im Kampf gegeneinander ihren verbrecherischen Charakter offenbart, als (frischgebackene) Demokraten lehnten die Deutschen beide gleichermaßen ab.

Aus der gleichen Logik heraus, mit der kommunistischen NS-Opfern in der Bundesrepublik Entschädigungen verweigert wurden, sahen die Repräsentanten der deutschen Demokratie keinen Grund, sich bei Kommunisten für die Verbrechen der Nationalsozialisten zu entschuldigen. Auf diese Haltung bezogen sich die Berliner Falken, als die 1963 in Theresienstadt äußerten:

»Diese Notwendigkeit (der Gedenkfahrt, d. V.) ergibt sich aus dem Versagen der politischen Führungsschichten in der Bundesrepublik, die bisher nicht den Versuch unternommen haben, an diesem Ort deutscher Schande zu dokumentieren, daß es auch ein anderes Deutschland als das der großen und kleinen Eichmänner, der Heydrich, der Globke und Oberländer gab und gibt.«[38]

Entsprechend waren die Bemühungen der Falken nicht nur darauf gerichtet, die junge Generation für eine andere Politik zu gewinnen, sondern auch Einfluß zu nehmen auf die öffentliche Diskussion dieser Fragen und hineinzuwirken in die befreundete Sozialdemokratische Partei. Dahinter stand der feste Wille, eine Veränderung der offiziellen Politik (mit) zu initiieren.

Dies ist ihnen zweifellos gelungen. Eine große Anzahl von jungen Menschen wurde von ihnen zu den Stätten von NS-Verbrechen geführt, um dort das Bekenntnis für ein anderes Deutschland abzulegen. Zurückgekehrt und unter dem Eindruck des Gesehenen wirkten viele von ihnen als Propagandisten für dieses Bekenntnis und eine Politik gegenüber den Völkern Osteuropas und ihren Regierungen in Schule und Beruf, Familie und Freizeit, Partei und Gewerkschaften. Die öffentlichen Debatten über die Aktivitäten der Falken trugen ebenfalls dazu bei, die Diskussion über diese Fragen voranzubringen. Nicht zuletzt hatte das beständige Hineinwirken der Berliner Falken in die SPD Früchte getragen. Im Jugendfunk des SFB wurde anläßlich des 25jährigen Bestehens der Berliner Falken im Oktober 1972 dazu festgestellt:

»Vieles von dem, was die Falken schon vor 15 Jahren forderten, ist heute – besonders auf außenpolitischem Gebiet – offizielle Politik der Sozialdemokraten und damit der Bundesregierung. Tatsächlich, das kann man den hier zitierten Fakten entnehmen, haben die Falken – früher als jede andere der SPD nahestehende Organisation – eine Außenpolitik angeregt, die sich die Regierung Brandt jetzt zu eigen gemacht hat.«[39]

Daß die Fahrten der Falken zu den Gedenkstätten in Osteuropa einen Beitrag zur Mehrheitsfähigkeit der Entspannungspolitik geleistet haben, geht auch aus dem Urteil, das bereits 1967 in einer Sendung des SFB-Schulfunks abgegeben wurde, hervor. Dort hieß es:

»Es gehört zu den historischen Verdiensten der Sozialistischen Jugend Deutschlands, insbesondere der ›Falken‹ in Berlin, diese Gelegenheit (der Kontakte nach Osteuropa, d. V.) genutzt zu haben. Sie organisierten als erste neben den Versuchen evangelischer Jugendverbände Reisen nach Polen und der Tschechoslowakei. Man sollte ihnen in der Rückschau nicht manches ungeschützte und unbedachte Wort verdenken, das ihre Führer unter dem bestürzenden Eindruck der Schädelstätten von Auschwitz und Lidice aussprachen. Man sollte vielmehr anerkennen, daß sie schon 1959 und in den folgenden Jahren Tausende von jungen deutschen Menschen, allein aus Berlin, nach Osten führten und sie nach einer gründlichen Vorbereitung erkennen ließen, daß und welche Nachbarn wir im Osten und Südosten unseres Erdteils haben. Das war kein Touristenverkehr, wie wir ihn heute nach diesen Richtungen im Schwange wissen. Es ist vielmehr der Ausdruck einer bewußten politischen Erziehung, die weiß, daß Deutschlands Jugend nach den furchtbaren Jahren des Hitlerreiches und der Isolierung während des Kalten Krieges, sich selbst ein neues Bewußtsein der deutschen Verpflichtung zur friedlichen Nachbarschaft in der Mitte Europas erarbeiten muß.«[40]

## VII.5. Zum politischen und pädagogischen Stellenwert von antifaschistischer Jugendarbeit heute

Vom Anspruch ihrer Träger her soll politische Jugendbildungsarbeit im schulischen wie im außerschulischen Bereich Jugendlichen die verbrecherische Realität des NS-Regimes nahebringen und sie gegen solche und ähnliche Tendenzen immunisieren. Dennoch haben zahlreiche Untersuchungen ergeben, daß ein Großteil der Jugendlichen nur sehr unzureichend oder noch schlimmer – völlig fehl über die Zeit des Nationalsozialismus informiert ist. So stellte Dieter Boßmann 1977 in der Einleitung zu der von ihm herausgegebenen Sammlung von Schulaufsätzen fest:

»Über Hitler, seine Schergen und das durch sie repräsentierte politische System des ›Dritten Reiches‹ herrscht totale Konfusion in den Köpfen der jugendlichen Aufsatzautoren, die – soweit sie über 18 Jahre alt sind – wählen dürfen! Was sie an historischem Wissen über unsere jüngste Vergangenheit präsent haben, ist bestenfalls als eine hanebüchene Ansammlung von vordergründigen Halbwahrheiten zu bezeichnen. Besonders erschreckend ist der Kenntnisstand bei Haupt- und Berufsschülern, denen nach Abschluß ihrer Schulzeit nie wieder zeitgeschichtliche Zusammenhänge institutionell vermittelt werden.«[41]

An dieser Tatsache scheint sich bis heute nicht sehr viel geändert zu haben.[42] Ist schon das Wissen über die Realität des NS-Regimes als mangelhaft zu bezeichnen, so gilt dies in bezug auf den antifaschistischen Widerstand noch mehr.[42a] Die Verdrängung der Geschehnisse der NS-Zeit hat auch dazu geführt, daß die Männer und Frauen des Widerstands und ihre Taten, an denen sich eine antifaschistisch-demokratische Tradition orientieren könnte, der Vergessenheit anheim gefallen sind. Nun wäre es zu einfach, sich diese historische Bewußtlosigkeit bei Jugendlichen nur aus dem Versagen der Schule in ihrem Auftrag, »junge Menschen zu politischer Urteilsfähigkeit zu führen und ihnen dazu solide geschichtliche Kenntnisse zu vermitteln«,[43] zu erklären.

Dieses Versagen der Schule ist eingebettet in den gesellschaftlichen Umgang mit dem Thema. Die allgemein-gesellschaftliche Behandlung der NS-Vergangenheit in der Bundesrepublik war weitgehend durch Verdrängung und Verharmlosung bestimmt, Reaktion einer Generation und jener gesellschaftlichen Kräfte, die die Machtübergabe an die Nationalsozialisten zumindest toleriert hatten und in dieser Zeit ebenso ihre Pflicht taten, wie später beim Aufbau der Bundesrepublik und dann versuchten, beides gegeneinander aufzurechnen. Mit den Worten: »Ein Volk, das diese wirtschaftlichen Leistungen erbracht hat, hat ein Recht darauf, von Auschwitz nichts mehr hören zu wollen!« brachte Franz-Josef Strauß diese Haltung auf den Punkt.[44] Ein von der Verdrängung der eigenen Schuld geprägtes Verständnis des Nationalsozialismus bestimmte so die gesellschaftliche Diskussion des Themas und seine Vermittlung an die nachfolgende Generation. Auf einer Tagung zum Thema »Der Nationalsozialismus in öffentlichen Medien und im Unterricht«, die im September 1979 an der PH Berlin stattfand, führte Prof. Borries dazu aus:

»Tatsache ist, daß in unmittelbarer Nahkommunikation seit zwei Generationen ein Faschismus-Bild weitergegeben wird, das kraß einseitig, in vielen Punkten eindeutig tatsachenwidrig, teilweise geradezu absurd ist.[45]

Nicht nur in den Familien, auch in einem Teil der Massenmedien wird ein Bild des Nationalsozialismus gezeichnet, das geprägt ist von Mythen, Legenden und Klischees. Nicht die Verbrechen des Nationalsozialismus, die vielfach nur als »Auswüchse« betrachtet werden, sondern seine »Verdienste« bestimmen vielfach das Bild. Im Zuge der geistig-moralischen Wende in der Bundesrepublik hat sich diese Entwicklung noch verstärkt. Führende deutsche Politiker haben in den letzten Jahren mit unglückseligen Äußerungen und fragwürdigen Vergleichen ihren Beitrag zur Verharmlosung der NS-Zeit und zur Verschleierung der historischen Tatsachen geleistet.[45a] Dazu gehört auch die Beschwörung einer »Normalität« im Verhältnis zu den Völkern, die am meisten unter dem Nationalsozialismus gelitten haben. Diese »Normalität« negiert die besondere historische Verantwortung des deutschen Volkes, woraus die Weigerung resultiert, die entsprechenden politischen Konsequenzen zu ziehen.

Auschwitz als Symbol für die verbrecherische Qualität des NS-Regimes wird mehr als historisches Phänomen und weniger als Mahnung an die Lebenden verstanden. Anstatt die junge Generation auf die Verantwortung hinzuweisen, die auch ihr aus Auschwitz erwächst, wird betont, daß die Nachgeborenen nicht für die Verbrechen ihrer Väter und Großväter verantwortlich gemacht werden können und daraus gefolgert, daß deutsche Politik Auschwitz nicht länger zum Kriterium politischer Entscheidungen machen kann.[46] Selbst renommierte Historiker glauben, von Siegern und Opfern in der Nachkriegszeit aufgerichtete Denkverbote entdeckt zu haben, die es nunmehr zu durchbrechen gilt. Die Folge ist eine Verharmlosung und Reinwaschung des NS-Systems mit direktem Bezug auf die deutsche Stammtischlogik.[46a] Antifaschismus hat in dieser Denkweise keinen Platz mehr. Er wird »den Gespenstern der Vergangenheit« zugeordnet.[46b]

Solche Versuche, sich aus der geschichtlichen Verantwortung, die ja nicht auf eine Generation beschränkt ist, zu stehlen, erschweren es, die Konsequenzen aus eben dieser Geschichte zu ziehen. Die junge Generation kann ihrer Verantwortung für die Zukunft aber nur nachkommen im Wissen und Bewußtsein um die Vergangenheit, indem sie dazu Stellung nimmt und Lehren daraus zieht. Sie kann zwar die Verbrechen der Vergangenheit nicht ungeschehen machen, sie muß aber alles tun, um ähnliche Verbrechen in der Zukunft zu verhindern. Das Lernangebot, das gerade die jüngste deutsche Geschichte in dieser Hinsicht bereithält, nicht zu nutzen, muß letztlich zu einer Begünstigung der Ewiggestrigen führen, die an einer kritischen Aufarbeitung der jüngsten deutschen Geschichte keinerlei Interesse zeigen, damit sie ungestört ihr politisches Süppchen kochen können.

Es gilt daher weiterhin, der Unwissenheit über die Wirklichkeit des Nationalsozialismus insbesondere bei der Jugend zu begegnen. Einmal, weil diese Unwissenheit und die daraus resultierende Verharmlosung des NS-Systems immer wieder den Nährboden für rechtsextremistische Tendenzen bieten, zum anderen, um die besondere Verantwortung deutscher Politik als Folge dieser Vergangenheit verdeutlichen zu können.

Im Sinne dieser Aufgabe – damit für die deutsche Jugend das Bekenntnis gegen Diktatur und Unterdrückung sowie der Schwur »Nie wieder Faschismus, nie wieder Krieg« ein echtes Anliegen und mehr als nur Lippenbekenntnisse bilden – haben Besuche von Stätten des NS-Terrors weiterhin ihren Stellenwert, weil an jenen Orten Jugendlichen die verbrecherische Realität des NS-Regimes am anschaulichsten nahezubringen ist.

Allerdings können Maßnahmen politischer Bildungsarbeit allein nur wenig zu antifaschistischer Einstellung und Engagement beitragen, solange die gesellschaftliche Wirklichkeit ein anderes Bild bietet. Die im Rahmen dieser Arbeit beschriebenen Erfahrungen belegen, daß antifaschistische Bildungsarbeit die besten Ergebnisse erzielt, wenn sie sehr umfassend, in diesem Fall als Teil der alltäglichen Verbandsarbeit, angelegt ist, die zudem oftmals auf eine antifaschistische Sozialisation der Jugendlichen in ihren Elternhäusern aufbauen konnte. Solange Verdrängung und Verharmlosung bei der Betrachtung der NS-Zeit eine beträchtliche Rolle spielen und dazu beitragen, das Bewußtsein vieler Jugendlicher zu vernebeln, sind die Voraussetzungen für eine umfassende Verbreitung dezidiert antifaschistischer Einstellungen denkbar schlecht. Eine Änderung des gesellschaftlichen Klimas in der Bundesrepublik würde die Aufgabe, Jugendliche gegen rechtsextremistische Tendenzen zu immunisieren, wesentlich erleichtern.

Dennoch kann politische Bildungsarbeit – wie wir sie am Beispiel der Osteuropa-Aktivitäten der Falken gesehen haben – einen Beitrag zur Veränderung des gesellschaftlichen Bewußtseins leisten. Dazu gilt es, Konzepte zu entwickeln, die eine kontinuierliche, an den Bedürfnissen und Interessen von Jugendlichen orientierte Beschäftigung mit dem Thema Nationalsozialismus/Neo-Faschismus ermöglichen. Antifaschistisches Bewußtsein kann nicht im Laufe eines Seminars oder einiger Unterrichtsstunden erzeugt werden und vor allem nicht in der Form eines abstrakten, aus sich selbst heraus begründeten moralischen Pflichtpensums. Antifaschistische Bildungsarbeit muß anknüpfen an den Erfahrungen und Problemen Jugendlicher von heute, sie muß aktuelle Bezüge finden, um nachvollziehbar werden zu können. Nicht die Behandlung des Themas als historisch abgetane Periode, als einmaliger Betriebsunfall der Geschichte, sondern

»erst die Öffnung des Faschismusbegriffes nach ›unten‹, zum Alltag hin und das Verständnis des (Neo-)Faschismus als einer die Krisenängste und die antikapitalistischen Sehnsüchte mobilisierenden und funktionalisierenden Bewegung trifft umfassend auf die Erfahrungsbasis der Betroffenen und macht Kontinuitäten in den Alltagsorientierungen der Bevölkerung auch nach 1945 deutlich.«[47]

Während die strukturell-ökonomischen und sozialpsychologischen Entstehungszusammenhänge des Faschismus und seine sich daraus ergebene Aktualität bei seiner Aufarbeitung im Falkenverband ausreichend thematisiert wurden, fand der Gedanke, das Alltagsleben in die Behandlung des Themas einzubeziehen, damals weniger Beachtung. Die Spurensuche im Stadtteil, die urbane und soziale Lebenszusammenhänge mit einbezieht, ist weitgehend eine Errungenschaft der letzten Jahre und leistet etwa in der Form von antifaschistischen Stadtrundfahrten einen hervorragenden Beitrag zur Behandlung des Themas.

Ähnlich positiv wirkt die Konfrontation der Jugendlichen mit noch lebenden Widerstandskämpfern aus dem Volke, zu deren Leben und persönlichen Schicksal sie einen konkreten Bezug herstellen können. Ernst Froebel vermutete zu Recht, und die Aussagen seiner Gruppenmitglieder bestätigten dies, daß die Schilderung seiner Erfahrungen und die seiner Kampfgefährten für junge Menschen beeindruckender waren, als die Aufzählung der für sich sehr abstrakten und unfaßbaren Millionenzahl der Opfer. Weiterhin gehört zu einer konsequent antifaschistischen Erziehung der ebenfalls im Rahmen der Falkenarbeit angewandte Rückgriff auf demokratische und antifaschistische Traditionen in den Bereichen Politik, Alltagsleben und Kultur. Die Integration von Kulturprogramm in die Gedenkstunden an den Orten der NS-Verbrechen und bei anderen antifaschistischen Veranstaltungen war ebenso Teil der antifaschistischen Arbeit des Verbandes wie die Pflege des Andenkens von bekannteren und weniger bekannten Widerstandskämpfern und bleibt nach wie vor aktuell.

## VII.6. Die unverändert aktuelle Bedeutung von Kontakten zu den Staaten Osteuropas im Rahmen internationaler Jugendarbeit

Die Kontakte der Berliner Falken zu den Jugendverbänden der osteuropäischen Staaten in den 50er und 60er Jahren haben mit dazu beigetragen, das Eis des Kalten Krieges zu schmelzen. Die Begegnung mit den dort lebenden Menschen und die Kenntnis der dortigen Verhältnisse aus eigener Anschauung haben einiges dazu beigetragen, Vorurteile und Bewußtseinsblockierungen abzubauen. Insbesondere das durch die Auseinandersetzungen mit der DDR bestimmte undifferenzierte Bild des Alltags in den Staaten des »realen Sozialismus« konnte durch die direkten Kontakte modifiziert werden. Umgekehrt trug das Auftreten der jungen Deutschen auch zum Abbau von Feindbildern auf der anderen Seite bei. Die positiven Auswirkungen dieser Bemühungen würdigte Willy Brandt in seinem Gastreferat auf der Bundeskonferenz der Falken im Mai 1969 mit den folgenden Worten:

»Diese Kontakte helfen nicht nur, ein sachliches Bild der jungen Generation in der Bundesrepublik zu geben. Sie tragen auch dazu bei, selbstkritischer und gerechter bei der Beurteilung anderer Länder und anderer Ordnungen zu werden. Durch diese vielfältigen und oft freundschaftlichen Bindungen erhält das Wort Solidarität einen konkreten Inhalt. Auf dem Weg zu weiteren und engeren Kontakten mit Jugendverbänden in aller Welt wünsche ich den Falken jeden möglichen Erfolg. Ich grüße und beglückwünsche sie als Mitstreiter im Kampf um den Frieden in der Welt, um eine europäische Friedensordnung im besonderen.«[48]

Zu diesem Zeitpunkt stand die Politik der Entspannung in Deutschland noch am Anfang. Nachdem es schien, als ob durch die Umsetzung dieser Politik und den daraus resultierenden Abbau von Spannungen ein wichtiger Schritt auf dem Wege zu einer europäischen Friedensordnung getan worden sei, hat sich die internationale Lage in den letzten Jahren wieder verschärft. Vor dem Hintergrund zunehmender Spannungen im Ost-West-Verhältnis gewinnen Kontakte im Jugendbereich wieder eine verstärkte Bedeutung. Abermals muß es darum gehen, im Rahmen des zugespitzten Ost-West-Konflikts entstandenen oder neuerlich zu entstehen drohenden gegenseitigen Zerrbilder zu bekämpfen und das gemeinsame Interesse der Völker an Frieden, Abrüstung und Entspannung zu betonen.
Persönliche Kontakte, Gespräche, gegenseitige Besuche, die Einblick gewähren in das Denken und Handeln von Menschen, die in unterschiedlichen Gesellschaftssystemen leben, können einen wichtigen Beitrag leisten zur Entfaltung eines Bewußtseins, das auf Versöhnung und Frieden mit anderen Ländern gerichtet ist. Das persönliche Erlebnis, daß der Wille zum Frieden bei allen Völkern groß ist und insbesondere die

Völker Osteuropas, die im letzten Weltkrieg am meisten gelitten haben, die Schrecken eines neuen Krieges mehr als alles andere fürchten, kann wichtige Anstöße im Hinblick auf eine Relativierung der gegenseitigen Bedrohungsängste liefern, wie ähnlich geartete Erfahrungen, die die Beteiligten der anderen Seite im Rahmen solcher Begegnungen machen. Auf beiden Seiten vorhandene Propagandaklischees können so in Frage gestellt werden.

Ein weiteres im Sinne einer Friedenserziehung wesentliches Moment bildet die durch persönliche Kontakte und Anschauung erreichte Aufhebung der Anonymität und Abstraktheit der anderen Seite. Das Wissen, daß die im eigenen Land stationierten Waffen nicht auf x-beliebige Länder, Städte und Menschen gerichtet sind, sondern auf Länder und Städte, die man bereist hat, wo man Menschen kennt, deren Wohnungen, Arbeitsplätze und Leben, mit denen man eigene Erlebnisse verbindet, ebenso bedroht sind wie umgekehrt die eigenen, gibt dem Problem der Bedrohung und der Erhaltung des Friedens eine neue Dimension. Dies kann mit dazu beitragen, den Kampf für den Frieden auf eine internationale Ebene zu heben in dem Sinne, daß ihn über eine Vielzahl von Individuen sich alle Länder und deren Regierungen zu eigen machen, damit der ewiggleiche »Satz vom Kriege, für den man rüsten muß, um den Frieden zu sichern«[49] ein für allemal widerlegt werden kann.

Es scheint heute angesichts der neuen Qualität der Massenvernichtungswaffen noch dringlicher, diesen Weg der Umkehr zu beschreiten, als vor 30 Jahren, als die Falken bereits dafür eintraten und sich deswegen belehren lassen mußten, sie sollten »erst einmal Nachhilfestunden über die historische Schuld des blindwütigen Pazifismus am Aufkommen des Nationalsozialismus nehmen«.[50] Dieses Zurechtbiegen von historischen Tatsachen, um sie für die aktuellen politischen Auseinandersetzungen funktionalisieren zu können, hat – wohl mangels besserer Argumente – gerade in der Frage der Aufrüstung bis heute Bestand. Im Juni 1983 stellte der damalige Bundesminister Heiner Geißler mit einer ähnlichen Aussage die Kontinuität dieser Art von Geschichtsklitterung her. Er behauptete in der Sicherheitsdebatte des Bundestages:

»Der Pazifismus der 30er Jahre, der sich in seiner gesinnungsethischen Begründung nur wenig von dem unterscheidet, was wir in der Begründung des heutigen Pazifismus zur Kenntnis zu nehmen haben, dieser Pazifismus der 30er Jahre hat Auschwitz erst möglich gemacht.«[51]

Solange die jüngste deutsche Geschichte in dieser Weise als beliebig einzusetzendes Spielmaterial für die Austragung von politischen Konflikten dient, solange wird es politische Bildungsarbeit schwer haben, Jugendlichen Einsichten über diese Geschichte und die daraus erwachsenden Folgen zu vermitteln.

Internationale Jugendbegegnungen berühren noch ein weiteres brennendes Problem unserer Gesellschaft, in dem die offizielle Politik ebenfalls eher dazu beiträgt, bestehende Ressentiments zu verstärken als sie auszuräumen: den Umgang mit Ausländern.

Ausländerfeindlichkeit ist eine weitverbreitete Erscheinung. Das Mißtrauen gegen andere Kulturen und Lebensweisen, das latent in großen Teilen der Bevölkerung vorhanden ist, tritt in Zeiten wirtschaftlicher und sozialer Krisen zunehmend offen in Erscheinung und bildet auch einen wesentlichen Bestandteil rechtsextremer Agitation. Auch hier kann durch im Rahmen internationaler Begegnungen hergestellte persönliche Kontakte, durch die Beschäftigung mit anderen Kulturen und Mentalitäten und ihr Kennenlernen aus der Nähe ein Beitrag zum Abbau von Vorurteilen und für eine größere Offenheit gegenüber anderen Lebensweisen geleistet werden. Ähnlich, wie sich damals die jungen Falken von der Herzlichkeit und der Gastfreundschaft, auf die sie in Osteuropa trafen, beeindruckt zeigten und teilweise persönliche Freundschaften dorthin entstanden, können heute junge Menschen durch internationale Begegnungen dazu geführt werden, ihre Vorurteile gegen andere Völker zu überwinden und fremdartige Lebensweisen in einem objektiveren Licht zu betrachten.

Das eben Gesagte gilt auch im Hinblick auf andere Gesellschaftssysteme. Für die politische Urteilsfindung von jungen Menschen ist es eminent wichtig, sich ein eigenes Bild von den politischen Verhältnissen in anderen Ländern machen zu können, auch um ihre Stellung zum eigenen Staats- und Regierungssystem besser definieren zu können. Ein durch intensive Vor- und Nachbereitung abgerundeter Besuch in einem Land des »real existierenden Sozialismus« verschafft einen vertieften Einblick in diese Gesellschaftsformation, der über das vorherrschende, durch die Blockkonfrontation entstandene Schwarz-Weiß-Denken hinausreicht und ein präziseres Urteil über die Vor- und Nachteile dieses Systems ermöglicht. Gerade auch der Vergleich zwischen den Verhältnissen im eigenen Land und denen im Gastland kann bei jungen Menschen einen wesentlichen Beitrag zur Klärung der eigenen politischen Position leisten.

## VII.7. Politische Jugendarbeit im Spannungsfeld zwischen »jugendlichem Überschwang« und den Ansprüchen der Erwachsenenwelt

Die Berliner Falken waren immer unbequem. Rundfunkjournalisten formulierten anläßlich ihres 25jährigen Bestehens im Jahre 1972:

»In der Tat, sie haben immer gestört, die Falken. 25 Jahre lang. Die Selbstgerechten, die Satten, die SPD, die CDU, den Senat, das Abgeordnetenhaus, die Spießer und Heuchler und manchmal auch die Öffentlichkeit.«[52]

Dieses »Stören« war geboren aus der Überzeugung der Verbandsführung, daß die politische Wirksamkeit des Verbandes von zweierlei Faktoren abhängt: Einmal von der Durchführung öffentlichkeitswirksamer Aktionen, die in Form und Inhalt neue Wege beschreiten, zum anderen davon, daß durch den mit diesen Aktionen erworbenen rebellischen Ruf der Verband für politisch engagierte junge Menschen attraktiv wird. Und in der Tat führte dieses Erscheinungsbild des Verbandes dazu, daß sich kritische und veränderungswillige junge Menschen dem Verband anschlossen. Ihre entschiedenen und herausfordernden Aktionen und Aktionsformen machten die Berliner Falken für ein Jahrzehnt zum Kristallisationskern linksoppositioneller Bestrebungen in Berlin. Die Falken waren somit Vorläufer der jugendlichen Protestbewegungen, wie sie in der Form der Studenten- und der Hausbesetzerbewegung insbesondere in West-Berlin Furore machten. In einer wesentlichen Hinsicht unterschieden sich die Falken jedoch von den späteren Jugend-Protestbewegungen. Während diese außerhalb und oftmals gegen die Organisationen der Arbeiterbewegung für ihre gesellschaftsverändernden Ziele stritten und damit der Arbeiterbewegung in ihrer Rolle als Träger gesellschaftlicher Innovation Konkurrenz machten, war es den Falken als Organisation der Arbeiterbewegung damals gelungen, dieses jugendliche Protestpotential anzuziehen und zu binden.

Dies war das Ergebnis der konsequenten Politik der Falken und wurde dadurch erleichtert, daß zu jener Zeit nicht nur Jugendliche die Organisationen der Arbeiterbewegung noch selbstverständlicher als Vehikel zur Durchsetzung oppositioneller politischer Vorstellungen begreifen konnten. Daher organisierten sich die meisten von ihnen nicht nur im sozialistischen Jugendverband, sondern auch in der ihm nahestehenden Partei, der SPD.

Der heute offen zutage getretene Konflikt zwischen jugendlichem Protestpotential und der organisierten Arbeiterbewegung war jedoch in dieser institutionalisierten

Form ebenfalls bereits angelegt. Er verschärfte sich in dem Maße, in dem die Arbeiterbewegung, unter dem Eindruck der wirtschaftlichen Erfolge des ökonomischen Systems der Bundesrepublik und deren Auswirkungen auf das Bewußtsein der Bevölkerung, damit begann, ihren Frieden mit den vorgegebenen politischen und ökonomischen Strukturen zu machen, während die sozialistischen Jugendlichen weiterhin die grundlegende Veränderung dieser Strukturen forderten. Damit setzten sie sich in zunehmendem Maße nicht nur der Kritik von seiten der Repräsentanten des bürgerlichen Lagers aus, sondern zogen sich auch den Unwillen ihrer Erwachsenenorganisation, der SPD, zu, die für sie auf der politischen Ebene immer der Träger ihrer Hoffnungen auf durchgreifende gesellschaftliche Veränderungen war und blieb.

Vor diesem Hintergrund stellten sich drei für die heutige jugendpolitische Entwicklung interessante Fragen. Einmal, welcher Bedeutung für die Inhalte und die Art der Austragung der Konflikte die Tatsache zukam, daß sich die Jugendlichen einer etablierten Organisation zur Formulierung und Durchsetzung ihrer Vorstellungen bedienen konnten. Zum anderen, inwieweit durch diese institutionalisierte Form der Konfliktaustragung die Protestbewegung leichter zu kanalisieren und zu integrieren war, und drittens, ob die Behandlung von radikaler Kritik mit organisatorischen statt mit politischen Mitteln dazu geführt hat, daß sich heute radikale Kritik im wesentlichen nur noch außerhalb der traditionellen Organisationsstrukturen artikuliert.

*Zu 1)*

Die Berliner Falken als anerkannte und wenn auch mit Einschränkungen staatlich subventionierte Jugendorganisation verfügten aufgrund dieser Tatsache über beträchtliche finanzielle und organisatorische Möglichkeiten, die sie auch nutzten, wenn es darum ging, ihre politischen Vorstellungen zu propagieren oder in die Praxis umzusetzen. Hinzu kam das enge Verhältnis zur SPD, das gerade auch im Bereich der Finanzierung der Kontakte und Fahrten nach Osteuropa einige Möglichkeiten eröffnete. Damit waren gleichzeitig aber auch Grenzen gesetzt. Die Abhängigkeit von staatlicher Finanzierung und vom Wohlwollen der SPD mußte den Handlungsspielraum der Falken notwendigerweise begrenzen, und dies geschah häufiger, als es auch der Führung des Verbandes, die sich wie beschrieben ebenfalls sehr stark an der SPD orientierte, lieb war.

So geriet die Führung des Verbandes des öfteren in eine Zwickmühle. Sie mußte teilweise von ihr selbst initiierte Aktionen, die die breite Zustimmung der Basis des Verbandes gefunden hatten, unter dem Druck der SPD gegen ihre eigene Überzeugung wieder absagen oder sich distanzieren und dies gegenüber der Basis vertreten, die z. T. auf eine Ausführung der Verbandsbeschlüsse beharrte. Dies führte zu einem Verlust von Glaubwürdigkeit der Verbandsführung und hatte Anfang der 60er Jahre die Herausbildung einer linken Opposition im Landesverband zur Folge. Diese Opposition kritisierte, daß die Verbandsführung nicht entschieden genug auftrat, »da ihre Verflechtung von Partei- und Falken-Funktionen es ihnen unmöglich macht, ihren theoretischen Einsichten zu folgen«. Sie forderte: »Um den Verband wieder ein politisches Gesicht zu geben, müssen opportunistische Genossen aus den leitenden Funktionen entfernt werden, da diese jegliche sozialistische Politik und damit einen Neubeginn in unserer Verbandsarbeit behindern.«[53]

Diese Kritik, so berechtigt sie im einzelnen auch war, traf dennoch nicht den Kern. Das Problem lag darin begründet, daß die SPD den Falken nur einen sehr begrenzten Spielraum zuzubilligen bereit war und dies auch erst nach harten Auseinandersetzungen. Der beklagte Opportunismus der Verbandsführung war also nur Ausdruck des

Dilemmas, in dem sie sich befand. Die Geschäftsbedingungen im Verhältnis zwischen der SPD und den Falken diktierte die Partei. Die Alternative bestand eben nicht in der, auch von der später des Opportunismus gescholtenen Verbandsführung Ende der 50er Jahre geforderten, Gleichberechtigung zwischen beiden Organisationen, sondern in einer weitgehenden Auflösung der Beziehungen. Da der Verband aber einen Großteil seiner Stärke aus der Anbindung an die SPD bezog, wäre eine Trennung von der SPD zum damaligen Zeitpunkt nicht ohne schwerwiegende Auswirkungen auf die politische Wirksamkeit des Verbandes geblieben, wie auch die Entwicklung in Berlin ab Ende der 60er Jahre gezeigt hat. So gab es zur Politik der Verbandsführung nur eine graduelle, aber keine grundsätzliche Alternative, weil zum damaligen Zeitpunkt keine Möglichkeit bestand, systemkritische, sozialistische Politik in politisch effektiver Weise außerhalb des sozialdemokratischen Spektrums zu organisieren.

*Dies leitet über zu 2)*

Die politische Opportunität, die die Entscheidungen der Verbandsführung des öfteren bestimmte, war der Ausdruck des Eingebundenseins in die politischen Strukturen der sozialdemokratischen Bewegung. Sowohl die Verbandsführung als auch die jungen Menschen, die sich dem Verband angeschlossen hatten, weil er eine Plattform für oppositionelle Vorstellungen bot, sahen sich schon bald vor die Wahl gestellt, entweder die eigene politische Linie ohne Abstriche zu verfolgen und damit die politische Bedeutungslosigkeit oder gar ein Sektierer-Dasein in Kauf zu nehmen oder Kompromisse einzugehen, um sich die politische Effektivität zu erhalten. Die meisten von ihnen wählten den zweiten Weg und gerieten dabei in einen Anpassungsprozeß, der schließlich mit dem Verlust ihres ursprünglichen politischen Anspruchs, radikale gesellschaftsverändernde Kräfte zu sein, endete. Allerdings ist dafür nicht allein die Tatsache, daß um der politischen Effektivität willen Kompromisse geschlossen werden mußten, verantwortlich. Kompromißfähigkeit ist im politischen Kräftespiel eine unabweisbare Notwendigkeit. Entscheidend ist der Inhalt der Kompromisse, ob es gelingt, beim Schließen von Kompromissen die eigene politische Identität zu bewahren oder nicht. Und diese politische Identität ist, gemessen an den Zielsetzungen, unter denen unsere Akteure bei den Falken einmal angetreten sind, den meisten von ihnen im Laufe der Zeit verloren gegangen. Dabei spielten mehrere Momente zusammen. Bis gegen Ende der 50er Jahre hatte der Kampf gegen die kapitalistische Restauration der BRD und für ein sozialistisches Gesamtdeutschland im Vordergrund der politischen Bemühungen der Berliner Falken gestanden. Die Verabschiedung des Godesberger Programms und die Anerkennung der durch die Politik Adenauers in der Deutschlandpolitik geschaffenen Tatsachen als Reaktion der SPD auf diese nicht mehr wandelbaren, weil von einer breiten Mehrheit der Bevölkerung getragenen Entscheidungen, entzog den Berliner Falken den Boden für ihren Kampf um die o. g. Ziele im Rahmen der sozialdemokratischen Bewegung. Die Intervention der SPD-Führung gegen das »Manifest« spricht in dieser Hinsicht eine beredte Sprache.

Entsprechend mußte die Führung der Berliner Falken, wollte sie weiterhin im Rahmen der sozialdemokratischen Bewegung tätig bleiben – woran für sie kein Zweifel bestand –, eine Schwerpunktverlagerung in ihren politischen Aktivitäten vornehmen. Diesen Schwerpunkt bildeten dann die ursprünglich als Teil eines sozialistischen Gesamtkonzepts konzipierten Kontakte nach Osteuropa. Da die antikapitalistischen Bestrebungen demgegenüber in den Hintergrund traten, ging jedoch der Gesamtzusammenhang verloren. Die ihres ursprünglichen Rahmens entkleidete Öffnung gegenüber Osteuropa bekam damit einen anderen Charakter, aber auch die

Chance, innerhalb der SPD mehrheitsfähig zu werden. Als sich ab Mitte der 60er Jahre abzuzeichnen begann, daß die Mehrheit innerhalb der SPD über kurz oder lang diese Politik mittragen würde, beschleunigte dies den Anpassungsprozeß weiter. Das Jahr 1969, in dem die sozialliberale Koalition in Bonn den entscheidenden Durchbruch für eine neue Ostpolitik brachte, erlebte das Gros der ehemaligen Führungsmitglieder der Berliner Falken bereits als sozialdemokratische Mandatsträger, z. T. als Bezirksstadträte oder als Mitglieder des Abgeordnetenhauses von Berlin.

Alfred Gleitze über diesen Prozeß:

»Insgesamt hat ja die Partei auf dem Sektor, den wir hier im wesentlichen abgehandelt haben, der Ostpolitik dann selber den großen Schub nach vorne gemacht. Da wird man heute nicht mehr so sehr auseinandersortieren können, wo ist da Schubkraft von uns mit beigewesen und wo hat sich das nachher aus Eigengesetzlichkeit entwickelt. Aber insgesamt sind wir ja bestätigt worden mit diesem Weg. Wir haben die Partei schon, glaube ich, ein Stück nach links gerückt im Laufe der vielen Jahre, um den Preis, daß diejenigen, die sich damals als klar abgesetzte Linke empfanden, daß heute natürlich dieses Profil darunter gelitten hat, daß es nicht mehr ganz so kraß ist, und daß eben heute ein Teil der Jüngeren, Nachwachsenden wiederum sagt: Na, der Ristock und der Gleitze und wie sie alle heißen, was ist da von dem linken Bewußtsein noch übrig geblieben? Das muß man in Kauf nehmen. Wenn man was verändert, kann man nicht gleichzeitig die große Trennschärfe noch weiterhin aufrechterhalten, die damals da war. Da galten wir schon als Exoten, die so am Rande der SPD angesiedelt waren. Das hat sich heute überlebt. ... Seinen reinen Standpunkt zu behalten ist eben wirklich nur möglich, wenn man sich sektiererisch draußen bewegt. Sobald man erstmal reingeht, sobald man irgendwo Verantwortung übernimmt und Sprecher von Mehrheiten ist, die auch wieder andere Minderheitsmeinungen beinhalten, verwischt sich das Ganze. Wenn ich jetzt wie der Ristock den Anspruch erheben will, Spitzenkandidat für die nächsten Wahlen zu sein, dann kann ich das nicht als lupenreiner Linker machen, das ist er auch nicht mehr, aber eben aufgrund der Entwicklung, die ich eben geschildert habe. Denn wenn er das noch wäre, dann wäre er allenfalls Volksbildungsstadtrat in Charlottenburg, allenfalls.«[54]

Die Tatsache, daß sich das jugendliche Protestpotential der 50er und frühen 60er Jahre im Rahmen des sozialdemokratischen Spektrums sammelte, führte also in der Tat dazu, daß dieses Protestpotential relativ reibungslos integriert werden konnte. Viele der »linken Radikalinskis« von einst sind heute anerkannte Kommunalpolitiker und vielfach an verantwortlicher Stelle tätig. Harry Ristock brachte es bis zum Senator und – wenn auch nur kurzzeitig – Spitzenkandidaten der Berliner SPD.

*Zu 3)*

Vor diesem Hintergrund erscheint die Aufregung, die über einige Aktionen der Falken herrschte und die Überreaktionen, mit denen sie von den verschiedensten Seiten konfrontiert wurden, geradezu grotesk. So stellt sich die Frage, ob politische Disziplinierung, Einschränkungen und Verbote bis hin zu versuchten Berufsverboten die geeigneten Mittel in einer demokratischen Gesellschaft waren und sind, um jugendlichem Veränderungswillen zu begegnen. Ganz abgesehen davon, daß einige der inkriminierten Forderungen der Falken nur wenige Jahre später Bestandteil offizieller Regierungspolitik wurden, sollte eine demokratische Gesellschaft auch Jugendlichen und ihren Organisationen die Möglichkeit geben, ohne Bevormundung durch die Erwachsenen unkonventionelle Erfahrungen machen zu können. Dies würde m. E. auch dann zu einer Stärkung des demokratischen Potentials in der Gesellschaft führen, wenn die Jugendlichen dabei in der Tat über das Ziel hinausschießen sollten.

Die negativen Auswirkungen auf die politische Sozialisation von Jugendlichen, wenn man aus dieser Furcht heraus mit Verboten und Sanktionen reagiert, sollten nicht unterschätzt werden. Nicht alle, vor allem junge Menschen nicht, haben das Stehvermögen eines Harry Ristock, der ungeachtet vieler persönlicher und politischer Anfeindungen und mehrerer SPD-Parteiordnungsverfahren dennoch seinen politischen Weg machte. Die Erfahrungen, die z. B. die Falken als politischer Jugendverband und mit ihnen unmittelbar und mittelbar viele kritische und engagierte junge Menschen mit dem Verhalten der Erwachsenenwelt und der von ihnen dominierten Organisationen gegenüber ihren Aktivitäten machten, dürften mit dazu beigetragen haben, daß sich wenige Jahre später eine überwiegend von jungen Menschen getragene außerparlamentarische Opposition bildete. Diese setzte sich eindeutig von den etablierten Organisationen ab und schuf sich als Ausdruck dieser Erfahrungen nach einer Phase völliger Organisationsfeindlichkeit eine Vielzahl von eigenen politisch bedeutungslosen Mini-Organisationen.

Auch die heutige junge Generation steht in großen Teilen den etablierten Organisationen sehr kritisch bis ablehnend gegenüber. Die Ergebnisse der Enquete-Kommission des Bundestages »Jugendprotest im demokratischen Staat« und die Wahlerfolge der Grünen bzw. grün-alternativen Gruppierungen in den Großstädten gerade bei jungen Wählern belegen dies deutlich. Dies ist eine Folge der von den gesellschaftlichen Organisationen nicht nur im Umgang mit Forderungen der Jugend gezeigten Immobilität.

Die Enquete-Kommission kam zu dem Ergebnis, »daß die eingetretene Entfremdung zwischen einem Teil der Jugend auf der einen und dem politischen System und seinen Vertretern auf der anderen Seite nicht durch kurzfristig taktische Maßnahmen behoben werden kann«[55] und deutete damit an, wie weit der Vertrauensverlust in der Jugend gegenüber den demokratischen Institutionen bereits gediehen ist.

Eine Gesellschaft mit demokratischem Anspruch kann es sich nicht leisten, auf das Potential an zukunftsweisenden Ideen und die Anstöße zur Veränderung zu verzichten, das im Rahmen der Studenten- bzw. Hausbesetzerbewegung ebenso entwickelt worden ist wie damals von den Falken. Es gilt also, Jugendlichen Spielräume zu lassen, in denen sie ihre Utopien artikulieren und neue Wege erproben können, und es gilt ebenso, die dort entwickelten Ansätze aufzunehmen und nutzbar zu machen für die Demokratisierung und Weiterentwicklung der Gesellschaft insgesamt.

# Anhang

**Anmerkungen zu Kapitel I.**

1 Zur Gründung der SJD – Die Falken und ihrer Nachkriegsgeschichte auf Bundesebene vgl. *Roland Gröschel: Zwischen Tradition und Neubeginn.* Hamburg 1986. S. 107ff.
2 Sowohl über die Kinderfreunde als auch über die SAJ liegen einige Untersuchungen vor. An dieser Stelle sei hingewiesen auf *N. Richartz:* Die Pädagogik der Kinderfreunde, Weinheim und Basel 1981, sowie *G. Hartmann / H. Lienker:* Sozialistische Arbeiterjugendbewegung in der Weimarer Republik, Bielefeld 1982.
3 Zur Position der SAJ, die in nahezu unveränderter Form lange Zeit den Standpunkt der Falken prägte, vgl. *Hartmann / Lienker, a.a.O., S. 319ff.*
4 Vgl. *R. Gröschel, a.a.O., S. 178ff., sowie U. Tünsmeyer:* Entwicklung und Struktur des sozialistischen Jugendverbandes »SJD – Die Falken« von 1946 bis zum Ende der 1950er Jahre, unveröffentlichte Staatsexamensarbeit, Berlin 1981, S. 85f., die sich beide auf aus jener Zeit vorliegende Programme und Berichte beziehen.
5 Als exemplarisch für diese Position kann die Aussage im Bericht Friedel Grabandts auf der Berliner Landeskonferenz 1950 (Anlage zum Protokoll Teil C, S. 2. Franz Neumann-Archiv, Bestand Arbeiterjugend, Ordner Nr. 37. Im folgenden wird nur noch die jeweilige Nummer des Aktenordners in Klammern aufgeführt) gelten:
»Das Kind hat ein Recht auf das Kindsein. Es will nicht gefüttert werden mit politischen Dingen.

Unsere Arbeit soll es sein, kleine Persönlichkeiten zu erziehen, die das Leben in der Arbeit, im Spiel, in der Gemeinschaft kennen lernen, frei ihre Meinung sagen, die Menschen und das Leben zu lieben und sich mit den Sozialisten der ganzen Welt verbunden fühlen. Es ist falsch, Kinder auf politische Demonstrationen und Kundgebungen mitzunehmen. Wir haben nicht die Absicht, aus der Kinderarbeitsgemeinschaft einen unpolitischen Verein zu machen. Wir haben jederzeit herausgestellt, daß wir sozialistische Erziehungsarbeit leisten wollen. Ganz bewußt Vorbereitung des kleinen Menschen zum sozialistischen Denken. Das hat mit Tagespolitik nichts zu tun. Laßt die Kinder aus dem politischen Geschehen heraus.«

Diese Position bezog sich – in einer m. E. allerdings mißverstandenen Interpretation – auf Kurt Löwenstein, den Theoretiker und Vorsitzenden der deutschen Kinderfreunde. Löwenstein hatte sich gegen eine Erziehung für ein Parteiprogramm und dagegen gewandt, »die Erziehung von Tageslaunen und Tagestaktiken der Parteien abhängig (zu) machen«. (*Kurt Löwenstein:* Sozialismus und Erziehung. Eine Auswahl aus den Schriften 1919–1933, Berlin / Bad Godesberg 1976, S. 239 u. passim). Er ging davon aus, daß in Kindergruppen »natürlich nicht Sozialismus und Klassenbewußtsein gelehrt und irgendwie begrifflich nahegebracht werden« kann (S. 220). Die Kinder sollten statt dessen emotional und durch Symbolik ihre Zugehörigkeit zur Arbeiterklasse erfahren. »Unter roten Wimpeln sollen eure Kinder, umgeben von sozialistischen Erziehern, sich in die Gedanken- und Gefühlswelt der sozialistischen Arbeiterbewegung hineinfühlen«. (S. 239)
Allerdings propagierte Löwenstein nicht die völlige Abstinenz der Kinder vom politischen Kampf, wie dies in der Falkenbewegung nach dem 2. Weltkrieg vielfach getan wurde. Dennoch erscheint mir der in der verbandsinternen Geschichtsbetrachtung vielfach erhobene Vorwurf des »Unpolitischen« gegenüber dieser Position zu undifferenziert. Vgl. dazu vor allem: *Günter Hartmann:* Zusammenbruch und Restauration, in: Zwischen Anpassung und politischem Kampf. Zur Geschichte der organisierten Arbeiterjugendbewegung in Deutschland 1904–1974. Erschienen als: Dokumente 5, Schriftenreihe der Sozialistischen Jugend Deutschlands – Die Falken, Bonn / Bad Godesberg 1974, S. 76f. Vgl. auch *Günter Hartmann:* Zur Theorie und Praxis der Arbeiterjugendbewegung, Diss. paed., Dortmund 1976, S. 105, sowie *Franz Schrammar:* Zwischen »rotem Pfadfindertum« und »politischem Kampfverband«. Kleine Geschichte der Sozialistischen Jugend Deutschlands – Die Falken, Landesverband Berlin, Berlin 1981, S. 20f., und *U. Tünsmeyer, a.a.O., S. 46.*

Was jene Kräfte verhindern wollten, war eine Politisierung des Verbandes in dem Sinne, daß er selbst zu einem politischen Faktor wird. Dagegen war die Politisierung der Mitglieder des Verbandes und ihre Heranführung an ein politisches Engagement im Rahmen der sozialdemokratischen Bewegung unbestrittenes Ziel ihrer Bemühungen. Daher erscheint mir bei der Berechtigung der Kritik an ihren Methoden der Vorwurf des »Unpolitischen« nicht haltbar zu sein. Es handelt sich dabei eher um die Übernahme eines innerverbandlichen Kampfbegriffs durch die o. g. Autoren. Dies trägt jedoch wenig zum Verständnis eines politisch-pädagogischen Konfliktes bei, der sich von Anfang an durch die Geschichte der Arbeiterjugendbewegung zog.

6 So einer der Protagonisten dieser Position, Hans Weinberger, bayerischer Landesvorsitzender, bis zur ersten Verbandskonferenz 1947 provisorischer, dort gemeinsam mit Erich Lindstaedt als gleichberechtigter Verbandsvorsitzender gewählt, in seinem Referat auf der Verbandskonferenz 1948 in Herne. Vgl.: Vorwärts trotz alledem. Bericht über die zweite zentrale Jahreskonferenz, o. O., o. J. (Hannover 1948), S. 25f. (32).

7 Vgl. den auf der Herner Konferenz beschlossenen jugendpolitischen Forderungskatalog, in: Vorwärts... a.a.O., S. 82. Auszüge zitiert Hartmann in Dok. 5, a.a.O., S. 75f.

8 Unsere Arbeit. Bericht über die erste zentrale Jahreskonferenz, S. 8. (32).

9 E. Lindstaedt: Der Wendepunkt, in: junge gemeinschaft (im folgenden zitiert als j. g.) Nr. 1, Juni 1949, S. 1.

10 Vgl. die Übersicht, die der Verbandssekretär Lorenz Knorr in der j. g. zusammenstellte: Vorbereitet sein oder überrascht werden, in: j. g. Nr. 1/1950.

11 Vgl. den Bericht zur 4. Verbandskonferenz 1953: Morgen ist unser Tag. Hrsgg. vom Verbandssekretariat, broschiert, S. 5 und S. 23. (32).

12 Bericht über die 3. Verbandskonferenz der Sozialistischen Jugend Deutschlands – Die Falken vom 23.–25. März 1951 in Heidelberg. Hektographiert, S. 12. (32).

13 Zu diesem Konflikt vgl. *Gröschel*, a.a.O., S. 213ff.

14 Zum Text der Anträge der Verbandskonferenz vgl. Bericht über die 3. Verbandskonferenz... a.a.O., S. 11ff.

15 Vgl. *Gröschel*, a.a.O., S. 223.

16 Im Bericht der j. g. über die Konferenz heißt es zu diesem Thema: »Die Ungeduld, mit die die jungen Menschen die Erhöhung der Altersgrenze diskutierten, von der wir alle wissen, daß die Partei sie nur ungern akzeptieren wird, läßt auf Opposition gegen die Partei schließen. Nichts wäre falscher, als eine solche Annahme.« j. g. Nr. 4/5, 1951, S. 3.

17 *E. Lindstaedt:* Zur Frage der Altersgrenze, in: j. g. Nr. 8, 1951, S. 3f, Hervorhebung d. V.

18 Unsere Arbeit, a.a.O., S. 8. Er hatte dort u. a. ausgeführt: »Das Gefühl für Selbstverantwortung, für lebendige Demokratie, der Geltungsdrang und Widerspruch, der Hang zur kompromißlosen Verfechtung einer Idee, aber auch Spiel und Schaffensfreude verlangen eigene Organisationsformen. Ja das alles ist bereits eigene Form, ist ein Stück sozialistischen Gemeinschaftserlebens, das im mehr oder wenigen starren Apparat einer Partei – und sei es auch der besten – keinen Platz findet.«

19 *Lindstaedt:* Zur Frage ... a.a.O., S. 4.

20 Ebd.

21 Morgen ist unser Tag, a.a.O., S. 20.

22 Vgl. ebd. sowie: Sozialistische Aktionsgemeinschaft, in: j. g., Februar 1952, S. 8f.

23 Morgen ist unser Tag, a.a.O., S. 20 und 21.

24 Arbeitsbericht zur 5. Verbandskonferenz 1955 in Kiel. Hrsgg. vom Verbandssekretariat, broschiert, S. 51. (32).

25 Zum Antimilitarismus der Arbeiterjugendbewegung vor dem 1. Weltkrieg vgl. *Karl Korn: Die Arbeiterjugendbewegung* Teil I, Berlin 1922, insbes. S. 79ff. Nach Ausbruch des Krieges ließen sich allerdings große Teile der Arbeiterjugend und vor allem die Führung in die Kriegsbegeisterung hineinziehen. Dies führte dann zur Spaltung der Bewegung analog der Entwicklung in der SPD (vgl. dazu *Hartmann / Lienker*, a.a.O.,

S. 80ff, und als Apologeten dieser Entwicklung *K. Korn*: Die Arbeiterjugendbewegung Teil III, Berlin 1924, S. 260ff). Der Arbeiterjugendtag von Weimar 1920 erbrachte wieder ein eindeutiges Bekenntnis gegen jeden Krieg (vgl. *Hartmann/Lienker*, a.a.O., S. 156). Die parteiloyale Haltung der Verbandsführung in der Auseinandersetzung um den Bau des Panzerkreuzers A und das sozialdemokratische Wehrprogramm führte 1931 erneut zu einer Abspaltung jener Kräfte im Jugendverband – wiederum analog der Entwicklung in der SPD – für die Antimilitarismus mehr bedeutete als »die Wiederholung von Antikriegsparolen« auf Jugendtagen (ebd., S. 335ff).

26 In den SJ-Gruppen lag 1954 der Anteil männlicher Mitglieder bei 63,7%. Vgl. Arbeitsbericht zur 5. Verbandskonferenz, a.a.O., S. 78. Zur Rolle von Frauen und Mädchen in der SJD vgl. *R. Lindemann / W. Schultz:* Die Falken in Berlin: Geschichte und Erinnerung. Berlin 1987.

27 Vgl. den Abdruck der Stellungnahme in: j. g. Nr. 9/1950, S. 3. Zur Politik der SPD in dieser Frage vgl. *U. F. Löwke:* Die SPD und die Wehrfrage 1949–1955, Bonn / Bad Bodesberg 1976.

28 Stellungnahme des Verbandsvorstandes der Sozialistischen Jugend Deutschlands – Die Falken zur Frage des deutschen Wehrbeitrages, Hannover, den 23.3.1952. Hektographiert. (25).

29 Zum Ausmaß und den Inhalten der Diskussionen dieser Frage im Verband vgl. j.g., März 1952, Stimmen zum Wehrbeitrag, S. 3f.

30 Zum Stellenwert des Arguments der politischen und militärischen Gleichberechtigung für die SPD vgl. *Löwke*, a.a.O., S. 37ff.

31 Vor allem der Abschnitt e) auf S. 2 und z.T. auch die Schlußbemerkung der Resolution. a.a.O.

32 Vgl. den Abänderungsvertrag zum Antrag 3 der Kommission 3 sowie die Entschließung des Landesverbandes Berlin der Sozialistischen Jugend – Die Falken zur Frage des Verteidigungsbeitrages. Materialien der 5. Landeskonferenz. (38).

32a Auskunft über die vielfältigen Aktivitäten in dieser Hinsicht gibt H. K. Rupp: Außerparlamentarische Opposition in der Ära Adenauer, Köln 1970.

33 Vgl. Protokoll von der 5. Verbandskonferenz 1955 in Kiel. Hektographiert, S. 23. (32).

34 Ebd., S. 23f. Zum Verlauf der Diskussion vgl. auch Heinz Westphal: Die Wehrpolitik des Verbandes, in: j. g. Nr. 1/2, 1956, S. 10ff.

35 Manifest und Sozialistischen Jugend Deutschlands – Die Falken (1. Entwurf), S. 3f. (2.) Zur Entstehung und Funktion des Manifest vgl. Kap. I. 5.

36 So *Bernd Heinze* (Pseudonym: *Heinz Beinert*, führendes Mitglied des PAK aus dem Bezirk Mittelrhein, ab 1965 Landessekretär der Berliner Falken): Die sozialistische Jugend braucht ein Programm, in: j. g. Nr. 11/1959.

37 Manifest, a.a.O., S. 8.

38 *Lorenz Knorr* gibt ca. 90% an, in: Jugend ist wichtig, Hrsgg. vom Verbandssekretariat der SJD – Die Falken, Ffm. o.J. (ca. 1957), S. 66.

39 Ebd.

40 Berechnet nach den Angaben in: Statistischer Überblick über die Zusammensetzung der 5. Verbandskonferenz in Kiel. Unterlagen zur 5. Verbandskonferenz. (32). Die Vergleichszahlen der Konferenzen des LV Berlin ergeben hinsichtlich der Zusammensetzung der Delegierten ein ähnliches Bild.

41 *L. Knorr:* Keine Zersplitterung der Kräfte, in: j. g. Nr. 8/1957, S. 6.

42 Arbeitsbericht zur 5. Verbandskonferenz, a.a.O., S. 77, wobei als aktive Mitglieder alle in den Gruppen organisierten Kinder und Jugendliche betrachtet wurden. Daneben wird eine Zahl von insgesamt 108000 betreuten Kindern und Jugendlichen genannt. Dies ist vermutlich die Zahl, die der Abrechnung für den Bundesjugendplan diente und entsprechend vorsichtig gehandhabt werden muß.

43 Z.B. legte Horst Koffke, damals 2. Landesvorsitzender, ab 1960 2. Bundesvorsitzender, der nicht der linken Gruppierung zuzurechnen war, dem Berliner Landesvorstand im April 1956 ein Resümee »zur Situation des Verbandes« vor, in dem schwere Mängel in der organisatorischen und inhaltlichen Arbeit des Bundesverbandes beklagt wurden. (*Horst Koffke:* Zur

Situation des Verbandes. Berlin, den 3.4.56. Vertraulich an alle Vorstandsmitglieder. Hektographiert). (3a).
44 Vgl. dazu Kapitel II.3. dieser Arbeit.
45 Vgl. die hektographierten Anträge zur 6. Bundeskonferenz (33) sowie die Berichte über den Konferenzverlauf, in: j.g. Nr. 7 und 8/1957.
46 Die Berichterstattung der j.g. bezog sich ausdrücklich auf diese Vorwürfe. Vgl.: Weder Ost noch West, in: j.g. Nr. 7/1957 sowie *Kalli Prall:* VI. Verbandskonferenz, in: j.g. Nr. 8/1957.
47 Dies hatte seinen Grund darin, daß es den Linken in einer Zeit, da allgemein der Niedergang der Verbandsarbeit beklagt wurde (vgl. oben S. 14), gelungen war, mit einer politisch akzentuierten Arbeit im Jugendbereich einige Erfolge zu erzielen. Während in vielen Untergliederungen die SJ-Ring-Arbeit daniederlag, bildete sie in den linken Bezirken jeweils das Kernstück der Verbandsarbeit (vgl. dazu die im II. Kapitel beschriebene politische Arbeit des LV Berlin).
48 Vgl. dazu Kapitel IV.1-3 sowie Kapitel III.8.
49 Als Begründung für diese Haltung gab die Parteiführung an, daß es gelte, »die demokratische Kontrolle der Armee und die Grundrechte des Soldaten zu sichern«. (*T. Pirker:* Die SPD nach Hitler, Berlin 1977, S. 220).
50 *Westphal* selber berichtete von einigen Turbulenzen im Verband aufgrund seiner Haltung, in: Die Wehrpolitik... a.a.O., S. 12f. Vgl. dazu auch die in Kapitel II.2. beschriebene Haltung des Landesverbandes Berlin.
51 Zur Frage der Ostberliner Mitglieder des Verbandes vgl. Kap. II.3.
52 Vgl. das Beschlußprotokoll der 7. Verbandskonferenz 8.–10. Mai 1959 in Köln. Hektographiert, November 1960, S. 11. (33).
53 Dazu vgl. *L. Wilker:* Die Sicherheitspolitik der SPD 1956–1966. Bonn / Bad Godesberg 1977, S. 103ff.
54 Ebd., S. 70ff.
55 Vgl. das Protokoll der Sitzung des Verbandsvorstandes am 16. und 17.11.1957, S. 1 (Protokolle des Bundesvorstandes werden im folgenden als Protokoll BV zitiert). (33).
56 *Bodo Brücher:* Das Selbstverwaltungsprinzip in der sozialistischen Jugend- und Erziehungsarbeit (19451971). Phil. Diss., Bielefeld 1976, S. 244.
57 Vgl. Manifest der Sozialistischen Jugend Deutschlands – Die Falken (vierte Fassung). Hektographiert, S. 4 (2).
58 Zur Einschätzung des Godesberger Programms in der Sichtweise sozialdemokratischer Historiker vgl. *Kurt Klotzbach:* Der Weg zur Staatspartei, Berlin/Bonn 1982, S. 549ff, sowie *Susanne Miller:* Die SPD vor und nach Godesberg, Bonn/Bad Godesberg 1975, S. 34ff. Kritik aus sozialistischer Sicht übt *Siegfried Heimann:* Die Sozialdemokratische Partei Deutschlands, in: Parteien-Handbuch, Bd. II, Opladen 1984, S. 2025ff sowie S. 2061ff.
59 So der Mitautor des Manifestes *Heinz Beinert* 1974 in einer verbandsoffiziellen Publikation anläßlich des 70jährigen Bestehens der Arbeiterjugendbewegung: Der Weg der Sozialistischen Jugend zwischen Restauration, Anpassung und Neuorientierung, in: Dok. 5, a.a.O., S. 83ff, hier S. 94. Vom Manifest existieren vier unterschiedliche, jeweils überarbeitete Fassungen.
60 Siehe Abschnitt 3 dieses Kapitels, S. 19ff.
61 Vgl. Manifest (vierte Fassung), a.a.O., S. 5.
62 Vgl. *Beinert*, in: Dok. 5, a.a.O., S. 94f.
63 So stellte das Protokoll der Verbandsvorstandssitzung am 8.2.1958 fest, daß »sich eine Reihe schwerster Bedenken der VV-Mitglieder« gegen die Weiterarbeit des PAK als Gremium der jetzt am Vorstand beteiligten ehemaligen Verbandsopposition erhob (S. 3f). (6).
64 U.a. wandten sich der Landesverband Bayern und der Bezirksverband Braunschweig an die Verbandsgremien und forderten, den Aktivitäten des PAK Einhalt zu gebieten. Vgl. die entsprechenden Schreiben vom 5.2.1959 (LV Bayern) und 18.3.1959 (Bezirk Braunschweig). (1).

65 *Beinert*, in: Dok. 5, a.a.O., S. 94.
66 Vgl. die Briefe von Peter Weiß, Berlin, der zum Führungskreis des PHK gehörte, an Peter Wigger, Hamburg, vom 4.4.1959 sowie desgleichen an Walter Schwetzje, Hildesheim, vom 6.4.1959, über diese Entwicklung. (1).
67 Vgl. Abschnitt 4 dieses Kapitels, S. 21 ff.
68 Vgl. dazu Kapitel II.3.
69 Zu den Ergebnissen der Konferenz vgl.: Beschlußprotokoll der 7. Verbandskonferenz 8.–10. Mai 1959 in Köln. Hektographiert. Ffm. 1. November 1960. (33).
70 In der außenpolitischen Debatte des Bundestages am 30.6.1960 war mit der Rede Herbert Wehners die Umorientierung der Außen- und Deutschlandpolitik der SPD deutlich sichtbar geworden. Wehner hatte in vielen Fragen eine Übereinstimmung mit der bisher heftig bekämpften Regierungspolitik signalisiert.
(Vgl. *Abraham Ashkenasi:* Reformpartei und Außenpolitik, Köln und Opladen 1968, S. 177ff).
71 Daß führende SPD-Vertreter in jener Zeit des öfteren mit der Spaltung des Verbandes drohten, belegt u.a. ein vertraulicher Brief von Heinz Schmidt (Sekretär des Bezirks Ostwestfalen) an andere Mitglieder des Führungskreises der Linken (u.a. Heinz Beinert, Fred Gebhardt, Harry Ristock und Peter Weiß) vom 10.1.1961. (1).
72 Zur Spaltung des SDS vgl. *Fichter/Lönnendonker:* Kleine Geschichte des SDS, Berlin 1977, S. 59ff, sowie *Klotzbach*, a.a.O., S. 458ff. Der Vorstand der Falken verurteilte die Gründung des SHB mit dem ausdrücklichen Hinweis, daß diese Stellungnahme nur als »interne Meinungsäußerung gegenüber Partei und befreundeten Verbänden« gedacht sei. (Protokoll BV 26./27. Mai 1960, S. 6f). (6).
73 Unter anderem hatten Vertreter der Rechten einige Vorfälle im bundesweiten SJ-Lager in Zadar/Jugoslawien (vgl. dazu unten Kapitel III.10.) zum Anlaß genommen, den linken Vertretern in der Lagerleitung Anbiederung an Kommunisten und politische sowie organisatorische Unfähigkeit vorzuwerfen. Diese im Zuge des innerverbandlichen Kräfteausgleichs ebenfalls im Vorstand vertretene Rechte war strikt antikommunistisch, vertrat vehement das Konzept der Volkspartei und forderte die strikte Unterordnung des Verbandes unter die Politik der SPD sowie die Beschränkung des Verbandes auf pädagogische und Bildungsaufgaben. Für die Bildungsarbeit vertraten sie entsprechend dem Konzept der Volkspartei einen pluralistischen Ansatz.
74 Protokoll BV 8./9.10.1960, S. 9. (6).
75 Der bisherige Vorsitzende Kalli Prall hatte im Januar 1960 zurücktreten müssen. Nach Aussage von Harry Ristock wegen seiner für den Vorsitzenden eines Jugendverbandes nicht mehr tragbaren »totalen Überschuldung« (Interview mit Harry Ristock 20.6.83). Das Protokoll der folgenden Bundesvorstandssitzung vermerkt seinen Rücktritt aus persönlichen und sachlichen Gründen (Protokoll BV 16.1.60, S. 2). (6). Der wegen seines Aufrufs zur Wahl der DFU anläßlich der Bundestagswahlen 1961 aus dem Verband ausgeschlossene Fritz Meinecke behauptete dagegen, Prall wurde »in die Wüste geschickt, weil er die Umorientierung auf die neue SPD-Linie... nicht mitmachen wollte«. (*F. Meinecke:* Sozialistische Jugend vor der Spaltung? in: »Die Andere Zeitung« Nr. 13, 29. März 1962).
76 Seit Anfang des Jahres 1960 war im verbandsoffiziellen Sprachgebrauch an Stelle des bis dahin benutzten Terminus Verbands... – mit den entsprechenden Zusätzen Vorstand, Ausschuß, Konferenz – die Bezeichnung Bundes... gebräuchlich geworden. Was oberflächlich betrachtet als eine Anpassung an die Realitäten erscheint, hatte doch eine tiefere Bedeutung. Die SPD und mit ihr die Falken hatten bisher immer auf den provisorischen Charakter der Bundesrepublik verwiesen und die Wiedervereinigung zum obersten Ziel deutscher Politik erklärt, dem sich alles andere unterzuordnen hätte. Mit der bereits erwähnten Umorientierung der Deutschland- und Außenpolitik der SPD ging einher, daß sie nunmehr die Existenz der Bundesrepublik mit allen daraus resultierenden außenpolitischen Verpflichtungen zur Grundlage ihrer weiteren Politik machte. Damit erkannte sie an, daß die Spaltung Deutschlands eine kurzfristig nicht zu ändernde Tatsache bildete und schränkte das Primat der Wiedervereinigungsbestrebungen ein (vgl. *Ashkenasi*, a.a.O.,

S. 180f). In diesem Sinne kommt der Änderung in der Falken-Terminologie sicherlich eine ähnliche Bedeutung zu, was – wie wir noch sehen werden – nicht ohne Auswirkungen für die Ostkontakte der Falken blieb (vgl. Kap. IV.12).
77 *Brücher*, a.a.O., S. 270.
78 Ebd., S. 269.
79 Vgl. den Abdruck des Programms, in: j.g. Nr. 12/1960, S. 4.
80 Vgl. Beschlußprotokoll der außerordentlichen Bundeskonferenz der SJD – Die Falken in Kassel 19.–20. November 1960. Broschiert, S. 7...(33).
81 Zu beiden Fragen hatte der SPD-Parteitag das bisherige Nein der SPD modifiziert und durch Formulierungen ersetzt, die die Bereitschaft der Partei signalisierten, diese Angelegenheiten neu zu diskutieren. (Vgl. *Pirker*, a.a.O., S. 297f, sowie ausführlicher zur Diskussion um die automare Bewaffnung *Wilker*, a.a.O., S. 145f).
82 Entschließung der Bundeskonferenz, in: j.g. Nr. 12 / Dez. 1960. Im Beschlußprotokoll der Konferenz, a.a.O., fehlt offenbar aufgrund eines satztechnischen Fehlers nahezu die Hälfte der Entschließung.
83 Dies galt auch für die übergroße Mehrzahl der Vertreter der Linken im Verband, obwohl sie weniger als die Mehrheit bereit waren, auf die Belange der SPD Rücksicht zu nehmen.
84 Vgl. oben S. 27.
85 *Brücher*, a.a.O., S. 271.
86 Entfällt.
87 Vgl. Protokoll BV 3.12.60, S. 3. (6).
88 Vgl. den Arbeitsbericht zur 9. Bundeskonferenz in Bielefeld 23.–26. Mai 1963. Broschiert, S. 5. (34).
89 Vgl. Beschlußprotokoll der 7. Verbandskonferenz, a.a.O., S. 6.
90 Der Bundes- bis 1960 Verbands-Ausschuß (BA bzw. VA) war das höchste Entscheidungsgremium zwischen den Bundeskonferenzen. Er setzte sich aus dem Bundesvorstand und Vertretern der Landes- und Bezirksverbände zusammen.
91 Protokoll BA 25./26. Februar 1961, S. 5ff. (9).
92 j.g. Nr. 1 / März 1961, S. 2.
93 Vgl. dazu *Wilker*, a.a.O., S. 134ff. Zum Charakter der DFU vgl. *Rolf Schönfeldt:* Die Deutsche Friedens-Union, in: Parteien Handbuch Bd. I, Opladen 1983, S. 848ff.
94 Zum Beispiel wurde Lorenz Knorr, langjähriger hauptamtlicher Sekretär, Vorstandsmitglied und pädagogischer Theoretiker des Verbandes, Mitglied des Direktoriums der DFU. Andere Verbandsmitglieder riefen öffentlich dazu auf, der DFU bei den Bundestagswahlen 1961 ihre Stimme zu geben.
95 Als Reaktion auf einen Beschluß des BA, der unter Berufung auf die Satzung festgestellt hatte, daß eine parteipolitische Betätigung von Mitgliedern des Jugendverbandes nur in der SPD erfolgen könne, zweifelte die BKK diese Auslegung der Satzung an. Sie stellte fest, daß die Satzung kein Monopol einer bestimmten Partei, sondern nur zu verfolgende politische Ziele festlege und plädierte dafür, das auch von ihr mißbilligte Engagement von Vertretern des Verbandes in der DFU nicht im Wege von Ordnungsmaßnahmen zu regeln. (Vgl. den Brief der BKK vom 11.6.1961 an die Mitglieder des Bundesausschusses. Hektographiert). (11). Weil er als Vorsitzender der BKK diesen Beschluß politisch zu verantworten hatte, wurde Peter Weiß von der Berliner SPD aus der Partei ausgeschlossen; übrigens als einziger von den an diesem Beschluß Beteiligten, die alle SPD-Mitglieder waren.
96 Zur Ostermarschbewegung vgl. *Karl A. Otto:* Vom Ostermarsch zur APO, Ffm / New York 1977.
97 Vgl. einen Brief von Heinz Schmidt, Bielefeld – zu diesem Zeitpunkt einer der Organisatoren der Verbandslinken – an den Mitinitiator der Ostermarschbewegung in Deutschland Hans-Konrad Tempel vom 11.1.1961. (26). Zur Rolle von Tempel in der Ostermarschbewegung vgl. *Otto*, a.a.O., insbesondere S. 70ff.
98 Vgl. Protokoll BV 25.2.1961, S. 2. (6).
99 Zur Haltung der SPD zum Ostermarsch 1961 vgl. *Otto*, a.a.O., S. 131.

100 Protokoll BA 25.2.61, S. 10. (9).
101 Protokoll BA 24./25.2.62, S. 11. (9).
102 Vgl. *Klotzbach*, a.a.O., S. 456.
103 Anträge zur 15. Landeskonferenz. Hektographiert, S. 2ff. (43).
104 *Heinz Schmidt:* Der Kampf gegen die atomare Aufrüstung, in: »Blickpunkt«. Mitteilungs- und Diskussionsblatt der SJD – Die »Falken«, Bezirk Ostwestfalen, Jg. 1962, Nr. 2.
105 Protokoll BA 24./25.2.62, S. 11. (9).
106 Ebd.
107 Vgl. Protokoll der Sitzung des Geschäftsführenden Vorstandes am 10.4.1962 in Frankfurt/ Main. Hektographiert, S. 2f. (8).
108 Dies war das Ergebnis von Beschlüssen der Bezirkskonferenz am 14.4.1962, wie aus zwei Schreiben des Bezirks an die ausgeschlossenen Mitglieder (17.4.62) sowie an den Bundesausschuß (18.5.62) hervorgeht. Gleichzeitig bedauerte Heinz Schmidt in zwei Briefen seine Mitwirkung am Zustandekommen dieser Entscheidung. (*Heinz Schmidt:* Stellungnahme hinsichtlich meiner persönlichen Haltung zur Frage des Kampfes gegen die atomare Aufrüstung und zum Ostermarsch, 18. Mai 1962, und *Heinz Schmidt:* An die Genossen des Bezirksvorstandes Hessen-Süd der SJD – Die Falken, 28. Mai 62). (26).
109 Protokoll BA 3./4. Nov. 1962, S. 12. (9).
110 Protokoll BV 8./9. Dez. 1962, S. 13. (6).
111 Protokoll BA 3./4. Nov. 1962, S. 12. (9).
112 Dazu eindrucksvoll die Stellungnahme des linken Bezirksvorstandes Hessen-Süd zur Begründung der Ausschlüsse im Unterbezirk Frankfurt:»Nach Auffassung des Bezirksvorstands bietet nur die Grundlage des Verbandes die Möglichkeit einer sozialistischen Jugendarbeit. Angriffe gegen die Substanz dieses Verbandes müssen daher abgewehrt werden.« (Auszug aus dem Beschluß des Bezirksvorstandes Hessen-Süd am 17. März 1962). Auch andere Vertreter der Linken hatten sich zu verschiedenen Gelegenheiten ähnlich geäußert. (26).
113 Auf der 9. Bundeskonferenz 1963 in Bielefeld war der Anteil der linken Delegierten gegenüber Kassel um ca. 10% zurückgegangen, wie die diversen Abstimmungsergebnisse und die Mandatverteilung der Bezirke belegen. Entsprechend fordert H. Ristock auf der Konferenz »eine Neugruppierung im Verband jenseits der Fraktionen«. (Zitiert nach j.g. Nr. 6/7 1963, S. 19)
114 Zum Beispiel wäre der Satz:»Deshalb treten sie (die Verbandsmitglieder, d.V.) für Freiheit, Demokratie, soziale Gerechtigkeit und ein friedliches Zusammenleben aller Menschen und Völker in einer gerechten Weltordnung ein« (Grundsatzerklärung, zit. nach: Protokoll der 9. Bundeskonferenz in Bielefeld, 23.–26.5.1963, Hrsg. der Bundesvorstand der SJD – Die Falken, Ffm., o.J. (34) sicherlich in jeder der im Bundesjugendring oder im Ring politischer Jugend zusammengeschlossenen Organisationen zustimmungsfähig gewesen. Ein Änderungsantrag, der nicht – wie beschlossen – die soziale und demokratische, sondern die sozialistische Gesellschaft als erstrebenswertes Ziel festlegen wollte, wurde abgelehnt. Vgl. den Bericht über die Konferenz, in: j.g. Nr. 6/7 1963, S. 18ff, hier S. 21.
115 Im März 1962 hatten die Führungsgremien der SPD ihre Vorstellungen einer Notstandsgesetzgebung vorgestellt, die von dem Parteitag in Köln im Mai gebilligt wurden. Dahingegen hatte der DBG-Bundeskongreß im Oktober jegliche Notstandsgesetzgebung abgelehnt. (Vgl. *Osterroth/Schuster:* Chronik der deutschen Sozialdemokratie, Bd. III, Berlin/Bonn 1978, S. 272ff).
116 Hiermit bezog sich Warmbold auf Konferenzbeschlüsse zum deutsch/französischen Jugendwerk, zur Aufnahme von diplomatischen Beziehungen nach Jugoslawien und Polen sowie der auf der Konferenz bekanntgegebenen Absicht des Bundesvorstandes, mit dem sowjetischen Jugendrat in Kontakt zu treten.
117 *Heinz Warmbold:* Ein Jugendverband unserer Zeit, in: j.g. Nr. 6/7, 1963, S. 2f.
118 Protokoll BA 24./25.2.62, S. 11. (9).
119 Vgl. *Osterroth/Schuster*, a.a.O., S. 299. Nach Otto (a.a.O., S. 135) »ist... kein Fall bekannt, wo ein Sozialdemokrat wegen seines Engagements im ›Ostermarsch‹ aus der Partei ausgeschlossen wurde«.

120 *Brücher*, a.a.O., S. 278.
121 Ebd. Der Verbandssekretär Lorenz Knorr war in den 50er Jahren der führende pädagogische Theoretiker des Verbandes.
122 Ebd., S. 287.
123 Ebd., S. 290.
124 Der sowohl an der Mitgliederentwicklung als auch am Rückgang ihrer politischen Ausstrahlungskraft ablesbare Niedergang der Falken seit Mitte bis Ende der 60er Jahre hat sicherlich noch weitere Gründe als die hier angedeuteten. Dennoch ist die als Folge der Reglementierung und Einbindung des Jugendverbandes in die auf die Erringung der Regierungsmacht ausgerichtete Strategie der SPD eingetretene Profillosigkeit in bezug auf den Jugendbereich als eine der entscheidenden Ursachen zu betrachten. Daß ein solcher einmal eingetretener Prozeß aufgrund daraus resultierender Entwicklungen praktisch irreversibel ist, beweist die weitere Entwicklung des Verbandes. Zwar gewannen gegen Ende der 60er Jahre linke Kräfte im Verband wieder verstärkten Einfluß bis hin zur Wahl eines Bundesvorsitzenden aus den Reihen der Linken im Jahr 1973. Seine Rolle als Sammelpunkt für auf gesellschaftliche Veränderung drängende Jugendliche, die der Verband insgesamt und insbesondere sein linker Flügel über lange Jahre innehatte, konnte er indes nicht zurückgewinnen. Mit der Entstehung der APO als Reaktion junger Leute auf die Verkrustungen der gesellschaftlichen Strukturen in der Bundesrepublik entstanden neue Organisationszusammenhänge bis hin zur Herausbildung der Partei der Grünen, in denen sich vor allem jugendliches Protestpotential sammelte. Entsprechend sind die Falken heute zu einer weitgehenden politischen Bedeutungslosigkeit herabgesunken. (Zu diesen Ausführungen vgl. auch Kap. VII.7.).

**Anmerkungen zu Kapitel II**

1 Zu den Vorbereitungen für 1954 vgl. Berliner SJ. Informationsblatt der Sozialistischen Jugend, Landesverband Berlin, Nr. 3 vom 12.5.54, S. 2 (im folgenden zitiert als BSJ) sowie »Offener Brief an die Mitglieder der FDJ«, Berlin, den 4. März 1954. Sozialistische Jugend Deutschlands – Die Falken – Referat Mitteldeutschland. (29) (Zur Tätigkeit des Referates Mitteldeutschland vgl. Abschnitt 4 dieses Kapitels).
Auch in den Jahren 1950 und 1951 waren solche Kontaktstellen in Berliner Jugendheimen eingerichtet worden, die von den Westberliner Jugendorganisationen betreut wurden.
Für 1950 vgl.: Berlin – Ringen um Einheit und Wiederaufbau 1948–1951. Berlin 1962, S. 677. Erschienen als Band 3 der Schriftenreihe zur Berliner Zeitgeschichte.
Für 1951: Berlin Chronik der Jahre 1951–1954. Berlin 1968, S. 153. Band 5 der Schriftenreihe...
2 Vgl.: Die Falken sorgten für Aufklärung. Berliner Stimme vom 31.5.1950. Im folgenden zitiert als B.S.
3 Nach den Angaben in einem Schreiben des Landesvorstandes an den neuernannten sowjetischen Hohen Kommissar Semjonow vom 15.6.1953. Abgedruckt in BSJ Nr. 10 vom 15.6.53, S. 3.
4 Nach einem Bericht der BSJ Nr. 11 vom 11.7.53, S. 6
5 Die Kontrollrats-Direktive 38 war gegen NS-Bestrebungen gerichtet, wurde aber in extensiver Auslegung in Ost-Berlin zur Verurteilung politisch abweichender Meinungsäußerungen in mehreren Fällen auch gegen Mitglieder der Falken angewandt. Das hier erwähnte Urteil wurde nach vier Tagen wieder kassiert und die verurteilten Falkenmitglieder aus der Haft entlassen (vgl. Schriftenreihe... Bd. 5, a.a.O., S. 82).
6 Sozialistische Jugend Deutschlands »Die Falken« Landesverband Berlin. Erklärung des Landesvorstandes und die Antwort des Senats.
Hektographiert ca. Juni 1951 (28).
7 So wurde z.B. formuliert, daß Verbandsmitglieder, die sich in DDR-Haft befanden, in »Konzentrationslagern der ›DDR‹« gefangengehalten wurden (BSJ Nr. 1/1.11.52). Gegen die Anerkennung des »berüchtigten (DDR-)Volksrichters Alfred Trapp« als politischer

Flüchtling in West-Berlin protestierte der Verband unter der Überschrift:»Henkersknechte in Westberlin« (BSJ Nr. 3/1.12.52).
8 Interview mit Jürgen Gerull, 4.10.83, durchgeführt im Rahmen der Arbeit von Lindemann/ Schultz, a.a.O.
9 Protokoll der 3. Jahres-Landeskonferenz, Teil D, S. 6f (37).
10 Seit 1948 bis hinein in die 60er Jahre mit wenigen Ausnahmen Mitte der fünfziger Jahre wurden die Maifeiern in West-Berlin als Freiheitskundgebungen vor dem Reichstagsgebäude begangen. Sie wurden von einem Maikomitee aus Vertretern der Gewerkschaften und den im Abgeordnetenhaus vertretenen Parteien organisiert. Gegenüber der Manifestation des Willens der Berliner, die Spaltung der Stadt und Deutschlands nicht hinzunehmen, trat der gewerkschaftliche Charakter des Maifeiertages jeweils in den Hintergrund.
11 Dazu vgl. unten sowie Anm. 25.
12 Protokoll 2. Teil von der 5. Jahres-Landeskonferenz, 6. April 1952. Hektographiert, S. 6f. (38) Die Kreise als Untergliederungen des Berliner Landesverbandes sind identisch mit den Verwaltungsbezirken von Berlin.
13 Es lagen noch zwei weitere Anträge der SJ aus Neukölln und Reinickendorf mit ähnlicher Tendenz vor. Vgl.: Anträge zur 6. Jahres-Landeskonferenz. Hektographiert, S. 4f. (39).
14 Damit waren die Organisationen des sozialdemokratischen Spektrums einschließlich der Gewerkschaften gemeint.
15 Protokoll der 6. Landesdelegiertenkonferenz der Sozialistischen Jugend... Hektographiert, S. 14.
16 Mit Hilfe des Films »Jud Süß« hatten die Nationalsozialisten versucht, ihre Rassenideologie in populärer Form zu untermauern und zu verbreiten. Dieser Film bildete einen Teil der psychologischen Vorbereitung des Massenmordes am jüdischen Volk. Als zu Beginn des Jahres 1954 Filme von Veit Harlan in West-Berlin zur Aufführung gelangten, protestierten in einer Presseerklärung namhafte Organisationen und Persönlichkeiten aus Politik und Kultur dagegen und drückten ihr Bedauern darüber aus, daß die bestehende Rechtslage ein Verbot von Harlan-Filmen nicht zulasse. Die Berliner Jugend- und Studentenverbände gingen unter maßgeblicher Beteiligung der Falken einen Schritt weiter. Sie organisierten Demonstrationen vor den Kinos und störten die Vorstellungen mit mannigfaltigen Aktionen, in deren Verlauf es mehrfach zu harten Polizeieinsätzen gegen die Demonstranten kam. Ein Großteil der Berliner Presse kritisierte die Störaktion, weil sie darin einen unzulässigen Angriff auf die Meinungsfreiheit sah.
17 Protokoll der 7. Landesdelegiertenkonferenz der SJD – Die Falken Landesverband Berlin, 13./14.3.1954, S. 17 (39).
18 Protokoll 2. Teil der 5. Jahres-Landeskonferenz, a.a.O., S. 5f., sowie Anträge, Empfehlungen, Auswertungen der Kommissionen zur 5. Jahres-Landeskonferenz. Hektographiert, S. 16 (38).
19 Die BSJ befaßte sich zweimal mit den Aktivitäten der DP (Nr. 9 / 1.6.53 sowie Nr. 10 / 15.12.54). In einem Lindemann/Schultz am 4.10.33 gegebenen Interview erinnert sich Siegfried Bilewicz, daß während des Berliner Wahlkampfes 1954 Gruppen der Falken, die für die SPD plakatierten, und Klebekolonnen der DP »auch schon mal handfest« aneinandergerieten.
20 So protestierten die Falken mehrfach gegen das Hissen der Flagge des Franco-Regimes anläßlich der Berliner Filmfestspiele. In der BSJ Nr. 11 / 1.7.53 wird eine solche Aktion beschrieben.
21 Z.B. am 1.9.49, vgl. Berliner Stimme vom 31.8.1949.
22 Im Januar 1950 betonte der Verband, »daß aufgrund unserer Bemühungen die sozialdemokratische Fraktion im Stadtparlament einen Antrag eingebracht hat, die (sic!) den Magistrat auffordert, ein Gesetz gegen Kriegsspielzeug zur Beschlußfassung vorzulegen.« »Die Falken« Sozialistische Jugendbewegung. Landessekretariat Groß-Berlin. Rundschreiben Nr. 1/ 1950 vom 5. Januar 1950, S. 3 (18) Auch die Landeskonferenz von 1953 verabschiedete eine Resolution gegen die Fabrikation und den Vertrieb von Kriegsspielzeug und Kleinkaliberwaffen (Beschlüsse der 6. Jahres-Landeskonferenz. Hektographiert, S. 7) (39).

23  Eine Denkschrift der Sozialistischen Jugend Deutschlands – Die Falken zum Problem der deutschen Fremdenlegionäre wurde vom Berliner Landesvorstandsmitglied Erich Richter entworfen. (35) Die Berliner Landeskonferenz von 1952 verabschiedete einen Antrag zu dieser Frage, der sich die in der Denkschrift enthaltenen Forderungen wie Verbot der Werbetätigkeit auf deutschem Gebiet, schrittweise Entlassung der deutschen Fremdenlegionäre u. a. zu eigen machte.
(Protokoll 2. Teil von der 5. Jahres-Landeskonferenz, S. 2f.) (38).
24  Auf allen Landeskonferenzen zwischen 1950 und 1952 wurden Anträge zu dieser Frage verabschiedet, 1950 zur Wehrdienstverweigerung, 1951 zur Verbreitung der antimilitaristischen Stellungnahmen des Verbandes und 1952 die vom Verbandsvorstand vorgelegte Entschließung mit der bereits beschriebenen Veränderung (vgl. Kap. I.3.).
25  Nachdem die SPD bei den Wahlen im Dezember 1950 ihre klare absolute Mehrheit verloren hatte, ging sie eine Allparteienkoalition mit CDU und FDP ein. Im Verlauf dieser Legislaturperiode kam es mehrfach zu heftigen Auseinandersetzungen über die Übernahme von Bundesgesetzen im Bereich des Beamtenrechts, der Schul- und Sozialpolitik, die den Abbau von in Berlin erreichten fortschrittlichen Regelungen bedeuteten. Eine starke Minorität in der Berliner SPD, die von Anfang an Vorbehalte gegenüber der Koalition mit den bürgerlichen Parteien gehabt hatte, forderte daraufhin, die Koalition aufzukündigen. Zum Konflikt innerhalb der SPD vgl. Ashkenasi, a.a.O., S. 54ff und S. 73ff; zu den Auseinandersetzungen innerhalb des Koalitionssenats vgl. Hans Herzfeld: Berlin 1951–1954 in Wiederaufbau und Konflikt, in: Berlin Chronik 1951–1954, Schriftenreihe zur Berliner Zeitgeschichte Bd. 5, S. 30 (kursiv) ff.
26  Protokoll von der Tagung der Sozialistischen Jugendbewegung »Die Falken« am Sonntag, den 27. Mai 1951. Hektographiert, S. 2f (38).
27  Protokoll 2. Teil Landeskonferenz 1952, a.a.O., S. 6 (38).
28  Vgl. den Jahresbericht des Landesverbandes. Material zur 8. Jahreskonferenz 1955. Hektographiert, S. 3. (49).
Offizielle Zurechtweisungen der Falken durch die SPD sind aus dieser Zeit nicht bekannt. Jedoch bekamen die Sekretäre und Vorstandsmitglieder auf gemeinsamen Besprechungen mit der SPD oder auf informellem Wege den Unmut von SPD-Vertretern über bestimmte Entscheidungen des Verbandes zu spüren, wie H. Ristock und J. Dittner berichteten.
29  Vgl. B. S. vom 27. 11. 1954.
30  So berichtet Peter Weiß in der BSJ, daß die SJ von allen Jugendverbänden die größte Zahl von Mitgliedern in den Jugendwohlfahrtsausschüssen stellt, der Verband auch sonst auf allen Gebieten der Jugendpolitik und der Jugendarbeit »in vorderster Front« steht und in diesem Rahmen u. a. dazu beitragen konnte, die Jugendarbeitslosigkeit zu mildern und die Tendenzen zur Errichtung von arbeitsdienstähnlichen Maßnahmen eindämmen konnte. (Ob wir es dieses Mal schaffen? P. Weiß in: BSJ Nr. 8 / 31. 10. 54, S. 1).
31  So der Rechenschaftsbericht des SJ-Ringleiters Peter Weiß auf der 7. Landeskonferenz 1954, S. 16 und S. 17 (39).
32  Interview mit Harry Ristock am 20. 6. 83.
33  Interview mit Erich Richter am 9. 5. 83, durchgeführt von S. Heimann im Rahmen der Arbeit »Die Falken in Berlin: Aufbruch zur Demokratie«, erscheint vermutlich im Frühjahr 1988. Erich Richter war Lizenzträger der Berliner Falken und bis 1954 Landesvorstandsmitglied.
34  Vgl. das Protokoll der Vorstandssitzung vom 24. 2. 53, S. 2 (3a).
35  Vgl. Jahresbericht des Landesverbandes. Material zur 8. Jahreskonferenz 1955, a.a.O., S. 2. In der BSJ erschienen mehrere Artikel zu diesem Thema. Vgl. BSJ Nr. 9 und 10/1954 sowie Nr. 1 und 2/1955.
36  Dies ist eines der ersten Falken-Dokumente, in dem fortwährend der Terminus DDR – bei der ersten Nennung noch mit, im weiteren dann auch ohne die meist obligatorischen Anführungszeichen – verwandt wurde. Der offizielle Falkensprachgebrauch war Mittel- oder Ostdeutschland.

37 Vgl. Ergebnisse der Jahreskonferenz in: der rote falke. Informationsblatt des Rote-Falken-Ringes, Nr. 5/21. 5. 55, S. 13 f.
38 Vgl. dazu Kap. I.4.
39 Über das genaue Stimmenverhältnis liegen unterschiedliche Angaben vor. Ristock nennt 115 zu 8 (vgl. Brief von H. Ristock an H. Westphal vom 21. 1. 56) (25) Wolfgang Götsch gibt in einem Bericht ebenfalls 8 Gegenstimmen bei 127 Delegierten an. (Berliner Falken rufen die Deutsche Jugend, in: Die Andere Zeitung, Nr. 4/1956). Der »Abend« (17. 1. 56) berichtet von 113 zu 15.
40 Resolution und Zusatzanträge beschlossen auf der außerordentlichen Landesdelegiertenkonferenz am 15. Januar 1956. Hektographiert (40).
41 Vgl. Kap. I.3.
42 Das folgende stützt sich auch auf den Brief von Ristock an Westphal, a.a.O., (Fn. 39).
43 Ebd.
44 »Der Abend« (17. 1. 56).
45 B. S. (28. 4. 56).
46 Vgl. Kap. I, Anm. 41.
47 Protokoll und Beschlüsse der 9. Jahres-Landeskonferenz. Hektographiert (41).
48 Vgl. *Osterroth/Schuster*, a.a.O., S. 178.
49 Vgl. Schriftenreihe, a.a.O., Bd. 6, S. 143.
50 Vgl. Harry Ristock: Am 1. Mai ein Demonstrationszug für unsere Ziele, in: BSJ Nr. 1 / 20. 3. 56. Lediglich der Kreis Kreuzberg befürwortete einen Boykott der Kundgebung.
51 Aktennotiz Harry Ristock, Die Vorgänge um den 1. und 4. Mai 1956 in Berlin. Vorlage für VV- und VA-Sitzung 8.–10. 6. 56. Hektographiert, Teil b (25).
52 »Berliner Morgenpost« vom 5. 5. 56.
53 Aktennotiz Jürgen Gerull, Die Vorgänge ... a.a.O. Teil a.
54 Vgl. dazu Ashkenasi, a.a.O., passim.
55 Vgl. das Protokoll des 13. Landesparteitages der SPD vom 27. 5. 1956, S. 37 und S. 15 f (im folgenden zitiert als LPT).
56 Rede von Heinz Westphal am 4. Mai 1956 auf der Kundgebung in Berlin, in: Die Vorgänge... a.a.O. Teil f.
57 *Ernst-Ulrich Huster:* Die Politik der SPD 1945–1950, Ffm. / New York 1978, S. 30. Zum Konzept vom Dritten Weg vgl. ebd. S. 27 ff.
58 Auf ihrem Münchener Parteitag im Juli 1956 beschloß die SPD, daß die Gestaltung des Wirtschafts- und Sozialsystems des wiedervereinigten Deutschland der Entscheidung eines freigewählten gesamtdeutschen Parlaments unterliegen solle. Gleichzeitig wurde eine Rückgabe enteigneten Großgrundbesitzes und der Schlüsselindustrie als nicht dienlich für die Lösung der mit der Wiedervereinigung zusammenhängenden Wirtschafts- und Sozialprobleme bezeichnet.
Vgl. *Osterroth/Schuster*, a.a.O., S. 190 f.
59 Vgl. den Kommentar der »Berliner Morgenpost« vom 3. Mai 1956.
60 Rede von Harry Ristock am 4. Mai 1956 auf der Kundgebung in Berlin, in: Die Vorgänge... a.a.O. Teil e.
60a Hektographiertes Manuskript eines Interviews mit Harry Ristock. Ohne nähere Angaben, ca. Ende August 1957 (29).
61 Vgl. die Aussagen in den vier vorliegenden Entwürfen des Manifests der Sozialistischen Jugend, a.a.O.
62 Interview mit Christoph und Ursula Jänicke vom 25. 10. 83.
63 Am 27. 11. hatte die Sowjetunion in Noten an die Westmächte und die Bundesregierung den Abzug der Alliierten Truppen aus West-Berlin und seine Umwandlung in eine »Freie Stadt« gefordert. Für den Fall, daß innerhalb eines halben Jahres keine Übereinkunft in dieser Frage erzielt werden könne, werde die Sowjetunion durch Übereinkommen mit der DDR die geplanten Maßnahmen durchführen (vgl. Schriftenreihe, a.a.O., Bd. 8, S. 731 sowie S. 758 ff.

64 Zum Verlauf der Auseinandersetzungen vgl.: 1. Mai 1959 (H. Ristock) in: BSJ Nr. 4 / 5.6.59, S. 1ff.
65 So kommentierte das »Spandauer Volksblatt« vom 29.4.59: »Die Stunde ist in der Tat ernst, Harry Ristock! So ernst, daß es uns höchst unratsam erscheint, mit Transparenten vor die Berliner zu treten, die durch ihre Aufschrift auch nur den Anschein erwecken könnten, als schlügen sie mit kommunistischen Parolen in eine Kerbe!«. Und die BZ vom gleichen Tage machte ihren Bericht mit der Überschrift: »Die Falken‹ schießen quer« auf.
66 BSJ 4/59, S. 4.
67 Ebd., S. 6 und BZ vom 25.5.59.
68 Vgl. das Protokoll des 16. LPT am 23.5.59, S. 115ff.
69 Vgl. »Der Kurier« vom 23.6.1959.
70 16. LPT, S. 101ff (Neumann), S. 104ff (Kressmann).
71 So kritisierte der linke Delegierte Kenneweg, daß die Parteizeitung »Berliner Stimme« gegen eine Veröffentlichung des sozialdemokratischen Pressedienstes, in der die Politik Adenauers als ein politisches Stalingrad für das deutsche Volk bezeichnet wurde, in ähnlicher Form polemisiert hatte wie ein Berliner Boulevardblatt. Vgl. 16. LPT, S. 86.
72 Vgl. *Ashkenasi*, a.a.O., S. 161ff.
73 Vgl. »Der Tag« vom 6.5.59, BZ vom 11.5.59.
74 »Die Welt« vom 25.9.59.
75 Vgl. »Telegraf« vom 24.11.59
76 Vgl. Rundschreiben an alle Kreise vom 2. bzw. 4.12.1952, Delegiertenschlüssel im F- bzw. SJ-Ring für die Landeskonferenz 1953 (39).
77 Vgl. Delegiertenschlüssel zur 12. Jahreskonferenz 1959. Handschriftlich (42).
78 Interview mit Günter Jahn vom 13.12.83. Zu den Behinderungen der Falkenarbeit in Ost-Berlin vgl. auch *Horst Koffke:* Freie Jugend in Ost und West, in: B.S. 24.11.56.
79 Vgl. die Interviews mit Jahn, Ristock, Manfred Wetzel vom 8.6.83, sowie einer Gruppe aus Pankow vom 10.3.83, durchgeführt von S. Heimann.
80 Vgl.: das aktuellste, in: BSJ Nr. 6 vom 1.11.56, S. 25ff, sowie: Falkenversammlung vom Ost-Magistrat verboten, in: j.g. Nr. 12/56, S. 7.
81 Interview mit Dietrich Masteit vom 29.9.83.
82 Interview mit Klaus Hirschfeld vom 12.9.83.
83 Brief des Landesvorsitzenden Berlin der SJD – Die Falken an Franz Neumann, Vorsitzender der SPD Berlin vom 24.11.56 (29).
84 Protokoll LV vom 18.5.56, S. 2 (3a).
85 Zu Polen vgl. Kap. IV.1 dieser Arbeit. Die Ereignisse in Ungarn unterschieden sich in einem wesentlichen Punkt von denen in Polen. In Polen war es der reformkommunistischen Fraktion innerhalb der KP gelungen, die Unzufriedenheit der Bevölkerung mit dem Versprechen auf weitgehende Reformen zu kanalisieren und damit das gesellschaftliche System und die bestehenden politischen Machtverhältnisse zu stabilisieren. In Ungarn dahingegen entglitt die Reformbewegung der Kontrolle der Kommunistischen Partei und entwickelte eine derart starke Eigendynamik, daß der Bestand des sozialistischen Systems in Frage gestellt wurde. Geschehnisse wie die Aufnahme nichtkommunistischer Minister in der Regierung, die Wiederzulassung von politischen Parteien jedweder Couleur sowie Akte von Lynchjustiz, vor allem an Mitgliedern der Geheimpolizei, aber auch der KP selbst, bewogen die SU zu einer militärischen Intervention, der von seiten der ungarischen Bevölkerung sowie Teilen der ungarischen Armee heftiger Widerstand entgegengesetzt wurde.
86 Zu den Ereignissen an der Humboldt-Universität vgl. *Martin Jänicke:* Der Dritte Weg. Die antistalinistische Opposition gegen Ulbricht seit 1953. Köln 1964, S. 148ff.
87 Schreiben von Harry Ristock an den Landesvorstand der SPD vom 21.6.56 (29).
88 Zu den politischen Forderungen der Harich-Gruppe vgl. *Carola Stern:* Porträt einer bolschewistischen Partei – Entwicklung, Funktion und Situation der SED, Köln 1957, S. 215ff.
89 BSJ Nr. 6/56, S. 26. Hervorhebung im Original.
90 Der Kampf um den »dritten Weg« in der DDR, in: j.g. Nr. 11/1959, S. 3.

91 Vgl. Jänicke a.a.O. S. 95; Stern a.a.O. S. 211f sowie S. 223.
92 Vgl. *Stern* a.a.O., S. 219. Den Konflikt zwischen der DDR und Polen, u.a. auch um den Fall Harich, beschreibt *Horst H. Hennebach:* Außenpolitische Strukturzusammenhänge zwischen der Deutschen Demokratischen Republik, der Volksrepublik Polen und der Tschechoslowakischen Sozialistischen Republik. Dissertation – Erlangen / Nürnberg 1968, S. 101ff.
93 Berliner Jugend steht zur Regierung, in: »Neues Deutschland« 1.11.56, vgl. auch: Der Jungsozialist Ristock und der Staat, in: »Junge Welt« 11.12.56, FDJ fürchtet sich vor Zersetzung, »Der Kurier« 18.3.57.
94 Schreiben des Landesverbandes Berlin der SJD – Die Falken an das Rektorat der Humboldt-Universität vom 2.11.56 (29).
95 So nach eigenen Aussagen Ristock selber (Interview am 20.7.84) und Dietrich Masteit (Interview am 29.9.83). Das langjährige Berliner Landes- und spätere Bundesvorstandsmitglied Helga Boehm und ihr Mann Ulrich wurden im Juni 1959 als DDR-Agenten enttarnt und aus dem Verband ausgeschlossen.
96 Vgl.: FDJ und Falken eint ein Ziel, in: ND 15.12.56. Ein offenes Wort an die Falken, »Junge Welt« 19.2.57. Getrennt sind wir nichts, »Die Wahrheit« Nr. 11, Mai 57.
97 Offener Brief der Bezirksleitung der FDJ an die Mitglieder und Funktionäre der Arbeitsgemeinschaft der Jungsozialisten und der Sozialistischen Jugend – Die Falken. Undatiert, ca. Sommer 1957, S. 3 (28).
98 Vgl. DDR-Spiegel II. Jahrgang Nr. 4/5, Juni 1957. Unkommentierte Presseberichte aus der DDR. Herausgegeben vom Referat Mitteldeutschland und Landesverband Berlin der SJD – Die Falken und Landesverband Berlin des SDS, Anhang S. 6f sowie »Freie Junge Welt« Nr. 23/1957. Hrsgg. vom Referat Mitteldeutschland: SSD und FDJ Hand in Hand.
Die Falken reagierten auf diese Angriffe mit einer Presseerklärung, in der sie feststellten, daß die ihnen von der alliierten Kommandantur 1947 für Gesamtberlin gewährte Lizenz weiterhin gültig ist. Presseerklärung undatiert (29).
99 Ristock 20.7.83.
100 Zwischenfälle auf einem FDJ-Forum, »Stuttgarter Zeitung« 23.8.57, sowie Schriftenreihe Berliner Zeitgeschichte Bd. 8, S. 236.
101 »Die Welt« 23.8.57, Schlag gegen die Jugend.
102 Vgl. DDR-Spiegel, Sondernummer o.J. (ca. Okt. 1957).
103 Vgl. Kapitel IV die Abschnitte 4 und 9.
104 Vgl. *Gröschel* a.a.O., S. 154 u. 171.
105 Vgl. z.B. Die Erklärung des Verbandsvorstandes vom 23.3.52, a.a.O. und die nahezu identische Entschließung des Landesverbandes Berlin, a.a.O. (siehe Kap. I.3.).
106 Vgl. BSJ Nr. 10 / 15.6.83, S. 8.
107 Vgl. BSJ Nr. 8 / 20.12.55, S. 6f, sowie Nr. 1/20.3.56, S. 11.
108 So die Begründung von Peter Weiß als Antwort auf einen Leserbrief zu diesem Thema in: BSJ Nr. 1/56, S. 12ff. Mit dieser Haltung konnten sich die Falken auf ähnliche Aussagen des damaligen Bundespräsidenten Prof. Heuss berufen, die er zuletzt in seinem Schreiben an den Bundeskanzler Adenauer vom 2.5.1952, mit dem er, entgegen seiner Überzeugung, der Wiedereinsetzung des Deutschlandliedes als Nationalhymne zugestimmt hatte, noch einmal formuliert hatte. Vgl. Schriftenreihe Berliner Zeitgeschichte Bd. 5, S. 346f.
109 Vgl. *Peter Weiß:* Nachwort zu einer Kundgebung, in: BSJ Nr. 8/55.
110 Aus Presseberichten und Unterlagen des Landesverbandes geht hervor, daß die Falken mehrfach Kundgebungen vor dem Abspielen des Deutschlandliedes verließen und im Vorfeld der Maikundgebung 1959 der Landesausschuß nur auf Grund einer massiven Intervention der SPD und mit äußerst knapper Mehrheit beschloß, »von jeder Demonstration in dieser Frage abzusehen«. (BSJ Nr. 4/59, S. 2. Vgl. außerdem »Spandauer Volksblatt« vom 20.6.58 sowie 3.5.61).
111 Vgl. Wer ist wer, wer ist wo? in: BSJ Nr. 8 /20.12.55, sowie BSJ Nr. 6 / 6.11.56, S. 6.
112 Vgl. Mailosungen 1956, in: Die Vorgänge... a.a.O. Teil d, sowie Maiparolen 1957. Hektographiert (25).

113 Diese Empörung fand u.a. auch in der »jungen gemeinschaft« (Nr. 10, Oktober 1956, S. 1) und im »Rote(n) Falke(n)« (Nr. 6 / 1.10.56, S. 9) ihren Niederschlag.
114 Vgl. BSJ Nr. 6/1956, S. 7.
115 Maiparolen 1957, a.a.O.
116 Totengräber der Demokratie. SJD – Die Falken Landesverband Berlin. Hektographiert (27).
117 Abdruck der Presseerklärung in: BSJ Nr. 3 / 1.7.56, S. 2f.
118 Interview mit Dietrich Paesler am 26.5.83.
119 Vgl. den Abdruck des Schreibens in: BSJ Nr. 3/1956, S. 23.
120 Vgl. die Dokumentation dieses Vorganges in der BSJ Nr. 3/1956, S. 3ff.
121 Interview mit Peter Weiß am 18.6.83.
122 Vgl. j.g. Nr. 12 / Dezember 56, S. 2.
123 *Harold Hurwitz:* Demokratie und Antikommunismus in Berlin nach 1945, Bd. 1, Köln 1983, S. 209ff.
124 Interview mit Ernst Froebel vom 13.10.83.
125 BSJ Nr. 3/1956, S. 6.
126 Vgl. BSJ Nr. 6/1956.
127 Froebel.
128 Ebd. sowie *Ernst Froebel:* Bergen-Belsen in: BSJ Nr. 2/15.3.59, S. 2ff.
129 Vgl. Interview mit H. Ristock 20.7.83 sowie Interview mit Helmut Walz 2.6.83.
130 Vgl. BSJ Nr. 2/1959, S. 2 und Nr. 3/20.4.59, S. 4.
131 Siehe unten Kap. V und VI.
132 Vgl. BSJ Nr. 1 / 1.1.57, S. 4, und: Großkundgebung am 30. Januar 1958 zum Thema 30. Januar 1933. Vergessen? Vergeben? Überwunden? Veranstalter: Bund PRV und SJD – Die Falken. Flugblatt (27).
133 Weiß.
134 Z.B. bei der Veranstaltung am 30. Januar 1958, vgl. Großkundgebung a.a.O.
135 Nachdem in der Nacht des 24. Dezember 1959 die Kölner Synagoge mit antisemitischen Parolen beschmiert worden war, kam es in der gesamten Bundesrepublik zu ähnlichen Vorfällen. Nach Berichten der Polizei hatten sich in den ersten Tagen des Jahres 1960 in Berlin 40 Vorfälle dieser Art ereignet (vgl. Schriftenreihe Berliner Zeitgeschichte Bd. 9, S. 469).
136 Nach Auskunft von Peter Weiß vom 6.8.1984.
137 Vgl. *Manfred Wetzel:* Gegen Antisemitismus und Rassenhaß, in: j.g. Nr. 2/1960, S. 5.
138 Vgl. New York Times vom 9.1.1960.
139 Interview mit Alfred Gleitze 24.5.1983.
140 Ristock 20.6.83.
141 *Harry Ristock, Alfred Gleitze:* Arbeitsvorlage der beiden Landesvorsitzenden für das Zeltlager 1961. Hektographiert, S. 1.
142 Nachdem auf dem Gründungskongreß der IUSY im Oktober 1946 die Aufnahme deutscher Verbände als Vollmitglieder am hartnäckigen Widerstand der polnischen Delegation gescheitert war und die deutsche sozialistische Jugend sich vorerst mit einem Beobachterstatus zufrieden geben mußte, wurden auf dem 2. Kongreß der IUSY 1948 die bis dahin entstandenen Verbände Falken, Jungsozialisten und SDS als Vollmitglieder aufgenommen.
143 Auskunft von Nils Diederich am 14.6.1984.
144 International Camp, England 1951, Unterlagen aus dem Bestand Gerda Zern.
145 Vgl. IUSY-Camp Wien. Ein Fahrtenbericht. Sozialistische Jugend Berlin-Wilmersdorf, Broschüre o.J. (15).
146 IUSY. Selbstdarstellungs-Broschüre, Wien o.J. (ca. 1958), S. 19f (16).
147 IUSY-Camp Wien, a.a.O., S. 10f.
148 Vgl. Freundschaft umspanne die Welt, in: Vorwärts vom 8.8.52 sowie Unterlagen aus dem Bestand Gerda Zern.
149 Vgl. den Bericht von Erich Zern vom 7.9.53, Bestand Gerda Zern.
150 Vgl. Frankreich-Kampagne, in: j.g. Nr. 9/September 1954, S. 295ff.

151 Vgl. BSJ Nr. 4 / 15.8.54, S. 5.
152 Vgl. Kap. III.4.
153 Zum Ablauf des IUSY-Camps in Berlin vgl. »Telegraf« vom 3.–4. und 7.–9.7.59. Auch die anderen Westberliner Zeitungen berichteten in z.T. großer Aufmachung über das Lager. Als Verbandsquelle vgl. *Jürgen Gerull:* Treffpunkt Berlin, in: BSJ Nr. 4/59, S. 16f.
154 Interview mit Harry Ristock am 20.7.83, vgl. auch Interview mit Peter Hopf am 7.6.83 sowie Alfred Gleitze am 24.5.83.
155 Interview mit Jürgen Dittner am 27.9.83.
156 Vgl. dazu Kap. VI.4.
157 In diesem Sinne äußerten sich Ristock und Masteit in ihren Interviews.
158 Interview mit Alfred Gleitze 24.5.83.
159 Masteit.
160 Vgl. Dittner.
161 Vgl. das Beschlußprotokoll der Konferenz a.a.O., S. 14f.
162 Ristock 20.6.83.
163 Vgl. *Leo Trotzki:* Verratene Revolution. (1936) Nachdruck o.O., o.J.
164 Vgl. Manifest, 3. Entwurf a.a.O., S. 7.
165 Interview mit Waldemar Schulze 16.9.83 (durchgeführt von S. Heimann).
166 Siehe Abschnitt 3 dieses Kapitels.
167 Manifest, 4. Fassung, S. 6 a.a.O.
168 Rundschreiben. Betr.: Jugoslawienfahrt. 2.1.1957, S. 4 (24).
169 Maiparolen 1957, a.a.O., S. 1. Zu den politischen Hintergründen siehe Kap. III. sowie IV.1.
170 Siehe Kap. III.10.
171 Ristock 20.6.83.
172 Manifest, 3. Entwurf, S. 6 a.a.O.

**Anmerkungen zu Kap. III**

1 Vgl. *H.-H. Wolter:* Die Entwicklung der kommunistischen Bewegung Jugoslawiens, ihr Kampf um die Machtergreifung und der Ausbau der sozialistischen Ordnung. Phil. Diss. München 1961, S. 57f.
2 Zur Frage der Arbeiterselbstverwaltung liegt eine Fülle von Literatur vor. Erwähnt seien hier: *H. Roggemann:* Das Modell der Arbeiterselbstverwaltung in Jugoslawien. Ffm. 1970. Die Arbeiterselbstverwaltung in den Betrieben Jugoslawiens. Hrsgg. vom Internationalen Arbeitsamt, Genf 1962.
3 Vgl. *Irena Reuter-Hendrichs:* Jugoslawische Außenpolitik 1945–1968. Köln, Berlin, Bonn, München 1976 passim.
4 Die seit Nov. 1950 bestehenden Wirtschaftsvertretungen, die im Juli 1951 einen politischen Status erhielten, wurden schließlich im Dez. 1951 in den Rang von Botschaften erhoben. *W. Hildebrandt:* Die außerpolitischen Beziehungen der FVRJ in: Osteuropa-Handbuch, Bd. 1 Jugoslawien, 1954, S. 157–172, hier: S. 167.
5 Vgl. *Reuter-Hendrichs,* a.a.O., S. 72, sowie: Probleme des Titoismus. (Willy Brandt) in: Sopade Informationsdienst 37, Bonn o.J. (1951, S. 14 und *Ernst Halperin:* Der siegreiche Ketzer. Titos Kampf gegen Stalin. Köln 1957, S. 258.
In diesem Rahmen weilte im Frühsommer 1953 auch eine Delegation der Jungsozialisten auf Einladung der Volksjugend in Jugoslawien und wurde sogar von Tito auf Brioni empfangen (Auskunft von Klaus Schütz (1.9.83), der Teilnehmer dieser Delegation war).
6 SJ-Pressedienst. Hrsg. vom Verbandsvorstand Bonn, Nr. 16/1953, im folgenden SJP.
7 *J. Tietz:* »Wir waren in Jugoslawien« in: j.g. Nr. 8 / August 1953, S. 17ff, hier: S. 19. Vgl. auch BSJ Nr. 9/1953, sowie SJP 13/1953.
8 Protokoll LV 22.9.53 (3a).
9 Protokoll LV 24.11.53. (3a).
10 SJP Nr. 23/53.

11 Probleme des Titoismus, ebd. passim.
 Vgl. auch den Nachdruck eines Artikels aus dem SPD-Pressedienst in der j.g., *J. Tietz:* Reiseeindrücke in Jugoslawien, Jg. 51, Nr. 12, S. 16 ff mit ähnlicher Tendenz.
12 H. Ristock 20.7.83. Zur UAPD vgl. *S. Heimann:* Zum Scheitern linker Sammlungsbewegungen zwischen SPD und KPD/SED nach 1945: Die Beispiele USPD und UAPD, in: *R. Ebbighausen / F. Tiemann* (Hrsg.): Das Ende der Arbeiterbewegung in Deutschland? Ein Diskussionsband zum 60. Geburtstag von Theo Pirker, Opladen 1984, S. 301 ff.
13 BSJ Nr. 1/54.
14 BSJ Nr. 7/54.
15 Ristock 20.7.83.
16 Vgl. Kap. II.4. und II.7.
17 Interview mit Wolfgang Götsch am 1.6.83.
18 Ristock 20.6.83, S. 23. Auch die Interviews mit Peter Weiß und Jürgen Dittner (10.6.83) erbrachten ähnliche Aussagen.
19 Waldemar Schulze 16.9.83. Auch Willy Brandt (Probleme... a.a.O.) warf die Frage auf, inwieweit durch das jugoslawische Modell »Neuland für die Demokratie und den freiheitlichen Sozialismus erschlossen werden kann«. S. 19.
20 Vgl. Kap. II.7.
21 Vgl. Weiß, Dittner 10.6.83, Paesler.
22 Zum deutsch-französischen Jugendwerk und seinen Intentionen vgl. Internationalen Jugendpressedienst. Jahrgang XIII. Folge 521 vom 10.7.1963.
23 Vgl. Kap. II.6.
24 Vgl. Dittner 10.6.83, Diederich.
25 Gespräch mit Klaus Fiek am 31.5.83
26 Fiek – ähnlich äußerten sich auch die ehemaligen Gruppenmitglieder Dietrich Paesler (26.5.83) und F.-W. Rüttinger (6.6.83). Das Mitglied der Gruppe »Karl Marx« W. Götsch prägte aus seinem politischen Verständnis heraus den Begriff »politisch engagierter Tourismus« für die Gruppe »Vorwärts«.
27 Fiek, Dittner (27.9.83).
28 Vgl. dazu Kap. III.11.
29 Am deutlichsten von Ristock 20.7.83.
30 Paesler, zu den genannten Aktionen vgl. Kap. II.2. und II.5.
31 Hier ist insbesondere Polen zu nennen, vgl. Kap. IV.4. und 11. Auch die im Rahmen dieser Arbeit nicht mehr behandelten Kontakte zur Sowjetunion und zur DDR litten darunter.
32 Gespräch mit F.-W. Rüttinger am 6.6.83.
33 Fiek, Rüttinger.
34 Vgl. Internationale Begegnung im Haus am Rupenhorn in: BSJ Nr. 4/54.
35 Vgl. ein Schreiben von H. Ristock an F. Neumann zu diesem Vorgang vom 27.7.54. (24).
36 Internationale Begegnung, a.a.O. sowie »junge gemeinschaft« Nr. 9, Sept. 1954, S. 289.
37 *Klaus Fiek*, Internationale Begegnung in Jugoslawien in: BSJ Nr. 7/54, S. 4 ff, hier S. 4.
38 Vgl. Paesler, Fiek, Rüttinger.
39 Vgl. das Einladungsschreiben zum ersten Treffen der AG vom 17.3.1954 (24).
40 Vgl. Interview mit Gisela und Peter Kunze vom 15.6.83, auch Götsch.
41 G. u. P. Kunze.
42 Götsch.
43 Paesler, Fiek.
44 Rüttinger.
45 Fiek in: BSJ Nr. 7/54.
46 Vgl. auch Paesler, Rüttinger, Stirba.
47 So berichtete Dittner von massiven antideutschen Ressentiments, auf die er mit seiner Rote-Falken-Gruppe während der »Frankreich-Kampagne« im Sommer 54 stieß. Gisela Kunze machte noch 1962 während des Zeltlagers Callantsoog in Holland ähnliche Erfahrungen.
48 Paesler.

49 Die von K. Fiek damals publizierten Aussagen unterscheiden sich von seinen bei der Befragung getätigten dadurch, daß er damals noch viel stärker direkt politische Gesichtspunkte betonte. D. Paesler sagte aus, daß er damals mit großen politischen Erwartungen nach Jugoslawien gefahren ist, die allesamt enttäuscht wurden (dazu siehe auch weiter unten Abschnitt 11). Positiv haften geblieben sind vor allem die Erlebnisse im menschlichen Bereich.
50 Fiek in BSJ Nr. 4/54, Rüttinger.
51 Fiek in BSJ Nr. 7/54.
52 Rüttinger, Fiek.
53 Rüttinger, Fiek in BSJ Nr. 7/54.
54 Siehe Abschnitt 2 dieses Kapitels, S. 61 ff.
55 Vgl. Ristock 20. 6. und 20. 7. 83.
56 Weiß.
57 Weiß.
58 Ristock 20. 6. 83, Götsch.
59 Götsch.
60 Vgl. Kap. II.7.
61 Vgl. Weiß, Ristock 20. 6. 83.
62 Götsch.
63 Zum Fall Djilas siehe Halperin, a.a.O. S. 259 ff.
64 Götsch, auch Ristock 20. 6. 83, Weiß.
65 Weiß.
66 Fiek.
67 Weiß.
68 Weiß.
69 Diese Einschätzung wird auch von den Autoren Halperin, a.a.O., und Wolter, a.a.O., geteilt.
70 Götsch.
71 Götsch.
72 Weiß, Ristock 20. 6. 83.
73 Zum Beispiel zwischen dem stellvertretenden Leiter des Stadtkomitees Belgrad der Volksjugend, Curic Dragisa, und dem Berliner Delegationsleiter Peter Weiß.
74 Vgl. das Programm der internationalen Begegnung der Gruppe »Vorwärts« der SJD – Die Falken mit der Kulturgruppe »Mladost« der jugoslawischen Volksjugend aus Subotica in Berlin (24).
75 Götsch.
76 SJP Nr. 11/55, Rüttinger.
77 Rüttinger.
78 Vgl. Götsch, Weiß, Fiek, Paesler.
79 Vgl. einen Aktenvermerk über eine Unterredung vom 15. 3. 54 zwischen Klaus Fiek, Peter Weiß, Rolf Ostrowski und Karl-Heinz Kaulich über die Finanzierung der Flugkarten der Jugoslawen (24) und mündliche Auskunft von P. Weiß am 20. 8. 83.
80 Ristock 20. 6. 83 sowie ein Bericht von ihm vom 6. 9. 55 über das Seminar (24).
81 Vgl. Dittner 27. 9. 83.
82 Dittner 10. 6. 83.
83 Zum PAK vgl. Kap. I.3.
84 Teile des Briefwechsels in dieser Angelegenheit liegen dem Projekt vor. (24).
85 Ristock 20. 6. 83.
86 Brief von P. Weiß vom 16. 10. 56 an beteiligte Genossen. (24).
87 Vgl. BSJ Aug. 57. Über die Sommerarbeit ...
88 Interview mit W. Klemm vom 31. 5. 83.
89 Dittner 10. 6. 83. Auch Ristock 20. 6. 83 beschreibt eine gelungene Synthese aus politischer Bildung und Ferien.
90 Klemm.

91 Klemm.
92 Vgl. G. u. P. Kunze, G. Soukup: Interview am 27.5.83, Ursula und Christoph Jänicke am 25.10.83.
93 Ebd.
94 Vgl. Protokoll BV vom 5./6.12.59, TOP 3. (6).
95 Vgl. Protokoll BV vom 4.10.60, S. 5 (6).
96 Vgl. Protokoll BV vom 12./13.3.60, TOP 9. (6).
97 Vgl. die Berichte in der »jungen gemeinschaft« Nr. 10/Okt. 1960.
98 Eine Aufschlüsselung über die Anzahl der Teilnehmer pro Bezirk, der Werbeprospekt, eine Teilnehmerbroschüre und Auszüge aus dem detaillierten Lagerprogramm liegen vor. Bestand Götsch.
99 Vgl. *Arno Wrage:* Bericht über den politischen Verlauf des SJ-Zeltlagers in Zadar 1960. Hektographiert. Hamburg im Oktober 1960, (24) sowie Protokoll BV vom 8./9.10.60, S. 3ff. (6).
100 Vgl. Abschnitt 10 dieses Kapitels.
101 Jahresbericht 1960/61 SJD – Die Falken, Kreis Wilmersdorf. Hektographiert. S. 38f. (30).
102 Vgl. *Walter Hoffmann:* Marxismus oder Titoismus? München 1953, S. 40f.
103 *Gisela Conrad:* Die Wirtschaft Jugoslawiens, Berlin 1952, S. 13.
104 *Halperin*, a.a.O., S. 119f, berichtet, daß daran auch Zwangsarbeiter beteiligt waren.
105 G. Soukup. Interview und mündliche Ergänzungen am 5.9.83.
106 BSJ Nr. 5/58 und Götsch.
107 Götsch, mündliche Auskunft vom 25.8.83, auch für das Folgende.
108 Interview mit Siegfried Stirba vom 13.10.83.
109 BSJ Nr. 7/58.
110 Götsch, Stirba. Auch im Aufruf für 1960 (Arbeitsaktion 1960 – Jugoslawien, Handzettel. Hrsgg. vom ZK der Volksjugend) wird ein Programm in der beschriebenen Form annonciert. (24).
111 Stirba.
112 Götsch.
113 Mündliche Auskunft Götsch vom 25.8.83.
114 Arbeitsbericht zur 5. Verbandskonferenz 1955 in Kiel. Broschüre. Hrsg.: Sozialistische Jugend Deutschlands – Die Falken, Verbandssekretariat Bonn, S. 75. Dort wird irrtümlich das Jahr 1954 für den Besuch der jugoslawischen Delegation angegeben. (32).
115 Vgl. SJP Nr. 5/54, siehe auch Abschnitt 1 dieses Kapitels.
116 Protokoll Bundesausschuß (BA) vom 2./3.3.63, TOP 3. (9).
117 SJD-Informationsdienst. Hrsgg. vom Bundesvorstand der SJD – Die Falken, Ffm. Nr. 6/66.
118 Der genaue Termin des Besuchs und die getroffenen Vereinbarungen im einzelnen ließen sich nicht ermitteln.
119 j.g. Nr. 6, Juni 1957.
120 *Knorr* ebd. sowie *Gernot Koneffke:* Der konkrete Bürger in: j.g. Nr. 8/57.
121 *Svetozar Slojanovic:* Der konkrete Bürger in: j.g. Nr. 7/57 und *Gavro Altmann:* Der Mensch in der Gemeinschaft in: j.g. Nr. 9/57. Auch Teile der Verbandslinken kritisierten diese von Knorr und Koneffke vertretene Position als »Inselpädagogik« und »durch und durch idealistisch«, weil sie übersieht, daß bürgerliches Bewußtsein im Rahmen der kapitalistischen Gesellschaft sich immer wieder neu reproduziert. Vgl. *Bernd Heinze*, j.g. Nr. 11/59.
122 Vgl. Kap. I.4.
123 Mündliche Auskunft Peter Weiß am 10.9.83.
124 SJP Nr. 1/58.
125 Am 15.10.1957 seitens der BRD infolge der Anerkennung der DDR durch Jugoslawien.
126 Vgl. Abschnitt 6 dieses Kapitels, S. 71ff.
127 *Leo Kron* – (Pseudonym: *Lorenz Knorr*): Das Verbrechen von Kragujerac in: j.g. Nr. 10, Okt. 1960.
128 Siehe Kap. IV.1.
129 Vgl. Kap. I.6.

130 SJD Nr. 5/61.
131 Protokoll BV vom 5./6.5.62, S. 7. (6).
132 *Harry Schleicher:* Bilanz eines Jugoslawienbesuches in: j.g. Nr. 5/Mai 1962.
133 Protokoll BA vom 2./3.3.1963, TOP 3. (9).
134 j.g. Nr. 6/7 1963.
135 Vgl. j.g. Nr. 6/7 1963, S. 21.
136 Protokoll BV 26.6.65, TOP 12. (7).
137 Protokoll BV 23./24.10.65, TOP 10c, vgl. auch SJD Nr. 7/65.
138 Vgl. SJD Nr. 5/66, Nr. 6/66 sowie j.g. Nr. 4/66.
139 Protokoll BA 12.11.66, S. 4. (9).
140 Vgl. den auf der Konferenz herausgegebenen SJD-Pressedienst Nr. 5 vom 4. Mai 1961, S. 2.
141 Vgl. jg-aktuell (Nachfolgezeitschrift der »jungen gemeinschaft«) Informationsblatt der Sozialistischen Jugend. Okt./Nov. 1967.
142 Vgl. jg-aktuell April 1970.
143 Protokoll LV 11.3.57, TOP 4. (3a).
144 Beschlüsse der 11. Landeskonferenz der SJD – Die Falken – Landesverband Berlin. Hektographiert, S. 4. (42).
145 BSJ Nr. 5/58.
146 Zum IUSY-Camp 1959 siehe Kapitel II.6.
147 Eine Gruppe weilte zu Gast im Kreis Wilmersdorf.
148 j.g. Nr. 8/59.
149 Es liegen uns aus dieser Zeit keinerlei Vorstands- oder Landesausschußprotokolle vor. Die BSJ erschien sehr unregelmäßig. Es ist nicht mehr zu rekonstruieren, wie viele Hefte 1960/61 erschienen sind.
150 Zur politischen Konzeption für dieses Lager vgl. Kap. II.5.
151 Helfen in Skopje, in: j.g. Nr. 10/63 sowie Klemm.
152 j.g. Nr. 1/2 1964.
153 Vgl. »Kontakt«. Mitteilungen der SJD – Die Falken Wilmersdorf/Schöneberg, o.J. (ca. Sept. 1962).
154 radikal – Zeitschrift für die SJD – Die Falken – Landesverband Berlin. Hrsgg. vom Arbeitskreis für Publizistik. Nr. 2 Aug./Sept. 63.
155 Ristock 26.6.83.
156 Vgl. Ristock 20.6.83, Fiek, Weiß, Gleitze, Dittner 27.9.83, Wolf Tuchel 26.10.83, Günther Jahn 13.12.83.
157 Protokoll der SJ-Ringleiter-Sitzung am 15.10.1956, S. 3f. (4).
158 Weiß.
159 Fiek, vgl. die vorliegenden Besuchsprogramme, Begegnungen vom 4.–12.4.55 (Kreis Wilmersdorf), 17.5.–4.6.55 (Gruppe »Vorwärts«) und 3.–22.3.57 (Kreis Wilmersdorf). (24).
160 j.g. Nr. 9/54, S. 289ff.
161 j.g. Nr. 11/54, S. 408.
162 Der Text der Äußerungen von Prall lag uns nicht vor, jedoch lassen die Berichte um den Konflikt den Schluß zu, daß Prall eine mangelnde Abgrenzung von den jugoslawischen Kommunisten vorgeworfen wurde. Vgl. dazu Protokoll GV 14.3.38, S. 2, (8) und BV 29./30.3.58, S. 4. (6).
163 Vgl. Die »Allgemeine Sonntagszeitung« und die Radikalen in: j.g. Nr. 9/57, S. 1, sowie Kommunisten Teufel und abendländische Akademie und: Werden Katholiken verfolgt? in: j.g. Nr. 10/57, S. 7.
164 Das Folgende nach: *Hartmut Soell:* Fritz Erler – Eine politische Biographie, Bd. I. Berlin, Bonn–Bad Godesberg 1976, S. 329ff.
165 Vgl. Kap. I.6. Anm. 70.
166 *Fritz Erler:* Brief an Bebler (jugoslawischer Politiker) 25.5.1960, zitiert nach *Soell,* a.a.O., S. 641.
167 Protokoll GV vom 12.7.1960, S. 3 (8).
168 Aus einem Schreiben der Hamburger SJ-Funktionäre Arno Wrage, Harald Busch, Jürgen

Schütt an den Vorstand der Sozialistischen Jugend Deutschlands »Die Falken«, Landesverband Hamburg, vom 30. 9. 1960, S. 1 (24).
169 Vgl. den Brief von Wrage u. a., a.a.O.
170 Vgl. den Bericht über den politischen Verlauf ... a.a.O. sowie Protokoll BV 4. 10. 60, S. 2ff.
171 SJ-Camp Zadar (Werbeprospekt) Bestand Götsch.
172 Protokoll BV 4. 10. 60, S. 5. (6).
173 Bericht ... a.a.O., S. 2.
174 Soell, a.a.O., S. 336.
175 Vgl. Kap. I.5.
176 Bericht ... a.a.O., S. 2f.
177 Protokoll BV 4. 10. 60, S. 6. (6).
178 Brief des Vorstands des Landesverbandes Hamburg an den Bundesvorstand vom 4. 10. 60. (24).
179 Brief von Wrage u. a., a.a.O.
180 Bericht ... a.a.O., S. 6.
181 Weiß.
182 Brief von Wrage u. a., a.a.O.
183 Brief des Landesverbandes Hamburg ... a.a.O.
184 Protokoll BV 4. 10. 60, S. 8f. (6).
185 Internationale Begegnung ... BSJ Nr. 7/54, S. 4.
186 Paesler.
187 Dittner 27. 9. 83. In ähnlicher Form äußerte sich auch Siegfried Stirba.
188 Stirba.
189 Dittner 27. 9. 83.
190 Interview mit Günther Jahn 13. 12. 83. Dittner (27. 9. 83) berichtet aus seiner Kenntnis der Ostkreise ähnliches.
191 Paesler.
192 Vgl. Fiek, Paesler.
193 Götsch.
194 Weiß.
195 Vgl. z. B. die Einladung zur Helferschulung Jugoslawien am 24./25. 3. 56, Durchschrift, vgl. auch Dittner 27. 9. 83. (24).
196 Vgl. Ristock 20. 6. 83, Fiek, sowie Einladung ... 24./25. 3. 56, a.a.O.
197 Stirba.
198 Rüttinger.
199 Dittner 10. 6. 83.
200 Vgl. Interview mit Manfred Wetzel 8. 6. 83 sowie Fiek.

**Anmerkungen zu Kapitel IV.**

1 Vgl. Kap. II.7.
2 Vgl. die Einladung vom 16. 4. 56. (3).
3 Protokoll der 9. Jahres-Landeskonferenz vom 21./22. 4. 56, S. 3. (41).
4 Vgl. Betr.: Kontakte zu Polen (Bericht einer Kommission des Verbandsvorstandes der SJD – Die Falken), 12. 5. 57, S. 7. (24).
5 Zur Person Gomulkas und der Entwicklung des polnischen Oktober vgl. *Nicholas Bethell.* Die polnische Spielart. Gomulka und die Folgen. Wien, Hamburg 1971.
6 *Herbert Wehner:* Der Vulkanausbruch in Ungarn, in: Vorwärts, 2. 11. 1956.
7 *Bethell* a.a.O., S. 262ff.
8 SJD – Die Falken, Kreis Wilmersdorf, 4. 2. 57: Auf der Kreisdelegiertenkonferenz am 3. 2. 57 verabschiedete Anträge und Wahlvorschläge, S. 3. (30) Vgl. auch Anträge zur 10. Landeskonferenz (42).
9 Protokoll der Sitzung des Landesausschusses vom 27. 11. 56. (3).
10 Vgl. Protokoll LA, 21. 12. 56, TOP 4, siehe dazu auch in Abschnitt IV.2. (3).

11 Jahresbericht des 1. und 2. Vorsitzenden über die politische, pädagogische und organisatorische Arbeit des Landesverbandes Berlin für den Zeitraum vom 1.4.1956 bis 31.3.1957, S. 3. (42).
12 Anträge an die 10. Jahres-Landeskonferenz a.a.O., S. 2.
13 Ebd., S. 3f.
14 Ebd., S. 6.
15 Antrag zur weltpolitischen Lage. Vorschlag der Redaktionskommission. a.a.O.
16 Anträge a.a.O., S. 4.
17 Masteit. Zur Endgültigkeit der Ostgrenze liegen von Jahn, Dittner, Ristock ähnliche Aussagen vor.
18 Zum folgenden vgl. *Volkmar Kellermann:* Brücken nach Polen, Stuttgart 1973, sowie Hans-Adolf Jacobsen: Bundesrepublik Deutschland – Volksrepublik Polen. Bestimmungsfaktoren ihrer Beziehungen 1949–1970, in: Bundesrepublik Deutschland – Volksrepublik Polen. Ffm./Warschau 1979, S. 44ff.
18a Zitiert nach *Kellermann* ebd., S. 72. Auch die Verbandskonferenz der Falken hatte im Jahr 1953 im Rahmen einer einstimmig verabschiedeten Entschließung zur Einheit Deutschlands betont, daß zu einem wiedervereinigten Deutschland auch »unser Land jenseits der Oder-Neiße gehören« muß. (Bericht von der 4. Verbandskonferenz der Sozialistischen Jugend Deutschlands – Die Falken. Broschiert, S. 86). (32).
19 *Kellermann* a.a.O., S. 90.
19a Nach *Kellermann* a.a.O., S. 80f.
20 Vgl. *Kellermann* a.a.O., S. 80f.
21 Bei der Kritik innerhalb der SPD überwogen wahltaktische Überlegungen, vor allem fürchtete sie um ihre Koalitionsfähigkeit in den Bundesländern. Vgl. *Soell* a.a.O., S. 695.
22 Betreff: Kontakte ... a.a.O., S. 1.
23 Ebd., S. 6.
24 Vgl. Vorwärts, 20.7.56, S. 10 sowie S. 7.
25 *Kellermann* a.a.O., S. 77.
26 »Heißes Eisen« Oder-Neiße-Linie in: j.g. Nr. 10/57, S. 6.
27 Protokoll BV 29./30.6.57, S. 7. (6).
28 Wetzel.
29 Fiek.
30 Protokoll BV 20.9.57, S. 5. (6).
31 Das folgende nach Dietrich Masteit.
32 Vgl. die Ausschreibung der Lager in BSJ Nr. 2/58 vom 20.2.58, S. 5f.
33 Wetzel.
34 Zum Programmablauf und zum folgenden vgl. *W. Götsch:* Reisenotizen. Maschinenschriftl. Bericht über die Polen-Delegation des Verbandsvorstandes. Bestand W. Götsch.
34a Diesen Eindruck gewann auch Prof. *Carlo Schmid,* u.a. SPD-Vorstandsmitglied und Vizepräsident des Deutschen Bundestages, der sich ebenfalls im März 1958 in Polen aufgehalten hatte. Schmid bestätigt in seinem Reisetagebuch viele der Eindrücke, die von Teilnehmern der Falken-Fahrten nach Polen geschildert wurden und in den folgenden Abschnitten dieser Arbeit wiedergegeben werden. Das Reisetagebuch ist abgedruckt in: Ungewöhnliche Normalisierung. Beziehungen der Bundesrepublik Deutschland zu Polen, Bonn 1984, S. 191ff. Erstaunlicherweise werden in diesem Reader, in dem »nicht die Beziehungen zwischen den staatlichen Organen der Volksrepublik Polen und der Bundesrepublik Deutschland« im Mittelpunkt stehen, »sondern Kontakte, Begegnungen, Zusammenarbeit und Partnerschaft zwischen den Menschen und ihren Organisationen« (Umschlagtext), die Aktivitäten der Falken mit keinem Wort erwähnt. Dies, obwohl dieses Buch im Auftrag der Friedrich-Ebert-Stiftung herausgegeben wurde.
35 Götsch.
35a Götsch.
36 Wetzel.

37 Wetzel.
38 Götsch.
39 Götsch: Reisenotizen a.a.O.
40 Gleitze 24.5.83.
41 Ristock 20.6.83.
42 Falken in Polen. Auszüge aus dem Kommuniqué über die Gespräche zwischen dem Verband der Sozialistischen Jugend Polens und der Sozialistischen Jugend Deutschlands – Die Falken. Hektographiert. (24).
43 Dittner 10.6.83.
44 Vgl. den Bericht in der j.g., verfaßt von einem Teilnehmer unter dem Pseudonym *Heinz Wegener:* Zu Besuch in Polen, in: j.g. Nr. 7/1958, S. 3, sowie Götsch, Ristock 20.7.83.
45 Götsch.
46 Wetzel.
47 Vgl. dazu unten Kap. VII.
48 entfällt
49 Weiß.
50 Protokoll BA 31.5./1.6.1958, S. 3f. (9).
51 Protokoll GV 7.8.58, S. 3. (8).
52 Siehe dazu unten Abschnitt 11 dieses Kapitels.
53 Götsch, Chr. Jänicke, P. Kunze, Rüttinger.
54 Nach Berechnungen anhand der vorliegenden Buslisten. Bestand Götsch.
55 Vgl. *Manfred Wetzel:* Wir fuhren nach Auschwitz, in: j.g. Nr. 12/59, S. 1.
56 Dazu und zum folgenden vgl. An alle. Aufruf zur Auschwitz-Fahrt vom 15.10.59. Hektographiert. (24).
57 Vgl. Götsch, Stirba, U. u. Chr. Jänicke, Hopf.
58 Vgl. Dittner, Soukup, U. und Chr. Jänicke, P. Kunze.
59 Masteit.
60 Chr. und U. Jänicke.
61 G. und P. Kunze.
61a Walz.
62 Ebd.
63 Chr. und U. Jänicke.
64 Ebd.
65 *Volker Henckel:* Ein Wochenende in Polen, in: »Blickpunkt«. Hrsgg. vom Landesjugendring Berlin, 10. Jg. Februar/März 1960, S. 32f.
65a Interview mit Barbara Greube vom 26.3.84.
66 Froebel.
67 Chr. und U. Jänicke.
68 Soukup.
69 *M. Wetzel:* Wir fuhren... a.a.O.
70 Hopf.
71 Ristock 20.6.83.
71a Walz.
72 Chr. und U. Jänicke.
73 G. und P. Kunze.
74 Stirba.
75 Hopf.
76 Soukup.
77 Vgl. den Bericht in der NR 2 vom 9.12.59: Offene Worte in Krakau. Vgl. auch Wetzel, Rüttinger, Soukup, Froebel, Dittner 27.9.83.
78 Vgl. Abschnitt 4 dieses Kapitels.
78a Dittner 27.9.83.
79 Vgl. Kap. II.4.
79a Wetzel, Froebel.

80 Rede des 1. Vorsitzenden der Berliner SJD – die Falken, Harry Ristock, vor polnischen und deutschen Jugendlichen am 29.11.59 vormittags in Krakau. Hektographiert. Bestand Beinert.
80a Soukup, vgl. auch: Offene Worte... NRZ 9.12.59.
81 Vgl. dazu Kap. VI.3.
82 Protokoll BV 5.12.59, S. 3f. (6).
83 Protokoll BA 17.1.60, S. 8. (9).
84 Protokoll GV 22.2.60, S. 3. (8).
85 Protokoll BV 12.3.60, S. 13f. (6).
86 Nach Angaben in der BSJ, undatierte Ausgabe (ca. Ende April 1960) S. 7.
87 *Ansgar Skriver:* Sozialistische Jugend besuchte Auschwitz, in: j.g. Nr. 6/60, S. 1.
88 Vgl. j.g. Nr. 6/60, S. 1, 4 u. 5.
89 Protokoll BA 27./28.5.60, S. 3. (9).
90 Protokoll GV 28.4.60, S. 2. (8).
91 Götsch.
92 *Kalli Prall:* ZMS-Delegation als Gast der SJD – Die Falken, in: j.g. Nr. 11/59, S. 5.
93 Protokoll BA 27./28.5.60, S. 3. (9).
93a Götsch.
94 Wetzel.
94a Dittner.
95 Vgl. Betreff: Kontakte... a.a.O., S. 4.
96 *Hansjakob Stehle:* Nachbar Polen. Ffm. 1963, S. 24.
97 Vgl. Wetzel, Klemm, Ristock 20.7.83.
98 *J.K. Hoensch / G. Nasarski:* Polen, 30 Jahre Volksdemokratie. Hannover 1975, S. 106.
99 Vgl. Abschnitt 4 dieses Kapitels.
100 *Stehle* a.a.O., S. 298.
101 Ebd. S. 318, *Jacobsen* a.a.O., S. 50, sowie *Georg W. Strobl:* Deutschland – Polen. Wunsch und Wirklichkeit. (Dokumente und Kommentare zu Ost-Europa-Fragen, Band III), Bonn–Bruxelles–New York, 2. erweiterte Auflage 1971, S. 18.
Allerdings bestehen zwischen den Autoren erhebliche Unterschiede darüber, wie weit diese Bereitschaft ging. Stehle und Jacobsen gehen davon aus, daß Polen bereit war, diplomatische Beziehungen ohne Bedingungen und unter Ausklammerung des Grenzproblems aufzunehmen. Strobel hingegen sah nur die Bereitschaft, ins Gespräch zu kommen, etwa um Handelsmissionen auszutauschen.
102 Vgl. *Stehle* a.a.O., S. 57ff, 288f und 318f, sowie *Hoensch/Nasarski* a.a.O., S. 104ff.
102a Vgl. *Kellermann* a.a.O., S. 83f, *Jacobsen* a.a.O., S. 50f, sowie *P. von der Mühlen* u.a.: Vertriebenenverbände und deutsch-polnische Beziehungen nach 1945, in: Das deutsch-polnische Konfliktverhältnis seit dem Zweiten Weltkrieg. Boppard am Rhein 1975, S. 122.
103 Vgl. den Abdruck der Rede bei *Strobel* a.a.O., S. 60f.
103a Vgl. *Hennebach* a.a.O., S. 98ff.
104 Dittner 10.6.83, vgl. auch Gleitze 24.5.83, Ristock 20.7.83.
105 Klemm.
106 Vgl. Abschnitt 4 dieses Kapitels.
107 Walz.
108 j.g. Nr. 6/60, S. 1.
108a Vgl.»Informationsrundbrief«. Hrsgg. vom Bundesvorstand der SJD – Die Falken, Nr. 3 / Oktober 1959, S. 12.
109 Walz.
110 Gleitze.
111 Vgl. Kap. I.6.
111a Dieses Schwinden der Alternative des Dritten Weges hat m.E. wesentlich dazu beigetragen, daß sich auch die Berliner Falken stärker an den politischen Gegebenheiten der Bundesrepublik orientierten und ihre in den 50er Jahren geäußerte grundsätzliche Kritik am gesellschaftlichen System langsam zugunsten einer reformerischen Konzeption veränderten. Als Reaktion darauf kam es in jenen Jahren im Berliner Landesverband zur Herausbildung einer

linken Opposition.
112 Protokoll BA 27./28.5.1960, S. 3. (9).
113 Protokoll der außerordentlichen Tagung des 18. Landesparteitages der Berliner SPD am 2. Dez. 1961, S. 48ff.
114 Manuskript zur Berlinfrage vom 15.9.1962, zitiert nach: *Hans-Jürgen Heß:* Die innerparteiliche Entwicklung der Berliner SPD von 1958–1963. Diplomarbeit am Otto-Suhr-Institut der FU Berlin, Sept. 1963, S. 87f. Zum Einfluß der Falken auf die SPD-Linke vgl. Kap. VI.2.
115 Anträge, über die auf der 16. Jahres-Landeskonferenz am 7. April 1963 abgestimmt wurde. Hektographiert. S. 2. (44) Zu weiteren auf dieser Konferenz verabschiedeten Anträgen im Sinne einer Entspannungspolitik siehe Kapitel V.1.
116 Vgl. Internationaler Jugendpressedienst. Jahrgang XIII. Folge 510 vom 23.4.1962, S. 2 (im folgenden ijpd), vgl. dazu auch Kap. VI.2.
117 Vgl. *Kellermann* a.a.O., S. 101.
118 Im Januar 1958 hatte die SPD gemeinsam mit der FDP im Bundestag einen Antrag eingebracht, in dem die Bundesregierung aufgefordert wurde, mit der polnischen Regierung über die Herstellung von diplomatischen Beziehungen zu verhandeln.
Nach seiner Ablehnung im Bundestag und der folgenden Überweisung an den auswärtigen Ausschuß wurde dieser und ein im November 59 eingebrachter ähnlicher, auf ganz Osteuropa bezogener Antrag bis zum Mai 1961 geprüft. Diese Anträge mündeten schließlich in einer von allen Fraktionen gebilligten Grundsatzentschließung des Deutschen Bundestages, die zwar im Verhältnis zur bisher betriebenen Politik konstruktivere Ansätze enthielt, andererseits jedoch so viele Vorbehalte beinhaltete, daß ihre praktische Wirkungsmöglichkeit sehr beschränkt bleiben mußte.
Vgl. *von der Mühlen* u. a. a.a.O., S. 120ff, sowie *Kellermann* S. 99f.
119 Vgl. j. g. Nr. 6/7 1963, S. 21, und Konferenzunterlagen Antrag III/4. Hektographiert. (34).
120 Vgl. *von der Mühlen* u. a. a.a.O., S. 128f.
121 JW-Jugendinformationsdienst Nr. V/14 vom 18.4.1964. Meldung 5/0185.
122 Vgl. Protokoll 21. LPT der SPD, S. 90 sowie S. 71ff.
123 Brief der Sozialistischen Jugend Deutschlands – Die Falken, Landesverband Berlin vom 28.4.1965 an den Landesvorstand und Landesausschuß der Sozialdemokratischen Partei Deutschlands, Landesverband Berlin. S. 1. (28).
124 Brief der Sozialdemokratischen Partei Deutschlands, Landesverband Berlin vom 13.4.65 an die Falken Landesverband Berlin. (28).
125 Welche Bedeutung die SPD der Grenzfrage im Wahlkampf zumaß, geht auch aus einem Brief Fritz Erlers, der im übrigen auch zu jenen gehörte, die entgegen ihrer eigentlichen Überzeugung schwiegen bzw. die Parteilinie vertraten, hervor. Er schrieb nach der Wahl im Dezember 1965: »Eine sozialdemokratische Aufforderung zur Anerkennung der Oder-Neiße-Linie hatte der CDU zur absoluten Mehrheit verholfen.« Zitiert nach *Soell* a.a.O., S. 502.
126 Brief der SJD – Die Falken 28.4.1965 a.a.O., S. 4.
127 Vgl. *Fritz Meinicke:* Brücken werden geschlagen, in: j.g. Nr. 7/8 1960, S. 9.
128 Gleitze 24.5.1983.
129 Gleitze 24.5.1983.
130 Mündliche Auskunft A. Gleitze 15.3.84.
131 Vgl. die Ausschreibung der Fahrt vom 30.10.62, S. 1. (24).
132 Vgl. *C. L. Guggomos:* Sie winkten zögernd zurück, in: Vorwärts 5.12.62.
133 Ausschreibung a.a.O., S. 2.
134 Vgl. *Erich Richter:* Eine versöhnende Geste und mutige politische Tat, in: Blickpunkt Nr. 116/Dez. 1962, S. 34.
135 Vgl. *Guggomos* a.a.O., *Richter* a.a.O. sowie Polen 62 in: Blickpunkt ebd. S. 30f.
136 j.g. Nr. 12/62, S. 14.
137 Vgl. *Herbert Thor:* »Falken« verurteilen Auschwitz-Mörder, in: Junge Welt 7.12.62 sowie auch die Ausgaben vom 21., 23., 25. u. 26. Nov.

138 Protokoll BA 2./3.3.63, S. 9. (9).
139 Gleitze 24.5.83.
140 Zum Verlauf dieses Konfliktes siehe unten Kapitel VI.6.
141 Rede des 2. Landesvorsitzenden der Berliner Sozialistischen Jugend – Die Falken, Lothar Pinkall, vor den Teilnehmern der Gedenkfahrt nach Maidanek. Hektographiert. (24).
142 Auschwitz. Ein Besuch nach 20 Jahren. Ohne Impressum. (24).
143 *Valeska von Roques:* Auschwitz liegt in Polen, in: j. g. Nr. 9/64, S. 9.
144 *Dieselbe:* Warum sie ostwärts fahren, in: j. g. Nr. 11/64, S. 20f.
145 Vgl. Protokoll LA vom 27.10.64, S. 4. (3).
146 Protokoll BV 24.4.65, S. 3. (7).
147 Vgl. »Telegraf« vom 14.11. und 16.11.65.
148 Vgl. Protokoll BV 12.2.66, S. 4, (7) sowie Protokoll LA 26.1.66, S. 6. (3).
148a Vgl. Protokoll BV 12.2.66, S. 5. (7).
149 Diese Einschätzung bestätigte das Bundesvorstandsmitglied Marianne Oldehoff in ihrem Redebeitrag auf der Bundeskonferenz 1967. Vgl. den SJD-Pressedienst zur 11. Bundeskonferenz Nr. 4, 4. Mai 1967, S. 2f.
149a Erklärung der Sozialistischen Jugend Deutschlands – Die Falken zur Deutschland- und Europa-Politik, abgedruckt in: j. g. Nr. 2/1966, S. 34.
150 Diese Angaben sind zitiert nach *von der Mühlen* u. a. a.a.O., S. 136.
151 SJD-Info Nr. 1/67 vom 27.1.67, S. 2f.
152 Antrag Nr. II/37. Hektographiert. (35) Vgl. auch JW Nr. VIII/19 – 10.5.67, Meldung 5/0377.
152a Rentnerreisen und Verwandtenbesuche waren jederzeit möglich, ansonsten mußte eine allerdings beträchtliche Summe quasi als Kaution bei Westreisen hinterlegt werden. Vgl. *Erich Richter:* Polen 1962 a.a.O., S. 33.
153 JW Nr. VIII/10 – 8.3.67, Meldung 5/0363, sowie j. g.-aktuell Okt./Nov. 67, S. 8.
153a Zum Ablauf dieses Seminars vgl. j. g.-aktuell Dez. 67, S. 4f, sowie desgleichen Januar 68, S. 14.
154 Zu den Studentenunruhen im März 1968 vgl. Bethell a.a.O., S. 313f, *Hoensch/Nasarski* a.a.O., S. 122f.
155 Jahresbericht 1967/1968 (Vorlage auf der 21. Jahres-Landeskonferenz am 7.4.1968). Broschiert (47) S. 10, vgl. auch j. g.-aktuell April 68, S. 13.
156 Vgl. Telegraf 4.4.68, Die Welt 4.4.68.
157 Gleitze 24.5.83.
158 Vgl. j. g.-aktuell Juni 68, S. 14.
159 Vgl. SJD-Pressedienst zur 12. Bundeskonferenz, Nr. 1, 15. Mai 69, S. 4f.
160 j. g.-aktuell Sept. 69, S. 13.
161 SJD-Pressedienst zur 13. Bundeskonferenz, Nr. 4, 21. Mai 71, S. 6.
162 j. g.-aktuell Mai 72, S. 12.
163 SJD-Pressedienst zur 13. Bundeskonferenz, Nr. 3, 21. Mai 71, S. 7.

**Anmerkungen zu Kapitel V.**

1 Vgl. Protokoll BV 29./30.3.58, S. 4. (6).
1a Der Entstalinisierungsprozeß setzte in der ČSSR erst ab 1962 in der Folge des XXII. Parteitages der KPdSU ein. Die erste Welle der Entstalinisierung nach dem 20. Parteitag der KPdSU war an der ČSSR fast spurlos vorübergegangen.
Vgl. dazu: *Zdenek Hejzlar:* Reformkommunismus. Ffm. 1976, S. 111ff, sowie S. 73f. Vgl. dazu auch unten Abschnitt 7.
2 Vgl. Protokoll BA 31.5./1.6.58, S. 3ff. (9).
3 Vgl. Protokoll BV 5.1.61, S. 11. (6).
4 Vgl. Protokoll BV 1.12.61, S. 11. (6).
5 Vgl. Jugend-Exclusiv-Berichte. Wiesbaden (Titelblatt mit Impressum fehlt, ca. Ende 1963), S. II.7. und II.10.

5a  Protokoll BA 2./3.6.62, S. 16. (9).
6   Vgl. Kap. IV.12.
6a  Vgl. Kap. I.7.
7   Vgl. Kap. IV.3.
7a  Froebel.
8   Vgl. dazu Kap. VI.5.
9   Froebel.
10  Ristock 20.7.83.
11  Froebel.
12  Hintergrund dieser Ängste war der Fall des Ostreferenten des Liberalen Studentenbundes Dieter Koniecki, der im Januar 1961 in Berlin offenbar entführt und 5 Monate später unter Anschuldigung der Spionage in Prag zu 10 Jahren Gefängnis verurteilt worden war. Vgl. ijpd vom 31.10.63, S. 2.
13  Dittner 11.10.83.
14  Gleitze 24.5.83.
15  Gleitze 2.6.83.
16  Anträge zur 16. Jahreslandeskonferenz am 7. April 1963. Hektographiert, S. 3. (44).
17  Neuformulierungen einiger Anträge. Hektographiert. (44).
18  Interview mit Lothar Pinkall 23.11.83.
18a Vgl. dazu Kap. VI.2.
19  Gleitze 24.5.83.
20  Götsch.
20a Gedenkfahrt Berliner Jugend nach Lidice und Theresienstadt. Hrgg. von der Sozialistischen Jugend – Die Falken, Landesverband Berlin, Handzettel. (24B).
20b Vgl. das Protokoll der 17. Sitzung des Abgeordnetenhauses von Berlin vom 17. Oktober 1963, S. 393 ff.
21  Vgl. *Erich Richter:* Die Reise nach Prag, in: »Blickpunkt« Nr. 124, Nov./Dez. 63, S. 29.
21a Protokoll der 17. Sitzung des Abgeordnetenhauses, a.a.O., S. 395.
22  Vgl. Protokoll BV 5./6.10.63, S. 9. (6).
22a Jahn.
23  Vgl. »Tagesspiegel« 2.10.63 und BZ 2.10.63.
23a Dittner 10.6.83.
24  Gleitze 2.6.83.
24a Chr. und U. Jänicke, vgl. auch »Telegraf« vom 6.10.63.
25  Chr. und U. Jänicke.
25a Klemm.
26  Rüttinger.
27  Stirba, vgl. auch Klemm, Rüttinger.
28  Klemm, vgl. auch Stirba.
29  Dittner, 11.10.83.
30  *Erich Richter:* Die Reise nach Prag, in: »Blickpunkt« Nr. 124, Nov./Dez. 63, S. 34f.
30a »radikal« Nr. 3 november–dezember 1963, S. 12f.
31  Erich Richter Interview; durchgeführt von S. Heimann.
32  *Erich Richter:* Versuch einer politischen Wertung, in: »Telegraf« 13.10.63, vgl. auch entsprechende Äußerungen von Alfred Gleitze in einem Rundfunkinterview, wiedergegeben in: ijpd vom 10.10.63, S. 2.
32a Jahn.
33  Zitiert nach JW-Dienst Nr. V/1 – 11. Januar 1964, Meldung 18/0512.
34  Zitiert nach Blickpunkt 124 a.a.O., S. 36.
35  Rede des 1. Landesvorsitzenden der Berliner Sozialistischen Jugend – Die Falken, Alfred Gleitze, vor den Teilnehmern der Gedenkfahrt der Berliner Jugend in Lidice/Tschechoslowakei. Hektographiert. (24B). Hervorhebung im Original.
36  Feierstunde in Theresienstadt. Manuskript. Hektographiert. (24B).
36a Siehe dazu unten Kap. VI.4.

37   Dittner 11.10.83.
37a  Jahn.
38   Chr. und U. Jänicke.
38a  So die Zeitung des ČSM MLADA FRONTA, zitiert nach JW-Dienst Nr. V/1 – 11. Januar 1964, Meldung 18/0512.
39   Wir waren in Westberlin, in: »Tschechoslowakische Jugend« Nr. 8/1964, S. 17f.
40   Alfred Gleitze, Hanns Kirchner: Bericht der beiden Landesvorsitzenden über die Arbeit seit der letzten Jahreslandeskonferenz (April 1965). Hektographiert. (45).
41   Falken – nicht flügge, FAZ 29.5.64.
42   Vgl. Mit gestutzten Flügeln, »Telegraf« 10.6.64 und »Falken«-Debatte im Parlament, BZ 5.6.64. Zum Verlauf dieses Konflikts vgl. auch Kap. VI.7.
43   Vgl. JW-Dienst 22.8.64, Meldung 18/0570.
44   Vgl. JW-Dienst 3.10.64, Meldung 5/0210.
45   Vgl. JW-Dienst 30.10.64, Meldung 5/0215.
46   Vgl. »radikal« Nr. 5, April 64, S. 15.
47   Vgl. JW-Dienst 19.12.64, Meldung 4/0477.
48   Vgl. z. B. JW-Dienst 28.11.64 und 22.8.64.
49   Vgl. Protokoll LA 27.10.64, S. 2. (3).
50   Ristock 20.7.83.
51   Soukup.
52   Protokoll LA 24.11.64, S. 2. (3).
53   Soukup.
54   Soukup.
55   Gleitze 2.6.83.
56   Dittner 11.10.83.
56a  Es handelte sich dabei um ein im August 1963 verfaßtes Memorandum, das als Grundlage einer Diskussion mit der sowjetischen Parteiführung konzipiert worden war und die Auffassungen der KPI über die politischen Grundprobleme der kommunistischen Weltbewegung darstellte. Da Togliatti kurz darauf verstarb, ging dieses Memorandum als sein Testament in die internationale sozialistische Diskussion ein. Es enthielt u.a. nicht nur eine scharfe Kritik des Stalinismus, sondern auch der Art, wie er von der kommunistischen Weltbewegung bewältigt worden war. So bekannte sich Togliatti zur Freiheit der Meinung und Diskussion innerhalb und außerhalb der Partei und definierte Sozialismus als jenes Regime, in dem die größte Freiheit für die Werktätigen verwirklicht ist und diese tatsächlich an der Leitung des sozialen Lebens teilhaben.
Vgl.: *Franz Marek:* Der XX. Parteitag der KPdSU und die kommunistischen Parteien Westeuropas, in: Entstalinisierung. Der XX. Parteitag der KPdSU und seine Folgen, Ffm. 1977, S. 177ff.
57   Dazu und zum folgenden vgl. *Hejzlar* a.a.O., S. 74ff, sowie *Hennebach* a.a.O., S. 206ff.
58   Götsch.
59   Gleitze 2.6.83.
60   Gleitze 2.6.83.
61   Dittner 10.6.83.
62   BSJ April 1965, S. 7, sowie j.g. Nr. 7/65, S. 13.
63   Gleitze 2.6.83.
64   Gleitze: Wir trafen uns in Norwegen, in: BSJ November 65, S. 4f, Hervorhebung im Original.
65   Vgl. den Bericht des Landesvorstandes zur 19. Jahres-Landeskonferenz 1966, S. 7, hektographiert (46), sowie Protokoll LA 7.10.65, S. 3. (3).
65a  Gleitze 3.5.84.
66   Vgl. Protokoll LA 5.11.65, S. 2. (3).
67   Rede von Alfred Gleitze am 15.11.1965 in Lidice, in: j.g. Nr. 12/65, S. 3f.
68   Vgl. Bericht des Landesvorstandes zur 19. Jahres-Landeskonferenz a.a.O., S. 7.
69   Vgl. Kap. IV, S. 121ff.

70 Gleitze 2.6.83.
71 »Prager Volkszeitung«: Mit den Falken ins Burgenland, 21.7.1967.
72 Ebda.
73 Vgl. »Berliner Morgenpost« 28.11.67: Ärger mit den Falken.
74 Vgl. »Berliner Morgenpost« 30.11.67: Ein Exklusivvertrag besteht nicht.
75 Gleitze 2.6.83.
76 Telegramm der Redaktion der »Prager Volkszeitung« an die 21. Jahres-Landeskonferenz, 7. April 1968. (47).
77 Chr. und U. Jänicke.
78 Dittner 11.10.83.
79 Dittner 10.6.83.
80 Chr. und U. Jänicke.
81 Dittner 11.10.83.
82 Chr. und U. Jänicke.
82a Zur Geschichte des »Prager Frühlings« und seines erzwungenen Endes vgl. *Hejzlar* a.a.O., S. 108ff.
83 Ristock 20.6.83.
84 Dittner 11.10.83.
85 Mündliche Auskunft Heinz Beinert am 11.4.84.
86 *Heinz Beinert:* Die Jugend der ČSSR und wir, in: j.g.-aktuell Oktober 1968, S. 8.
87 *Hejzlar* a.a.O., S. 327.
88 Vgl. die Einladung zu dieser Fahrt mit Programm. Hektographiert o.D. (24B).
89 Gleitze 2.6.83.
90 Gleitze 2.6.83.
91 *Klaus Flegel:* Sechs Wochen nach Prag, in: j.g.-aktuell Oktober 1968, S. 3.
92 Vgl. Abschnitt 8, S. 145ff.
93 Heinz Beinert zitiert nach JW-Dienst Nr. XI/77, 29.4.70, Meldung 5/0480.

**Anmerkungen zu Kapitel VI.**

1 Ristock 20.6.83.
2 Gleitze 24.5.83.
3 Ristock 20.6.83.
4 Interview mit Wolf Tuchel 26.10.83.
5 Tuchel.
6 Vgl. Gleitze 15.6.83/Ristock 20.7.83.
7 Arbeitsbericht des SJ-Ringvorstandes Berlin. Vorgelegt zur 18. Jahres-Landeskonferenz am 11. April 1965. (Hektographiert), S. 11. Dem SJ-Ringvorstand gehörten zu dieser Zeit Jürgen Dittner, Harry Ristock, Elke Sahnwald und Gunther Soukup an. (45).
8 Weiß.
9 Stirba. Interview durchgeführt von Lindemann/Schultz.
10 Weiß.
11 Vor allem Harry Ristock, aber auch Alfred Gleitze, Dietrich Masteit, Waldemar Schulze und Manfred Wetzel gehörten zum Beginn der 60er Jahre zum engeren Führungskreis der Berliner SPD-Linken. Vgl. dazu *Joachim Raschke:* Innerparteiliche Opposition. Die Linke in der Berliner SPD, Hamburg 1974, S. 161f.
Zum Einfluß von führenden Repräsentanten der Falken, insbesondere von Harry Ristock, auf die Berliner SPD-Linke vgl. auch: *Hans-Jürgen Heß:* Die Auswirkungen der Tätigkeit innerparteilicher Gruppierungen auf die Regierungsfunktion einer politischen Partei am Beispiel der Berliner SPD in den Jahren von 1963 bis 1981. Dissertation FU Berlin 1983, S. 60f sowie S. 80ff.
12 Gleitze 15.6.83.
13 Pinkall.
14 Ristock 20.6.83.

15 Protokoll des LPT vom 23.5.1959, S. 102. Mit dieser Rede wandte sich Neumann insbesondere an den stellvertretenden Landesvorsitzenden Kurt Mattick, den Landessekretär Theo Thiele und den Pressereferenten Eberhard Hesse, die zu den schärfsten Kritikern der Falken gehörten. Diese drei zählten Anfang der 30er Jahre zum Führungskreis der linksstehenden Berliner SAJ und waren im April 1933 aus der SAJ und der SPD ausgeschlossen worden, weil sie die Berliner SAJ entgegen dem Wunsch der SAJ-Führung und der SPD auf illegale Arbeit eingestellt hatten.
Vgl. dazu *Erich Schmidt:* Der Berliner Jugendkonflikt, in: Das Ende der Parteien 1933. Düsseldorf 1960, S. 242 ff.
16 Walz.
17 Froebel.
18 Greube.
19 Ristock 20.7.83.
19a Vgl. B. S. vom 13.4.63: Politik neben der SPD, vgl. auch Kap. IV.12.
20 Protokoll LPT 17./18.5.1963, S. 28.
21 Zur Entstehung dieser Politik vgl.: *Kurt L. Shell,* Bedrohung und Bewährung. Köln / Opladen 1965, S. 287 ff.
22 Ristock 20.6.83.
23 Weiß.
24 Soukup.
25 Gleitze 2.6.83.
26 Gleitze 24.5.83.
27 Entfällt.
28 Weiß.
29 Vgl. dazu die Abschnitte 5–7 dieses Kapitels.
30 »Telegraf« vom 27.2.58, vgl. Kap. IV.3.
31 Leserbrief Ernst Lupf, »Telegraf« 9.3.58.
32 Leserbrief Kurt Fischer, »Telegraf« 16.3.58.
33 »Sie kommen doch«, B. S. 15.3.58.
34 Ausgewertet wurden »Berliner Morgenpost«, »Berliner Stimme«, »Kurier«, »Spandauer Volksblatt«, »Tag«, »Tagesspiegel«, »Telegraf«, »Welt«.
35 Vgl. »Telegraf« vom 19.3. und 20.3.58; »Tagesspiegel« vom 14.3. und 20.3.58; »Welt« vom 17.3.58.
36 Vgl. Kap. II.2.
37 »Abend« 28.3.58.
38 Hopf.
39 Interview mit Rosemarie El Gayar, geb. Raschik, vom 7.6.83.
40 Walz.
41 Klemm.
42 B. S. 28.9.63, S. 9, Leserbrief Manfred Twehle.
42a Dittner 10.6.83.
43 Gleitze 24.5.83. Daß einige Zeitungen (»Kurier« 1.10.63; »Tagesspiegel« 2.10.63 und »Welt« 2.10.63) sowie das Protokoll der Bundesvorstandssitzung (5./6.10.63, S. 9) vom Unwillen unter den nichtorganisierten Teilnehmern berichteten, muß bei einer Zahl von 800 Beteiligten keinen Widerspruch darstellen, war aber offenbar nicht die vorherrschende Tendenz auf der Fahrt.
44 »Spandauer Volksblatt« vom 1.10.63.
45 »Kurier« 1.10.63: »Falken«-Entgleisung in Theresienstadt.
46 Vgl. »Tagesspiegel« 2.10.63: Kritik an einer »Falken«-Rede in Theresienstadt.
46a Presseerklärung des Landesvorstandes vom 2.10.63. (24 B).
47 Vgl. die Rede Franz Amrehns im Abgeordnetenhaus von Berlin. Protokoll der Sitzung vom 17.10.1963, S. 399.
47a Vgl. *Gerhard Zwerenz:* Der Geist und sein drittes Jahrtausend, in: Was ist heute links? München 1963, S. 94.

48   Gleitze 24.5.83.
48a  Bericht des 1. Landesvorsitzenden zur 17. Landeskonferenz am 5.4.64, S. 1 f. (44).
49   *Alfred Gleitze:* Plädoyer für geistiges Partisanentum, in: Blickpunkt Juni 1964, S. 34. Zum Fall Soukup vgl. den folgenden Abschnitt.
49a  »Telegraf« 1.10.63: »Lassen sie es nie zum Krieg kommen«.
50   »Kurier« 1.10.63.
50a  »Telegraf« 2.10.63: Am falschen Ort.
51   BZ vom 2.10.63.
52   Vgl. »Kurier« 7.10.63: »Die Falken wurden rückfällig« sowie: »Nochmals Falken«. Der Meldung zufolge hatte A. Gleitze in Prag geäußert, die Hallstein-Doktrin werde sich bald als überholt und unhaltbar erweisen.
53   Vgl. »Morgenpost« und »Telegraf« 8.10.63.
54   Protokoll Abgeordnetenhaus von Berlin 17.10.63, S. 395.
55   Resolution verabschiedet am 25.10.1963 auf der Bundesversammlung des ASST, zit. nach i.j.p.d. Jg. XIII. Folge 535 vom 31.10.63, S. 2.
56   Vgl. »Tagesspiegel« 2.10.63; »Blickpunkt« Nov./Dez. 63; »Telegraf« 13.10.63. Auch das »Spandauer Volksblatt« befleißigte sich nach der Distanzierung des Landesvorstandes eines versöhnlichen Tons und berichtete noch einmal ausführlich über die Fahrt. Vgl. die Ausgaben vom 3. und 6.10.1963. Zur Rede von Alfred Gleitze in Lidice vgl. Kap. V.5., S. 17f).
57   Vgl. Protokoll Abgeordnetenhaus ... 17.10.63, S. 393ff.
58   El Gayar.
59   Die Schilderung des Falls Soukup basiert – sofern nicht anders angegeben – auf den Prozeßakten und dem vorausgegangenen Schriftverkehr aus dem Besitz von Gunther Soukup. Bestand Soukup.
60   Soukup.
61   Vgl. *Erich Richter:* Der Fall Soukup in: Blickpunkt Juni 1964, S. 34.
61a  Soukup.
62   Zu diesem Fall vgl. *Shell,* a.a.O., S. 279.
62a  Die inkriminierten Passagen siehe Kapitel IV.13.
63   »Telegraf« 22.11.63: KZ in Polen besucht; »Tagesspiegel« 22.11.63: Westberliner Jugendliche besuchten Maidanek; Kurier 22.11.63: Feierstunde in Maidanek.
63a  Vgl. Protokoll BV 14./15.12.63, S. 13 (6), sowie Pinkall.
64   Vgl. Gleitze, 24.5.83, sowie Protokoll der Sitzung des Abgeordnetenhauses vom 5.12.1963, S. 511.
65   Pinkall. Lothar Pinkall war, bevor er als Leiter der IGM-Schule nach Berlin kam, in Hessen-Süd Mitglied des Bezirksvorstandes sowohl der Falken als auch der Jungsozialisten und Vorsitzender des UB Frankfurt der Falken gewesen. Von dort war er eine relative Unabhängigkeit beider Organisationen von der sonstigen Parteiarbeit gewöhnt und kam, wie er sagte, mit der Verflechtung zwischen den Berliner Falken und der SPD und der daraus resultierenden Rücksichtnahme in bestimmten Fragen, die er als eine »Art vorausschauenden Gehorsam« bezeichnete, nicht zurecht.
66   Vgl. »Morgenpost« 2.10.63: Mißglückter »Falken-Flug«; »Abend« 2.10.63: Falken versprechen keine neuen törichten Äußerungen, sowie Redebeitrag des CDU-Abgeordneten Dr. Hennicke, Protokoll Abgeordnetenhaus 17.10.63, S. 396.
67   JW-Dienst Nr. II/15.6.61, Meldung 19/0081; vgl. auch Pinkall-Interview.
68   Vgl. Protokoll Abgeordnetenhaus 5.12.63, S. 512.
68a  Vgl. »Telegraf« 4.12.63: SPD kritisiert »Falken«; »Kurier« 4.12.63: Neuer Krach um die »Falken«; desgleichen auch »Tagesspiegel«, »Morgenpost«, »Spandauer Volksblatt« vom 4.12.63.
69   Bericht zur 17. Landeskonferenz a.a.O., S. 2.
70   Vgl. Protokoll Abgeordnetenhaus 5.12.63, S. 511ff.
71   SJD – Die Falken, Landesverband Berlin. Presseerklärung vom 10.12.63. (25).
72   Schreiben des Landesvorstandes der Berliner SJD – Die Falken an die Fraktion der SPD im Abgeordnetenhaus über die Stellung des sozialistischen Jugendverbandes zum Staat, 14.1.1964. (28).

73 Gleitze 15.6.83.
74 Vgl. »Telegraf« 10.4.62: »Falken«-Polemik gegen SPD, sowie »Welt« 9.4.62: Angriff der Falken gegen die Berliner SPD.
75 Vgl. Gleitze 24.5.83, sowie Wahlprotokoll der 17. Landeskonferenz 1964, S.3. (44).
76 Für dieses Verhalten gibt es noch mehrere Beispiele, die hier aufzuführen den thematischen Rahmen sprengen würde.
77 Vgl. JW-Dienst Nr. V/1 – 11. Jan. 1964, Meldung 5/0165.
77a Vgl. die diesbezügliche Presseerklärung des Verbandes vom 17.1.64. (24B).
78 Protokoll BV 14./15.12.1963, S.13. (6).
79 Walz.
80 Vgl. JW-Dienst 11. Jan. 1964, Meldung Nr. 5/0166, sowie i.j.p.d. 14.1.64, S.3.
81 »Spiegel« 12.2.64: Falken-Reise, sowie JW-Dienst 1.2.64, Meldung 5/0169.
82 Vgl. Protokoll BV 11./12.4.64, S.6. (7).
83 Bericht zur 17. Landeskonferenz a.a.O., S.2.
84 Vgl. Protokoll BV 11./12.4.64, S.6, (7) sowie zu diesem Vorgang die Ausführungen von Senator Neubauer vor dem Abgeordnetenhaus, Protokoll vom 14. Mai 1964, S.284.
84a Gleitze 3.5.84.
85 BZ 26.5.64.
86 Presseerklärung der Jungen Union Berlin, zit. nach »Telegraf« 7.6.64.
87 Gleitze 15.6.83, zu diesem Vorfall vgl. Kapitel V.6.
88 »Kurier« 28.5.64: Neubauer sperrt Mittel für die Falken.
88a »Wochen-Echo« 29.5.64.
89 Neubauer verschwieg, um den Falken nicht weiter zu schaden, daß er offenbar aus geheimdienstlichen Quellen wußte, daß einige Vertreter der FDJ aus ihren beständigen Versuchen, mit den Falken ins Gespräch zu kommen, einigen Mitgliedern des Landesvorstandes bekannt waren. Jedoch hatte es sich dabei nicht um jene Funktionäre der FDJ gehandelt, die an der Frankreichfahrt teilgenommen hatten. Wohlweislich, denn beim damaligen Stand des Verhältnisses zwischen Falken und FDJ wäre der FDJ ihr Coup in Struthof ansonsten nicht geglückt (vgl. den zweiten Brief des Landesvorstandes der Falken vom 5.6.64 an Senator Neubauer auf seine entsprechende Anfrage (24B) zu dieser Angelegenheit).
89a Vgl. dazu Kap. V.6.
90 Protokoll Abgeordnetenhaus vom 4.6.64, S. 332ff. Die letztere Äußerung war ein Hinweis darauf, daß seit dem Bau der Mauer alle Besucher aus Ostblockländern die unkontrollierten innerstädtischen Übergänge nach West-Berlin benutzten (vgl. den Brief des Landesvorstandes der Falken an Senator Neubauer vom 5.6.64) und in diesem Zusammenhang offenbar des öfteren die Formalien nicht eingehalten worden waren. Um die insgesamt sehr raren Kontakte von West-Berlin in die Ostblockstaaten nicht noch weiter zu komplizieren, hatte sich der Senat von Berlin offenbar darauf verständigt, dies nicht hochzuspielen und stillschweigend zu regeln. Dies war möglich, weil diese Besuche in der Regel ohne größere Publizität stattfanden und ihre Besuchspartner politisch nicht so im Brennpunkt standen wie die Falken. Auch noch nach der »Falken-Affäre« war das der Fall. So berichtete der »Tagesspiegel«, daß die tschechoslowakische Fußballmannschaft von Slovan Preßburg zu einem Freundschaftsspiel gegen Hertha BSC mit der S-Bahn ohne gültige Papiere eingereist war und daraufhin von der Ausländerpolizei aufgefordert wurde, sich die notwendigen Visa zu beschaffen. Die Senatsverwaltung für Jugend und Sport hatte auf Anfrage mitgeteilt, daß ihr von diesem Vorfall nichts bekannt sei (»Tagesspiegel« vom 26.11.64: Ohne Visum nach West-Berlin).
90a Gleitze 2.6.83.
91 Bericht der beiden Landesvorsitzenden über die Arbeit seit der letzten Jahres-Landeskonferenz. Hektographiert April 1965, S.1. (45).
92 Vgl. die Rede des SPD-Fraktionsvorsitzenden Alexander Voelker. Protokoll Abgeordnetenhaus 4.6.64, S. 337.
93 »Spandauer Volksblatt« 31.5.64: Sorgen.

94　Protokoll Abgeordnetenhaus a.a.O., S. 512.
95　Vgl. B.S. 15.8.64: Im nächsten Jahr wieder in Norwegen.
96　Vgl. das Einladungsschreiben zu dieser Veranstaltung vom 10.9.64. (17).
97　Vgl. i.j.p.d. 17.3.64, S. 2.
98　Vgl. Kap. III.10.
99　Vgl. Entschließung des Bundesausschusses der Sozialistischen Jugend Deutschlands – Die Falken anläßlich seiner Sitzung am 9./10. Mai 64 in Düsseldorf. Presseerklärung. Hektographiert. (9).
100　»Allgemeine Sonntagszeitung«, zit. nach JW-Dienst 20.6.64, Meldung 2/0239.
101　Vgl. Blätter für Junge Politik, Oktober 1964, S. 14.
102　Vgl. »Telegraf« 23.8.64: Stilproben der politischen Halbstarken.
103　*Klaus Neuenfeld:* Die »Falken« – Garanten für Fehlhandlungen, in: Blätter ... a.a.O., Juli/August 1964, S. 11.
104　Reiselust ebd., S. 2.
105　Der Zug der Goten ans Schwarze Meer fand im 2. nachchristlichen Jahrhundert statt, und die Unterscheidung zwischen Ost- und Westgoten trifft die Geschichtsschreibung erst ab dem 3. Jahrhundert nach Christi. Bei dem Teil des Stammes, der sich um diese Zeit noch dort aufhielt, handelt es sich dann um die Ostgoten. Dies alles hätte man in jedem der in den 50er und 60er Jahren verwendeten Schulgeschichtsbücher nachlesen können, aber dem Autor dieser Infamie lag es ja wohl fern, Lehren aus der Geschichte zu ziehen, was erst einmal einen korrekten Umgang mit historischen Tatsachen voraussetzen würde.
105a　Blätter ... a.a.O., Oktober 1964, S. 12 und 14.
106　Ebd. S. 12.
106a　Rede Peter Weiß anläßlich der Feierstunde in Bergen-Belsen, gehalten am 1. September 1962, Manuskript. (24a).
106b　Feierstunde in Theresienstadt a.a.O., Hervorhebungen i.O. Auch dies war in Anlehnung an Zwerenz a.a.O., formuliert.
107　Rede des 1. Landesvorsitzenden der Berliner Sozialistischen Jugend – Die Falken, Heinz Beinert, vor Teilnehmern der Gedenkfahrt Berliner Jugend in Warschau und Maidanek am 19. Juni 1970. Hektographiert. (24).
107a　Vgl. »Tagesspiegel« 20.6.1970: Junge Union Berlin fordert Konsequenzen der SPD und FDP. Der Widerstand der CDU gegen Beinerts Wahl wurde mit seiner Mitarbeit in der »außerparlamentarischen Opposition« (APO) begründet.
108　Vgl. den Text des »Mittagskommentar(s)« von Dieter Käufler im SFB am 22.6.1970, sowie Morgenpost 30.6.70: Im Hammelsprung.
109　Vgl. *Raschke*, a.a.O., S. 213, vgl. auch die Selbstdarstellungsbroschüre des Berliner Landesverbandes: F. Schrammar: Zwischen »rotem Pfadfindertum« ... a.a.O., S. 62ff.
110　Den formalen Grund dafür bildeten Unregelmäßigkeiten bei der Abrechnung von Bundesmitteln, die ihnen damals nachgewiesen werden konnten. Sie hatten diese Mittel zweckentfremdet, d. h. nicht den sehr eng gefaßten gesetzlichen Bestimmungen entsprechend verwendet. Eine damals wie heute bei allen Jugendverbänden nicht unübliche Praxis, ohne die ein Großteil der von ihnen geleisteten Jugendarbeit, die sich nicht immer in bürokratische Abrechnungsschemata pressen läßt, nicht geleistet werden könnte. Da dies auch den prüfenden Behörden, bei denen ein Großteil der Beschäftigten selbst ehemalige Mitglieder von Jugendverbänden sind, nicht unbekannt ist und die lange Dauer der ausgesprochenen Sperre legen den Verdacht nahe, daß auch politische Motive dabei eine Rolle gespielt haben könnten.
111　Protokoll Abgeordnetenhaus 26.11.1970, S. 681f.
112　Im Zuge der Herausbildung der APO hatte der Landesverband sehr viel an politischer Attraktivität eingebüßt. Hinzu kam die Auseinandersetzung um das Sommerlager der Falken 1969, die den Verband nicht nur weiteres öffentliches Ansehen kostete, sondern auch zum Austritt einer Anzahl von Funktionären und Mitgliedern führte.
Vgl. dazu *Schrammar*, a.a.O., S. 64ff.

**Anmerkungen zu Kapitel VII.**

1. vgl. Kap. IV.8., S. 106f.
2. *Klaus Misch:* »Für den Frieden leben«, in: die brücke (Mitteilungsblatt des Kreises Tiergarten) Sept./Okt. 1962, S. 6. (31L).
3. Gunther Soukup 28.9.83 (Interview durchgeführt von Lindemann/Schultz).
4. Walz.
5. Vgl. Kap. II.5., S. 52 ff.
6. Froebel.
7. Greube.
8. Stirba. Interview Lindemann/Schultz.
9. Chr. und U. Jänicke.
10. Stirba.
11. Chr. und U. Jänicke.
12. Greube.
13. Götsch, Froebel.
14. Dittner 10.6.83.
15. Chr. und U. Jänicke.
16. Dittner 10.6.83.
17. G. und P. Kunze.
18. Chr. und U. Jänicke.
19. G. und P. Kunze.
20. Dittner 10.6.83.
21. El Gayar.
22. Walz.
23. Dittner 10.6.83.
24. Gleitze 24.5.83.
25. Dittner 10.6.83.
26. ebd.
27. Walz.
28. *Waldemar Klemm:* Gedanken zur künftigen internationalen Arbeit des Verbandes. Internes Diskussionspapier, 19. November 1971. Hektographiert. (24a).
28a. Vgl. das Manuskript der Rundfunksendung (SFB): »Wir um zwanzig« vom 15.10.1972. Thema: »25 Jahre – Falken«, S. 33. (21).
29. Walz.
30. G. und P. Kunze.
31. Alfred Gleitze in Lidice, Sept. 1963, a.a.O.
32. Feierstunde in Theresienstadt, Sept. 1963, a.a.O., Hervorhebungen i.O.
33. Peter Weiß in Bergen-Belsen, Sept. 1962, a.a.O.
34. Lothar Pinkall in Maidanek, Nov. 1963, a.a.O.
35. Peter Weiß in Bergen-Belsen, a.a.O.
36. Lothar Pinkall, a.a.O.
37. Vgl. Kap. VI.4.
38. Feierstunde in Theresienstadt, a.a.O.
39. Manuskript »25 Jahre Falken«, a.a.O., S. 17.
40. SFB-Schulfunk: »Falken in Osteuropa«, zitiert nach: Bericht des Landesvorstandes zur 20. Jahres-Landeskonferenz am 2. April 1967. Broschiert, S. 6. (46).
41. *Dieter Boßmann:* Was ich über Adolf Hitler gehört habe – Folgen eines Tabus: Auszüge aus Schüler-Aufsätzen von heute. Ffm. 1977, S. 2.
42. Dies bestätigen sowohl die eigenen Erfahrungen des Autors in der antifaschistischen Jugendbildungsarbeit als auch neuere Untersuchungen. Zuletzt die in »Tribüne«. Zeitschrift zum Verständnis des Judentums« (Ffm, November 1986) veröffentlichten Ergebnisse einer Umfrage unter Schülern in Baden-Württemberg, die erneut belegen, daß Unwissen über den Nationalsozialismus und Vorurteile über Juden noch immer relativ weit verbreitet sind.

42a  Eine im April 1984 durchgeführte Untersuchung des Allensbacher Instituts für Demoskopie ergab, daß in der Altersgruppe der 16- bis 29jährigen zwei Drittel der Befragten keine oder falsche Angaben über die Ereignisse des 20. Juni 1944 machten. Vgl. »Volksblatt Berlin«, 3.7.84. Entsprechend muß davon ausgegangen werden, daß das Wissen über den Widerstand »von unten« noch wesentlich geringer ist.
43  Beschluß der Kultusministerkonferenz vom 21.4.1978, zitiert nach: *Hafeneger/Paul:* Faschismus und Jugendarbeit. Thesen zur Diskussion in: Deutsche Jugend, September 1979, S. 409 ff, hier S. 419.
44  Vgl. *A. Meyer/K.-K. Rabe:* Phantomdemokraten oder Die alltägliche Gegenwart der Vergangenheit. Reinbek 1979, S. 13.
45  Zitiert nach »Tagesspiegel« 27.9.1979: Geschichtsunterricht gegen die Macht der Vorurteile.
45a  Vgl. dazu *Hanns Mommsen*, Die Wende im Geschichtsbild, in: »Vorwärts«, 20.12.86.
46  Vgl. entsprechende Äußerungen des Bundeskanzlers Helmut Kohl und des damaligen Regierungssprechers Peter Boenisch während des Besuches in Israel im Januar 1984, wiedergegeben im: »Spiegel« vom 30.1.84, S. 27 f.
46a  Vgl. den Beitrag von Ernst Nolte in der FRZ vom 6.6.86. Zur unter der Bezeichnung »Historikerstreit« bekanntgewordenen Debatte über die nach Habermas »apologetischen Tendenzen in der deutschen Zeitgeschichtsschreibung« vgl. u. a. die Beiträge von J. Habermas (»Die Zeit«, 11.7. und 7.11.86), M. Broszat (ebd. 3.10.86), E. Nolte (ebd. 31.10.86), E. Jäckel (ebd. 12.9.86), J. Fest (FAZ, 29.9.86), J. Kocka (FR, 23.9.86) sowie W. J. Mommsen (ebd. 1.12.86).
46b  So *Michael Stürmer*, Historiker und Berater von Bundeskanzler Helmut Kohl, in: »Das Parlament«, 24.5.86.
47  *Hafeneger/Paul*, a.a.O., S. 414.
48  Willy Brandt, Dortmund 17.5.1969, Bundeskonferenz der Falken. Redemanuskript. Hektographiert, S. II/2 f.
49  L. Pinkall in Maidanek, a.a.O., S. 4.
50  »Der Abend« 17.1.56.
51  Heiner Geißler im Deutschen Bundestag am 15.6.1983, zitiert nach der Spiegel-Nr. 25/1983 vom 20. Juni, S. 27.
52  Manuskript »25 Jahre Falken«, a.a.O., S. 1.
53  Zur Situation des Landesverbandes, in: radikal Nr. 1, Juni 1963, S. 2 und S. 3.
54  Gleitze 15.6.83.
55  Jugendprotest im demokratischen Staat (II). In: Zur Sache. Themen parlamentarischer Beratung 1/83. Hrg. Presse- und Informationszentrum des Deutschen Bundestages, S. 62.

**Literatur**

*Die Arbeiterselbstverwaltung in den Betrieben Jugoslawiens.* Hrsg. vom Internationalen Arbeitsamt. Genf 1962
*Ashkenasi, A.:* Reformpartei und Außenpolitik. Köln und Opladen 1968
*Bethell, N.:* Die polnische Spielart. Gomulka und die Folgen. Wien, Hamburg 1971
*Boßmann, D.:* Was ich über Adolf Hitler gehört habe – Folgen eines Tabus. Auszüge aus Schüler-Aufsätzen von heute. Ffm 1977
*Brücher, B.:* Das Selbstverwaltungsprinzip in der sozialistischen Jugend- und Erziehungsarbeit (1945–1971), Bielefeld 1977 (Diss.)
*Conrad, G.:* Die Wirtschaft Jugoslawiens. Berlin (West) 1952
*Fichter, T. / Lönnendonker, S.:* Kleine Geschichte des SDS. Berlin (West) 1977
*Gröschel, R.:* Zwischen Tradition und Neubeginn. Sozialistische Jugend im Nachkriegsdeutschland. Hamburg 1986
*Halperin, E.:* Der siegreiche Ketzer. Titos Kampf gegen Stalin. Köln 1957

*Hafeneger, P.:* Faschismus und Jugendarbeit. Thesen zur Diskussion, in: Deutsche Jugend. September 1979
*Hartmann, G.:* Zusammenbruch und Restauration, in: Zwischen Anpassung und politischen Kampf. Zur Geschichte der organisierten Arbeiterjugendbewegung in Deutschland 1904–1974, erschienen als Dokumente 5. Schriftenreihe der Sozialistischen Jugend Deutschland – Die Falken. Bonn / Bad Bodesberg 1974
*Hartmann, G.:* Zur Theorie und Praxis der Arbeiterjugendbewegung. Dortmund 1976 (Diss.)
*Hartmann, G. / Lienker, H.:* Sozialistische Arbeiterjugendbewegung in der Weimarer Republik. Bielefeld 1982
*Heimann, S.:* Die Sozialdemokratische Partei Deutschlands, in: Parteien Handbuch, Band II. Opladen 1984
*Heimann, S.:* Vom Scheitern linker Sammlungsbewegungen zwischen SPD und KPD/SED nach 1945: Die Beispiele USPD und UAPD, in: Das Ende der Arbeiterbewegung in Deutschland? Ein Diskussionsband zum 60. Geburtstag von Theo Pirker. Opladen 1984
*Hejzlar, Z.:* Reformkommunismus. Ffm 1976
*Hennebach, H. H.:* Außenpolitische Strukturzusammenhänge zwischen der Deutschen Demokratischen Republik, der Volksrepublik Polen und der Tschechoslowakischen Sozialistischen Republik. Erlangen, Nürnberg 1968 (Diss.)
*Heß, H. J.:* Die innenpolitische Entwicklung der Berliner SPD von 1958–1963. FU (Otto-Suhr-Institut) Berlin 1963 (Diplomarbeit)
*Heß, H. J.:* Die Auswirkungen der Tätigkeit innenpolitischer Gruppierungen auf die Regierungsfunktion einer politischen Partei am Beispiel der Berliner SPD in den Jahren 1963–1981. FU Berlin 1983 (Diss.)
*Hildebrandt, W.:* Die außenpolitischen Beziehungen der FUBJ, in: Osteuropa Handbuch, Band 1. Jugoslawien. 1954
*Hoensch, J. K. / Nasarski, G.:* Polen. 30 Jahre Volksdemokratie. Hannover 1975
*Hoffmann, W.:* Marxismus oder Titoismus? München 1953
*Hurwitz, H.:* Demokratie und Antikommunismus in Berlin nach 1945, Band 1. Köln 1983
*Huster, E.-U.:* Die Politik der SPD 1945–1950. Ffm, New York 1978
*Jacobsen, H.-H.:* Bundesrepublik Deutschland – Volksrepublik Polen. Bestimmungsfaktoren über Beziehungen 1949–1970, in: Bundesrepublik Deutschland – Volksrepublik Polen. Ffm, Warschau 1979
*Jänicke, M.:* Der Dritte Weg. Die antistalinistische Opposition gegen Ulbricht seit 1953. Köln 1964
Jugendprotest im demokratischen Staat (II), in: Zur Sache. Themen parlamentarischer Beratung 1/83. Presse- und Informationszentrum des Deutschen Bundestages
*Kellermann, V.:* Brücken nach Polen. Stuttgart 1973
*Klotzbach, K.:* Der Weg zur Staatspartei. Berlin, Bonn 1982
*Korn, K.:* Die Arbeiterjugendbewegung Teil I 1922, Teil II 1923, Teil III 1924. Berlin
*Lindemann, R. / Schultz, W.:* Die Falken in Berlin: Geschichte und Erinnerung. Berlin 1987
*Löwenstein, K.:* Sozialismus und Erziehung. Eine Auswahl aus den Schriften 1919–1933, Berlin, Bad Godesberg 1976
*Löwke, U. F.:* Die SPD und die Wehrfrage 1945–1955. Bonn / Bad Godesberg 1976
*Marek, F.:* Der XX. Parteitag der KPdSU und die kommunistischen Parteien Westeuropas, in: Entstalinisierung. Der XX. Parteitag der KPdSU und seine Folgen. Ffm 1977
*Meyer, H. / Rabe, K.-K.:* Phantomdemokraten oder Die alltägliche Gegenwart der Vergangenheit. Reinbek 1979
*Miller, S.:* Die SPD vor und nach Godesberg. Bonn / Bad Godesberg 1975
*von der Mühlen, P. u. a.:* Vertriebenenverbände und deutsch-polnische Beziehungen nach 1945, in: Das deutsch-polnische Konfliktverhältnis seit dem zweiten Weltkrieg. Boppard am Rhein 1975
Ungewöhnliche Normalisierung: Beziehungen der Bundesrepublik Deutschland zu Polen. Bonn 1984
*Osterroth, F. / Schuster, D.:* Chronik der deutschen Sozialdemokratie, Band III. Berlin, Bonn 1978
*Otto, K. A.:* Vom Ostermarsch zur APO. Ffm, New York 1977

*Pirker, T.:* Die SPD nach Hitler. Berlin (West) 1977
*Probleme des Titoismus (Willy Brandt), in:* Sopade Informationsdienst 37. Bonn o. j. (1951)
*Raschke, J.:* Innerparteiliche Opposition. Die Linke in der Berliner SPD. Hamburg 1974
*Reuter-Hendrichs, I.:* Jugoslawische Außenpolitik 1945–1968. Köln, Berlin, Bonn, München 1976
*Richartz, N.:* Die Pädagogik der Kinderfreunde. Weinheim und Basel 1981
*Roggemann, H.:* Das Modell der Arbeiterselbstverwaltung in Jugoslawien. Ffm 1970
*Rupp, H. K.:* Außerparlamentarische Opposition in der Ära Adenauer. Köln 1970
*Schmidt, E.:* Der Berliner Jugendkonflikt, in: Das Ende der Parteien 1933. Düsseldorf 1960
*Schönfeldt, R.:* Die Deutsche Friedens-Union, in: Parteien-Handbuch, Band I. Opladen 1983
*Schrammar, F.:* Zwischen »rotem Pfadfindertum« und »politischem Kampfverband«. Kleine Geschichte der Sozialistischen Jugend Deutschlands – Die Falken. Landesverband Berlin. Berlin (West) 1981
Schriftenreihe zur Berliner Zeitgeschichte, Bd. 3–Bd. 9. Berlin 1962ff
*Shell, K. L.:* Bedrohung und Bewährung. Köln, Opladen 1965
*Soell, H.:* Fritz Erler – Eine politische Biographie, Band I. Berlin, Bonn / Bad Godesberg 1976
*Stehle, H.:* Nachbar Polen. Ffm 1963
*Stern, C.:* Portrait einer bolschewistischen Partei. Entwicklung, Funktion und Situation der SED. Köln 1957
*Strobel, G. W.:* Deutschland – Polen. Wunsch und Wirklichkeit. Bonn, Bruxelles, New York 1971
*Tünsmeyer, U.:* Entwicklung und Struktur des sozialistischen Jugendverbandes »SJD – Die Falken« von 1946 bis zum Ende der 1950er Jahre. Berlin 1981 (unveröff. Staatsexamensarbeit)
Was ist heute links? München 1963
*Wilker, L.:* Die Sicherheitspolitik der SPD 1956–1966. Bonn / Bad Godesberg 1977
*Wolter, H.-H.:* Die Entwicklung der kommunistischen Bewegung Jugoslawiens, ihr Kampf um die Machtergreifung und der Ausbau der sozialistischen Ordnung. München 1961 (Diss.)

**Bildnachweis**

Die veröffentlichten Bilder wurden aus dem Archiv des Forschungsprojekts entnommen, dem sie von den nachfolgenden Falkenmitgliedern überlassen wurden:

Rosemarie El-Gayar
Ernst Froebel
Alfred Gleitze
Friedrich-Wilhelm Rüttinger
Peter Weiß

# Verzeichnis der Abkürzungen

| | |
|---|---|
| BA | Bundesausschuß (Beschlußorgan) |
| BSJ | Berliner SJ (Verbandszeitschrift) |
| BV | Bundesvorstand |
| ČKM | Tschechoslowakisches Jugendreisebüro |
| ČSM | Tschechoslowakischer Jugendverband |
| DBJR | Deutscher Bundesjugendring |
| F-Ring | Falken-Ring (6- bis 12jährige) |
| GV | Geschäftsführender Bundesvorstand |
| IFM | International Falcon Movement (Dachverband) |
| IUSY | International Union of Socialistic Youth (Dachverband) |
| j. g. | junge gemeinschaft (Verbandszeitschrift) |
| LA | Landesausschuß (Beschlußorgan) |
| LJR | Landesjugendring |
| LV | Landesvorstand |
| PAK | Politischer Arbeitskreis (Diskussionskreis der Verbandslinken) |
| PRV | Bund politisch, rassisch und religiös Verfolgter |
| RF-Ring | Rote Falken-Ring (12- bis 16jährige) |
| SAJ | Sozialistische Arbeiterjugend (Weimarer Republik) |
| SJD | Sozialistische Jugend Deutschlands |
| SJ-Ring | Sozialistischer Jugend-Ring |
| VPAP | Vereinigte polnische Arbeiterpartei |
| ZMS | Polnischer Jugendverband |

**Hinweis zu den Quellen**

Alle benutzten Dokumente und Falkenperiodika sowie die Abschriften der Interviews befinden sich im *Franz-Neumann-Archiv Berlin*. Bestände des Projekts Arbeiterjugend. In Klammern gesetzte Zahlen geben die Nummer des Ordners an, in dem sich die entsprechenden Dokumente befinden. Falkenperiodika sind unter ihrem Titel eingeordnet.

**Liste der Interviews**

| *Interviewpartner/in* | *Datum des Interviews* |
|---|---|
| Herr Jürgen Dittner | 10.06.83, 27.09.83, 11.10.83 |
| Herr Klaus Fieck | 31.05.83 |
| Herr Ernst Froebel | 13.10.83 |
| Frau Rosemarie El Gayar (Raschik) | 07.06.83 |
| Herr Alfred Gleitze | 24.05.83, 02.06.83, 15.06.83 |
| Herr Wolfgang Götsch | 01.06.83 |
| Frau Barbara Greube | 26.03.84 |
| Herr Klaus Hirschfeld | 12.09.83 |
| Herr Peter Hopf | 07.06.83 |
| Herr Günter Jahn | 13.12.83 |
| Frau Ursula und Herr Christoph Jänicke | 25.10.83 |
| Herr Waldemar Klemm | 31.05.83 |
| Frau Gisela und Herr Peter Kunze | 15.06.83 |
| Herr Dietrich Masteit | 29.09.83 |
| Herr Dietrich Paesler | 26.05.83 |
| Herr Lothar Pinkall | 23.11.83 |
| Herr Harry Ristock | 20.06.83, 20.07.83 |
| Herr F.-W. Rüttinger | 06.06.83 |
| Herr Prof. Gunther Soukup | 27.05.83 |
| Herr Siegfried Stirba | 13.10.83 |
| Herr Wolf Tuchel | 26.10.83 |
| Herr Helmut Walz | 02.06.83 |
| Herr Prof. Peter Weiß | 18.06.83 |
| Herr Manfred Wetzel | 08.06.83 |

**Personenregister**

Adamski, Wieslaw 108, 112, 114
Adenauer, Konrad 41, 42, 43, 44, 48, 49, 58, 102, 103, 201
Altmann, Josef 121
Amrehn, Franz 232
Ashkenasi, Abraham 208, 213, 214, 215

Beinert, Heinz 26, 152, 153, 154, 182, 183, 207, 208, 226, 231, 235
Bethell, Nicholas 223, 228
Bienkowski, Andrzey 123
Bierut, Boleslaw 90
Bilewicz, Siegfried 212
Boehm, Helga und Ulrich 216
Boenisch, Peter 237
Borries 195
Brandt, Willy 61, 70, 117, 124, 159, 160, 161, 173, 177, 180, 182, 194, 197, 219, 237
Braun, Jupp 90
Brecht, Bertolt 111
Broszat, Martin 237
Brücher, Bodo 25, 27, 28, 33, 122, 207, 209, 211
Brügmann, Peter 126
Buchmann, Kurt 169
Busch, Harald 222
Busch, Wolfgang 169, 171
Bußmann, Dieter 194, 236

Conrad, Gisela 221
Cyrankiewicz, Josef 114, 123

Dach, Günter 174
Diederich, Nils 217, 219
Dittner, Jürgen 55, 70, 71, 75, 86, 87, 101, 108, 114, 128, 131, 133, 139, 143, 144, 145, 149, 150, 152, 155, 164, 186, 187, 188, 189, 190, 213, 218, 219, 220, 222, 223, 224, 225, 226, 229, 230, 231, 232, 236
Djilas, Milovan 67, 68, 220
Dubček, Alexander 127, 151, 152, 153

Eichmann, Adolf 147, 193
El-Gayar, Rosemarie (siehe Raschik, Rosemarie)
Erhard, Ludwig 175
Erler, Fritz 81, 82, 84, 222, 227

Felikziak, Jerzy 123
Ferra, Alex 142
Fichter, Tilman 208
Fiek, Klaus 61, 63, 66, 81, 86, 88, 97, 219, 220, 222, 223, 224
Flegel, Klaus 77, 78, 121, 122, 123, 125, 154, 231
Frank, Anne 186
Froebel, Ernst 52, 105, 126, 127, 155, 160, 184, 185, 186, 197, 217, 225, 229, 232, 236
Fućik, Julius 140

Gebhardt, Fred 28, 84, 97, 111, 125, 208
Geißler, Heiner 198, 237
Gerull, Jürgen 35, 41, 46, 212, 214, 218

Geske, Dieter 124
Gleitze, Alfred 53, 57, 100, 116, 119, 120, 121, 123, 127, 128, 130, 132, 135, 140, 141, 142, 143, 144, 145, 146, 147, 148, 152, 153, 155, 156, 158, 161, 162, 164, 166, 167, 170, 172, 173, 175, 180, 189, 202, 217, 218, 222, 226, 227, 228, 229, 230, 231, 232, 233, 234, 236, 237
Gleitze, Lothar 122
Globke, Hans 115, 116, 193
Gomulka, Wladyslaw 90, 91, 92, 93, 109, 223
Göpfert, Reinhard 125
Götsch, Wolfgang 62, 64, 67, 71, 73, 74, 75, 76, 84, 88, 97, 98, 99, 100, 107, 108, 130, 145, 155, 186, 214, 219, 220, 222, 223, 224, 225, 226, 229, 230, 231, 232
Gott, Karel 127
Grabandt, Friedel 204
Greube, Barbara 160, 185, 186, 225, 232, 236
Gröschel, Roland 204, 205, 216
Guggemos, Carl L. 119, 227

Habermas, Jürgen 237
Hafeneger 237
Halperin, Ernst 218, 220, 221
Hansen, Holger 47
Harich, Wolfgang 47, 48, 216
Harlan, Veit 36, 212
Hartmann, Günther 204, 205, 206
Heimann, Siegfried 207, 213, 215, 218, 219, 229
Heinze, Bernd 206
Hejzlar, Zdenek 228, 230, 231
Hellwig, Helmut 131
Henckel, Volker 225
Hennebach, Horst 216, 226, 230
Hertwig, Manfred 48
Herzfeld, Hans 213
Heß, Hans-Jürgen 227, 231
Hesse, Eberhard 160, 232
Heuss, Theodor 216
Heydorn, Heinz-Joachim 95
Heydrich, Reinhard 193
Hildebrandt, W. 218
Hirschfeld, Klaus 47, 215
Hitler, Adolf 147, 192
Hoensch, Jörg K. 114, 226, 228
Hoffmann, Walter 221
Hopf, Peter 107, 163, 225
Höppner, Hans 177
Höss, Rudolf 111
Hurwitz, Harold 52, 217
Huster, Ernst-Ulrich 214

Ivanji, Ivan 82
Ivekovic, Mladen 82

Jacobsen, Hans-Adolf 224, 226
Jäckel, Eberhard 237
Jahn, Günter 45, 87, 131, 134, 139, 215, 222, 223, 224, 230

Jänicke, Christoph 103, 104, 105, 107, 109, 132, 139, 149, 150, 151, 186, 187, 214, 221, 225, 229, 230, 231, 236
Jänicke, Martin 215, 216
Jänicke, Ursula 43, 71, 103, 104, 107, 132, 139, 149, 150, 151, 187, 214, 221, 225, 229, 230, 231, 236

Kay, Ella 159, 161, 162
Keilhack, Irma 26
Kellermann, Volkmar 224, 226, 227
Kennedy, John F. 192
Kirchner, Hanns 121, 141, 230
Klemm, Waldemar 114, 133, 164, 186, 190, 220, 221, 222, 226, 229, 232, 236
Klotzbach, Kurt 207, 208, 210
Knoeringen, Waldemar von 26
Knorr, Lorenz 33, 77, 205, 206, 209, 211, 221
Kocka, Jürgen 237
Koffke, Horst 35, 206, 215
Kohl, Helmut 237
Koneffke, Gernot 95, 97, 221
Koniecki, Dieter 229
Korber, Horst 183
Korn, Karl 205, 206
Korper, Magnus 185
Kraft, Evzen 148
Kressmann, Willy 44, 112, 215
Kühn, Heinz 41, 42, 159
Kunze, Gisela 103, 186, 187, 219, 221, 225, 236
Kunze, Peter 103, 107, 186, 187, 191, 219, 221, 225, 236

Lasse, Dieter 124
Lienker, Heinrich 204, 205, 206
Lindemann, Rolf 206, 212, 231, 236
Lindstaedt, Erich 15, 16, 17, 18, 205
Lipschitz, Joachim 53
Lönnendonker, Siegfried 208
Löwenstein, Kurt 204
Löwke, Udo 206
Lummer, Heinrich 182

Marek, Franz 230
Martinec, Bohuslav 141
Masteit, Dietrich 46, 57, 94, 97, 103, 155, 215, 216, 218, 224, 231
Mattick, Kurt 159, 160, 167, 177, 232
Meinecke, Erich 32
Meinecke, Fritz 208, 227
Meyer, Alwin 237
Meyer, Fritjof 71
Miller, Susanne 207
Misch, Klaus 236
Mommsen, Hans 237
Mommsen, Wolfgang J. 237
van der Mühlen, Patrick 226, 227, 228
Müller, Egon Erwin 96
Müller, Werner 38

Nachama, Estrongo 138, 184
Masarski, G. 226, 228
Neubauer, Kurt 129, 131, 162, 165, 167, 170, 171, 174, 175, 176, 177, 234
Neuenfeld, Klaus G. 235
Neumann, Alfred 48
Neumann, Franz 41, 42, 44, 64, 158, 162, 215
Nolte, Ernst 237
Novotný, Antonin 127, 144, 151
Nowak 128

Oberländer, Georg 193
Oldehoff, Marianne 228
Ollenhauer, Erich 25, 96, 159
Ossietzky, Carl von 186
Osterroth, F. 210, 214
Otto, Karl H. 209, 210

Paesler, Dietrich 66, 86, 87, 217, 219, 220, 223
Paul 237
Paulus, Friedrich 115
Pflüger, Albert 84
Pinkall, Lothar 120, 129, 130, 158, 170, 171, 172, 173, 182, 193, 228, 229, 231, 233, 236, 237
Pirker, Theo 207, 209, 219
Prall, Karl-Heinz 22, 77, 81, 97, 111, 112, 207, 208, 222, 226

Rabe, K. K. 237
Rapacki, Adam 100, 114
Raschik, Rosemarie 138, 163, 166, 168, 188, 189, 232, 233
Raschke, Joachim 231, 235
Renke, Marian 99, 112
Reuter, Ernst 44
Reuter-Hendricks, Irena 218
Rexin, Manfred 124, 166
Richartz, N. 204
Richter, Erich 38, 119, 133, 134, 167, 213, 227, 228, 229, 233
Ristock, Harry 22, 26, 38, 40, 41, 42, 43, 44, 47, 48, 49, 50, 51, 53, 55, 57, 58, 59, 61, 62, 66, 67, 68, 70, 71, 80, 84, 97, 100, 102, 106, 108, 111, 112, 117, 118, 120, 126, 127, 142, 144, 152, 155, 156, 158, 159, 160, 161, 172, 184, 202, 203, 208, 210, 213, 214, 215, 216, 217, 218, 219, 220, 222, 223, 224, 225, 226, 229, 230, 231, 232
Roggemann, H. 218
Roques, Valeska von 121, 228
Rupp, Hans-Karl 206
Rüttinger, Friedrich-Wilhelm 133, 219, 220, 223, 225, 229

Sahnwald, Elke 231
Scheel, Walter 117, 124, 182
Schleicher, Harry 222
Schmid, Carlo 78, 95, 224
Schmidt, Erich 232
Schmidt, Heinz 97, 208, 209, 210
Schönfeld, Rolf 209
Schrammar, Frank 204, 235
Schulz, Werner 191
Schulze, Waldemar 57, 62, 155, 218, 219, 231

Schultz, Werner  206, 212, 231, 236
Schuster, D.  210, 214
Schütt, Jürgen  222, 223
Schütz, Klaus  182, 218
Schwetje, Walter  208
Seebohm, Hans-Christoph  103
Shell, Kurt L.  232, 233
Sirotek  127, 128, 130
Skriver, Ansgar  226
Slojanovic, Svetozar  221
Soell, Hartmut  222, 223, 224, 227
Soukup, Gunther  74, 105, 106, 107, 109, 138, 142, 143, 155, 161, 166, 168, 169, 170, 184, 221, 225, 226, 230, 231, 232, 233, 236
Stalin, J. W.  133
Stehle, Hansjakob  226
Stern, Carola  215, 216
Stirba, Siegfried  75, 87, 88, 107, 133, 157, 186, 219, 221, 223, 229, 231, 236
Strobl, Georg W.  226
Stürmer, Michael  237

Tempel, Hans-Konrad  209
Thiele, Theo  232
Thurow, H.  77
Thomas, Stephan  90
Tietz, Josef  60, 218, 219
Tito, J. B.  82, 93
Togliatti, Palmiro  144
Trapp, Alfred  211
Trotzki, Leo  57, 218
Tuchel, Wolf  156, 222, 231
Tünsmeyer, Ulrich  204

Ulbricht, Walter  41, 42, 43, 44, 48, 49, 58, 102, 118, 175

Voelker, Alexander  234

Walz, Helmut  104, 106, 115, 160, 163, 173, 184, 189, 191, 217, 225, 226, 234
Warmbold, Heinz  32
Wehner, Herbert  82, 91, 208, 223
Weinberger, Hans  205
Weiß, Peter  28, 52, 61, 67, 68, 81, 85, 88, 102, 155, 157, 161, 162, 181, 184, 192, 208, 209, 213, 216, 217, 219, 220, 221, 222, 223, 225, 231, 232, 235, 236
Westphal, Heinz  18, 22, 23, 24, 39, 42, 95, 97, 206, 207, 214
Wetzel, Manfred  84, 97, 98, 99, 101, 105, 155, 173, 215, 217, 223
Wigger, Peter  208
Wilker, Lothar  207, 209
Wolter, H.-H.  218, 220
Wolters, Hans-Georg  47
Wrage, Arno  221, 222, 223

Zeidler, Horst  27, 28, 29, 30, 78, 83, 111, 126
Zeitler, Werner  122, 124, 131
Zern, Erich und Gerda  217
Zwerenz, Gerhard  166, 232, 235

# Franz-Neumann-Archiv

Das FRANZ-NEUMANN-ARCHIV e. V. Berlin wurde im Dezember 1974 mit dem Ziel gegründet, »das gesamte für die historische Forschung relevante Material aus dem Nachlaß des Ehrenbürgers von Berlin Franz Neumann und aus anderen Quellen zur Geschichte der Arbeiterbewegung und der Demokratie zusammenzufassen«.

Schwerpunkt der Tätigkeit des Archivs ist die Sammlung und Auswertung von Dokumenten zur Geschichte der Berliner Sozialdemokratie, der Gewerkschaften, der Arbeiterwohlfahrt, der Sozialistischen Jugend »Die Falken« und anderer Organisationen nach dem Zweiten Weltkrieg.

Den Grundstock des FNA bildete das von Franz Neumann (1904–1974) gesammelte Material über die Berliner SPD nach 1945. Es wurde seit 1975 durch Akten von SPD-Kreisverbänden, Materialien der Jungsozialisten, der »Falken« und von privaten Spendern ergänzt.

Der Berliner Landesverband der DAG stellte dem Archiv große Teile seiner Zentralbibliothek als ständige Leihgabe zur Verfügung. Die Arbeiterwohlfahrt der Stadt Berlin steuerte ebenfalls Bücher und Broschüren aus ihren Beständen zur Bibliothek bei, der 1979 die nachgelassene Privatbibliothek des Berliner Sozialwissenschaftlers Prof. Otto Stammer angegliedert wurde.

Im Rahmen des Forschungsprojektes »Sozialistische Jugend in Berlin nach 1945« entstand in der ersten Hälfte der 80er Jahre ein umfangreicher neuer Bestand von Akten, Dokumenten und Interviews.

Vorstand: Manfred Rexin (Vorsitzender), Erwin Beck (stellvertretender Vorsitzender), Michael Elze (Schatzmeister). Beirat: Reinhold Walz. Leiter des Forschungsprojektes »Sozialistische Jugend«: Prof. Peter Weiß. Beirat des Forschsungsprojektes: Heinz Beinert, Prof. Dr. Nils Diederich, Prof. C. Wolfgang Müller, Dr. Rolf Kreibich, Manfred Rexin, Prof. Gunther Soukup, Prof. Peter Weiß. Sekretariat: Dorothea Schrön. Revisoren: Joachim Gribach, Gerhard Richter, Willy Schlawe.

*Franz-Neumann-Archiv, Ackerstr. 71–75, 1000 Berlin 65*

# HEISS UND KALT
## DIE JAHRE 1949-69

Das BilderLeseBuch
ELEFANTEN PRESS